唐翰林学士传论

第二册

中华书局

德宗、顺宗朝翰林学士传

张 周

张周,两《唐书》无传,籍贯、字号及年岁均不详。《太平广记》卷三一二《徐焕》条,据《山水小牍》,记有张周,乃晚唐一武将,非此张周。

张周的事迹,则仅为韦执谊《翰林院故事》、丁居晦《重修翰林学士壁记》所记。韦执谊《故事》于"建中已后",首为张周,记云:"自洛阳尉充,改河南县丞又充,改兵曹又充,改虢州司马又充。"丁《记》则自德宗朝起,皆记有年月,其"建中后八人",第一位也为张周,云:"大历十四年六月,自洛阳县尉充。建中二年,改河南府兵曹参军。兴元二年六月,除虢州司马,依前充。"

按:唐代宗皇帝于大历十四年(779)五月辛酉卒,太子李适即位,为德宗,时年三十八。张周于是年六月即入为翰林学士,则确为德宗朝第一个召入翰林学士院的。

韦、丁二记均谓张周由洛阳县尉入充，此当是张周此前所任的实际官职。据《旧唐书》卷四二《职官志》，京兆、河南、太原府诸县尉为正九品下，官阶较低。按唐代科举制惯例，进士及第经吏部试合格后，一般先入为校书郎。校书郎官阶为正九品上，也较洛阳县尉高一阶。张周由外地基层官吏召入为翰林学士，官阶又较低，不知是何人推荐，这是值得注意的。

　　按：张周于大历十四年六月入为翰林学士，而此时在学士院任职的已有一人，为张涉。《通鉴》卷二二五大历十四年七月载："上之在东宫也，国子博士河中张涉为侍读，即位之夕，召涉入禁中，事无大小皆谘之；明日，置于翰林为学士，亲重无比。乙未，以涉为右散骑常侍，仍为学士。"据此，则张涉乃于德宗即位后始召入，而实际上张涉于大历前期即已任为翰林学士（详见代宗朝张涉传），《通鉴》此处所记误。

　　至于张周在任职期间的官阶迁转，韦执谊《故事》与丁《记》稍有不同。《故事》在记洛阳县尉后，记为："改河南县丞又充，改兵曹又充。"丁《记》则未记河南县丞，而云："建中二年改为河南兵曹参军。"丁《记》所记较具体，既有年份，又有地区。这里可据石刻文献加以佐证。清陆耀遹《金石续编》卷九载有《大唐泾王故妃韦氏墓志铭序》，下署"给事郎、行河南府洛阳县丞、翰林学士、赐绯鱼袋臣张周撰"。此为张周自署。按：泾王李侹为肃宗第七子。《旧唐书》卷一一六《肃宗诸子传》记李侹云："至德二载十二月进封泾王。乾元三年，领陇右节度大使。兴元元年薨。"又据《旧唐书》卷一二《德宗纪》，泾王侹卒于兴元元年（784）五月，时当随德宗在汉中。张周此文又载于晚清陆心源《唐文拾遗》卷二四。文中记韦氏卒于建中二年(781)十二月己酉,葬于建中三年(782)二月庚申。当时京师尚无兵乱,德宗及朝臣仍在长安。陆耀遹所据为《古泉山馆金石文编》,有云:"此刻向来金石家皆未著录,恐系新出土者。"即出土于陕西关中,是难得的文献。

据文中所记,泾王妃韦氏葬于建中三年二月,时张周仍在翰林学士任,其官衔为洛阳县丞,而洛阳县丞则为韦、丁二记所无。又据《元和郡县图志》卷五"河南道"一,《新唐书》卷三八《地理志》二"河南道",河南府所属县,有河南、洛阳二县,实际上都在府内,类似于京兆府之长安、万年二县。此河南、洛阳均为赤县,按:《旧唐书·职官志》,县尉官阶为从七品上,而河南府兵曹参军则为正七品下,由此则张周确先为洛阳县丞,后迁为河南府兵曹参军。又据《墓志铭序》,建中三年(782)尚为洛阳县丞,则其迁为河南府兵曹参军,当在三年二月以后。

据上所考,则可订正韦、丁二记,应作:张周于大历十四年(779)六月自洛阳县尉入充翰林学士,建中三年(782)二月前迁为洛阳县丞,此后又升迁为河南府兵曹参军。

丁《记》最后云:"兴元二年六月,除虢州司马,依前充。"韦执谊《故事》同,但未记年月。按:兴元二年即贞元元年(785),据《旧唐书·德宗纪》,由兴元改贞元年号,在贞元元年正月丁酉朔日,则是年六月不应仍称兴元二年,可能当时壁上所记有误。丁《记》于此后的陆贽名下,亦有类似的记载:"兴元二年六月,迁谏议大夫。"此待考。

又,虢州亦属河南府,应为上州,上州司马官阶为从五品下。

按:唐军于兴元元年五月收复京城,六月下旬德宗自汉中出发返朝,七月中抵长安。在此之前,张周当随德宗迁移奉天、汉中等地,后返长安,其间官阶累有升迁。但其所带的官衔,都是地方官,这在当时也无他例,很值得研究。

张周何时出院,韦、丁均未有记,只云"改虢州司马,又充"。岑仲勉《翰林学士壁记注补》谓"岂卒官欤",也只是揣测。

张周所著《泾王妃韦氏墓志铭序》,当也为奉朝命而作,这也是唐翰林学士的职能之一。其他则别无著录。他在学士院任职约有七年,时间不短,但无甚表现。

姜公辅

姜公辅,两《唐书》有传,见《旧唐书》卷一三八,《新唐书》卷一五二。《旧传》云:"姜公辅,不知何许人。"《新传》则谓"爱州日南人",未知何据。按《新唐书》卷七三下《宰相世系表》三下,姜氏,中云:"汉初,姜氏以关东大族徙关中,遂居天水。蜀大将军平襄侯维,裔孙明,世居上邽。"《新表》载姜公辅祖神翊,舒州刺史;父挺,未载官职。姜神翊与姜明,似非一系,则《新传》所云爱州日南人,或有可能。《元和郡县图志》卷三八岭南道爱州,所属县有日南,在今越南中部。

《旧传》记其早年仕历,为:"登进士第,为校书郎;应制策科高第,授左拾遗。"《新传》略同,唯"左拾遗"作"右拾遗",小异。《唐会要》卷七六《制科举》条,载:"建中元年,贤良方正能直言极谏科,姜公辅、元友直、樊泽、吕元膺及第。"孟二冬《登科记考补正》

卷一一,据胡可先、陈尚君所补,即据乾隆《广东通志》,系姜公辅于代宗大历十四年(779)进士及第,可参(徐松《登科记考》则据《旧传》系于未知年份之卷二七)①。

据《唐会要》,建中元年贤良方正能直言极谏科,所列四人,姜公辅名居首位。陆贽后所草制之《姜公辅左庶子制》即记有:"首举高第,擢居谏曹。"②由此,则姜公辅于大历十四年(779)进士及第后为校书郎,第二年建中元年(780)制举登科,为左(右)拾遗,同年又召入为翰林学士,其仕历之顺速,在唐翰林学士早期是极少见的。又《文苑英华》卷四九一载直言极谏策问,下署"建中元年正月十五日",后即载姜公辅对策。可以注意的是,此次制科,虽云"直言极谏",姜公辅之策文则以赞颂为主,其开篇即云:"伏维陛下,玄德统天,文思居业,慎重光之丕绪,返淳古之休风。"末云:"伏见陛下,以道生成,以德覆载,赏以春夏,刑以秋冬,捐金玉于江湖,反珍奇于薮泽;委符瑞为草莽,用忠良为灵庆;临群下以正德,惠兆人以厚生。诚太平之道也,刑措之渐也,臣不胜其怅。"按:此时德宗即位虽仅半年,尚有新政措施,《通鉴》卷二二五大历十四年五月有记云:"于是中外皆悦,淄青军士,至投兵相顾曰:明主出矣,吾属犹反乎!"姜公辅策文当也反映当时社会心态,可能也正因此而受到德宗赏识,于同年即以左拾遗召入为翰林学士。

韦执谊《翰林院故事》记"建中已后"第二人,即姜公辅,谓

①孟二冬《登科记考补正》,北京燕山出版社,2003 年。又,孟《补》所引胡、陈二君之补,所引《广东通志》记姜公辅为钦州人,恐不确,当从《新传》为爱州日南人。
②刘泽民校点《陆宣公集》卷六,浙江古籍出版社,1988 年。

"自拾遗充"。丁居晦《重修承旨学士壁记》则明确记:"建中元年,自左拾遗充。"按:建中元年三月,张涉即因错荐乔琳为相及涉嫌受贿事,出院,放归田里,这时在学士院中只张周一人(见前张涉、张周传),故可能德宗即同时召拔姜公辅、赵宗儒、归崇敬三人,入为翰林学士(赵、归二人,见后传)。

关于姜公辅于任职期间的官位迁转,《旧传》记云:"岁满当改官,公辅上书自陈,以母老家贫,以府掾俸给稍优,乃求兼京兆尹户曹参军,特承恩顾。"《新传》略同。关于此事,清钱大昕《廿二史考异》卷六〇《姜公辅传》条有云:"唐时翰林学士无品秩,但为差遣,故常带它官,支其俸给。公辅本以左拾遗入翰林,岁满改官,乃兼京兆户曹参军。元和初白居易亦以左拾遗为翰林学士,及当改官,引公辅例,除京兆户曹参军。盖拾遗虽为两省供奉官,秩止从八品,京兆府参军秩正七品,俸给较厚,故恬退者喜居之。"钱氏此段考释对研究翰林学士官位迁转与生活境遇颇可参考,其中提及白居易事,详见后宪宗朝白居易传。不过钱氏最后一句"故恬退者喜居之",不确。按其所述,京兆府户曹参军,乃为姜公辅在翰林学士任职期间所带之"它官",并不因此赴京兆府供职,其由左拾遗为京兆参军,只为官位迁转,俸给稍优,而实仍在院中,并非恬退,此应予辨明,否则易引起误解。又据《旧唐书》卷四四《职官志》三,京兆府户曹参军为二人(正七品下),故姜公辅虽兼其官位,当并不影响其职务。

据丁居晦所记,姜公辅改京兆府户曹参军,在建中四年(783)四月。《旧传》于此后称姜公辅"才高有器识,每对见言事,德宗多从之"。这时河北、山东的四个藩镇主帅(朱滔、田悦、王武俊、李纳)已起兵作乱,并与淮西节镇李希烈联结,唐朝廷正处于仓惶应付之中。不久,建中四年十月,长安又发生泾军之变,德宗匆促出奔咸阳、奉天(今陕西乾县)。关于此时姜公辅情况,《通鉴》较两《唐书》本传有较实的记载。如记泾原乱军由长安东门外窜入时,"喧声浩浩,不复可遏,百姓狼狈骇走",这时德宗就特地"遣普王谊(按:为德宗之侄)、翰林学士姜公辅出慰谕之"(《通鉴》卷二二八)。可见当时翰林学士职能是很受重视的,并不仅限于在宫中草制文书,还可外出慰谕军队。后兴元元年(784)二月德宗在奉天,因李怀光另有密谋,与唐将李晟不和,在此军情紧急时刻,德宗遂特遣翰林学士陆贽去李怀光军中宣慰,并邀李晟参议军事。

《通鉴》后又记,姜公辅随普王(李)谊虽往泾原军中慰谕,实则整个京城已乱,德宗只得匆匆出走。临走时,"姜公辅叩马言曰:'朱泚尝为泾帅,坐弟滔之故,废处京师,心尝怏怏。臣谓陛下既不能推心待之,则不如杀之,毋贻后患。今乱兵若奉以为主,则难制矣。请召使从行。'上仓猝不暇用其言,曰:'无及矣。'遂行。"这样,泾原乱军就果然推奉朱泚,居于宫中,并由朱泚来组织临时政权。后德宗初至奉天,有人上言:"朱泚为乱兵所立,且来攻城,宜早修守备。"但时任宰相的卢杞却以为"朱泚忠贞,群臣莫及","上亦以为然"。而姜公辅仍进谏,应对朱泚深加防备,加强防卫,这样才能"有备无患"。后朱泚兵果至,因德宗所驻之地,兵力已有积聚,"城人为之增气",故迫使朱泚兵退。此时随德宗出走者翰林学士有六七人(详见有关传记),其较关切军情政事者当推姜公辅,可能也正因此,德宗就于当年十月丁巳,即命姜公辅与刑部尚书萧复、刑部侍郎刘从一,"并以本官同中书门下平章事",

同居相位(以上均见《通鉴》卷二二九)。

韦执谊《故事》在记姜公辅"改京兆府户曹,又充"后,接云:"迁大谏、平章事。"丁《记》也于"四年四月改京兆府户曹军"后,记为"拜谏议大夫,平章事"。《旧唐书·德宗纪》上,于建中四年十月丁巳记:"以吏部尚书萧复、刑部侍郎刘从一、谏议大夫姜公辅并以本官同中书门下平章事。"姜公辅是唐朝由翰林学士直接提升为宰相的第一人。此前肃宗时翰林学士董晋,隔两朝,至德宗贞元时才拜相;代宗时常衮,虽在代宗本朝拜相,但出院后隔了好几年,累任其他官职,后才入相。

不过姜公辅入相后,不到半年即被罢免,这与德宗个人的好恶有关。兴元元年(784)二月,因李怀光反叛,德宗又自奉天奔赴梁州(州治兴元府,今陕西汉中)。三月"庚寅,车驾至城固。唐安公主薨,上长女也"(《通鉴》卷二三○)。《旧传》于此记为:"上悲悼尤甚,诏所司厚其葬礼。"姜公辅则进谏:"非久克复京城,公主必须归葬,今于行路,且宜俭薄,以济军士。"应该说,在当时战乱中,姜公辅这一建议是合乎情理的,但却使德宗大怒,对时为翰林学士的陆贽云:"唐安夭亡,不欲于此为茔垅,宜令造一砖塔安置,功费甚微,不合关宰相论列。姜公辅忽进表章,都无道理,但欲指朕过失,拟自取名。朕比擢拔为腹心,乃负朕如此!"

今存陆贽奏议,有《兴元论解姜公辅状》、《又答论姜公辅状》(《陆宣公集》卷一五),两《唐书》本传即据陆贽这两份奏议,记叙姜公辅为德宗罢免事。陆贽曾对德宗所谓"造塔役费微小,非宰相所论之事"提出异议,认为朝中议事,"但问理之是非,岂论事之大小",以造塔而论,"若造塔为是,役虽大而作之何伤;若造塔为非,费虽小而言者何罪"。德宗对此不满意,再遣宦官宣谕,谓姜公辅才行,实不配为相,朕在奉天时就拟将其罢免,并与其谈过,后因李怀光事起,就拖延下来,姜当知朕本意,就以造塔立论,"卖直取名"。陆贽虽然再上奏解释,并直言:"今陛下以素欲废罢公辅之心,而谓其所行皆非良善,则是迁怒而积愤之气未平也。"德宗还是于兴元元年四月将姜公辅罢免为左庶子。《旧唐书·德宗纪》上,兴元元年四月"甲寅,以谏议大夫、平章事姜公辅为左庶子"。

《旧传》接云:"寻丁母忧,服阙,授右庶子,久之不迁。"按:《唐会要》卷七一《州县改制》条,金州,有云:"石泉县,圣历元年改为武安县,神龙元年改为石泉县,后废;贞元元年十二月,刺史姜公辅请复置之,从之。"又贺次君点校本《元和郡县图志》之"阙卷逸文"卷一,山南道金州,有引《舆地纪胜》云:"石泉县,贞元元年刺史姜公辅奏置。"均记姜公辅于贞元元年(785)在金州刺史任①。由此,则姜公辅于兴元元年四月罢为左庶子,可能德宗返京后改任其为金州刺史,后因丁母忧,罢职。其授金州刺史,时间虽不长,可补两《唐书》本传之缺,故值得一提。

后贞元八年(792)四月,陆贽拜相,姜公辅当因"久之不迁",长期居右庶子之闲职,就"以有翰林之旧,数告贽求官"。陆贽大约感到为难,乃"密谓公辅曰:'予尝见郴州窦相,言为公奏拟数矣,上旨不允,有怒公之言。'公辅恐惧,上疏乞罢官为道士,久之未报。后又廷奏,德宗问其故,公辅不敢泄贽,便以参言为对。帝

①金州,其辖境相当今陕西南部石泉、旬阳等地,沿汉水。

怒,贬公辅为泉州别驾"(《旧传》)。《新传》略同。这里牵涉到窦参之事。按:窦参于贞元五年(789)二月与董晋同时入相,八年(792)四月被贬为郴州别驾,这涉及与陆贽矛盾事,详见后陆贽、吴道玄传,此不赘。姜公辅之所以向德宗言及窦参,当以为窦已外贬,无所顾忌,但不料又引起德宗的嫉恨,即更将他外贬。时在贞元八年十一月:《旧唐书·德宗纪》下,贞元八年十一月"己巳,贬右庶子姜公辅泉州别驾"。

泉州在福建,当时也算是僻远之地,而且终德宗朝后期十余年,未予量移,至"顺宗即位,起为吉州刺史,寻卒"(《旧传》)①。顺宗永贞元年为公元805年,则姜公辅外贬已有十四年,如顺宗未接位,即不可能有改授之命。德宗对朝臣之贬,往往是贬其终身的,如另一翰林学士陆贽,也于任相时贬忠州别驾,从贞元十一年(795)四月起,也于顺宗即位后才下诏追回,但也已卒于任。

《旧传》末云:"宪宗朝赠礼部尚书。"时在宪宗元和元年(806)二月:《旧唐书》卷一四《宪宗纪》上,元和元年二月癸卯,"赠故吉州刺史姜公辅礼部尚书"。姜公辅于永贞元年三月虽诏为吉州刺史,但当未就任即卒,《旧纪》此处仍称其为吉州刺史。

姜公辅曾与柳宗元之父柳镇交友。柳宗元《先君石表阴先友记》,第二位即姜公辅,云:"姜公辅,为内学士,以奇策取相位。好谏诤,免。后以罪贬,复为刺史,卒。"(《柳宗元集》卷一二)所谓

①按:韩愈《顺宗实录》卷二,记永贞元年三月壬申,"以故相抚州别驾姜公辅为吉州刺史"(《韩昌黎文集校注》外集下卷)。此云"抚州",当误。

"以奇策取相位",当指议朱泚事。可见姜公辅在贞元、元和时,是有一定声誉的。

《新唐书·艺文志》未有记其著述。今所存者仅文两篇:《白云照春海赋》、《对直言极谏策》(《全唐文》卷四四六)。《白云照春海赋》或为州府试试题。在翰林学士任期无制诰传世。

赵宗儒

赵宗儒,两《唐书》有传,见《旧唐书》卷一六七,《新唐书》卷一五一。《旧传》仅云"赵宗儒字秉文",未载籍贯,《新传》则云"邓州穰人"。《新唐书》卷七三下《宰相世系表》三下,南阳赵氏,著录有赵宗儒。据《元和郡县图志》卷二一,邓州属山南道,所属县即有穰、南阳等,则《新传》所载与《新表》合。

《旧传》记其父骅,官为秘书少监。《新传》记赵骅事较详,谓字云卿,开元中擢进士第,曾任地方县丞。曾因陷于安禄山军,被贬为晋江尉;后召入朝,历任左补阙、比部员外郎。与当时著名文人如殷寅、颜真卿、柳芳、陆据、萧颖士、李华、邵轸等交友,齐名,时人称为"殷颜柳陆,李萧邵赵","谓能全其交也"。这也是赵宗儒所受的家世教养。

《旧传》:"宗儒举进士,初授弘文馆校书郎。满岁,又以书判入高等,补陆浑主簿。数月,征拜右拾遗,充翰林学士。"《新传》略同。赵宗儒何年进士及第,未有确记,故清徐松《登科记考》列于未有确年之卷二七。韦执谊《翰林院故事》"建中已后"第三人为赵宗儒,云"拾遗充"。丁居晦《重修承旨学士壁记》则具体记为:"建中元年,自左拾遗充。"《旧纪》记为"右拾遗",有小异。据前姜公辅传,很可能与姜公辅、归崇敬同时于建中元年(780)三月后入为翰林学士。

按:据《旧传》,赵宗儒卒于文宗大和六年(832),年八十七,则当生于玄宗天宝五载(746)。建中元年入翰林时,为三十五岁。

据丁《记》,赵宗儒于建中"四年加屯田员外郎,依前充"。按:赵宗儒与姜公辅同于建中元年以左拾遗入,姜公辅于建中四年四月由左拾遗改迁为京兆府户曹参军,《旧唐书·姜公辅传》称其"岁满当改官",也就是,按官制,已满三年,经考核,可以擢迁。赵宗儒当也与姜公辅同于建中四年四月,由左拾遗(从八品上)迁为尚书省工部屯田员外郎(从六品上)。不过赵宗儒不久即因事出院。丁《记》谓同年(即建中四年)"十一月,出守本官"(韦执谊《翰林院故事》亦谓"出守本官",但未记年月)。《旧传》仅云"丁父忧",《新传》记赵骅事,则谓:"泾原兵反,骅窜山谷,病死,赠华州刺史。"按:泾原乱兵于建中四年十月入长安,德宗出走,赵骅当于此时逃至长安附近山谷,寻又病死,赵宗儒于是年十一月出守本官,当与此合。

《旧传》记赵宗儒居父忧,免丧后,复为司门、司勋员外郎。又据《唐会要》卷五八《考功郎中》条,赵宗儒于贞元六年(790)由司勋员外郎迁考功郎中,则其任司勋员外郎当在贞元初期,也就是出翰林学士院后数年间。可以注意的是,这时赵宗儒已颇有文名。柳宗元于元和前期曾致函赵宗儒,时赵为荆南节度使(详后）。柳宗元《上江陵赵相公寄所著文启》①，首云："往者尝侍坐于崔比部，闻其言曰：'今之为文，莫有居赵司勋右者。'自是恒欲饰其所论著，荐之阁下，病其未就，将进且退者殆十数焉。"此处所云的崔比部为崔鹏，字元翰，两《唐书》有传，见《旧唐书》卷一三七，《新唐书》卷二〇三《文艺传》。《旧唐书·崔元翰传》，载窦参于贞元五至八年间在相位时，曾"用为知制诰，诏令温雅，合于典谟"；《旧传》又称："其对策及奏记、碑志，师法班固、蔡伯喈，而致思精密。"贞元时有文坛卓誉者权德舆曾为其文集作序，称其文"如黄钟玉磬，宏璧琬玉，奏于悬间，列在西序。其彰彰者，虽汉庭诸公，不能加也"（《比部郎中崔君元翰集序》，《全唐文》卷四八九）。又据前所引柳宗元所作书启，崔元翰当时称赵宗儒为"赵司勋"，即赵在司勋员外郎任，也就是贞元前期。有如此盛名的崔元翰，竟称之为："今之为文，莫有居赵司勋右者。"赵宗儒虽已离翰林学士院，但也不过几年，可见赵任翰林学士时颇有文名，并与当时著名文士有所交往。柳宗元于贞元五年（789），年十七，即已应进士试，但连续几年，都未登第，至贞元九年（793）始中进士。《柳宗元集》卷三三《与杨诲之书》："吾年十七，求进士，四年乃得举。"这几年中他已是准备向赵宗儒进文，以求举荐。

赵宗儒主要仕历是在出院以后。据《旧传》，德宗时，贞元六年（790）由司勋员外郎迁考功郎中，后丁母忧；终丧，授吏部郎中。十一年（795），迁给事中。十二年（796）十月，与谏议大夫崔损同日以本官同中书门下平章事，这是德宗朝曾任翰林学士后为宰相

---

①见《柳宗元集》卷三六，中华书局点校本，1979 年。

的第三例(前为姜公辅、陆贽)。但不到两年,贞元十四年(798)闰五月,罢相,为左庶子①。居此虚职达六年,后迁为吏部侍郎。宪宗朝,有数次外任节镇②。元和元年至三年(806—808),为东都留守,还为礼部尚书③。寻又为江陵尹、荆南节度使,元和六年(811)四月召入朝为刑部尚书。七年(812)正月,又出任兴元尹、山南西道节度使(按:《旧传》云八年,误,《旧唐书·宪宗纪》确记为元和七年正月己巳)。至九年(814)三月,入朝为御史大夫。同年七月,又出任河中尹、河中晋绛等州节度使,至元和十二年(817)。后入朝,为吏部尚书。中唐时,翰林学士在出院后,多有出任地方节镇者,这也值得作综合性的考察、研究。

此后,历穆宗、敬宗、文宗,史称其"怯不任事",故多挂虚衔,如太子少傅、太常卿④、太子少师、太子太保、太子太傅等。《旧传》于传末评曰:"宗儒以文学进,前后三镇方任,八领选部,略于仪矩,切于治生,时论以此少之。"

赵宗儒于元和前期与朝臣、文士亦有诗文交往。宋计有功《唐诗纪事》卷四五记有赵宗儒《和黄门相公诏还题石门洞》诗,注:"黄门,武元衡也。"诗云:"益部恩辉降,同荣汉相还。韶芳满

---

①《全唐文》卷五三德宗《罢赵宗儒平章事诏》有云:"给事中、平章事赵宗儒,早以文学,累更职任,自居枢近,颇历岁时,虽夙夜载勤,而政理犹郁,式移秩序,以叶朝经。可太子右庶子。"
②可参郁贤皓《唐刺史考全编》,安徽大学出版社,2000年。
③见朱金城《白居易集笺校》卷五七《与宗儒诏》。
④《全唐文》卷六四八有元稹《授韦皋吏部尚书赵宗儒太常卿制》、《授赵宗儒尚书左仆射制》。按:元稹于穆宗初曾入朝为知制诰、翰林学士,此两制当此时期作。

归路,轩骑出重关。望日朝天阙,披云过蜀山。更题风雅韵,永绝翠岩间。"《全唐诗》卷三一八载赵宗儒诗一首,即此诗,当即据《唐诗纪事》。又,赵宗儒所和之武元衡原作,见《全唐诗》卷三一六,题为《元和癸巳,余领蜀之七年,奉诏征还,二月二十八日清明,途经百牢关,因题石门洞》,首云:"昔佩兵符去,今持相印还。"元和癸巳为元和八年(813)。

按:武元衡于元和初与李吉甫、郑絪同在相位。元和二年(807)十月,蜀中之乱平,需有人治理,即任武元衡为剑南西川节度使,赴蜀途中有诗寄李吉甫、郑絪。后李吉甫出为淮南节度使,二人亦有诗唱酬。元和六年(811)正月,李吉甫再次入相;八年(813)正月,武元衡也召入,与李吉甫等共居相位①。武元衡此诗当于元和八年二月由蜀返京途中经百牢关作。而此时赵宗儒正在山南西道节度使任,当为武元衡途经兴元府时,以诗相交,赵特为撰此和作。

又,前曾提及柳宗元《上江陵赵相公寄所著文启》,据前所述,赵宗儒约于元和三四年间为江陵尹、荆南节度使,元和六年返朝。柳宗元此时尚在永州贬所。柳宗元在永州,不时上书给京中友人及方镇大臣,如李吉甫于元和五年在淮南节度使任时,柳宗元就有《上扬州李吉甫相公献所著文启》(《柳宗元集》卷三六),抒其不平之感慨,并望其荐引。他上书致赵宗儒,也是如此,中有云:"谨献杂文十首,傥还以数字,定其是非,使得存于世,则虽生与蛮夷居,魂与魑魅游,所不辞也。"《柳宗元集》卷三五又有《贺赵江

---

① 参傅璇琮《李德裕年谱》(修订版),河北教育出版社,2001 年。

陵宗儒辟符载启》,当也同时前后所作,首云:"伏闻以武都符载为记室,天下立志之士,杂然相顾,继以叹息,知为善者得其归向,流言者有所间执。直道之所行,义风之所扬,堂堂焉实在荆山之南矣。幸甚幸甚!"按:符载于贞元时曾在韦皋西川节度使幕府,有文才。后韦皋卒,刘辟擅立,宪宗于元和初遣军平定之,其幕府文人多另有所授,唯符载遭忌嫉,未得其职,赵宗儒在江陵,聘其入幕府。柳宗元于此贺启中既赞誉赵宗儒之赏识人才,同时又出于自己的意望,文末云:"巧言难明,下流多讪,自非大君子出世之气,则何望焉!瞻望清风,若在天外,无任感激欣跃之至。"但现有材料,未见赵宗儒之回应。

按:《柳宗元集》卷三五另有《上广州赵宗儒尚书陈情启》,中华书局出版之点校本,其所附注引"孙曰",谓赵宗儒尝为广州节度使,元和元年四月,以安南都护赵昌为广州刺史、岭南节度使,"则此启当是与昌,而后来传写误耳"。此说是。据《旧唐书·宪宗纪》,元和元年四月"壬寅,以前安南经略使赵昌为广州刺史、岭南节度使",三年四月"乙亥,以岭南节度使赵昌为江陵尹、荆南节度使"。《柳宗元集》卷二二《送赵大秀才往江陵谒赵尚书序》,亦称此赵尚书"由交、广临荆州",并云"自吾窜永州三年",亦与赵昌任职时合①。

《全唐文》卷四三八载赵宗儒文二篇,一为《请权罢应制奏》,实即《旧传》所载"穆宗即位,以初释服,令尚书省官试先朝所征集

————————

① 岑仲勉《唐集质疑》亦有考及《上赵昌尚书启》,所见同,可参。见《唐人行第录》后附,中华书局上海编辑所,1962年。

应制举人,宗儒奏曰"之奏议。另一为《顺宗至德大圣大安孝皇帝哀册文》,记元和元年正月十九日"太上皇"崩,七月十一日迁葬于丰陵,此与《旧唐书·宪宗纪》记顺宗于元和元年正月甲午卒,七月壬寅葬丰陵合。而《旧唐书·赵宗儒传》谓"德宗崩,顺宗命为德宗哀册文,辞颇凄惋",以顺宗哀册文为德宗哀册文,显误。

归崇敬

归崇敬,两《唐书》有传,见《旧唐书》卷一四九,《新唐书》卷一六四。《旧传》:"归崇敬字正礼,苏州吴郡人也。"《新传》同。《元和姓纂》亦记为吴郡人。《旧传》虽历记其曾祖、祖、父名,但皆云因崇敬故,赠官,可见归崇敬家世并不显著。

《旧传》:"崇敬少勤学,以经业擢第。"未记科第名。《新传》则具体记为:"天宝中,举博通坟典科,对策第一,迁四门博士。"徐松《登科记考》卷九则列于玄宗十载(751)博通坟典科,谓:"柳宗元《四门助教厅壁记》:'归崇敬,天宝中举博通坟典科,对策第一。'《苏州府志》列于是年。"经查《柳宗元集》卷二六《四门助教厅壁记》,并无此语(据中华书局点校本),仅于"归散骑由是为左拾遗"句下引"韩曰",有此数语(按:"韩曰"实出于《新传》,见前引)。《苏州府志》或记有天宝十载,与《新传》之"天宝中"合,当是。但《登科记考》于同年又记归崇敬复以"才可宰百里"科及第,所据亦仅为《新传》。实则《新传》于"迁四门博士"后叙云:"有诏举才可宰百里者,复策高第,授左拾遗。"而《旧传》则明确记为："天宝末，对策高第，授左拾遗。"由此，归崇敬当于天宝中期登博通坟典科，为四门助教，天宝末又举试才可宰百里科，登科后改授左拾遗。《登科记考》所记当有误，今加订正。

又，柳宗元此文为贞元时作，他特地将归崇敬与贺知章并提，认为四门助教官位虽低，但"非博雅庄敬之流，固不得临于是，故有去而升于朝者"，因此"贺秘书由是为博士，归散骑由是为左拾遗"。柳文此处提及归崇敬称其为"散骑"，系归崇敬后任翰林学士时所带之官衔（详后）。

此后，归崇敬官职迁转，《旧传》记为："改秘书郎，迁起居郎、赞善大夫，兼史馆修撰，又加集贤殿校理。以家贫求为外职，历同州、润州长史，会玄宗、肃宗二帝山陵，参掌礼仪，迁主客员外郎。又兼史馆修撰，改膳部郎中。"

这里值得一提的是，归崇敬于代宗大历三年（768）出使新罗，当时在京多位诗人曾作诗饯送。据《唐会要》卷九五《新罗》条，大历二年（767），新罗国主宪英卒，"册立其子乾运为王"；"三年二月，命仓部郎中归崇敬兼御史中丞持节册命，又册乾运母为太妃"。《旧唐书》卷一九九上《东夷·新罗传》亦记为大历三年。归崇敬此次出行时，当时在京诗人以《送归中丞使新罗》为题作诗相送的，有皇甫冉（《全唐诗》卷二五〇）、皇甫曾（同上，卷二一〇）、耿湋（同上，卷二六九）、李端（同上，卷二八六），吉中孚亦有《送归中丞使新罗吊祭册立》（同上，卷二九五）[1]。独孤及且特为

---

[1]参陶敏、李一飞、傅璇琮著《唐五代文学编年史·中唐卷》大历三年，辽海出版社，1998年。

作序,其《送归中丞使新罗吊祭册立序》(《全唐文》卷三八七),称:"今天子以公身衣儒服,力儒行,行之修可移于官,学之精可专对四方,是故公任执法之位,且使操节以济大海,颁我王度于大荒之外。"可见归崇敬于早期即与文士颇有交往,且有声誉。

两《唐书》本传对归崇敬此次出行,评价甚高,云:"至海中流,波涛迅急,舟船坏漏,众咸惊骇。舟人请以小艇载崇敬避祸,崇敬曰:'舟中凡数十百人,我何独济?'逡巡,波涛稍息,竟免为害。故事,使新罗者,至海东多有所求,或携资帛而往,贸易货物,规以为利;崇敬一皆绝之,东夷称重其德。"《新传》所记略同。

归崇敬出使返回后,即授国子司业,兼集贤学士,"与诸儒官同修《通志》,崇敬知《礼仪志》,众称允当"(《旧传》)。后虽因事出贬为饶州司马,但旋即入朝,德宗即位第二年,就将他召入为翰林学士:"建中初,又拜国子司业,寻选为翰林学士,迁左散骑常侍。"(同上)

丁居晦《重修承旨学士壁记》:"归崇敬:建中元年自国子司业充;四年,迁左散骑常侍。"归崇敬当与姜公辅、赵宗儒同时于建中元年(780)三月被召入(参见前姜公辅、赵宗儒传)。按:国子司业从四品下,左散骑常侍本为从三品,代宗广德二年(764)升为正三品(《旧唐书·职官志》二),相当于尚书省各部尚书。以如此高品阶入院,这不仅是德宗朝,就是此前如肃、代等朝似也未有。这当与他在入院前已有长期仕历有关。

又据《新传》,归崇敬卒于贞元十五年(799),年八十八[1],则

---

[1] 《旧传》谓年八十,似不确,现即据《新传》。

生于玄宗先天元年(712),建中元年入院时已六十九岁,这也是此时前后任翰林学士年龄最高的。

归崇敬在学士院内官衔的迁转,据丁《记》,建中四年(783)迁左散骑常侍,贞元七年(791)六月除检校户部尚书兼本官;七月,迁正工部尚书。八年(792),除兵部尚书,致仕,出院。韦执谊《故事》则谓左散骑常侍后,为"户曹又充",以户部尚书为户曹,不确。又,《旧唐书·德宗纪》下,贞元七年"八月己丑,以翰林学士归崇敬为工部尚书"。八月己丑即八月一日,与丁《记》所记七月,稍有异。《旧纪》于贞元八年七月甲寅朔,又记:"以翰林学士归崇敬为兵部尚书,致仕。"可补丁《记》仅记"贞元八年",未记七月。

《旧唐书·德宗纪》下,贞元十五年(799)四月"乙未,特进、兵部尚书归崇敬卒"。《旧传》谓因其卒,"废朝一日,赠左仆射"。其子登,宪宗时曾任兵部侍郎,兼判国子祭酒事,迁工部尚书,有文誉。登子融,文宗时为翰林学士(详后传)。

《新唐书》卷六〇《艺文志》四,集录别集类著录有《归崇敬文集》二十卷。南宋时晁、陈二志未记,当北宋中期后已不传。《全唐文》卷三七九载其文四篇,皆议礼仪之奏疏,均本两《唐书》本传。

陆　贽

陆贽,两《唐书》有传,见《旧唐书》卷一三九,《新唐书》卷一五七。另有权德舆《唐赠兵部尚书宣公陆贽翰林集序》①，韩愈《顺宗实录》卷四《陆贽传》②。权德舆、韩愈皆与陆贽同时，所记详实，两《唐书》本传多采权《序》与韩《传》。

当代有关陆贽生平研究及著作评论，亦不少，较著者有于景祥《陆贽研究》（辽宁人民出版社，1998年），王素《陆贽评传》（南京大学出版社，2001年），刘泽民校点《陆宣公集》（浙江古籍出版社，1998年）。均可参。

权《序》："公讳贽，字敬舆，吴郡苏人。"韩《传》同。两《唐书》本传均谓苏州嘉兴人。据《元和郡县图志》卷二五江南道浙西观察使，所属州有苏州、吴郡，嘉兴则为所属县之一（即今浙江嘉兴）。

权《序》："溧阳令侃之子。"《元和姓纂》卷十、《旧传》同，韩《传》与《新传》未记。《新唐书》卷七三下《宰相世系表》三下，则记其父名灞，吏部郎中。据有关论著考证，《新表》误③。

《旧传》："贽少孤，特立不群，颇勤儒学。"则其父早卒。《旧传》又云："年十八，登进士第。"权《序》、韩《传》、《新传》均同。按：陆贽卒于顺宗永贞元年（805），年五十二（详后）。由此，则当生于玄宗天宝十三载，年十八登进士第，则为代宗大历六年（771）。唯《郡斋读书志》卷一七著录《陆贽奏议》十二卷、《翰苑

---

① 《全唐文》卷四九三；又见霍旭东校点《权德舆文集》卷二三，甘肃人民出版社，1999年。
② 见马其昶校注《韩昌黎文集校注》外集下卷，上海古籍出版社，1986年；又阎琦校注《韩昌黎文集注释》卷十，三秦出版社，2004年。
③ 参见刘家钰、张扬《陆贽家世考辨》，《文献》1990年第3期。

集》十卷,注谓"大历八年进士"。清徐松《登科记考》卷十,虽引《顺宗实录》"年十八进士及第",但仍据晁《志》,系于大历八年。当前研究者多以为晁《志》与徐《考》均误,应据权《序》等所记卒年、年岁推计,其登第年为大历六年①。实则据徐《考》卷十,卢景亮可确定为大历六年进士及第,《文苑英华》卷一八四"省试诗",有卢景亮与郑纲《寒夜闻霜钟》,即当为大历六年进士试诗。而《文苑英华》卷一八七"省试诗",有陆贽、周存、员南溟、常沂《禁中春松》诗,周存、员南溟、常沂均为大历八年进士及第者。这应为确证之材料。晁《志》明载大历八年,晁公武当见到南宋前期尚传存之唐登科录材料。同是南宋前期的计有功,其《唐诗纪事》卷三二陆贽条,即记为"大历八年试《禁中春松》"。由此,则权《序》等所记年十八登第之年如不误,则其生年应为肃宗至德元载(756),惟其卒时年岁当为五十,非五十二。

《唐诗纪事》卷三二又载钱起《喜贽擢第还苏州》诗:"乡路归何早,云间喜擅名。思亲卢桔熟,带雨客帆轻。夜火临津驿,晨钟隔浦城。华亭养仙羽,计日再飞鸣。"《全唐诗》卷二三七亦载,题作《送陆贽擢第还苏州》。按:据《旧唐书》卷一六八《钱徽传》,徽(钱起子)为吴郡人。钱起与陆贽同乡,当早已相识,故及其登第还家,特作诗相送,祝贺。又据《唐才子传校笺》,卷四钱起传笺②,钱起约生于睿宗景云元年(710)左右,则此时已六十余岁,

<hr>

① 如王素《陆贽评传》上编第二章第二节《应举》。
② 傅璇琮主编《唐才子传校笺》第二册卷四《钱起传》,傅璇琮笺,中华书局,1989年。

在长安,任司勋员外郎(参《唐文拾遗》卷四九怀索《自叙帖》,见《唐才子传校笺》第五册陶敏补笺)。

权《序》接云:"应博学宏辞科,授郑县尉,非其好也。省母归寿春,刺史张镒有名于时,一获晤言,大加赏识。"两《唐书》本传略同。郁贤皓《唐刺史考全编》卷一三〇,记张镒于大历十二年至十四年(777—779)五月为淮南寿州刺史。据此,则陆贽当于大历八年进士登第后,又应博学宏词试,授华州郑县尉,因不中意,罢秩后即归常州省母,途经寿州,谒见刺史张镒,当在大历十二三年间。

权《序》接云:"是岁,以书判拔萃,调渭南簿,御史府以监察换之。"《旧传》亦略谓:"又以书判拔萃,选授渭南县主簿,迁监察御史。"权《序》所谓"是岁",即陆贽谒见寿州刺史张镒之年,但亦未标具体年月。按:卢纶有《驿中望山戏赠渭南陆贽主簿》(《全唐诗》卷二七八):"官微多惧事多同,拙性偏无主驿功。山在门前登不得,鬓毛衰尽落尘中。"按:卢纶于大历中曾因元载、王缙之荐,历任阌乡尉、密县令、监察御史;后大历十二年三月,元载被贬赐死,王缙亦外贬,卢纶坐累罢官,但仍居长安,有时在洛阳(参见《唐五代文学编年史·中唐卷》)。由此,则卢纶此诗,当为卢纶于长安、洛阳途中作。可见卢、陆二人此前亦已相识。按:钱起与卢纶均为"大历十才子"名家,由此也可见陆贽早期与当时诗人已甚有交往。

又韩《传》、《新传》均作"渭南尉",现据卢纶诗,则当以权《序》、《旧传》为正,应作渭南主簿。不久,即入朝任监察御史,均在大历时。

代宗于大历十四年（779）五月卒，德宗接位，第二年改为建中元年（780）。陆贽于德宗即位后召入为翰林学士，但陆贽入院之时间，现研究者多有歧见，应加辨析。

权《序》："德宗皇帝春宫时知名，召对翰林，即日为学士，由祠部员外郎转考功郎中。"《旧传》："德宗在东宫时，素知贽名，乃召为翰林学士，转祠部员外郎。"《新传》略同，谓："帝在东宫，已闻其名矣，召为翰林学士。"韩《传》于"迁监察御史"后，云："未几，选为翰林学士，迁祠部员外郎。"按：权《序》所谓"即日"，有些论著（如于景祥《陆贽研究》）即据此定陆贽入任翰林学士在大历十四年德宗刚即位时。又王素《陆贽评传》第二章《应举及初仕》，据陆贽《册蜀王妃文》、《册杞王妃文》都标有"建中二年十一月某日"，即谓德宗建中二年（781）十一月某日召见陆贽，将此文作为试作，试作后以本官监察御史入居翰林，但又云尚是临时性的"使职"。按：《册蜀王妃文》、《册杞王妃文》见《陆宣公集》卷六，确皆标为"建中二年十一月某日"。此时陆贽尚未正式入院，作为监察御史，是不能作此制诰的。这当如白居易文集中"翰林制诰"，中有非其任职时所作，岑仲勉特有考，认为非白居易之作（详后白居易传）。权《序》在文末，称其文集中"其关于时政，昭昭然与金石不朽者，惟制诰奏议乎；虽已流行，多谬编次"，则权德舆当时已见到有人为陆贽编次制诰奏议，已有"多谬"。故《册蜀王妃文》是否陆贽所作，甚可疑，更不可能据此来考定陆贽入翰林的时间。

陆贽入院年月，当仍应依据丁居晦《重修承旨学士壁记》。

丁《记》中建中入院者为八人，陆贽列于姜公辅、赵宗儒、归崇敬三人之后，此三人皆于建中元年三月同时入（见前姜公辅等三人传）。丁《记》于归崇敬后，列陆贽，云："建中四年三月，自祠部员外郎充。"即陆贽先已为监察御史（正八品上），后迁祠部员外郎（从六品上），建中四年（783）三月，即以祠部员外郎入。韩《传》："迁监察御史，未几，选为翰林学士，迁祠部员外郎。"《旧传》亦云："乃召为翰林学士，转祠部员外郎。"则均以入为翰林学士后，再迁为祠部员外郎，不确。

丁《记》接云："其年十一月，转考功郎中。"《旧唐书》卷一二《德宗纪》上，建中四年十二月，"乙丑，以祠部员外郎陆贽为考功郎中，金部员外郎吴通微为职方郎中，翰林学士亦如故。"则丁《记》作十一月，误。权《序》谓："由祠部员外郎转考功郎中。朱泚之乱，从幸奉天。"按：德宗出奔奉天在建中四年十月，陆贽随行。权《序》将其迁考功郎中叙于随德宗赴奉天之前，亦不确。韩《传》、《旧传》虽未记迁考功郎中之具体年月，但均叙于随赴奉天以后，是。

丁《记》："兴元二年六月，迁谏议大夫。"按：《旧纪》兴元元年（784）六月癸丑记："考功郎中、知制诰陆贽，司封郎中、知制诰吉中孚，并为谏议大夫，水部员外郎顾少连为礼部郎中，并依前充为翰林学士。"与吉中孚、顾少连并记，当是。且兴元元年之第二年，正月丁酉朔，即宣制大赦，改元贞元，未有称兴元二年者，丁《记》云"兴元二年六月"，误，"二"当作"元"。又陆贽与吉中孚皆以尚书郎中兼知制诰，此亦为丁《记》所缺。谏议大夫为正五品上，较郎中高二阶。

丁《记》："十二月，转中书舍人。"《旧纪》兴元元年十二月，"辛卯，以谏议大夫陆贽为中书舍人，依前翰林学士"。丁《记》接云："贞元三年，丁忧。""六年，迁兵部侍郎，又加知制诰。"《旧唐书》卷一三《德宗纪》下，贞元六年二月，"丙戌，以中书舍人陆贽权兵部侍郎"。但未言复入翰林学士。韩《传》则确记为："免丧，权知兵部侍郎，复入翰林。"两《唐书》本传同。

丁《记》："七年，出守本官。"《旧纪》贞元七年（791）八月丙申，"翰林学士陆贽为兵部侍郎，罢学士"。关于陆贽出院的原因，牵涉当时人事纷争，后有详述。

此后，陆贽于贞元八年（792）春知贡举；四月，擢任宰相，以中书侍郎同中书门下平章事。但贞元十年（794）十二月，为户部侍郎裴延龄所潛，罢相，为太子宾客。贞元十一年（795）四月，又出贬为忠州（今重庆忠县）别驾。直至顺宗立，永贞元年（805）三月，下诏还朝。《顺宗实录》卷二记此事，有云："德宗自贞元十年已后，不复有赦令。左降官虽有名德才望，以微过忤旨遣逐者，一去皆不复叙用。至是人情大悦。而陆贽、阳城皆未闻追诏而卒于迁所，士君子惜之。"

以下拟就三个方面论述其在翰林学士期间所表现的职能作用，即：一、直言朝政与撰写制诰；二、关于所谓陆贽"内相"；三、陆贽与科举考试。

一、关于直言朝政与撰写制诰。

据前所述，陆贽生于肃宗至德元年（756），则其于德宗建中四年（783）四月入为翰林学士，年仅二十八岁。这不仅在当时，即使有唐一朝，如此年轻即入院为学士，也极稀见。可能也正因年轻，又加以他自少即"特立不群，颇勤儒学"（《旧传》），故敢直言时政得失。《通鉴》卷二二八建中四年八月载："时两河用兵久不决，赋役日滋，(陆)贽以兵穷民困，恐别生内变，乃上奏，其略曰：'克敌之要，在乎将得其人。……是知立国之安危在势，任事之济否在人。'"后同年十月，因泾原兵乱，德宗出奔奉天，陆贽又上奏，据《通鉴》载，有云："兵连祸结，行及三年，征师日滋，赋敛日重，内自京邑，外洎边陲，行者有锋刃之忧，居者有诛求之困，是以叛乱继起，怨讟并兴，非常之虞，亿兆同虑。唯陛下穆然凝邃，独不得闻。"《通鉴》于十一月又记："上问陆贽以当今切务，贽以向日致乱，由上下之情不通，劝上接下从谏"；并直言此次变乱将起时，"亿兆同忧，独陛下恬然不知，方谓太平可致"。元胡三省《通鉴》注，于此处评议云："德宗致乱之事，诚如贽言"，"陆贽此言，诚足以箴砭德宗之失"。《通鉴》卷二三〇兴元元年二月又记陆贽谏言之事，胡三省于此处又注云："为上追仇陆贽尽言而贬贽张本。"在另一处，胡注又谓："此数语，曲尽德宗心事，异日安免追仇乎？"胡注确有所见。由此可见，翰林学士虽在宫中，能随时向皇帝进言，参预政事，但实话过多，就难免使祸难暗伏，结果使险境丛生。后白居易于元和十年(815)贬江州司马，他即认为此次之贬，其祸根即植于前数年在翰林学士期间之直言(详后宪宗朝白居易传)。

权《序》对陆贽代皇帝撰制诏书，是很注意陆贽主张应"痛自引过"，有云："尝从容奏曰：'此时诏书，陛下宜痛自引过，以感人心。昔禹汤以罪己勃兴，楚昭以善言复国。陛下诚能不吝改过，以言谢天下，俾臣草辞无讳，庶几群盗革心。'上从之。故行在诏书始下，虽武人悍卒，无不挥涕激发。议者以德宗克平寇乱，不惟神武之功，爪牙宣力，盖亦资文德腹心之助焉。"陆贽草制的《奉天改元大赦制》(《陆宣公集》卷一)，确为德宗代言，自责错失，甚至有："天遣于上而朕不寤,人怨于下而朕不知";"上累于祖宗,下负于蒸庶,痛心靦貌,罪实在予"。这种君主自责之辞,不但在当时,在后世更不易见到。正因如此,收到很好的效果:"赦下,四方人心大悦。及上还长安明年,李抱真入朝,为上言:'山东宣布赦书,士卒皆感泣,臣见人情如此,知贼不足平也。'"(《通鉴》卷二二九)

　　陆贽的诏文,对后世影响是很大的。《宋史》卷三三八《苏轼传》记苏轼"比冠,博通经史,属文日数千言,好贾谊、陆贽书"。苏轼后入朝任官,特上奏,编校陆贽文集,其《乞校正陆贽奏议进御札子》中,还特别提及:"德宗以苛刻为能,而贽谏之以忠厚;德宗以猜疑为术,而贽劝之以推诚。"又如南宋时专辑录散体的真德秀《文章正宗》,因陆贽制诏为骈体,谓"以其词尚偶俪",故不选录,但于卷三所录两汉诏令后,特加按语云:"自汉及唐,唯兴元赦令,能兴起人心。"可见即使古文理论家,对陆贽骈文体制诏,也评誉极高。

　　《新唐书·艺文志》三,类书类,著录有陆贽《备举文言》二十卷,但未有说明。南宋晁公武《郡斋读书志》卷一四亦著录为二十卷,谓"总四百五十余门,议者谓大类《六帖》而文辞过焉"。后南宋王应麟《玉海》所记又较为具体,《玉海》卷二〇一据《中兴馆阁书目》,记云:"陆贽《备举文言》三十卷,摘经史为偶对类事,共四百五十二门。"这当是在翰林学士任职期间,因制诰用骈文体,骈文撰写注重对偶、用典,就特从经史等书,按类摘录,竟有四百五十二门。此书则南宋时尚存,后亡佚,由此也可见当时翰林学士,从写作的实用出发,对类书编纂是相当重视的。此可与宪宗时白居易于翰林学士任内编《白朴》一书参看（详宪宗朝白居易传）。

二、关于所谓陆贽"内相"。

过去往往把翰林学士称为"内相"，意指处于宫中的宰相，而这宫中的宰相，其职权则是超过外面的正式宰相，而"内相"的称呼，则又认为是从德宗时的陆贽开始的。如前几年出版的一部《中国通史》，论述"隋唐官制"时就说："受到皇帝信任的翰林学士，如德宗时的陆贽，还可以与宰相分庭抗礼，被目为'内相'。"①

把陆贽说成为"内相"，通常即见于两《唐书》陆贽本传及《通鉴》。《旧唐书》卷一三八《陆贽传》云："贽初入翰林，特承德宗异顾，歌诗戏狎，朝夕陪游。及出居艰阻之中，虽有宰臣，而谋猷参决，多出于贽，故当时目为内相。"《新唐书》本传所记更进一步，谓："虽外有宰相主大议，而贽常居中参裁可否，时号内相。"《通鉴》卷二三〇德宗兴元元年二月，记德宗因李怀光反，不得不又从奉天出奔梁州，云："贽在翰林，为上所亲信，居艰难中，虽有宰相，大小之事，上必与贽谋之，故当时谓之内相。"《通鉴》虽也有内相之说，但所记较为客观，只说德宗常与之谋议，并不像两《唐书》本传所说的那样，外面宰相所议决之事，还要由陆贽来"参裁可否"。

这里确有两个问题，一是"内相"之称是否即自陆贽始，二是当时作为翰林学士的陆贽，其权是否超过外廷的宰相。

自两《唐书》及《通鉴》记载后，一般确以为"内相之称，自唐

<hr />

① 见白寿彝主编《中国通史》第六卷第九册，上海人民出版社，1997 年，第950 页。

陆宣公始"①。但无论陆贽本人及同时人，都未有"内相"之说。与陆贽同时的权德舆于宪宗元和时作《陆宣公翰苑集序》，是最早全面评价陆贽政绩、文词之文，也没有"内相"之称，反而说："古人以士之遇也，其要有四焉：才、位、时、命也。仲尼有才而无位，其道不行；贾生有时而无命，终于一恸；惟公才不谓不长，位不谓不达，逢时而不尽其道，非命欤？"对陆贽的"不尽其道"，深为惋惜，根本没有"常居中参裁可否"之意。

历史上最早提及"内相"一词的，是李肇。李肇也是一位翰林学士，他于宪宗元和十四年（819）作《翰林志》，其中提到同为翰林学士的吴通微、吴通玄兄弟与陆贽有矛盾，"争恩不叶，甚于水火"，而吴氏兄弟也甚为德宗宠信，于是陆贽于贞元三年（787）上疏，主张把翰林学士的一种特权即起草朝政大令的制诏之权回归于外廷的中书舍人，但，"疏奏不纳"。李肇接云："贞元末，其任益重，时人谓之内相。而上多疑忌，动必拘防，有守官十三考而不迁，故当时言内职者，荣滞相半。"这里的内相，并非专指陆贽。因为陆贽于贞元十一年（795）因触怒德宗，就贬至忠州，整整十年，只有到贞元二十一年（805）正月，德宗死，顺宗立，才下诏召回，而陆贽已死。李肇说的是德宗贞元晚期，谓那时学士的职任更重，当时称为内相。不过李肇又马上说，皇帝非常疑忌，对学士一举一动都防范得很严，甚至有十几年也不给以升官位的。由此可见，陆贽在翰林学士期内，并未有内相之称。

这里拟仍以陆贽为例，就翰林学士参预政治的角度，重点谈

---

①见北宋时笔记莫君陈《月河所闻录》。

几件事,来论证过去所谓"虽外有宰相主大议,而贽常居中参裁可否"是否确实。

第一件事,关于当时宰相卢杞。建中四年十月,德宗仓促出奔,曾任西川节度使,后还朝挂一宰相虚衔的崔宁也与其他几个同僚随同西行。而在长安称帝的朱泚行反间之计,发布命令,假装封崔宁为相(中书令)。卢杞因与崔宁有个人私怨,就乘间陷害他,命令崔宁原来的一个部下伪造一封崔宁给朱泚的书信,使崔宁无以自辩。于是德宗听信卢杞,把崔宁杀死,并命陆贽起草诛杀崔宁的文书。陆贽对此是有怀疑的,就要求把崔宁给朱泚的信拿来看看,但卢杞只简单地回答"其书已失",根本不理陆贽的要求。结果崔宁被杀,而"中外称其冤"。以上见《旧唐书》卷一一七《崔宁传》。这里可见,当时任宰相的卢杞行其所当行,陆贽未能"居中参裁可否"。

第二件事,是关于宰相姜公辅的罢免。姜公辅是比陆贽早几年任翰林学士的,建中四年十月德宗刚从长安出走时,姜公辅曾建议先将当时居于长安的朱泚斩除,以免乱兵奉以为主(因朱泚是朱滔之兄,朱滔正在河北一带叛乱),但德宗仓促之间未听。德宗刚到奉天,有人报告朱泚已在长安称帝,但卢杞认为朱泚为人笃实,不会反,而姜公辅则建议应重兵加强防守德宗的住处,以防万一。后朱泚之兵果来进攻,德宗就因此赏识姜公辅,马上任命他为宰相(谏议大夫、同中书门下平章事)。这是德宗刚到奉天的第八天,也是唐代由翰林学士直接迁升为宰相的第一个(关于姜公辅,可参前姜公辅传)。

但不久就有变化。姜公辅当宰相的第二年,即兴元元年

（784）二月，本为唐大将、与朱泚作战的李怀光，在奉天附近反叛，德宗又匆忙逃奔梁州（今陕西汉中）。途中其长女唐安公主病亡，德宗就要为女儿在当地造一塔，并加厚葬，姜公辅加以劝阻。这就触犯了德宗，德宗与陆贽商议，想罢免姜公辅。今存陆贽奏议，有《兴元论解姜公辅状》、《又答论姜公辅状》（见《陆宣公集》卷一五），记叙此事。据此二状所记，德宗曾遣宦官告知陆贽，造塔的费用并不多，这不应该是宰相所论之事，姜公辅之所以如此，"但欲指朕过失，拟自取名"。陆贽回答，谓姜公辅是以谏议大夫入相的，以事相谏，乃其职分，并非过当。又对德宗所谓"造塔役费微小，非宰相所论之事"提出异议，认为朝中议事，"但问理之是非，岂论事之大小"，以造塔而论，"若造塔为是，役虽大而作之何伤；若造塔为非，费虽小而言者何罪"。德宗对此不满意，再遣宦官表示，说姜公辅的才行，实不配当宰相，我早在奉天时就想把他罢免了，也曾与他谈过，后因李怀光事起，就拖延下来，姜知道我的本意，就故意以造塔之论，来"卖直取名"。陆贽虽然再上奏解释，但只能是说一些虚词了。这样，就于兴元元年四月将姜公辅降为左庶子，姜公辅在相位不到七个月。姜的罢相制文是由陆贽起草的。可以注意的是，制文中说姜公辅"自处台司，累疏陈乞，忌满思退，持盈守谦。留中久之，重难其请，式光挹抑，俾尹宫坊"。就是说，姜早已提出要辞去相位，而皇上则又几次留他，实在难于其请，只好如此。这完全是官场套话，对两方面都保留面子，可见翰林学士草拟公文实在有很大难处的。

第三件也有关宰相之事。建中四年十月，萧复同时与姜公辅任为宰相。他在任相不久，曾向德宗进言，说宦官宜在宫中供奉，不应委以兵权国政,德宗听了不高兴。萧复后又言德宗即位以来,重用杨炎、卢杞,而杨、卢二人干扰朝政,以致造成现在的动乱。有一次他与卢杞共同奏事,当着德宗的面,说:"卢杞言不正!"德宗大怒,事后向左右说:"萧复轻朕!"就于兴元元年元月,借口国家赋税,多出于江淮,应派大臣前去宣慰,即任命萧复仍带着宰相的官衔而为江南宣慰使(《通鉴》卷二二九记此事,司马光特加一句:"实疏之也。")。同时,德宗又派遣宦官,向陆贽告知此事,还特地说,萧复最初接受这一任命,后又联络另一宰相及其他朝臣,想挽留他,问陆贽如何处置。陆贽有《奉天论解萧复状》(《陆宣公集》卷一四),回答很得体,说:"臣缘自到行在,常居禁中,向外事情,视听都绝,忽承顾问,莫测端由。"表示他不过问外廷的人事。同时他还是为萧复辩解,认为他"用虽不周,行则可保",绝不会"翻覆挟奸",至于或遣或留,还是建议再向朝中大臣征求意见。后萧复出使回来,又对朝政有所议论,德宗更不高兴,索性把他相位罢免。陆贽虽也有所奏议,但德宗根本不听。可见翰林学士作为"天子之私人",处境也是很难的。

第四件,也就是陆贽在翰林学士任期内参预政治的最后一件事,牵涉到他是如何被排除出院的。原来与他同年入学士院的,有吴通微、吴通玄兄弟二人。兄弟二人,同一年被任为翰林学士,这在历史上是少见的,而所以能如此,又与德宗个人有关。据《旧唐书》卷一九〇《吴通玄传》,吴氏兄弟之父道瓘原为道士,"善教诱童孺",代宗大历时被召入宫中,"为太子、诸王授经",吴通玄弟兄也因此能出入宫掖。当时德宗为太子,既有这一层原因,再加上吴通微、吴通玄也善作文,文采绮丽,于是就被召入院。

　　但不久,吴氏兄弟就与陆贽发生矛盾。《旧唐书·吴通玄传》载:"陆贽富词藻,特承德宗重顾,经历艰难,通玄弟兄又以东宫侍上,由是争宠,颇相嫌恨。"这是唐代翰林学士内部的第一次人事纷争,这种纷争以后在每一朝经常都会发生,这也是翰林学士研究值得注意的现象。陆贽是有政见、有文采的人,但性格也有偏急。就在贞元三年(787)索性提出,把起草制诏的职权返归于中书舍人。德宗出于牵制宰相之权,又要在身边有一个咨询班子,当然不会同意。正好这一年陆贽因母卒,丁忧出院,至贞元六年(790年)二月才免丧又入院。而吴氏兄弟正好乘陆贽出院期间,与宰相窦参联结。过了一年,他们想办法,于贞元七年八月让陆贽出任兵部侍郎,并让他准备主持明年春天的贡举考试,于是就正式把他挤出学士院。《通鉴》卷二三三记陆贽此事,特别加了一句话:"窦参恶之也"。《旧唐书·吴通玄传》则谓"皆通玄谮之也"。实际上,则是内部的翰林学士与外廷的宰相,互相联结,共同把陆贽排除的。这里也可见,翰林学士作为文人参预政治,在整个中枢机构,其个人实没有什么基础。

　　不过过了不久,吴通玄与窦参也出了事。原来窦参有族子窦申,得到窦参宠信,而对外则招权纳贿。窦申同时又是李则之的族甥,李则之是李唐宗室,嗣虢王,其先世为唐高祖第十四子。李则之于贞元初为左金吾卫大将军,算是高位。吴通玄与窦参虽把陆贽排除出学士院,还想继续陷害他,于是通过窦申与李则之勾结,买通人上书,诬告陆贽于贞元八年春知贡举,收受贿赂,所选人士不实。这引起德宗的注意,德宗也有耳目,察知窦参等互相联络的情况,反而把李则之、窦参、窦申贬逐,窦参与吴通玄不久还被处死。为什么德宗这次处分得如此严厉呢? 从史书的一些记载看,他倒并非一定站在陆贽一边,他有他自己的想法。他在答复陆贽的一份奏议中,说窦参"此人交结中外,意在不测";又说:"窦参在彼,与诸戎帅交通,社稷事重。"(《陆宣公集》卷一九《商量处置窦参事体状》、《奏议窦参等官状》)德宗作为一个君主,对宰相交结中外,尤其是外结方镇,内结翰林学士,更不放心。第二,据史书记载,吴通玄曾取李唐宗室一个女子为外妇(情妇),为德宗所知,这也犯了忌讳,德宗认为是"污辱近属"。而且作为宫中的翰林学士,既与宰相勾结,又与高位的宗室联通,这更犯了大忌,因此德宗也要把吴通玄杀死。

　　这时吴通玄之兄吴通微总算未卷入纷争,未受罪。《旧唐书·吴通微传》载:"通玄死,素服待罪于国门,帝特宥之,通微竟不敢为丧服。"自此吴通微就谨慎小心,一直到贞元十四年,还在学士院内(见后吴通微传)。陆贽则因窦参等事发,为德宗提升为宰相(贞元八年四月)。但他自以为受德宗的信知,又屡次上书,直言时政,又造成德宗的不满。这时德宗又宠信户部侍郎、判度支裴延龄,而裴之为人则"奸宄用事,天下嫉之如仇,以得幸于天子,无敢言者。陆贽独以身当之……累上疏极言其弊"(《旧唐书·陆贽传》)。结果,德宗偏信裴延龄,于贞元十年(794)十二月把陆贽罢去相位,第二年四月更把他远贬为忠州别驾。这时陆贽脱离翰林学士院已好几年,但正如上面引述过的元代胡三省所作的《通鉴注》所说,陆贽在奉天、梁州供职翰林学士时的直言极谏,使德宗恨记在心,"为上追仇陆贽尽言而贬贽张本"。

正因如此,德宗中期以后,也即陆贽被贬以后,翰林学士中出现长期稳定的局面。据《新唐书·宰相年表》,贞元十年至二十年,当时每一宰相在任期,一般不过二三年,最长不超过四年,而这时的翰林学士,如韦绶(十年),顾少连(十二年),郑絪(十三年),卫次公(十三年),韦执谊(十六年),任期如此之长,也是前后几朝所未有的。但正如李肇《翰林志》所载,在任期虽然长,官位却升得很慢,甚至有十三考(年)也未有升迁的(唐代的翰林学士只是差遣,其品阶与俸禄要靠所带的官位来定)。而且这些学士,虽表面上受到德宗的眷顾,而实则战战兢兢,不敢有什么举动,更未有像陆贽那样直言极谏。如顾少连,前面曾提及杜黄裳曾为他作碑文,碑文说他在翰林将近十二年,以"周密自制","以谨审见称","谠言硕书,人莫得闻"。又如韦绶,《旧唐书》本传,说"绶所议论,常合中道,然畏慎致伤,晚得心疾,故不极其用"。他是想以心疾为借口要求退出的,后又好几次提出,并说其母年老,请求解职赡养,使得德宗很不高兴。

这些情况,提供我们现在研究者一个冷静的思考:究竟如何实事求是地探讨唐代的知识分子怎样在高层次参预政治,并在这种参预中,知识分子到底能起多大的作用,最终他们又能为自己争得什么。——唐代是这种参预的起始阶段,而从唐以后的长远进程来看,翰林学士这一文人的特殊阶层,就逐渐被迫与现实政治疏远并淡漠了。这是我国古代文化研究中一个值得注意的现象。

三、陆贽与科举考试。

陆贽参预科举考试有两种情况,一是制举试草拟策问,二是主持进士、明经等试,即知贡举。唐代科举考试一般分常科与制举两种,常科基本上为每年在长安(有时在洛阳)举行,主要为选取进士、明经等;另一为制举试,制举与常科不同,非每年定期举行,而据实际政局需要,确定具体时间,并名义上由皇帝主持①。不过制举试名义上由天子亲试,实际上还是委派官员考阅策文,而因制举的策问乃以天子名义发之,故有时即由在宫中任职的翰林学士起草,如同草拟制诰。德宗贞元元年(785)九月制举试,就由陆贽撰拟《策问贤良方正能直言极谏科》、《策问博通坟典达于教化科》、《策问识词韬略堪任将帅科》(《陆宣公集》卷四)。据现有史料,这是唐代制举试由翰林学士起草策问的第一个。

按:贞元元年上半年,朱泚、李怀光等之乱刚平,政局稍为稳定,因此贞元元年正月丁酉朔,特宣制大赦天下,改元贞元。德宗又于是年九月乙巳,特"御正殿,策贤良方正能直言极谏等三科举人"(《旧纪》)。值得注意的是,陆贽起草的策问中仍隐含君主自责之意,其贤良方正能直言极谏策问,虽有自誉之辞,但仍云:"然而浮靡不革,理化不行,暴乱不惩,奸犯不息。……意者朕不明欤,势不可欤?"因此希望应试者能"匡朕之寡昧,拯时之艰灾,毕志直书,无有所隐"。这样的策问,颇能与政事相触,也可看出陆贽作为翰林学士对朝政的关切与参预。此次贤良方正能直言极

①参见傅璇琮《唐代科举与文学》第六章《制举》,陕西人民出版社,1986年,又2003年修订新版。另吴宗国《唐代科举制度研究》第四章《制举》,辽宁大学出版社,1992年。

谏登科者,有韦执谊、钱徽、穆质、柳公绰、归登等,后皆为名臣。后穆质卒,柳宗元为作祭文,特为提及此次举试:"贤良发策,始振其仪。天子动容,敬公直辞。抗奸替否,与正为期。"(《柳宗元集》卷四〇)可见时人对此次制举策试的重视。

陆贽参预科举试的第二种情况,即他于贞元七年(791)八月以兵部侍郎出院,第二年即贞元八年(792)权知贡举。唐代与宋代不同,翰林学士不能知举,因为其在内廷供职,但唐代有好几次特作安排,即前一年翰林学士先出院,任礼部侍郎、中书舍人或相关官职,即预作知举的安排,第二年年初即知举。陆贽是这种情况的第二例,第一例是唐玄宗、肃宗时裴士淹(见前裴士淹传)。

如前所述,陆贽于贞元七年八月虽受人排挤,被迫出院,但德宗仍对其有一定信重,故安排他主持第二年举试。而陆贽这次知举在选拔人才,促进文学发展上,是起相当作用,影响很大的。宋洪兴祖《韩子年谱》引《科名记》,称"是年一榜多天下孤隽伟杰之士,号龙虎榜";后人又称为"有唐第一榜"(明胡应麟《诗薮》外编卷三)。中唐时古文名家如韩愈、欧阳詹、李观等即于此年登进士第。关于此年举试对当时文士选拔的影响与意义,详参后梁肃传。

关于陆贽的著作,最早记载的是权《序》。权《序》所记,主要分三类,一为《制诰集》十卷,为"秉笔内署"所起草的文诰;二为《奏草》七卷,为在翰林学士任期所上的奏议;三为《中书奏议》七卷,为出院后任中书侍郎平章事(实在相位)所上的奏疏。另有别集十五卷,则为诗、文、赋、表、状等。权德舆所编为前三类,但后未存。《新唐书·艺文志》四别集类,著录有陆贽《论议表疏集》

十二卷,又《翰苑集》十卷,注云"韦处厚纂"。南宋陈振孙《直斋书录解题》卷一六著录有《陆宣公集》二十二卷,谓:"(权)序又称别集文、赋、表、状十五卷,今不存。"又,《新唐书·艺文志》另著录有《遣使录》一卷(史录),《备举文言》二十卷(子录类书类),《集验方》十五卷(子录医术类),后亦未存。

关于陆贽著作编纂、流传情况,可参于景祥《陆贽研究》附录一《陆贽著作考录》。今人整理本,通行者有刘泽民校点《陆宣公集》(浙江古籍出版社,1988年,《两浙作家文丛》)。

吴通微

吴通微,两《唐书》无专传,其事附见于《旧唐书》卷一九〇下、《新唐书》卷一四五吴通玄传后。《旧传》记吴通微为兄,通玄为弟,《新传》则以通玄为兄,通微为弟。未知孰是。如吴通微为通玄之弟,但其入任翰林学士仍在其兄之前,故现列于先。

《旧唐书·吴通玄传》记为海州人。按:据《元和郡县图志》卷一一,海州属河南道,所属县有朐山、东海、沭阳、怀江,其辖境相当于今江苏连云港、东海、沭阳等地。

传又云:"父道瓘为道士,善教诱童孺,大历中,召入宫,为太子、诸王授经。德宗在东宫,师道瓘,而通玄兄弟,出入宫掖,恒侍太子游,故遇之厚。"此当为德宗即位后,吴通玄兄弟同为召入翰林学士院的历史因素。

又《新唐书》卷一五九《柳晟传》记晟之父谭,尚和政公主(肃宗女）。谭卒时,柳晟年仅十二,代宗即因姻亲之故,召入养于宫中,"使与太子、诸王受学于吴大瓘并子通玄"。此吴大瓘当即两《唐书·吴通玄传》之吴道瓘,但一作大,一作道(中华书局点校本未有校核)。由此亦可证吴通玄兄弟确于早期随父常出入东宫。

吴通微早年仕历不详,其最早记载为起自德宗建中四年(783)。《旧传》:"通微,建中四年自寿安县令入为金部员外,召充翰林学士,寻改职方郎中。"《新传》略同。此前是否应科举及第,亦未详,徐松《登科记考》未载。

韦执谊《翰林院故事》:"金外充,职中又充。"与《旧传》合。丁居晦《重修承旨学士壁记》则谓:"建中四年,自金部郎中充。"不确。按:《旧唐书》卷一二《德宗纪》上,建中四年十二月,"乙丑,以祠部员外郎陆贽为考功郎中,金部员外郎吴通微为职方郎中,翰林学士如故"。陆贽于建中四年三月以祠部员外郎入,至十二月迁转为考功郎中(参见前陆贽传),吴通微当稍后于陆贽入,亦当为员外郎,故于建中四年十二月又同时迁为郎中(《唐尚书省郎官石柱题名考》卷一六金部员外郎记有吴通微名,且列于窦参前,当可信)。

韦执谊《故事》记吴通微在翰林学士任期内历迁之官秩为:"金外充,职中又充,知制又充,改大谏又充。"未记年月。丁《记》记其入院后,为:"累迁中书舍人,赐紫金鱼袋,卒官。"亦甚简。《旧传》稍有补记,于职方郎中、知制诰后,记云:"(贞元)七年,改礼部郎中,寻转中书舍人。"今据有关史料,补述如下。

据上所记,吴通微于建中四年十二月,由金部员外郎(从六品上)迁为职方郎中(从五品上),但此时未兼知制诰。《唐会要》卷五五《中书舍人》条有记云："（贞元）四年二月，以翰林学士、职方郎中吴通微，礼部郎中顾少连，起居舍人吴通玄，左拾遗韦执谊，并知制诰。"则其兼知制诰在贞元四年（788）二月。

这里值得一提的是，当时诗人名家韦应物、顾况，均与吴通玄、通微有文字交往，并盛称其才。《旧传》已称吴通玄兄弟"俱博学善属文，文采绮丽"。韦应物有《和吴舍人早春归沐西亭言志》："晓漏戒中禁，清香肃朝衣。一门双掌诰，伯侍仲言归。亭高性情旷，职密交游稀。赋诗乐无事，解带偃南扉。阳春美时泽，旭霁望山晖。幽禽响未转，东原绿犹微。名虽列仙爵，心已遣尘机。即事同岩隐，圣渥良难违。"按：此诗题称"吴舍人"，诗中又云"一门双掌诰"，孙望《韦应物诗集系年校笺》卷八①、陶敏、王友胜《韦应物集校注》卷五②，皆谓系吴通玄兄弟，是。按：韦应物于贞元三年（787）六月后由江州刺史入为左司郎中，四年七月后出任苏州刺史③。诗题称吴通玄兄弟为舍人，即中书舍人，当即指贞元四年二月吴氏二人在翰学时兼知制诰，唐时多有称知制诰为中书舍人者。韦应物诗中"阳春美时泽""东原绿犹微"句，则可确定此诗作于贞元四年早春④，即吴通玄兄弟此年二月兼知制诰后。又诗

---

① 孙望《韦应物诗集系年校笺》，中华书局，2002 年。
② 陶敏、王友胜《韦应物集校注》，上海古籍出版社，1998 年。
③ 见傅璇琮《韦应物系年考证》，载《文史》第五辑，中华书局，1978 年，后收于《唐代诗人丛考》，中华书局，1980 年。
④ 按：陶敏、王友胜《韦应物集校注》谓此诗"贞元五年正月在长安作"，而书后附录《简谱》却记贞元四年在长安任为左司郎中，"旋出为苏州刺史"，贞元五年仍在苏州刺史任，前后矛盾。孙望《韦应物诗集系年校笺》云："贞元五年孟春左司郎中任内作。"亦误。

中云:"一门双掌诰,伯侍仲言归",即是吴通玄仍在院中值班,吴通微则出归,此诗当和吴通微所作《早春归沐西亭言志》者(吴诗不存)。此诗对翰林学士声望、地位评价当然很高,称其为"仙爵",唯同时因此而"职密交游稀"。不过韦应物仍期望其"亭高性情旷","名虽列仙爵,心已遣尘机",但又云"即事同岩隐,圣渥良难违",即虽有超脱世尘之意望,但恐难于违拗君情。

顾况约于同时作有《和翰林吴舍人兄弟西斋》(《全唐诗》卷二六四)。按:顾况于贞元三年(787)由江南征入为校书郎,后任著作佐郎,贞元五年(789)夏为人所诬出贬为饶州司户参军①。诗中有"春色相玲珑"句,似亦为贞元四年春作。韦应物诗题"归沐西亭",顾况此诗云"吴舍人兄弟西斋",则西亭、西斋当为吴氏兄弟居舍。顾诗亦称其地位极高:"西斋何其高,上与星汉通",但亦盼望能有另一"虚空"之境:"久怀巴峡泉,夜落君丝桐;信是怡神所,迢迢蔑华嵩。"由此亦可见吴氏兄弟当时与文士甚有文学交往。

《旧唐书·吴通玄传》谓通微"(贞元)七年,改礼部郎中,寻转中书舍人"。韦、丁皆未记改礼中事,仅丁《记》云:"累迁中书舍人。"后贞元八年(792)四月,吴通玄事发(详见前陆贽传,后吴通玄传),吴通玄自翰林学士贬出,为泉州司马,寻赐死(《通鉴》卷二三四)。《旧传》记谓"通玄弟兄"与陆贽"争宠,颇相嫌恨";《新唐书》卷一四五《窦参传》亦谓"吴通玄兄弟皆在翰林,与(陆)贽轩轾不得"。但据现有史料,与窦参联结、排挤陆贽的,实为吴

①参见傅璇琮《唐代诗人丛考·顾况考》。

通玄,也正因此,吴通玄贬出及赐死,吴通微仕历未受影响。《旧传》记云:"通玄死,(通微)素服待罪于国门,帝特宥之,通微竟不敢为丧服。"即吴通微仍在学士院任职。

权德舆《祭故徐给事文》(霍旭东校点《权德舆文集》卷三九),首云:"维贞元十四年,岁次戊寅,八月戊寅朔,十日丁亥,右谏议大夫裴佶、中书舍人翰林学士吴通微……等,谨以清酌庶羞之奠,敬祭于故给事中赠礼部尚书徐公(岱)之灵。"据此,则至贞元十四年(798)八月,吴通微仍任翰林学士,其所带官衔中书舍人亦未改。

韦、丁二书皆未记其何时出院,丁《记》仅云"卒官",则当于贞元十四年八月后卒于翰林学士任内。

《新唐书·艺文志》未著录其著述。《全唐文》卷四八一载其《内侍省内侍焦希望神道碑》,当在任职期间为宦官所作碑传,这也是唐翰林学士的职务之一。就前所引韦应物、顾况诗,吴通微当先已有诗,故韦、顾相继作和,惜其诗无一首传存。

不过吴通微当时又以书法著称。宋陈思《书小史》卷十有记云:"通微工行草书,翰林习之,号院体。"陈思此书搜辑材料较广,当有据。清《四库全书总目》卷一一二《书小史》提要谓:"(陈)思蒐罗编辑,汇为斯编,亦是以为考古者检阅之助也。"由此可见吴通微之行书草书,能为当时翰林院、学士院内仿习,并号为院体,亦可见其影响。又《宋高僧传》卷二四有《唐京师千福寺楚金传》,末云:"紫阁峰草堂寺飞锡碑文,吴通微书。"亦可见其书法在当时之声誉。又宋钱易《南部新书》亦有记,其已卷谓:"中土人尚札翰,多为院体者。贞元年中,翰林学士吴通微,常攻行草,然体近吏,故院中胥吏多所仿效,其书大行于世,故遗法迄今不泯,其鄙拙则又甚矣。"此所谓中土,当指五代时北方诸朝。钱易对所谓院体贬其为"鄙拙",与陈思《书小史》所记不合。

吴通玄

吴通玄,两《唐书》有传,《旧唐书》列之于卷一九〇《文苑传》下,与王维、李白、杜甫、李商隐等同卷,当以其为"词藻婉丽",堪与唐时文坛名家并列;而《新唐书》则见之于卷一四五,同卷有元载、杨炎、窦参等,则列之于奸佞之臣。

两《唐书》本传皆记其为海州人,其父道瓘为道士,善教谕,代宗时因召入东宫,为太子、诸王授经,吴通玄与其弟通微则其年少时即随父出入宫中,为当时太子(后即为德宗)所识。参见前吴通微传。

《旧传》叙其早期仕历为:"通玄幼应神童举,释褐秘书正字、左骁卫兵曹、大理评事。建中初,策贤良方正等科,通玄应文词清丽,登乙第,授同州司户、京兆户曹。"吴通玄何年应神童举,无确切记载。按唐科举制,中唐起,神童试不一定每年举行,但应试者须在十岁以下①。其神童举应试及第后,授秘书正字(正九品下),当不过十余岁;此时前后,当仍随其父出入东宫。至建中元年(780)前,已仕至从八品下之大理评事,亦显示其前期仕历之

---

① 参傅璇琮《唐代诗人丛考·杨炯考》。

顺速。

建中元年正月制举试,设有贤良方正能直言极谏科、文辞清丽科、经学优深科、高蹈丘园科、军谋越众科、孝田力田闻于乡闾科等。其同一年制举策试科目之多,是以前肃、代两朝所未有的,当为德宗即位之初,想以此招揽人才并树立其威信。据《唐会要》卷七六《制科举》条,此年文辞清丽登科者有奚陟、梁肃、刘公亮、郑辕、沈封、吴通玄。梁肃为中唐前期古文名家,后与奚陟均入为翰林学士(见后梁肃、奚陟传)。又据清徐松《登科记考》卷一一,此年贤良方正能直言极谏登科者有姜公辅,姜公辅即于同年召入翰林学士院(见前姜公辅传)。可见此年制举登科者确有人才。故《旧传》叙其早年仕历时,即称其与通微"俱博学善属文,文采绮丽"。

韦执谊《翰林院故事》记吴通玄"侍御史充",未记年。丁居晦《重修承旨学士壁记》记为:"建中四年,自侍御史充。"按:《旧唐书》卷一二《德宗纪》下,建中四年(783)十二月乙丑,记陆贽由祠部员外郎为考功郎中,吴通微由金部员外郎为职方郎中,"翰林学士并如故",后即记云:"以侍御史吴通玄为起居舍人,充翰林学士。"即建中四年十二月乙丑,吴通玄始入为翰林学士,此前已任为侍御史(从六品下),入院时改为起居舍人(从六品上),与韦执谊《故事》"侍御史充,起人又充",丁《记》"自侍御史充,累迁起居舍人",稍有异。

吴通玄当与吴通微于建中四年十月随德宗出奔,通微此前已为翰林学士,是年十二月德宗尚在奉天,可能为加强其周边咨询及草诏人员,又使吴氏兄弟皆入。《旧传》谓二人"同职禁署,人士

荣之"。此为唐时兄弟同为翰林学士之第二例，首例为玄宗时张
垍、张埱，而张垍为玄宗女婿（驸马都尉）。可见兄弟二人同入，皆
同与君主之特殊关系有关。

　　韦执谊《故事》、丁《记》记吴通玄在任职期间官阶迁转，皆未
记年月。《故事》云："侍御史充，起人又充，又知制诰，又赐紫，又
大谏充，并同年月日授。"丁《记》："建中四年自侍御史充，累迁起
居舍人，谏议大夫，赐紫金鱼袋。"《故事》所谓"并同年月日"，不
知何意，或意为其间迁转与吴通微同年月日，如《唐会要》卷五五
《中书舍人》条，即记："（贞元）四年二月，以翰林学士、职方郎中
吴通微，礼部郎中顾少连，起居舍人吴通玄，左拾遗韦执谊，并知
制诰。"即同于贞元四年二月兼知制诰。

　　又德宗于建中四年（783）、兴元元年（784）在奉天、梁州时，在
翰林学士中是较信重陆贽的，所谓"贽在翰林，为上所亲信，居艰
难中，虽有宰相，大小之事，上必与贽谋之"（《通鉴》卷二三〇，兴
元元年三月）。但自平定泾原兵乱，返回长安后，德宗态度有所改
变，对吴氏兄弟，特别是吴通玄，甚为偏重。如《唐会要》卷三《皇
后》条，有云："德宗皇后王氏，贞元二年十一月册为皇后，其月二
十一日忌。三年正月，上尊谥曰昭德皇后。其谥册文初令兵部侍
郎李纾撰，上以纾谓皇后为'大行皇后'，非也，诏学士吴通玄为
之。"同条又记："（同年）三月，以皇后庙乐章九首付有司，令议庙
舞之号，礼官请号坤元之舞，从之。其乐章初令宰臣张延赏、柳浑
等撰，及进，留中不下，又命翰林学士吴通玄为之。"据《旧唐书·
德宗纪》上，贞元二年（786），"十一月甲午，册淑妃王氏为皇后"；
"丁酉，册皇后王氏，是日后崩，谥曰昭德"。谥皇后册文及皇后庙

乐章,是当时大典,德宗特命吴通玄撰写。《旧传》亦记此事:"通玄词藻婉丽,帝尤怜之。贞元初,昭德王皇后崩,诏李纾为谥册文,宰相张延赏、柳浑为庙乐章。及进,皆不称旨,并召通玄重撰。凡中旨撰述,非通玄之笔,无不慊然,重之如此。"

又宋赵明诚《金石录》,目录第一千五百八十八有《唐内侍监鱼朝恩碑》,云:"吴通玄撰,通微行书,贞元四年五日。"其卷二八跋尾,云:"右唐鱼朝恩碑,吴通玄撰,通微书。朝恩虽以谴死,然其徒如窦文场、焦奉超犹居中用事,故德宗朝诏为立碑。通玄兄弟于陆贽谤毁抵排,无所不至,至为朝恩碑,则称颂功德,如此可以见其为人矣。"[1]按:鱼朝恩于肃宗、代宗二朝极受恩宠,并专军权,后于大历五年(770),因与宰相元载矛盾,又受代宗之忌,遂被害,而官书仍称为"自缢而死"(《旧唐书》卷一一《代宗纪》大历五年二月)。又《旧唐书》卷一八四《窦文场传》:"初鱼朝恩诛后,内官不复典兵";但后德宗于泾中兵乱平定,"还京,颇忌宿将,凡握兵多者,悉罢之",又命宦官窦文场分统神策军。贞元四年(788)之为鱼朝恩立碑,固应窦文场等之请,当也为德宗重又宠信宦者;由此也可见吴氏兄弟在翰学期间受德宗之亲信。

两《唐书》本传皆记为,由此而使陆贽与吴通玄"颇相嫌恨",《新传》更谓:"(陆)贽自恃劲正,屡短通玄于帝前,欲斥远之",并上奏:"今四方无事,制书职分宜归中书舍人,请罢学士。"陆氏此奏,李肇《翰林志》详录,并系于贞元三年。实则此时陆贽亦仍任翰林学士,何以主此说,仍可疑。此奏议,现存陆贽文集均未载,

---

[1]《宋本金石录》,中华书局 1991 年据《古逸丛书三编》影印。

权德舆为其集所作序亦未提及。

据两《唐书》本传，吴通玄后遂与宰相窦参交结，"共倾陆贽"，且"令人造谤书，言贽考试举人不实，招纳贿赂"。而德宗经过检核，认为吴通玄作为内廷学士，竟与处廷宰相联结，而宰相窦参又"与诸戎帅交通"（《陆宣公集》卷一五《奏议窦参等官状》），就引起德宗极大嫉恨；且又闻知"时通玄取宗室女为外妇"（《旧传》），德宗更认为是"污辱近属"，犯大忌。《旧传》即记："帝大怒，罢窦参知政事，寻贬郴州司马……通玄泉州司马。帝召见之，亲自临问，责以污辱近属。行至华州长城驿，赐死。"据《旧纪》，时在贞元八年（792）四月①。（关于窦参事，参见前陆贽传）这是德宗朝翰林学士受贬责最重一案，可能也因此，贞元后期翰林学士皆谨慎自拘，亦多未有作为。

吴通玄人品，可再议，其文采则确为当时所重。除文辞外，还擅长书、画。宋时《宣和书谱》卷九专列有吴通玄条，称其"善画及书，于行草尤长"，又云："通玄不独以词章照映士林，而字画固自不凡。至德宗每有撰述，非得通玄笔，卒不满意，其词翰之妙，为时器重如此。故当时名臣碑刻，往往得其书则夸以为荣；至于文稿，断幅残纸，人争传之。"又谓："今御府所藏行书三：鱼朝恩神道碑稿上下，度人经（下注：不完）。"据此，则北宋徽宗时宫中尚存有吴通玄行书三幅，其鱼朝恩神道碑，徽宗时尚存，故《金石录》有记

①按：《旧传》记吴通玄"（贞元）七年，自起居郎拜谏议大夫、知制诰"，而《新传》则谓"贞元十年，通玄拜谏议大夫"。吴通玄已于贞元八年四月贬死，何以能再有此"十年"？惜中华书局点校本亦未校正。

（见前）。此文后则不存，《全唐文》未载。

《新唐书·艺文志》未著录其著述。《全唐诗》、《全唐文》亦未载其诗文。

顾少连

顾少连，《新唐书》有传，见卷一六二，又杜黄裳有《东都留守顾公神道碑》（《全唐文》卷四七八）。杜《碑》云："公讳少连，字夷仲，吴郡人也。"《新传》同，也记其为"苏州吴人"。《新传》又记其官终东都留守，卒，年六十三，但未记年月。杜《碑》则记为："以贞元癸未年十月四日，薨于洛阳崇让里之私第，春秋六十三。"贞元癸未为贞元十九年（803），以此推算，则其生年为玄宗开元二十九年（741）。

《新传》："举进士，尤为礼部侍郎薛邕所器，擢上第。"杜《碑》："齿列上庠，升堂睹奥。时小宗伯薛公邕深所叹异，以为东南之美尽在，廊庙之器不孤，擢进士甲科。"徐松《登科记考》卷一〇系于代宗大历五年（770），是年知举者为薛邕。同年登第者有大历十才子诗人李端。时顾少连三十岁。

《新传》记其登第后，"以拔萃补登封主簿"。杜《碑》则记登第后丁父忧，"久之，以书判高第典校秘文，秩满授登封主簿"；后"亚相于公颀推义行，诏拜监察御史"。杜《碑》所记较细，但亦未记年月。

后顾少连即进为翰林学士。《新传》："德宗幸奉天，徒步诣谒,授水部员外郎、翰林学士。"杜《碑》:"京师内乱,銮辂时巡,公节见艰危,步至行在,陈少康灭浇之计,墨翟设拒之宜。帝纳其忠,拜水部员外郎、翰林学士。"则顾少连亦随德宗奔赴奉天,当于建中四年(783)冬十二月为翰林学士。丁居晦《重修承旨学士壁记》记为:"建中四年,自水部员外郎充。"丁《记》与韦执谊《翰林院故事》均将顾少连列于吴通玄后,而吴通玄之入为翰林学士在建中四年十二月乙丑(见《旧唐书》卷一二《德宗纪》),则顾之入,或与吴通玄同时,或稍后,但总是在该年十二月(见前所引丁《记》)。

又据《旧纪》,顾少连于兴元元年(784)六月,由水部员外郎迁为礼部郎中。此时,李晟所率领之唐军已收复长安,但德宗尚停留在汉中,兴元元年七月,才启程赴凤翔,旋返至长安。杜《碑》记为:"随难南梁,迁礼部郎中,加朱绂银绶,学士如故。赞丝纶之密命,参帷幄之谋猷,屡献嘉言,克昌大业。"则在奉天、汉中,顾少连"屡献嘉言",得到德宗的信重,但具体情况不详。此处"赞丝纶之密命,参帷幄之谋猷",是德宗时士人对翰林学士职能与地位的概括,在贞元后期已有此种认识,很值得注意。

韦执谊《故事》亦云:"水外充,礼中充。"丁《记》则缺记礼(部郎)中,于"建中四年自水部员外郎充"后,即记为:"贞元四年二月,加知制诰。"似以水部员外郎兼知制诰,不确。《新传》也未有记礼中,于水部员外郎后即云"再迁中书舍人"。

按:《唐会要》卷五五《中书舍人》条,贞元四年(788)二月,顾少连与吴通微、吴通玄、韦执谊,并知制诰,并记顾少连时为礼部郎中。又丁《记》记:"(贞元)七年,迁中书舍人。"即由礼部郎中、知制诰正除(也即升迁)为中书舍人。

关于顾少连之出院,韦执谊《故事》仅记为"出为户侍"。丁《记》记有具体年月:"(贞元)八年四月,改户部侍郎,赐紫金鱼袋,出院。"杜《碑》、《新传》均未记出院事,不过杜《碑》对顾在任职期间的周密谨审,特为称誉,云:"公在翰林,仅将一纪,富平以周密自制,万石以谨审见称。故造辟而言,诡辞而出,谠言硕画,人莫得闻。帝深嘉之。"《新传》亦云:"阅十年,以谨密称。"德宗朝前期之翰林学士,陆贽以直言称,终遭冷遇、贬斥;吴通玄好于交结,亦致厄运。顾少连当有鉴于此,以周密、谨审自约,遂使德宗"深嘉之"。

顾少连于贞元八年(792)四月以户部侍郎出院,第二年春,即以权礼部侍郎知贡举,见徐松《登科记考》卷一三。此年登进士第者有苑论(状元)、柳宗元、刘禹锡、武儒衡、薛公达、卫中行,明经科有元稹,后多为名家。贞元十年,顾少连又知贡举。徐松《登科记考》卷一三,云见《唐语林》。按:《唐语林》卷八记"神龙元年已来累为主司者",有顾少连,云:"顾少连再,贞元十年、十四年。"①据《登科记考》,顾少连于贞元九年已知举,此当为《唐语林》漏略。吕温于贞元二十年(804)作有《祭座主故兵部尚书顾公文》(《全唐文》卷六三一),有云:"门生侍御史王播,监察御史刘禹锡、陈讽、柳宗元,左拾遗吕温、李逢吉,右拾遗卢元辅,剑南西川观察支使李正叔,万年县主簿谈元茂,集贤殿校书郎王启,秘书省校书郎李建,京兆府文学李逢,渭南县尉席夔,鄠县尉张隶初,奉礼郎独孤郁,协律郎萧节,奉礼郎时元佐,荥阳主簿李宗衡,前乡

---

①见周勋初《唐语林校证》,中华书局,1987年。

贡进士郑素等。"这都是贞元九年、十年、十四年进士登第而于贞元二十年在长安者。这是德宗朝翰林学士出院后主持科试的第二例(贞元八年为陆贽),这也可就翰林学士在科举取士中所起的作用,作进一步的研究。

《新传》有记"历吏部侍郎",但未记年月。《旧唐书·德宗纪》贞元十六年(800)五月"丁卯,以吏部侍郎顾少连为京兆尹"。按:贞元十四年春,顾少连以尚书左丞权礼部侍郎知贡举,则其改吏部侍郎当在贞元十四、十五年间(吏部侍郎与尚书左丞同为正四品上)。

在此期间,《新传》则专记一事:"历吏部侍郎。裴延龄方横,无敢忤者,尝与少连会田镐第,酒酣,少连挺筹曰:'段秀实笏击贼臣,今吾筹将击奸臣。'奋且前。元友直在座,劝解之。"按:裴延龄于贞元前期确受到德宗信重,陆贽即因其向德宗进谮言而被贬责为忠州别驾(详见陆贽传)。顾少连在翰林学士时极为谨慎,而出院后,则敢于如此,故杜《碑》亦有记曰:"时有权臣怙宠,人多附丽,公面折其短,数而绝之,群臣为危,正色不挠。"即指此事。李肇《唐国史补》卷上亦记有:"裴延龄恃恩轻躁,班列惧之。唯顾少连不避延龄,尝画一雕,群鸟噪之,以献之。上知众怒如是,故益信之,而竟不大用。"[1]

但《新传》记此事在顾少连任吏部侍郎时,不确。据《旧唐书》卷二三五《裴延龄传》,裴卒于贞元十二年,而据前所述,顾少连于贞元九年、十年以礼部侍郎知贡举,十四年以尚书左丞知贡

---

[1]《唐国史补》,上海古籍出版社点校本,1979年。按:此又见《唐语林》卷六。

举,皆尚未任吏部侍郎,但已离翰林学士之职,则可肯定。

据前所记,顾少连于贞元十六年五月丁卯由吏部侍郎改为京兆尹,后于十七年十月庚戌,再由京兆尹改为吏部尚书(《旧唐书·德宗纪》);十八年"六月癸巳,以吏部尚书顾少连为兵部尚书、东都留守、东都畿汝防御使"(同上)。杜《碑》记云:"以贞元癸未年十月四日,薨于洛阳崇让里之私第,春秋六十三。"杜《碑》又特为记曰"都人罢市而洒泣",可见其当时的社会声望。

《全唐文》卷六三一载有吕温《祭座主故兵部尚书顾公文》,即祭顾少连(前已述)。唯首句云"唯贞元十年岁次甲申月日",按:贞元时岁次甲申应为贞元二十年,此"十年"当作"二十年"①。

《新传》末曰:"始,少连携少子师邕奔行在,有诏同止翰林院,车驾还,授同州参军。"又《新唐书》卷一七九《顾师邕传》,师邕亦为少连子,文宗时,李训荐为水部员外郎、翰林学士,后甘露之变,顾师邕受宦官之害,流放崖州,"至蓝田赐死"。此亦为父子先后同任翰林学士之一例。

《柳宗元集》卷三〇有《与顾十郎书》,注引"韩曰",谓此十郎为少连子。又校记引陈景云《柳集点勘》,谓少连子师闵,元和中尝为潭部从事,"永、潭地近,疑此乃致师闵也"。当是。此文首云:"四月五日,门生守永州司马员外置同正员柳宗元,谨致书十

---

① 按:徐松《登科记考》卷一四贞元十年于顾少连知举下亦引吕温此文,徐松"按"云:"贞元十年为元和十年之讹。"亦误。岑仲勉《唐集质疑》有《祭座主顾公文》条,亦略有考,举王播、刘禹锡、柳宗元、吕温、王起、独孤郁六人当时所任官职,谓"少连之卒,应在贞元末年"(见《唐人行第录》本,中华书局上海编辑所,1962 年,第 403 页)。

郎执事。"柳氏自称门生,当确在顾少连知举时及第者。此时柳宗元因参与永贞新政,后与刘禹锡等被贬,元和前期为永州司马,当有求于少连子,有云:"今惧老死瘴土,而他人无以辨其志,故为执事一出之。"文中对顾少连于贞元时知举提拔人才,仍极赞誉,有云:"大凡以文出门下,由庶士而登司徒者,七十有九人。"

顾少连无诗,文亦仅存两篇,见《全唐文》卷五一四:《嵩岳少林寺新造厨库记》(按:宋赵明诚《金石录》卷九有录其题,谓"顾少连撰,崔溉正书"。此文作于贞元十四年)、《请以问经义录于纸上以便依经疏对奏》(按:此即《唐会要》卷七五《明经》条所载)。

奚陟

奚陟,两《唐书》有传,见《旧唐书》卷一四九,《新唐书》卷一六四。又刘禹锡有《唐故朝议郎守尚书吏部侍郎上柱国赐紫金鱼袋赠司空奚公神道碑》(《刘禹锡集笺证》卷二)[1]。

《旧传》:"奚陟字殷卿,亳州人。"《新传》:"奚陟字殷卿,其先自谯亳西徙,故为京兆人。"刘《碑》则谓字殷衡,与两《唐书》不同,但云京兆人,则与《新传》同,云:"其先在夏为车正,以功封于薛下,故以降为谯郡人。或因仕适楚,复之秦,会为京兆人。"[2]

---

[1] 瞿蜕园《刘禹锡集笺证》,上海古籍出版社,1989年。
[2] 柳宗元《先君石表阴先友记》(《柳宗元集》卷一二)则记为:"奚陟,江都人。"不确。

又刘《碑》及《旧唐书》卷一三《德宗纪》下，均记奚陟卒于贞元十五年（799）十月，《旧传》云卒年五十五。据此，则当生于玄宗天宝四载（745）。

《旧传》云"陟少好读书，登进士第，又登制举文词清丽科"，但未言何年。刘《碑》亦仅云："及从乡赋，暨升名太常，果居上第。"《新传》则记为"大历末，擢进士、文辞清丽科"。按：《旧唐书》卷一五五《窦常传》记常"大历十四年登进士第"，褚藏言《窦常传》（《全唐文》卷七六一）亦记其大历十四年举进士，又云："与故吏部侍郎奚陟、商州牧卞俛、秘书独孤绶同年上第。"徐松《登科记考》卷一一，即据此载奚陟于大历十四年（779）登进士第。时奚陟为三十五岁。

据徐松《登科记考》，大历十四年知贡举为潘炎。温庭筠《乾𦠆子》有记云："侍郎潘炎进士榜有六异：朱遂为朱滔太子；王表为李纳女婿，彼军呼为驸马；赵博宣为冀定押衙；袁同直入番为阿师；窦常二十年称前进士；奚某亦有事，时谓之六差。"《唐诗纪事》卷三二《王表》条，亦有此记，奚某作奚陟，云："其一，奚陟也"，末云"奚某亦有事"。似对潘炎此年所选之人有微词，具体则不详。

又《唐会要》卷七六《制科举》，记建中元年文辞清丽科，有奚陟、梁肃、刘公亮、郑辕、沈封、吴通玄。梁肃为中唐前期古文名家，吴通玄亦以文采清丽著称，均为贞元时翰林学士（另见梁肃、吴通玄传）。由此，则奚陟于大历十四年（779）进士及第，第二年建中元年（780）又制举登科，可见确有文才。

奚陟制举登科后仕历，《新传》较《旧传》为详，云："授弘文馆校书郎。德宗立，谏议大夫崔河图持节使吐蕃，表陟自副，以亲老辞不拜。杨炎辅政，召授左拾遗。居亲丧，毁瘠过礼。"《新传》当本刘《碑》，刘《碑》云："公居文词清丽之目，授弘文馆校书郎。时德宗新即位，声烜房庭，西戎畏威，底贡内附。诏谏议大夫崔河图，持节即虏帐以报之。使臣欲盛其宾寮以自大，遂嘿表公为介，授大理评事。除书到门，公方为人子，不敢许以远，称病弗果行。归宁寿春，养志尽敬。丞相杨炎勇于用才，擢公为左拾遗，奉安舆而西。"

此后，奚陟即召入为翰林学士。韦执谊《翰林院故事》于"贞元已后"列有奚陟，云："起郎充，病不入。"此"贞元已后"，不确，奚之被召，在兴元元年（784），即在贞元前。丁居晦《重修承旨学士壁记》所记较确，记"兴元后二人"，即奚陟、吉中孚。记奚陟云："兴元元年，自起居郎充，病免。"关于此事，刘《碑》所记较切，其记奚陟于建中初应召为左拾遗，奉亲至长安，但不久其亲人卒，居丧未满，即发生京师泾军之乱（建中四年十月），后即"徒行间道以归王所，既中月而诏授起居郎，充翰林学士"。按：德宗本于建中四年十月出奔奉天，后因李怀光谋乱，于兴元元年三月又自奉天南行至梁州。奚陟当先至奉天，后又随德宗赴梁州，至梁州后，不久（"中月"），德宗即召其为翰林学士。但刘《碑》即云奚陟因"创钜愈迟，病不拜职"，即虽已授其为翰林学士，实未到位，当因病"创钜"之故。

据刘《碑》及两《唐书》本传，奚陟后历任太子司议郎，金部、吏部员外郎，左司郎中。贞元八年（792），擢为中书舍人。可以注意的是，奚陟任中书舍人，既受上级重视，自身也颇尽职。《旧传》称："贞元八年，擢拜中书舍人。是岁，江南、淮西大雨为灾，令陟劳问巡慰,所在人安说之。"《新传》所记略同。《旧唐书·德宗纪》下亦载贞元八年,"八月乙丑,以天下水灾,分命朝臣宣抚赈贷,河南、河北、山南、江淮凡四十余州大水,漂溺死者二万余人。"《唐会要》卷七七《巡察按察巡抚等使》条,记贞元八年八月诏,因水灾,令朝臣往各地巡抚,有中书舍人奚陟、左庶子姚济语、秘书少监雷咸、京兆少尹章武等。《通鉴》卷二三四贞元八年也载此,谓:"八月,遣中书舍人京兆奚陟等宣抚诸道水灾。"可见当时赴各地宣抚,以奚陟为首。奚陟任翰林学士,为时虽极短促,其主要表现在中书舍人任上,而当时中书舍人还可受遣赴各地慰抚灾民,这有助于对中唐时中书舍人的研究,并可与翰林学士职能作比较。

奚陟后迁刑部侍郎,又知吏部选事,升吏部侍郎,"所莅之官,时以为称职"(《旧传》)。

奚陟与柳宗元之父亦有交往,柳宗元《先君石表阴先友记》(《柳宗元集》卷一二),有记奚陟,称其"柔敏,至吏部侍郎。世谓陟善宦,然其智足以自处也"。

《新传》又称"陟少自底厉,著名节。常荐权德舆为起居舍人、知制诰,杨於陵为郎中,其后皆有名"。其荐权德舆、杨於陵,当本刘《碑》,刘《碑》对其举荐贤才,颇为赞许,谓:"公少以名器自任,及显达,急于推贤。视其所举,则在西省荐权丞相,由右史掌训词;在中铨表杨仆射,由地曹郎综吏部。二公后为天下伟人。"

又李观有《与吏部奚员外书》(《全唐文》卷五三二),当为李观在应试前上书于奚陟,请其举荐,文中称其为"十丈",谓与其舅相交甚善,有云:"观之舅与十丈日与相善,古人之分也。始命观曰:吾有故人某,光大威重人之杰者,必能偢傥成尔。"后又云:"今去举已促,甚自激发,其有未知己者,大可畏也,俾未知之有闻,非十丈谁哉?"按:李观于贞元八年(792)登进士第(参《登科记考》卷一三),此称奚陟为吏部员外郎,则或在贞元七年冬。此亦可见奚陟在当时年轻举子、文士中的声誉。

《旧唐书·德宗纪》下,贞元十五年(799)十月,"吏部侍郎奚陟卒",刘《碑》同。《旧传》:"年五十五。"

《新唐书·艺文志》未著录其著述。《全唐诗》、《全唐文》亦未载其诗文。

吉中孚

吉中孚,《旧唐书》无传,《新唐书》卷二〇三《文艺下·卢纶传》后记,云:"中孚,鄱阳人。官户部侍郎。"仅此二句,却有一大误,即记其为鄱阳人,实应为楚州人。《新唐书》卷六〇《艺文志》,别集类,著录《吉中孚诗》一卷,注云"楚州人"。《元和姓纂》卷一〇亦载:"淮阴贞元户部侍郎吉中孚。"据《新唐书》卷四一《地理志》五,淮南东道有楚州淮阴郡,其辖境相当今江苏淮河以南,宝应县、盐城市以北地区①。

按:吉中孚同时友人,如卢纶、李端、李嘉祐等,均有诗述及其

---

① 关于《新唐书》误记吉中孚为鄱阳人,宋吴缜《新唐书纠谬》卷一二亦略提及。

乡园故家为楚州。卢纶《送吉中孚校书归楚州旧山》(《全唐诗》卷二七六),有云:"年来倦萧索,但说淮南乐。""喜逢邻舍伴,遥语问乡园。"李端《送吉中孚拜官归楚州》(同上,卷二八四),云:"孤帆淮上归,商估夜相依。……乡树尚和云,邻船犹带月。"李嘉祐《晚春送吉校书归楚州》(同上,卷二〇六),云:"诗人饶楚思,淮上及春归。"又谓:"高名乡曲重。"这几位友人都把吉中孚赴楚州说成归,又称楚州为其乡园。卢纶另有一长诗,题为《纶与吉侍郎中孚……兼寄夏侯侍御审侯仓曹钊》(同上,卷二七七),提及吉中孚时,更明确地说:"侍郎文章宗,杰出淮楚灵。"由以上材料,应可确定,吉中孚为楚州淮阴人。

不过吉中孚虽非鄱阳人,但早期则曾居于鄱阳。关于这点,《唐才子传》卷四《吉中孚传》所记倒是值得注意的,谓:"中孚,楚州人,居鄱阳最久。"此当本《旧唐书》卷一六三《卢简辞传》:"父纶,天宝末举进士,遇乱不第,奉亲避地于鄱阳,与郡人吉中孚为林泉之友。"此处称卢纶"天宝末举进士,遇乱不第",误,卢纶当生于玄宗天宝七载(748),见《唐才子传校笺》卷四《卢纶传》笺所考①。安禄山起兵于天宝十四载(755)十一月,十二月陷洛阳,十五载(756)陷潼关,唐玄宗西奔四川。卢纶当因中原兵乱,南下避难,时在天宝十五载,其《纶与吉侍郎中孚……兼寄夏侯侍御审侯仓曹钊》诗有云:"是月胡入洛,明年天陨星。夜行登灞陵,惝恍靡所征。云海一翻荡,鱼龙俱不宁。因浮襄江流,远寄鄱阳城。"(《全唐诗》卷二七七)则卢纶于天宝十五载初避乱至鄱阳,时为

①傅璇琮主编《唐才子传校笺》第二册卷四。

九岁,这时吉中孚当亦在鄱阳,即为少年之交(又,《旧唐书·卢简辞传》称吉中孚为鄱阳郡人,亦误)。卢纶于大历初还京师,在鄱阳居有十年,则吉中孚居于鄱阳,时间也不短。

吉中孚早年曾一度为道士,后还俗入仕。李端有《闻吉道士还俗因而有赠》(《全唐诗》卷二八五):"闻有华阳客,儒裳谒紫微。旧山连药卖,孤鹤带云归。柳市名犹在,桃源梦已稀。还乡见鸥鸟,应愧背船飞。"李端此诗作于何时,尚不能确知,当在吉中孚由道士还俗而尚未入仕时。卢纶《送吉中孚校书归楚州旧山》(同上,卷二七六),题下自注:"中孚自仙官入仕。"李嘉祐《晚春送吉校书归楚州》(同上,卷二〇六),题下亦注为:"吉中孚曾为道士。"

吉中孚何时入仕任校书郎,未有明确记载。但可以确知的是,吉中孚于代宗大历三年(768)二月已在长安,并有诗《送归中丞使新罗吊祭册立》(同上,卷二九五)。此归中丞,为归崇敬。《新唐书》卷二二〇《新罗传》:"大历初,宪英死,子乾运立。……诏仓部郎中归崇敬往吊,监察御史陆珽、顾愔为副,册授之。"《唐会要》卷九五《新罗》,则明确记于大历三年,云:"大历二年,宪英卒,册立其子乾运为王。三年二月,命仓部郎中归崇敬兼御史中丞,持节册命。"同时作诗送行的,还有皇甫冉、皇甫曾、耿湋、李端、钱起、顾况,独孤及并为此作序:《送归中丞使新罗吊祭册立序》(《毗陵集》卷一五)①。又李端有《卧病闻吉中孚拜官寄元秘

---

① 参见傅璇琮主编《唐五代文学编年史·中唐卷》,辽海出版社,1998年,第194—195页。

书昆季》(《全唐诗》卷二八六),中云:"毛遂登门虽异赏,韩非入传滥齐名。云归暂爱青山出,客去还愁白发生。"意谓吉中孚拜官,而李端自己却未如愿,故特写此诗以求。按:李端于大历五年(770)才登第(见徐松《登科记考》卷一〇),此诗当作于大历五年前数年间。李端另有《送吉中孚拜官归楚州》(《全唐诗》卷二八四),其中叙其初入仕拜官情况,有云:"初戴莓苔帻,来过丞相宅。满堂归道师,众口宗诗伯。须臾里巷传,天子亦知贤。出诏升高士,驰声在少年。自为才哲爱,日与侯王会。""丞相",即指时任宰相的元载。李端前诗题中所谓"元秘书昆季",即指元载之子伯和、仲武、季能等(参见《旧唐书》卷一一八《元载传》)。吉中孚当于大历二三年间因得元载之子推荐,元载引荐为校书郎。又前所引《晚春送吉校书归楚州》诗,当作于大历四年至六年间在京任司勋员外郎时(参见《唐才子传校笺》卷三《李嘉祐传》、卷四《吉中孚传》之笺证)。由此可知,吉中孚任校书郎,当在大历前期。

又,《唐才子传》卷四《吉中孚传》,称其至长安后,"谒宰相,有荐于天子,日与王侯高会,名动京师",后云:"无几何,第进士,授万年尉,除校书郎。"此处前数句即本于李端《送吉中孚拜官归楚州》诗,而后云"第进士,授万年尉",则无据。吉中孚当由荐入仕,未经由科举考试而授官。

吉中孚任校书郎时,曾数次返居楚州,返乡离京时,当时名家诗友,多相聚唱和,以诗饯送,如前引李嘉祐《晚春送吉校书归楚州旧山》,卢纶《送吉中孚校书归楚州旧山》,李端有两诗:《送吉中孚拜官归楚州》、《冬夜与故友聚送吉校书》(《全唐诗》卷二八四),司空曙有《送吉校书东归》(同上,卷二九二)。吉中孚作为中唐时翰林学士，他本人是"大历十才子"之一，其与文人交往，在当时是很突出的，很值得研究。

大历八年（773），吉中孚又在京应吏部铨试。《唐摭言》卷一三《无名子谤议》，载有无名子自称山东野客，上书于刘晏（称"吏部足下"），谓"一昨所试，四方毕臻，公但以搜索为功，纠评为务"，后又云："且两京常调，五千余人，书判之流，亦有硕学之辈，莫不风趋洛邑，雾委咸京。其常衮之徒，令天下受屈；且衮以小道矫俗，以大言夸时，宏辞曾下登科，平判又不入等；徒以窃居翰苑，谬践掖垣，虽十年掌于王言，岂一句在于人口。"后又提及杜亚、李翰。按：据《旧唐书》卷一二三《刘晏传》，大历八年（773），晏以吏部尚书"知三铨选事"。《旧唐书》卷一一《代宗纪》，大历八年"八月甲寅，诏吏部尚书刘晏知三铨选事"。又《册府元龟》卷六三五："（大历）八年十月，敕中书舍人常衮、谏议大夫杜亚、起居郎刘湾、左补阙李翰考吏部选人判。"此处所记常衮、杜亚、李翰，皆与无名子所上书合（常衮于大历前期曾为翰林学士，后又改任中书舍人，故无名子所上书，称其"窃居翰苑"，"十年掌于王言"）。可见此书所记，即为大历八年冬吏部铨试，此山东野客当为落选之士，故借此横言。可以注意的是，书中也叙及吉中孚，云："且吉中孚判以'大明御宇'为头，以'敢告车轩'为尾，初类是颂，翻乃成箴。其间又以'金盘'对于'玉府'，非惟问头不识，抑亦义理全乖。"由此可见，吉中孚确于此年应吏部铨试，且入选，还因此而为山东野客所讥。由此可考知，《唐才子传》卷四称吉中孚为"登宏辞科"，误；又所作笺证并引常衮于大历十年至十二年以礼部侍郎知贡举，即谓吉中孚于大历十年或十一年曾应制科，亦误。

吉中孚此次吏部铨试入选,当又入仕,但任何官,未可知。现可知者,他于德宗建中元年(780)春已任为京兆万年县尉,见韦应物《春日郊居寄万年吉少府中孚卢少府伟夏侯校书审》①。按:韦应物于大历十四年(779)七月辞栎阳令,闲居于长安西郊沣上,至建中二年(781)四月除尚书比部员外郎②。又令狐楚《白杨神新庙碑》(《全唐文》卷五四三),有自注:"建中初,吉公以万年尉为黜陟判官至此。"《册府元龟》卷一六二:"建中元年二月,发黜陟使分往天下,以……刑部员外郎裴伯言往河东、泽潞、磁邢等道。"则吉中孚当于建中元年二月前即已任万年县尉,该年二月又充河东黜陟使裴伯言之判官曾至太原。韦应物此诗当作于建中元年或二年春(按:夏侯审于建中元年登科为校书郎),以二年春可能性较大。韦应物同时又有《春宵燕万年吉少府中孚南馆》(《韦应物集校注》卷一),颇称其文采,且叙彼此之友谊,有云:"宾筵接时彦,乐燕凌芳岁。稍爱清筋满,仰叹高文丽。欲去返郊扉,端为一欢滞。"

丁居晦《重修承旨学士壁记》,记兴元后二人,即奚陟、吉中孚,记吉中孚云:"兴元元年自司封郎中、知制诰充。"则其入翰林学士院前已为司封郎中。京兆万年县尉为从八品下,司封郎中为从五品上,即自建中二年至兴元元年,仅三四年,已擢升几阶。丁《记》又记兴元元年"六月,改谏议大夫"。《旧唐书》卷一二《德宗纪》,兴元元年六月,"考功郎中、知制诰陆贽,司封郎中、知制诰吉

---

①据陶敏《韦应物集校注》,上海古籍出版社,1998 年。
②参傅璇琮《唐代诗人丛考·韦应物系年考证》。

中孚，并为谏议大夫，水部员外郎顾少连为礼部郎中，并依前充翰林学士"。按：此时德宗仍在汉中，兴元元年七月始返长安。由此，则吉中孚当于建中四年(783)十月随德宗西奔，且时已为知制诰，草制文书，当受到德宗赏识，遂将其召入，为翰林学士，并在数月内即由司封郎中擢迁为谏议大夫。

丁《记》接云："贞元二年，迁户部侍郎，出院。"《旧唐书》卷一一二《德宗纪》，记为贞元二年(786)正月："谏议大夫、知制诰、翰林学士吉中孚为户部侍郎，判度支两税，元琇判诸道盐铁、榷酒。"吉中孚在学士院的时间并不长，其所作，仅见于宋赵明诚《金石录》著录一篇，即卷八所记："《唐定光上人塔铭》，吉中孚撰，行书，姓名残缺，贞元元年十月。"此文后亦不存。

《旧唐书·德宗纪》后于贞元四年又载："八月，以权判吏部侍郎吉中孚为中书舍人。"

吉中孚于贞元二年正月出院任户部侍郎后，曾荐其好友卢纶于朝。《旧唐书》卷一六三《卢简辞传》："贞元中，吉中孚为翰林学士、户部侍郎，典邦赋，荐纶于朝。"此前，卢纶在河中，贞元二年十月在长安，当因吉中孚之荐①。但卢纶入朝后任何官职，则未有记。

贞元四年八月任中书舍人后，吉中孚事迹不详，其卒当在贞元五年或稍前。卢纶有诗，题云《纶与吉侍郎中孚、司空郎中曙、苗员外发、崔补阙峒、耿拾遗湋、李校书端风尘追游向三十载，数

①参傅璇琮主编《唐五代文学编年史·中唐卷》，贞元二年。

公皆负当时盛称荣耀,未几俱沉下泉……》①。据《唐五代文学编年史·中唐卷》,此诗作于贞元五年(789),可证。

从此诗题中,确可见吉中孚在大历时与卢纶等文学交往甚密,如前所述与诸人送归崇敬出使新罗;其任校书郎时归楚州,诸人相聚作诗钱送。又李端《慈恩怀旧》(《全唐诗》卷二八四),序云:"余去夏五月,与耿湋、司空文明、吉中孚同陪故考功王员外来游此寺。员外,相国之子,雅有才称……遂赋五物,俾君子射而歌之。"司空曙即有《残莺百啭歌同王员外耿拾遗吉中孚李端游慈恩各赋一物》(同上,卷二九三),即在大历十一年五月时。此考功王员外即宰相王缙子。

当时诗人对吉中孚之文采是甚为称誉的。如前引卢纶《纶与吉侍郎中孚……兼寄夏侯侍御审侯仓曹钊》诗,即称:"侍郎文章宗,杰出淮楚灵。掌赋若吹籁,司言如建瓴。"卢纶《送吉中孚校书归楚州旧山》(《全唐诗》卷二七六)就称其早期即已"新诗满帝乡","到处人争识"。司空曙赠诗称之为"少年芸阁吏",李端赠诗云"驰声在少年",皆称许其早年即有诗名。卢纶又屡有诗相忆:《春日山中忆崔峒吉中孚》(同上,卷二七八)、《洛阳早春忆吉中孚校书司空曙主簿因寄清江上人》(同上)。李端亦有,如《宿山寺雪夜寄吉中孚》(同上,卷二八五),有云:"鄙夫今夜兴,唯有子猷知。"

《新唐书·艺文志》著录《吉中孚诗》一卷,但传于后世者仅诗一首:《送归中丞使新罗册立吊祭》(《全唐诗》卷二九五),

---

①刘初棠《卢纶诗集校注》卷二,上海古籍出版社,1989年。

文无。

《唐诗纪事》卷七九有张夫人条，注谓吉中孚侍郎妻，载《拜新月》一诗。韦庄《又玄集》卷下则载张夫人诗二首：《拜新月》、《拾得韦氏钿子因以诗寄》；"张夫人"下注："吉中孚侍郎妻。"韦縠《才调集》卷一六同。明胡应麟《诗薮》外编卷四有云："吉中孚列大历才子，而篇什殊不经见。独其妻张氏有《拜月》七古，可参张籍、王建间。"则评价不低。唯张夫人，其事迹不详，吉中孚同时人亦未有提及。唐蔡省风编《瑶池新咏》收其诗八首，今有俄藏敦煌残本传世（参见荣新江、徐俊《唐蔡省风〈瑶池新咏〉重研》，《唐研究》第七卷）。姑附于此。

韦执谊

韦执谊在德宗朝翰林学士中有两个特点，一是他在任职期间，编撰第一部记叙翰林学士建置、职能及名录的专著；二是他后于顺宗朝任宰相，与翰林学士王叔文等合作，共行新政，但也因此而被远贬。

韦执谊，两《唐书》有传，见《旧唐书》卷一三五，《新唐书》卷一六八。《旧唐书》将其与卢杞、裴延龄、李实、王叔文、皇甫镈列于同卷，很明显，以他与卢杞等同类，视为奸佞之臣；《新唐书》则将他与王叔文、陆质、刘禹锡、柳宗元、程异等同卷，较集中于永贞新政之事，稍有不同。

《旧传》称其为京兆人。刘禹锡《唐故中书侍郎平章事韦公

（处厚）集纪》称"杜陵韦公执谊"①。杜陵，在京兆万年县东南二十里②。

《旧传》云："执谊幼聪俊有才，进士擢第，应制策高等，拜右拾遗。"《新传》略同。按：韦执谊进士登第年不可知，其制策登科在德宗贞元元年（785）。《唐会要》卷七六《制科举》载："贞元元年九月，贤良方正能直言极谏科：韦执谊、郑利用、穆质……"，共十四人，而以韦执谊列于首名。此又见《全唐文》卷五一德宗《授韦执谊等官诏》："贤良方正能直言极谏韦执谊等，达于理道，甚用嘉之，位以旌能，宜升秩叙。其第三等人委中书门下即超资与处分，第四等人即优与处分，第五等人即与处分。"第三等实际上是制科试的首列。由此，则韦执谊即于贞元元年九月经制举试登科，即入仕，为右拾遗。

丁居晦《重修承旨学士壁记》记贞元后十二人，第一位即韦执谊："贞元元年，自左拾遗充。"此云左拾遗，与两《唐书》本传所记之右拾遗有异，此是小事，可注意的是，韦执谊于贞元元年九月制举登科授为左（右）拾遗，却于本年内即入为翰林学士，这是此前未有，在有唐一代的翰林学士中也极为少见。

《旧传》在记"拜右拾遗，召入翰林为学士"后，云"年才二十余"；《新传》也谓"年逾冠，入翰林为学士"。这是唐朝士人入为翰林学士最为年轻的，这当与他"幼聪俊有才"有关。且此人有

---

① 见瞿蜕园《刘禹锡集笺证》卷一九，上海古籍出版社，1989年。
② 李吉甫撰、贺次君点校《元和郡县图志》卷一关内道京兆府，中华书局，1983年。

识,在刚入院的第二年,即撰首创之作《翰林院故事》(文末署"贞元二年龙集景寅冬十月记")。此作大致分两部分,前一部分为概述唐翰林院、学士院之设置,及翰林学士之职能,可为前记;后一部分具体记述唐玄宗开元以来翰林学士姓名及官阶迁转。前记列叙唐自太宗起,即重视将"当时才彦"召入宫中,"内参谋猷,延引讲习,出侍舆辇,入陪侍宴"。至玄宗朝,又明确"选朝官有词艺学识者,入居翰林,供奉别旨"。而"至(开元)二十六年,始以翰林供奉改称学士,由是遂建学士,俾专内命"。关于我国古代建置翰林学士,并于玄宗开元二十六年(738)自翰林院分出另设置学士院,《翰林院故事》是首记之作。唐代两部大型典章制度之书,一为《唐六典》,也撰成于开元二十六年,一为《通典》,著者杜佑于德宗贞元十七年(801)上奏,使人奇怪的是这两部书都未有一字提及翰林学士。关于开元二十六年建置翰林学士院,《旧唐书·职官志》、《新唐书·百官志》,及修撰于宋初的《唐会要》都有所记,但就其文字记叙来看,都本于韦执谊《翰林院故事》及稍后的李肇《翰林志》。

《翰林院故事》前记有云:"屋壁之间,寂无其文,遗草简略于桁编,求名时得于邦老;温故之义,于斯阙如。"则在贞元初,翰林学士院内,文献极少保存,开元以来之学士姓名,就只能向老一辈学人探询。按:唐之京都长安,玄、肃两朝历经安史之乱,德宗初期又有泾州兵变,屡经兵燹,宫廷迭遭破坏,简牍当散佚极多。贞元初,朝政稍为稳定,故前记谓:"群公以执谊入院之时最为后进,记叙前辈,便于列词,收遗补亡,敢有多让。"韦执谊就担此重任。当然,由于遗籍多有散佚,"其先后岁月,访而未详,独以官秩名氏之次,述于故事"。韦执谊即谓,因"访而未详",年月未能有记,但可以将其所带之官衔记于姓名之后。《翰林院故事》所记官秩迁转,有些颇详,如肃宗朝潘炎,记为:"自左骁卫兵曹充,累改驾中,又充,中人又充,出守本官。"这就是说,潘炎以左骁卫兵曹参军的官衔(正八品下)入为翰林学士,后连续升迁为驾部郎中(从五品上)、中书舍人(正五品上),都在任职期间,后又以中书舍人出院。按:潘炎,附见于两《唐书》其子潘孟阳传。《旧唐书》卷一六二《潘孟阳传》记潘炎,仅一句:"礼部侍郎炎之子也。"即潘炎曾任礼部侍郎,仅此一记。《新唐书》卷一六〇《潘孟阳传》记潘炎事稍详,但仅起自代宗大历后期,未记肃宗时事。韦执谊所记潘炎于肃宗时在翰林学士任期内所历官阶,正可补两《唐书》之缺,于此也可见《翰林院故事》之史料价值。

除潘炎外,有些名人,虽《唐书》等均有所记,但如无《翰林院故事》,则后人皆未能知其曾为翰林学士。如前所记肃宗时翰林学士苏源明,是玄、肃两朝的诗文名家,杜甫、梁肃、颜真卿、李华等诗文,都有所记,但均未记其曾任翰林学士。韦执谊《翰林院故事》则明确记苏源明于肃宗至德(756)后以中书舍人入为翰林学士。如无韦执谊所记,则肃宗朝翰林学士就没有这一诗文名家。

当然,从史料的角度来看,韦执谊《翰林院故事》也有不足之处。总的来说,如韦执谊于前记中所说,由于材料散佚,其所能辑集到的学士,仅能记其名氏、官衔,"其先后岁月,访而未详",不如以后元稹、丁居晦能记有年月日。又,韦执谊于贞元二年作此题名录,而现存的这一《故事》,则尚有贞元后所记,计有德宗、顺宗、宪宗三朝学士名录,当为后继者续辑,这也是韦执谊于前记文末所说的"庶后至者,编继有伦"。应当说贞元二年之后所记的三十余位学士名录,也颇可参考,不过比较起来,这后一部分,与元稹、丁居晦两《记》相较,确有明显的不足:一是丁居晦自德宗朝起,就记有年月,元稹于元和朝的承旨学士,所记年月日更详,韦执谊《故事》则均未记有时间;二是现存《翰林院故事》后一部分,有些记事有缺,有些记事有误。限于篇幅,这里略举数例。如宪宗初期的李吉甫、裴垍,为当时名人,并由翰林学士擢迁为宰相,史料极多,两《唐书》也均有传,但《翰林院故事》记此二人,仅列姓名,无一字叙其官秩迁转。又如宪宗时萧俛,《翰林院故事》记为:"驾中充,又加知制诰,出守本官。"而据丁居晦《重修承旨学士壁记》,萧俛乃于"元和六年四月十二日自右补阙充",后历经迁转,至元和九年十一月二十四日加驾部郎中,同年十二月十日加知制诰。丁氏所记有据。《旧唐书》卷一七二本传记其"元和六年,召充翰林学士",又《旧唐书》卷一四《宪宗纪》,元和六年正月丙申,萧俛时为右补阙。按:据《旧唐书·职官志》,左右补阙为从七品上,驾部郎中为从五品上,由此可知,萧俛当先自右补阙入,后才升为驾部郎中。《旧唐书·萧俛传》也记其于元和七年转司封员外郎(从六品上),九年改驾部郎中,并知制诰。《翰林院故事》此处所记乃又简又误。

类似情况,如亦为宪宗朝的张仲素,《翰林院故事》记自礼部员外郎充,丁居晦所记为元和十一年(816)八月十五日自礼部郎中充。按:清劳格《唐郎官石柱题名考》曾有考,谓石柱题名于礼外无张仲素名,礼中则有。又杨巨源有《张郎中段员外初直翰林报寄长句》(《全唐诗》卷三三三)。按:段文昌于元和十一年八月十五日与张仲素同时入，时为祠部员外郎，则杨巨源此诗诗题，即为张仲素、段文昌。诗题云"初直翰林"，而称张为郎中，可见丁居晦所记为确。由此可见，今存的《翰林院故事》，其后期为他人续作，其史料确切性不如韦执谊所作的前期，我们在研索贞元、永贞、元和时翰林学士在职期间的仕历，应当参据元稹、丁居晦所记及唐时其他史料，作综合的考辨。

《翰林院故事》记韦执谊于"拾遗充"学士后，云："又知制诰，又赐绯。"丁居晦《重修承旨学士壁记》则于"贞元元年自左拾遗充"后，云："二月，加知制诰，赐绯鱼袋。"如此，则加知制诰为贞元元年二月，实误。按：《唐会要》卷五五《中书舍人》条有记："（贞元）四年二月，以翰林学士、职方郎中吴通微，礼部郎中顾少连，起居舍人吴通玄，左拾遗韦执谊，并知制诰。"则韦执谊兼知制诰，在贞元四年（788）二月，《重修承旨学士壁记》当于"二月"前漏"四年"二字。

韦执谊何时出院，韦、丁二书均未有明确记载。《翰林院故事》仅云"又起人充"，《重修承旨学士壁记》亦仅云"迁起居舍人，丁忧"。《旧唐书》则有较详的记述："德宗尤宠异，相与唱和歌诗，与裴延龄、韦渠牟等出入禁中，略备顾问。德宗载诞日，皇太子献佛像，德宗命执谊为画像赞，上令太子赐执谊缣帛以酬之。执谊至东宫谢太子，卒然无以藉言，太子因曰：'学士知王叔文乎？彼伟才也。'执谊因是与叔文交甚密。俄丁母忧，服阕，起为南宫郎，德宗时召入禁中。"这里提供几点线索，试析之。《旧唐书》卷一三五有裴延龄、韦渠牟传，二人在贞元中皆得德宗宠信，陆贽任宰相时，曾上疏劾奏裴延龄"险猾售奸，诡谲求媚"，时裴为户部侍郎、判度支。后陆贽受裴之诬害而罢相,时在贞元十年(794)十月。《旧唐书·韦渠牟传》云:"陆贽免相后,上躬亲庶政,不复委成宰相,庙堂备员,行文书而已。除守宰、御史,皆帝自选择。然居深宫,所狎而取信者裴延龄、李齐运、王绍、李实、韦执谊泊渠牟等,皆权倾相府。"据此,则贞元十年十二月陆贽罢时及稍后,韦执谊仍在学士院内任职。

《旧唐书·韦渠牟传》又记:"贞元十二年四月,德宗诞日,御麟德殿,召给事中徐岱、兵部郎中赵需、礼部郎中许孟容与渠牟及道士万参成、沙门谭延等十二人,讲论儒、道、释三教。"关于此事,《旧唐书》卷一三《德宗纪》亦有记:贞元十二年四月"庚辰,上降诞日,命沙门、道士加文儒官讨论三教,上大悦"。按:据《旧纪》,此时前后数年,于四月皆未记德宗生日重视释、道事,如此,则《旧唐书·韦执谊传》所载"德宗载诞日,皇太子献佛像"当即在贞元十二年四月,此时太子仍称韦执谊为学士,则韦执谊此时当仍在院中。又据《旧唐书》卷一四《顺宗纪》,顺宗李诵,为德宗长子,生于上元二年(761),贞元十二年(796)为三十六岁。

《旧唐书·韦执谊传》载此事后,云:"俄丁母忧",则当在贞元十二、十三年间;"服阕,起为南宫郎",当在贞元十六、十七年间。南宫郎是一个虚职,但韦执谊仍受德宗的信用,"时召入禁中"。

《旧唐书·韦执谊传》后记:"及顺宗即位,久疾不任朝政,王叔文用事,乃用执谊为宰相,乃自朝议郎、吏部郎中、骑都尉赐绯鱼袋,授尚书左丞、同平章事,仍赐金紫。"按:据《旧唐书》卷一四《顺宗纪》,德宗于贞元二十一年(805)正月癸巳卒,顺宗即于同月丙申即位,二月"辛卯,以吏部郎中韦执谊为尚书左丞、同中书门下平章事"。白居易时在长安,为校书郎,上书于韦执谊,提出改革时政的设想,题为《为人上宰相书》①,首云"二月十九日,某官某乙谨拜手奉书献于相公执事",书中又云"相公自拜命以来八九日",与韦执谊任相之时合。又《顺宗实录》卷一载王叔文入为翰林学士在二月壬戌,壬戌为二月二十二日(《旧纪》谓壬寅,误)。即白居易上此书,王叔文尚未入翰林,新政尚未正式实施,此文虽题曰为人上书,实则是表达白居易自己的见解。

白居易极力主张,当今皇上初接位,首要之事是"令宜布新",这是"百辟倾心,凄凄然以待主上之政也;万姓注目,专专然以望主上之令也"。白居易虽未具体论述新政的内容,但希望宰相能先广听天下之心声,不要耽误时机,要使新政"在于疾行"。因此白居易借此上书,着重地说:"所以主上践祚未及十日,而宠命加于相公者,惜国家之时也;相公受命未及十日,而某献于执事者,惜相公之时也。夫欲行大道,树大功,贵其速也。"由此也可见,当时的长安士人确为普遍希望朝廷能尽快施行新政。

又《全唐文》卷五五顺宗《授韦执谊尚书左丞平章事制》,就韦执谊任翰林学士,称誉为:"久参内署,动直静专,累践中台,职修事举。克有公望,冠于群伦。"

关于永贞新政,另详德宗朝王叔文传,此不赘。《旧唐书·韦执谊传》概述谓:"(王)叔文欲专国政,故令执谊为宰相于外,己自专于内。"当时在相位的有数人,最能与王叔文相配合的是韦执谊,这是有唐一代,宰相与翰林学士能互相配合、行施朝政的唯一

---

① 见朱金城《白居易集笺校》卷四四,上海古籍出版社,1988年。

实例。不过《顺宗实录》几次记述"叔文与执谊争权数有异同"①，《旧传》也记为："执谊既为叔文引用，不敢负情，然迫于公议，时时立异。""叔文诟怒，遂成仇怨。"《旧传》所记，是受《顺宗实录》影响的，而《顺宗实录》又出于韩愈之手，韩愈执于偏见，对韦执谊任翰林学士，也甚为贬责，称其"年二十余入翰林，巧惠便辟，媚幸于德宗，而性贪婪诡贼"，又记云："其从祖兄夏卿为吏部侍郎，执谊为翰林学士，受财为人求科第，夏卿不应，乃探出怀中金以内夏卿袖，夏卿惊曰：'吾与卿赖先人德致名位，幸各已达，岂可如此自毁坏！'摆袖引身而去。"这应为不实之词。瞿蜕园《刘禹锡集笺证》附录二交游录，于《韦执谊》条亦引有《顺宗实录》此文，评曰："此为诬诋之词不待言，即令有此事，必行于无人之处；执谊既必不自言，夏卿亦不至不顾族谊宣之于众以败其操检也。《顺宗实录》之不可据往往如此。"

永贞元年（805）八月庚子，顺宗因宦官之迫，传位于太子，宪宗立，遂即将王叔文贬出；十月，柳宗元、刘禹锡等贬为八州司马；十一月，韦执谊贬为崖州司马。《旧传》谓："及宪宗受内禅，王伾、王叔文徒党并逐，尚以执谊是宰相杜黄裳之婿，故数月后贬崖州司户。"《全唐文》卷五六宪宗《贬韦执谊崖州司马制》，斥其执政时，"直谅无闻，奸回有素；负恩弃德，毁信废忠；言必矫诬，动皆蒙蔽；官由党进，政以贿成"。而与此同时，白居易却特作《寄隐者》一诗，云："卖药向都城，行憩青门树。道逢驰驿者，色有非常惧。

①《顺宗实录》，见马其昶《韩昌黎文集校注》外集下卷，上海古籍出版社，1986年。

亲族走相送，欲别不敢住。私怪问道旁，何人复何故；云是右丞相，当国握枢务。禄厚食万钱，恩深三日顾。昨日延英对，今日崖州去。由来君臣间，宠辱在朝暮。青青东郊草，中有归山路。归去卧云人，谋身计非误。"朱金城《白居易集笺校》卷一系此诗于永贞元年，时白居易在长安，任校书郎，谓"今日崖州去"句疑指韦执谊之贬官。由此可见白居易当时仍寄予同情。

《新唐书·艺文志》未著录韦执谊著作。《全唐文》卷四九五载其文三篇:《市骏骨赋》《与善见禅师帖》《翰林院故事记》。无诗。

梁　肃

梁肃，《旧唐书》无传，《新唐书》附于卷二〇三《文艺·苏源明传》后，甚简，仅九十余字，且所记有误（详后）。惟其同时有权德舆《祭梁补阙文》（《全唐文》卷五〇八），崔元翰《右补阙翰林学士梁君墓志铭》（同上，卷五二三），崔恭《唐右补阙梁肃文集序》（同上，卷四八〇），所记较详，为研究梁肃事迹之基本史料。现代研究成果，有蒋寅《梁肃年谱》[1]，胡大浚《梁肃年谱》[2]。蒋、胡两谱，在记叙具体行迹及著作系年上，时有所异，但均对梁肃生平有系统的清理与论述。

崔《志》:"梁君讳肃，字宽中。"权《祭文》:"我思古人，乃得敬

---

[1]见蒋寅《大历诗人研究》下编，中华书局，1995年。
[2]见胡大浚校点《梁肃文集》附录，甘肃人民出版社，2000年。

之。"《新传》当据崔、权所记,云:"肃字敬之,一字宽中。"又与梁肃同时,曾与之有交游之陈谏,其《心印铭序》(《唐文粹》卷六一)亦有云:"安定梁肃字敬之,学止观法门于沙门元浩。"又云:"谏获与敬之游,又尝闻浩公之言,故序其所由然,著于铭之首云。"

崔《志》称梁肃"其生安定人",并称其五代祖为隋时刑部尚书梁毗。按:《隋书》卷六二《梁毗传》即载毗为"安定乌氏人"。安定郡乌氏县,相当于今甘肃泾川县东北。梁肃《过旧园赋》自注则云:"高祖父赵王府记室宜春公泊曾王父侍御史府君已降,三世居陆浑。……开元中为大水所坏,始徙于函谷。"(《梁肃文集》卷一。按:以下所引梁肃文,为方便起见,即据胡大浚校点本《梁肃文集》)。则自其曾祖父起,即徙居陆浑(今河南嵩县东北),至其父时又移居函谷关(今河南新安县东)。《过旧园赋》序即云:"新安东南十数里,旧居在焉。"则梁肃幼时亦即居于函谷关。

按:据崔《志》,梁肃卒于德宗贞元九年(793)十一月,年四十一,则当生于玄宗天宝十二载(753)。

梁肃《过旧园赋》序云:"余行年十八,岁当上元辛丑,盗入洛阳,三河间大涂炭,因窜身东下,旅于吴越。"赋又云:"截澜河以径度,趣诸越而休止。在长洲与兰陵,亦一闰而三徙。"按:《文苑英华》卷一三〇载此文,"十八"作"八十",显讹;《全唐文》卷五一七所载作"十八",亦误。岑仲勉《唐集质疑》谓此"十八"实为"九"字,"一字而误析为两也"[1],是。且梁肃已明言"上元辛丑",即肃

---

[1]《唐集质疑》之《过旧园赋》条,见岑仲勉《唐人行第录》,上海古籍出版社,1962年,第398页。

宗上元二年（761），梁肃既生于天宝十二载（753），则此年确为九岁。上元二年，安史之乱尚未平定，此时河南洛阳等地又遭战乱，梁肃一家就因此南徙，先居越地，后迁苏州（长洲），定居于常州（兰陵）。

梁肃长期居住于常州，约二十年左右，在此期间，可以注意的，一是他早年即与僧徒交游，接受佛学；二是师事古文家独孤及、李华，正式介入中唐古文运动之行列。

梁肃十二岁时，即受经于释门湛然。湛然亦为常州人，曾作有《维摩经略疏》，梁肃后为其作序，云："肃尝受经于公门，游道于义学，虽钻仰莫能，而嗟叹不足，故序其述作之所以然著乎辞。疏成之岁，岁在甲辰，吾师自晋陵归于佛龛之夏也。"（《梁肃文集》卷二《维摩经略疏序》）甲辰，即广德二年（764），梁肃年仅十二。《宋高僧传》卷六《湛然传》，称其为常州人，"学徒愈繁"，而"其朝达得其道者惟梁肃学士"。梁肃又有《送沙门鉴虚上人归越序》，中云："东南高僧有普门元浩，予甚深之友也。"（《梁肃文集》卷二）元浩，亦见《宋高僧传》卷六，也提及梁肃："其儒流受业，翰林学士梁公肃。"此后梁肃作有《越州开元寺律和尚塔碑铭》（《梁肃文集》卷四），《金刚般若波罗密经石幢赞》（同上），《台州隋故智者大师修禅道场碑铭》（同上，卷四），《天台法门议》（同上，卷一），其他论、记、序、碑、铭、墓志等多有述及佛学者，这在中唐古文家中是甚稀见的。

独孤及于大历八年（773）为常州刺史，九年三月到任，十二年四月卒于任（参郁贤皓《唐刺史考全编》卷一三八江南东道常州）。独孤及到任后，梁肃即拜谒、师事之。其《常州刺史独孤及集后序》特记云："初公视肃以友,肃仰公犹师。"(《梁肃文集》卷二)《祭独孤常州文》又云:"顾惟小子,慕学文史。公初来思,拜遇梅里。如旧相识,绸缪慰止。更居恤贫,四稔于此。"则独孤及在常州四年,梁肃一直陪侍左右,并代笔为其撰文,如《为常州独孤使君祭李员外文》、《为独孤常州祭福建李大夫文》、《为独孤郎中祭皇甫大夫文》等(同上,卷六)。独孤及后于大历十二年卒,梁肃特为送葬,并作祭文(《祭独孤常州文》,《梁肃文集》卷六)、行状(《常州刺史赐紫金鱼袋独孤公行状》,同上),后又为编其文集,《常州刺史独孤及集后序》记独孤及卒后,"于是缀其遗草三百篇,为二十卷,以示后嗣"(同上,卷二)。李舟《独孤常州集序》也称:"常州讳及,有遗文三百篇,安定梁肃编为上下帙,分二十卷。"(《全唐文》卷四四三)崔祐甫《独孤公神道碑铭》亦云"公有集二十卷行于代"(《全唐文》卷四○九)。《新唐书·艺文志》四,别集类著录"独孤及《毗陵集》二十卷",南宋《郡斋读书志》(卷四上)、《直斋书录解题》(卷一六),及《四库全书》等著录,均为二十卷。则独孤及传世之文集二十卷,当皆源自梁肃所编①。

关于梁肃早年,应补正两处。一为《新唐书》卷二○二《文艺·苏源明传》有云:"源明雅善杜甫、郑虔,其最称者元结、梁肃。"苏源明亦为肃宗时翰林学士,与杜甫、郑虔、元结确有交往,见前肃宗朝苏源明传。但苏于广德二年(764)即卒,时梁肃仅十

---

①《四库全书总目》卷一五○《毗陵集》提要,谓集中《马退山茅亭记》乃柳宗元所作,则后世传刻时,也有误收。

二岁,居于常州,苏源明则长期在北方,不能在其卒前即已称识梁肃。二为崔元翰《志》记:"年十八,赵郡李遐叔、河南独孤至之始见其文,称其美,由是大名彰于海内。"按:梁肃年十八为大历五年(770),此时李华仍隐居于山阳为农,山阳在今江苏淮安,而梁肃则长期居于常州;独孤及于大历三年至五年为濠州刺史,五至八年为舒州刺史(参郁贤皓《唐刺史考全编》),大历九年三月始至常州刺史任。因此,大历五年李华、独孤及不可能与梁肃结识。

据胡大浚《梁肃年谱》,梁肃于大历十三年(778)秋后曾应诏至京师,所考较详实,是。按:约于此年,曾为翰林学士的李翰,离京赴阳翟(详见前代宗朝李翰传),梁肃特作序送之(《送李补阙赴少室养疾序》,《梁肃文集》卷二),后又为其文集作序(《补阙李君前集序》,同上)。按:李翰,两《唐书》虽有传,但甚简略,如无梁肃此二文,则李翰事迹及其文学创作在当时的影响,今天就无详切的材料。这如同前所述梁肃为独孤及所作祭文、序文,可见梁肃确很注意与当时文士的交往。又如大历十一年(776),梁肃年二十四,尚在常州,又作有《送耿拾遗归朝廷序》(《梁肃文集》卷二)。耿拾遗即耿湋,耿湋亦为大历十才子之一。卢纶已有《送耿拾遗湋充括图书使往江淮》(《全唐诗》卷二八〇),梁肃此序云:"国家方偃武事,行文道,命有司修图籍,且虑有缺文遗编,逸诗坠礼,分命史臣求之天下。……拾遗耿君于是拥轻轩,奉明诏,有江湖之役,亦勉己事,将复命阙下。七月乙未,改辕而西,将朝夕论思。……众君子盖将贺不暇,彼吴秦离别,于我何有,作者之志,小子承命而序之。"则此序乃作于耿湋自吴返京之时。颜真卿亦有《送耿拾遗联句》(《颜鲁公文集》卷一五),其中漳诗有"吴兴贤太守,临水最殷勤"句,颜真卿之为湖州(吴兴)刺史在大历八年(773)正月至十二年(777)四月。又刘长卿亦有《送耿拾遗归上都》诗(《刘随州集》卷八),时刘长卿贬谪于睦州(约大历十一、十二年间)。据此,则耿漳之离吴、越返京,确当在大历十一年夏①。后梁肃于贞元六年(790),又为大历时著名诗人戴叔伦撰神道碑(《唐容州刺史戴公神道碑》,《梁肃文集》卷五)。可见梁肃所撰对中唐诗文研究极有文献价值。

崔《志》:"建中初,以文辞清丽应制,授太子校书。"《唐会要》卷七六《制科举》条记建中元年(780)文辞清丽科,有奚陟、梁肃及吴通玄等。奚陟、吴通玄亦为德宗时翰林学士。《唐大诏令集》卷一〇六《建中元年试制举人策问》,署为"二月十五日"。这当与梁肃《过旧园赋》序所谓"上嗣位岁,应诏诣京师,其年夏,除东宫校书郎"(《梁肃文集》卷一)合。《新传》亦云:"建中初,中文辞清丽科,擢太子校书郎。"

但梁肃并不赴任,《过旧园赋》序于"其年夏,除东宫校书郎"后,接云"遂请告归觐于江南"。崔《志》亦云"请告还吴"。后又丁母忧,至贞元二年(786),至扬州,入淮南节度使杜亚幕,任掌书记。崔《志》又云:"其后,淮南节度使、吏部尚书京兆杜公表为殿中侍御史内供奉,管书记之任。……贞元五年……征还台。"此

---

①参见《唐才子传校笺》第二册卷四《耿漳传》,傅璇琮笺;又傅璇琮著《唐代诗人丛考·耿漳考》。

"杜公"为杜亚①。

贞元五年(789)十二月辛未,杜亚改为东都留守(《旧纪》),梁肃即应征至京师,正式任为监察御史(正八品上),后又转为右补阙(从七品上),见崔《志》。梁肃《述初赋并序》云:"以监察御史征,俄转右补阙。间一岁,加翰林学士。"(《梁肃文集》卷一)

关于入为翰林学士,韦执谊《翰林院故事》仅记有一句:"补阙兼太子侍读充。"丁居晦《重修承旨学士壁记》则具体记为:"贞元七年,自左补阙充,兼皇太子侍读,守本官,兼史馆修撰。"未记出院年月。据崔《志》,梁肃卒于贞元九年十一月,即梁肃未出院,卒于任。

如此,则梁肃于贞元七年(791)入院,贞元九年(793)十一月卒,在院约二年有余。崔恭《唐右补阙梁肃文集序》概述云:"朝廷尚德,故以公为太子侍读;国尚实录,故以公为史馆修撰;发诰令,敷王猷,故以公为翰林学士。三职齐署,则公之处朝廷不为不达矣。"不过梁肃在此期间,较为突出的是参预科举进士试,协助陆贽,选拔人才。

陆贽于贞元七年出院,贞元八年初知贡举(见前陆贽传),他即聘请在职的梁肃,作为佐助者,推荐人才,称为公荐或通榜。宋洪迈《容斋四笔》卷五《韩文公荐士》条云:"唐世科举之柄,专付

①杜亚于德宗兴元元年十二月至贞元五年十二月为淮南节度使,杜佑于贞元五年十二月接任淮南节度使(《旧唐书·德宗纪》,并参郁贤皓《唐刺史考全编》)。而《新唐书·梁肃传》却记为"杜佑辟淮南掌书记",显误,惜中华书局点校本未予校正。

之主司,仍不糊名,又有交朋之厚者为之助,谓之通榜。"当时翰林学士可以不出院,在任职期间担任公荐或通榜。在当时举子录取中,有时通榜所起的作用更为实际,社会影响更大。韩愈于贞元八年被录取为进士及第,他后于《与祠部陆员外书》中,就特别提出:"往者陆相公司贡士,考文章甚详,愈时亦幸在得中,而未知陆之得人也。其后一二年,所与及第者皆赫然有声,原其所以,亦由梁补阙肃、王郎中础佐之,梁举八人,无有失者。"①当时梁肃作为通榜,举荐人才,在当时是很有影响的,韩愈即称为"至今以为美谈"。如贞元十八年(802),权德舆知贡举,祠部员外郎陆修与权德舆交往契合,乃为佐助,为通榜,此时韩愈任四门博士,在长安,就特地上书给陆修,推荐本年应举者侯喜等十人。前所引韩愈此书,即举梁肃先例,并云:"彼之职在乎得人,执事之志在乎进贤,如得其人而授之,所谓两得其求,顺乎其必从也。"又《旧唐书》卷一五九《崔群传》:"群年未冠举进士,陆贽知举,访于梁肃,议其登第有才行者,肃曰:'崔群虽年少,他日必至公辅。'果如其言。"又《新唐书》卷一七九《王涯传》:"涯博学,工属文,往见梁肃,肃异其才,荐于陆贽,擢进士。"于此皆可见梁肃作为通榜所起的作用。

按:韩愈于贞元三年即至长安应试,连续未能及第。欧阳詹也是连续考了六次,其他如李观等,都屡次应试未及第。据徐松《登科记考》卷一三,此年录取进士二十三人。宋洪兴祖《韩子年谱》引《科名记》,称"是年一榜多天下孤隽伟杰之士,号龙虎榜"。

---

①马其昶《韩昌黎文集校注》卷二,上海古籍出版社,1986年。

后人又称为"有唐第一榜"①。中唐时古文名家如韩愈、欧阳詹、李观等皆为此年进士登第者,这对当时古文运动当有一定推动作用。

《唐摭言》卷七有记云:"贞元中李元宾、韩愈、李绛、崔群同年进士。先是四君子定交久矣,共游梁补阙之门。居三岁,肃未之面,而四贤造肃多矣,靡不偕行。肃异之,一日延接。"按:梁肃于贞元六年初入朝,此云李观、韩愈等四人在贞元八年初及第前共游梁肃之门,已有"三岁",则并不确切,但当时文士甚仰慕梁肃,亦于此可见。《旧唐书》卷一六〇《韩愈传》即有记云:"大历、贞元之间,文字多尚古学,效扬雄、董仲舒之述作,而独孤及、梁肃最称渊奥,儒林推重。愈从其徒游,锐意钻仰,欲自振于一代。"由此亦可见梁肃任翰林学士期间参预科举取士,在中唐古文运动中所起的作用。

贞元八年初举试后,仍有人向梁肃推荐。如李观于本年登第后,又特地向梁肃推荐诗人孟郊,其《上梁补阙荐孟郊崔宏礼书》(《全唐文》卷五三四),先称自己未登第时,已蒙梁肃揄扬,故"远迩之人,以观为执事门生";后即向梁肃推荐孟郊、崔宏礼,称"孟之诗,五言高处,在古无二"。孟郊也特献上一诗:《古意赠梁肃补阙》②。至第二年,贞元九年,李翱通过州府试,至长安应明年举试,是年九月,他又向梁肃献文求荐,其《感知己赋序》云:"贞元九年,翱始就州府之贡举人事,其九月,执文章一通谒于右补阙安定

---

①明胡应麟《诗薮》外编卷三,中华书局上海编辑所,1958年。
②华忱之《孟郊诗集校注》卷六,人民文学出版社,1995年。

梁君。是时梁君之誉塞天下,属词求进之士奉文章造梁君门下者,盖无虚日。"(《李文公集》卷一)可见即使此年梁肃虽未再出任通榜,但仍居翰林,而"属词求进之士"造访者,仍"无虚日"。

可惜梁肃不久即病逝。崔《志》:"(贞元)九年冬十有一月旬有六日,寝疾于万年之永乐里",年四十一。权德舆有《祭梁补阙文》。崔恭又为其文集作序,特称其文"粹美深远,无人能到"(《唐右补阙梁肃文集序》,《唐文粹》卷九二)。崔恭称"收其制作,编成二十轴",即二十卷。《新唐书·艺文志》四,也著录为《梁肃集》二十卷;陈振孙《直斋书录解题》卷一六别集类也记为二十卷,当皆本崔恭所编,南宋前期尚存,但后即散佚,未有专集传世。《全唐文》载其文一〇四篇(卷五一七至五二二),另有佚篇(如戴叔伦《神道碑》,即未见于《全唐文》)。现胡大浚编校《梁肃文集》(甘肃人民出版社,2000年)为六卷。

韦　绶

韦绶,两《唐书》皆附其弟贯之传,见《旧唐书》卷一五八,《新唐书》卷一六九。又《旧唐书》卷一六八其子韦温传,谓京兆人。

《旧传》未记其早年行迹,《新传》则有所记,云:"举孝廉,又贡进士,礼部侍郎潘炎将以为举首,绶以其友杨凝亲老,故让之,不对策辄去,凝遂及第。"按:据清徐松《登科记考》卷一一,杨凝为大历十三年(778)进士登科(状元),知举者为礼部侍郎潘炎。

《新传》接云:"后擢明经,辟东都幕府。"未有确年。又《旧唐书》卷一五九《路随传》，记其父泌，"建中末，以长安尉从调，与李益、韦绶等书判同居高第，泌授城门郎。属德宗违难奉天，泌时在京师，弃妻子潜诣行在所"。此书判当为吏部常调铨试。如此，则韦绶当于大历末、建中初明经登第后，在洛阳东都幕府，于建中末即建中四年（783）应吏部书判拔萃试，与路泌、李益等同举高第，当又授官，但不详。《旧唐书》卷一三〇《李泌传》则提供线索。据《旧传》，李泌于贞元初期在相位，"至贞元五年，以前东都防御判官、殿中侍御史、内供奉韦绶为左补阙，监察御史梁肃右补阙"。《新唐书》卷一三九《李泌传》亦记此事，云："凡三年，始以韦绶、梁肃为左右补阙。"

如此，则韦绶当又与梁肃同时入学士院。

韦执谊《翰林院故事》于贞元后记："韦绶，补阙充。"丁居晦《重修承旨学士壁记》贞元后记："韦绶，贞元七年，自左补阙充。"与梁肃同，当同时召入。《旧传》对韦绶在翰林学士任职期间评誉云："德宗朝为翰林学士。贞元之政，多参决于内署，绶所议论，常合中道。"《新传》亦云："德宗时，以左补阙为翰林学士，密政多所参逮。"《新传》更有具体记述："帝尝幸其院，韦妃从。会绶方寝，学士郑絪欲驰告之，帝不许。时大寒，以妃蜀襦袍覆而去，其待遇若此。"其细节，当本笔记小说。

不过两《唐书》本传对韦绶如何参与当时政事，却未有记载，而对其在职期间的心情则有细致的描述。《新传》云："每入直，逾月不得休。以母老，屡丐解职，每请，帝辄不悦。出入八年，而性谨畏甚。晚乃感心疾，罢还第，不极于用。"《旧传》所记稍简，但语气亦重，"然畏慎致伤，晚得心疾，故不极其用"。由此可见，德宗对翰林学士的管制是相当严的。

正因如此,他就以心疾而辞职出院。《唐国史补》也记云:"起居舍人韦绶以心疾废。"丁《记》记为:"(贞元)十六年十月,丁忧。"谓"丁忧",似不确。而且他不仅自己不愿继续做翰林学士,他还劝其儿子以后也不要任此职。《新唐书》卷一六九其子韦温传,记云:"绶在禁廷,积忧畏病废,故诫温不得任近职。"正因此,韦温于文宗大中时由考功员外郎擢为谏议大夫,甘露事变后,文宗想召他入为翰林学士,韦温念其父之教,就固辞。杜牧为其所作之墓志,也述其事,叙文宗已下疏召其入院,"公(韦温)立银台外门,下拜送疏入,具道先常侍(即其父韦绶)遗诫,子孙不令任密职,言恳志决"[1]。

按:韦绶于贞元七年(791)入,十六年(800)出,在院当九年有余,《新传》云:"出入八年。"不确。两《唐书》本传及丁《记》均未记带何官出院,杜牧所作韦温墓志,称韦绶"右散骑常侍致仕",《旧唐书·韦温传》也谓"以散骑常侍致仕",则出院时授以此虚衔而致仕。《唐国史补》称其为"起居舍人",当不确。

杜牧《韦公(温)墓志铭并序》在记韦绶"以致仕官屏居两郊"后,接云:"公(韦温)早夜侍侧,温清饮食,迎情解意,一经心手,积二十余年。"则约卒于穆宗长庆年间(821—824)。

韦绶的著述《新唐书·艺文志》未有著录,《全唐文》、《全唐诗》亦未载其成篇之作。《旧唐书·韦温传》载温于武宗时为宣歙

---

[1]杜牧《唐故宣州观察使御史大夫韦公墓志铭并序》,见陈允吉点校《樊川文集》卷八,上海古籍出版社,1978年。

观察使,卒于任,有记云:"既疾,召亲属,赋绶诗'在室愧屋漏',因泣下曰:'今知没身不负斯诫矣!'"《全唐诗》卷七九五即据此载韦绶此句。又《新唐书·韦绶传》载韦绶辞职出院后,曾奉命和德宗《黄菊歌》,亦不存。但可见其生前亦均有诗作。

郑 絪

郑絪,两《唐书》有传,见《旧唐书》卷一五九,《新唐书》卷一六五。《旧传》谓:"郑絪字文明。父羡,池州刺史。"未记籍贯。《新传》:"郑絪字文明,馀庆从父行也。"据《旧唐书》卷一五八、《新唐书》卷一六五《郑馀庆传》,馀庆为郑州荥阳人。又《新唐书》卷七五上《宰相世系表》五上,亦记郑羡为池州刺史,惟记郑絪云:"絪字文明,相德宗。"按:郑絪于德宗、顺宗二朝,连任翰林学士,后宪宗接位,擢郑絪为相(详后),《新表》此处显误,惜中华书局点校本未予校正。

据《旧传》,郑絪卒于文宗大和三年(829),年七十八,则当生于玄宗天宝十一载(752)。

《旧传》记其早年仕历为:"絪少有奇志,好学,善属文。大历中,有儒学高名,如张参、蒋乂、杨绾、常衮,皆相知重。絪擢进士第,登宏词科,授秘书省校书郎、鄠县尉。张延赏镇西川,辟为书记;入除补阙、起居郎,兼史职。"《新传》所记略同。按:据《旧唐书》卷一二《德宗纪》上,张延赏于大历十四年(779)十一月由荆南节度使改任西川节度使,贞元元年(785)八月入朝改授左仆射,则郑絪在张延赏西川幕,当在德宗建中年间(780—783)。而在此之前,大历中已为国子司业张参等所知。后进士及第,惟登第年未详,或为大历中后期。

张延赏于贞元元年八月入朝为左仆射,郑絪当也因此"入除补阙、起居郎,兼史职"(《旧传》)。随后,即入为翰林学士。

韦执谊《翰林院故事》记:"郑絪:封外、知制诰,赐绯。"丁居晦《重修承旨学士壁记》记有具体年月:"贞元八年,自司勋员外郎、知制诰充;五月,赐绯鱼袋。"韦、丁二记,一云封外,一云勋外。按:《旧传》于"入除补阙、起居郎,兼史职"后云:"无几,擢为翰林,转司勋员外郎、知制诰。"又元稹《承旨学士院记》记郑絪于"贞元二十一年二月,自司勋员外郎、翰林学士拜中书舍人",韩愈《顺宗实录》卷一同。如此,则韦执谊《故事》作"封外",误①。

郑絪于德宗朝任翰林学士达十三年,但《旧传》所记甚略,仅云:"德宗朝,在内职十三年,小心兢谦,上遇之颇厚。"按:郑絪于贞元八年五月以司勋员外郎、知制诰入,至贞元二十一年(805)正月德宗卒,其间十三年,官阶均未升迁,至贞元二十一年(亦即永贞元年),顺宗接位之次月,才由司勋员外郎擢为中书舍人(详后)。翰林学士于任职期内如此长时期未有擢迁,这是唐历朝所未有的,这是德宗贞元中后期特殊现象,颇值得研索。

《新传》则具体记其一事:"德宗自兴元还,置六军统军视六尚

---

①按:清劳格于《唐尚书省郎官石柱题名考》卷六已谓,据《旧传》、丁《记》,应是勋外,非封外。又岑仲勉《翰林学士壁记注补》亦云"《翰林院故事》作封外误",但又云:"据本纪,似先授勋外知诰乃充翰林也。"按:《旧唐书·德宗纪》于贞元八年未记郑絪事,此云"据本纪",误,应云"据本传"。

书,以处功臣,除制用白麻付外。又废宣威军益左右神策军,以监军为中尉。窦文场恃功,阴讽宰相进拟如统军比。绸当作制,奏言:'天子封建,或用宰相,以白麻署制,付中书、门下。今以命中尉,不识陛下特以宠文场邪?遂著为令也?'帝悟,谓文场曰:'武德、贞观时,中人止内侍,诸卫将军同正赐绯者无几。自鱼朝恩以来,无复旧制。朕今用尔不谓无私,若麻制宣告,天下谓尔胁我为之。'文场叩头谢。更命中书作诏,并罢统军用麻矣。明日,帝见绸曰:'宰相不能拒中人,得卿言乃悟。'"

《通鉴》卷二三五亦记此事,系于贞元十二年(796)六月,并有云:"是时窦(文场)、霍(仙鸣)势倾中外,藩镇将帅多出神策军,台省清要亦有出其门者。"可见德宗自泾州兵变后,即重用宦官,专掌军权。郑绸反对用白麻发制诰以授命宦官军任,这应当是当时翰林学士参预政事值得肯定的举措。

惟《旧传》记郑绸于德宗朝任翰林学士,其总体评价仍为"小心兢谦"。这可从韩愈一文得到佐证。韩愈《释言》有云:"元和元年六月十日,愈自江陵法曹诏拜国子博士,始进见今相国郑公。公赐之坐,且曰:'吾见子某诗,吾时在翰林,职亲而地禁,不敢相闻。今为我写子诗书为一通以来。'愈再拜谢,退录诗书若干篇,择日时以献。"(《韩昌黎文集校注》卷二)按:韩愈于贞元十九年(803)冬由国子监博士迁监察御史,因上书《论天旱人饥状》得罪权臣,被贬为连州阳山令。贞元二十一年即永贞元年(805),量移为江陵法曹参军;元和元年(806)六月,又召入京,任国子博士。韩愈此篇《释言》作于元和二年(807),此时郑绸正居相位(详后)。韩愈所云郑绸在任翰林学士时得见韩愈诗,当在贞元中后期，"时在翰林"，"不敢相闻"，连索取一个文士之诗作都不敢，"职亲而地禁"，可见其拘束之感。

而顺宗即位后，郑絪则又积极参政，而且仕途显顺。

前已述及，德宗于贞元二十一年正月癸巳卒，太子李诵即位，为顺宗，自此即开始所谓永贞新政，王叔文充分发挥翰林学士的职能，起积极主导作用（详见后王叔文传）。

据《顺宗实录》（卷一），《旧唐书》卷一四《顺宗纪》，永贞元年二月壬戌，王叔文、王伾入为翰林学士，同日，又以司勋员外郎、知制诰郑絪迁为中书舍人。又丁居晦《重修承旨学士壁记》，郑絪于贞元二十一年二月二十二日（即壬戌）迁中书舍人，赐紫金鱼袋；同日，卫次公由左补阙加司勋员外郎，赐绯鱼袋。郑、卫二人是德宗朝十三年间从未升迁的翰林学士，王叔文当希望由此能与当时资历最深的翰林学士共谋新政。但郑絪不愿与王叔文合作，《旧传》称："及王伾、王叔文朋党擅权之际，絪又能守道中立。"实际则与宦官交结，抵制永贞新政。正因如此，宦官俱文珍等在排斥王叔文退出翰林学士院后，又于此年七月密谋要挟顺宗下令由皇太子李纯监国，八月庚子又下制"令太子即皇帝位"，即宪宗接位。《册皇太子赦诏》、《顺宗传位皇太子改元诏》，就是由郑絪起草的（见《全唐文》卷五一一）。宪宗即位之同月（八月），王叔文、王伾就被贬谪，次月（九月），柳宗元、刘禹锡又被贬出，永贞新政就此告终。

宪宗于永贞元年八月即帝位，随即任郑絪为翰林承旨学士。这是唐朝第一位翰林承旨学士，亦即在位的翰林学士之首。元稹《承旨学士院记》："旧制，学士无得以承旨为名者，应对、顾问、参会、旅次,班第以官为上下。宪宗孝武皇帝以永贞元年即大位,始命郑公絪为承旨学士,位在诸学士上,居在东第一阁。"翰林承旨,又号称院长。李肇《翰林志》即谓:"元和已后,院长一人,别敕承旨,或密受顾问,独召对。"中晚唐时,翰林承旨学士有其特殊地位,备受社会关注和重视。

同年(即永贞元年)十二月,郑絪又擢迁为宰相。《旧唐书》卷一四《宪宗纪》上,永贞元年十二月,"壬戌,以朝请大夫、守中书舍人、翰林学士、上柱国郑絪为中书侍郎、同平章事,集贤殿学士"。郑絪升迁如此快速,李肇《翰林志》有云:"及顺宗不豫,储位未立;王叔文起于非类,窃学士之名,内连牛美人、李忠言,外结奸党,取兵柄,弄神器,天下震骇。是时郑絪为内庭之老,首定大计。今上即位,授絪为中书侍郎、平章事。"也就是说,宪宗之能接帝位,郑絪曾起"首定大计"的作用,故宪宗先任其为承旨,很快又擢迁为宰相。

但郑絪为相后,毫无政绩。《旧传》有记,云:"宪宗初,励精求理,絪与杜黄裳同当国柄。黄裳多所关决,首建议诛惠琳、斩刘辟及他制置。絪谦默多无所事,由是贬秩为太子宾客。"宪宗即位之初,就立意于加强中央政权,削弱地方藩镇势力,元和初即注意于削平擅权私立的西川节镇刘辟。《通鉴》卷二三七元和元年(806)正月记:"刘辟既得旌节,志益骄,求兼领三川,上不许。""上欲讨(刘)辟而重于用兵,公卿议者亦以为蜀险固难取。杜黄裳独曰:'辟……取之如拾芥耳!臣知神策军使高崇文勇略可用,愿陛下专以军事委之,勿置监军,辟必可禽。'上从之。翰林学士李吉甫亦劝上讨蜀,上由是器之。"杜黄裳当时力主征讨刘辟,并建议在征讨中不要由宦官监军,这是很有见地的。正由于此,高崇文所统率的神策军很快就平定刘辟之乱(元和元年九月)。郑絪于此却"谦默多无所事",形成鲜明的对照。

与此同时另有一事,是郑絪虽居相位,但仍依附于宦官势力。《新唐书》卷一四六《李吉甫传》有记云:"中书吏滑涣素厚中人刘光琦,凡宰相议为光琦持异者,使涣请,常得如素。宦人传诏,或不至中书,召涣于延英承旨,迎附群意,即为文书,宰相至有不及知者。由是通四方赂谢。"就是说,当时中书省堂后吏滑涣,与宦官主权者、知枢密刘光琦相结,有时宦官传下诏文,可即由滑涣接下,不必再使宰相有所知。而据《通鉴》卷二三七元和元年八月载,当时居相位的"杜佑、郑絪等皆低意善视之"。

元和四年(809)二月,郑絪即罢为太子宾客。《通鉴》卷二三七元和四年:"上以门下侍郎、同平章事郑絪循默取容,二月丁卯,罢絪为太子宾客。"《唐大诏令集》卷五五"罢免"上,有《郑絪太子宾客制》,中云:"早以令闻,入参禁署,永惟勤绩,出授台司。期尔有终,匡予不逮;岁月滋久,谋猷寖微。罔清净以慎身,每因循而保位。既乖素履,且郁皇猷。宜副群情,罢兹枢务。"此制实为白居易所撰,见《白居易集笺校》卷五四"翰林制诏"一,时白居易在翰林学士任。由此可见白居易对郑絪甚为不满,故其措辞极为严厉,甚至认为罢郑絪相位,是因"宜副群情"。

郑絪后历任岭南节度使,同州刺史,东都留守,河中节度使,文宗大和二年(828)入为御史大夫,兼校左仆射,兼太子太保。后求致仕,大和三年(829)十月卒,年七十八。仕历虽繁,但政绩一般。

《新唐书》卷六○《艺文志》四,集部别集类,著录《郑絪集》三十卷,后未存。《全唐文》卷五一○载其文十篇,其中《册皇太子赦诏》、《立广陵郡王为皇太子诏》、《顺宗传位皇太子改元诏》,撰于顺宗时(见前述)。德宗时在院十三年,无一篇制诏之作。《全唐诗》卷三一八载诗五首,一般。

郑馀庆

郑馀庆,两《唐书》有传,见《旧唐书》卷一五八,《新唐书》卷一六五。《旧传》:"郑馀庆,字居业,荥阳人。"《新传》同,云"郑州荥阳人"。据《元和郡县图志》卷八河南道,郑州所属县七,有荥阳县(今河南省荥阳县东北)。

《新传》称其"三世皆显宦",但未有具体记述。《旧传》则有记:"祖长裕,官至国子司业,终颖川太守。长裕弟少微,为中书舍人,刑部侍郎。兄弟有名于当时。父慈,与元德秀友善,官至太子舍人。"

《旧传》又记:"大历中举进士。"《新传》则仅云"擢进士第"。柳宗元《先君石表阴先友记》记有郑馀庆,中华书局点校本《柳宗元集》卷一二所载此文,有引孙注,谓"大历十二年中进士第"。徐松《登科记考》卷一二即据此系于大历十二年(777)。是年知举者为常衮。

又据《旧传》,郑馀庆卒于宪宗元和十五年(820),年七十五,则当生于玄宗天宝五载(746)。大历十二年登进士第,为三十二岁。

《旧传》于其进士登第后，记云："建中末，山南节度使严震辟为从事。"据《旧唐书》卷一二《德宗纪》上，严震于建中三年（782）十一月为梁州刺史、山南西道节度使。则郑余庆虽于大历十二年进士及第，但未入仕，五年后才入严震之山南西道节度使幕。《旧传》后又云："贞元初入朝，历左司、兵部员外郎，库部郎中。"由此即擢入为翰林学士。

韦执谊《翰林院故事》仅记："郑余庆，库中充。"丁居晦《重修承旨学士壁记》则有具体记述："贞元八年四月二十四日，自库部郎中充。十三年五月二十八日，迁工部侍郎、知吏部选事。"《旧传》记为："（贞元）八年，选为翰林学士。十三年六月，迁工部侍郎、知吏部选事。"

按：贞元八年（792），翰林学士院人员变动较大，四月，吴通玄出贬为泉州司马，顾少连由中书舍人改户部侍郎出院（另归崇敬于七月由工部尚书改兵部尚书致仕）。由此，则郑余庆于是年四月下旬召入，或与此有关（同时入院者有卫次公，详后卫次公传）。

关于郑余庆出院，《旧唐书·德宗纪》亦有记，谓贞元十三年（797）五月，"壬子，以库部郎中、翰林学士郑余庆为工部侍郎、知吏部选事"。岑氏《注补》有云："壬子是二十七日，与此差一日；《旧唐书》本传作十三年六月，误。"此日、月之差，仅为小异。

郑余庆在院六年，时间不算短，但有关在院任职的记载却没有。《全唐文》卷四七八载其文四篇，也没有在职期间的制诰之作。郑余庆之仕绩，见于记载的，则在出院之后。如贞元十三年五月出院迁为工部侍郎，知吏部选事。刘禹锡后来在《嘉话录》中曾称："宣平郑相之铨衡也,选人相贺,得入其铨","时人服之"(《太平广记》卷一八六《郑馀庆》条)。可能也因此,即于第二年,即贞元十四年(798)七月升任为宰相。《旧唐书·德宗纪》贞元十四年七月壬申,"以工部侍郎郑馀庆为中书侍郎、同平章事"(《旧传》及《新唐书·宰相年表》同)。可以注意的是,权德舆此时任司勋郎中兼知制诰,有代郑馀庆作《让中书侍郎平章事表》(《全唐文》卷四八五),中云:"自奉禁中之职,累叨望外之恩。"则自称任职翰林学士时是曾受皇上器重的。

但郑馀庆在相位仅两年,即罢免,且出贬为郴州司马。《通鉴》卷二三五贞元十六年(800)九月:"中书侍郎、同平章事郑馀庆与户部侍郎、判度支于頔素善,頔所奏事,馀庆多劝上从之。上以为朋比,庚戌,贬馀庆郴州司马,頔泉州司户。"所谓"朋比",具体内容不详。权德舆为于頔弟于頔所作先庙碑铭中,就极称于頔"贞干强敏,程功赋职,历户部侍郎",而却"以公事贬泉州司户"(《全唐文》卷四九七《大唐金紫光禄大夫守司空同中书门下平章事充太微宫使上柱国燕国公于公先庙碑铭》)。可见郑馀庆因与于頔合作共事,即受德宗猜忌,而被贬出。这如同此前陆贽之被贬。

也如同陆贽,郑馀庆在贞元时一直在贬所。《旧传》称:"凡六载。顺宗登极,征拜尚书左丞。宪宗嗣位之月,又擢守本官平章事。"《通鉴》卷二三六顺宗永贞元年(805)三月记:"德宗之末,十年无赦,群臣以微过谴逐者皆不复叙用,至是始得量移。壬申,追忠州别驾陆贽、郴州别驾郑馀庆、杭州刺史韩皋、道州刺史阳城赴京师。"是年五月,郑馀庆任为尚书左丞(《顺宗实录》)。宪宗于八月乙巳即位，同月癸亥，即任郑馀庆为相，同中书门下平章事（《旧唐书》卷一四《宪宗纪》上，《新唐书·宰相年表》）。

但不到一年，即元和元年（806）五月，郑馀庆又被罢相。《旧唐书·宪宗纪》上，元和元年五月，"庚辰，左丞、同平章事郑馀庆为太子宾客，罢知政事"；九月"丙午，以太子宾客郑馀庆为国子祭酒"；十一月庚戌，"以国子祭酒郑馀庆为河南尹"。这次虽不是德宗贞元时外贬，但实际上是受谴罢相。关于此事，《通鉴》卷二三七元和元年所记较为详切："堂后主书滑涣久在中书，与知枢密刘光琦相结，宰相议事有与光琦异者，令涣达意，常得所欲，杜佑、郑絪等皆低意善视之。郑馀庆与诸相议事，涣从旁指陈是非，馀庆怒叱之；未几，罢相。"两《唐书》本传略同。《新唐书》卷一四六《李吉甫传》更明确记为："郑馀庆当国，尝一责怒（滑涣），数日即罢去。"可见郑馀庆此次之罢相，实受宦官之诬害，由此亦可见郑馀庆鲠直之品格，与郑絪不同（关于滑涣事，可参前郑絪传，及后宪宗朝李吉甫传）。

据《旧传》，郑馀庆于元和六年（811）四月，又召入朝为兵部尚书，后改太子少傅；九年（814），出任山南西道节度使，"三岁受代，（元和）十二年，除太子少师"；"及穆宗登极，以师傅之旧，进位检校司徒，优礼甚至。元和十五年十一月卒"。元稹时为祠部郎中、知制诰，撰有《赠郑馀庆太保制》（《全唐文》卷六四七）。

可以注意的是，郑馀庆不仅自重品行，且甚重视提拔人才。《旧唐书》卷一六〇《韩愈传》，记韩愈于贞元前期应进士试，"投文于公卿间，故相郑馀庆颇为之延誉，由是知名于时。寻登进士第"。元和五年（810），韩愈以都官员外郎分司东都，曾有《上郑尚书相公启》,称:"愈幸甚,三得为属吏,朝夕不离门下,出入五年。"
(《韩昌黎文集校注》卷二)

又如孟郊,《旧唐书》卷一六〇《孟郊传》称:"李翱分司洛中,
与之游,荐于留守郑馀庆,辟为宾佐。"韩愈《贞曜先生墓志铭》也
谓:"故相郑公尹河南,奏为水陆运从事。"(《韩昌黎文集校注》卷
六)郑馀庆为河南尹在元和元年(806)十一月,可见他虽罢相外
出,仍十分重视文学人才,除韩愈外,即又聘孤贫的孟郊为其幕
僚。孟郊此时特作有《寒地百姓吟》,题下自注:"为郑相其年居河
南畿内,百姓大蒙矜恤。"①《旧唐书·孟郊传》又载:"郑馀庆镇兴
元,又奏为从事,辟书下而卒。馀庆给钱数万葬送,赡给其妻子者
累年。"韩愈《贞曜先生墓志铭》也称:"郑公以节领兴元军,奏为
其军参谋,试大理评事。"时为元和九年(814)。

《新唐书》卷五八《艺文志》二,史部仪臣类,著录有:"郑氏
《书仪》二卷,郑馀庆。"又卷六〇《艺文志》四,集部别集类:"《郑
馀庆集》五十卷。"《旧传》于传末亦记为:"有文集、表疏、碑志、诗
赋共五十卷,行于世。"可惜其集没有传世。《全唐诗》卷三一八载
诗二首,《全唐文》卷四七八载文四篇。

卫次公

卫次公,两《唐书》有传,见《旧唐书》卷一五九,《新唐书》卷

---

① 华忱之《孟郊诗集校注》卷三,人民文学出版社,1995 年。

一六四。《旧传》："卫次公字从周，河东人。"《新传》谓"河中河东人"，则以河东为县名。据《元和郡县图志》卷十二河东道河中府，所属县七，其中有河东县(今山西永济县西南)。

《旧传》："器韵和雅，弱冠举进士。礼部侍郎潘炎目为国器，擢居上第。"《新传》略同。徐松《登科记考》卷十一即据此系于代宗大历十三年(778)，因是年知举者即为礼部侍郎潘炎。

按：《旧传》云"弱冠举进士"，即大历十三年卫次公年二十，则当生于肃宗乾元二年(759)。而《旧传》记卫次公卒于元和十三年(818)，年六十六，则应生于玄宗天宝十二载(753)，大历十三年已为二十六岁，不当云"弱冠"，《旧传》有误。《新传》即仅云"举进士"。

据两《唐书》本传，卫次公即入仕为崇文馆校书郎，后改任渭南尉。权德舆有《崔吏部卫兵部同任渭南县尉日宿天长寺上方唱和诗序》(《全唐文》卷四九〇)。此崔吏部为崔郼，字处仁，卫兵部即卫次公，字从周。文中称："元和三年秋，处仁为吏部侍郎，从周为兵部侍郎。"权德舆此文作于元和三年(808)，故称为崔吏部、卫兵部。权文云："初，二贤皆以秀造分校秘府、宏文之书。贞元初，同为渭南尉，联曹结绶，相视莫逆。"据《旧唐书》卷四四《职官志》三，渭南为畿县，县尉有二名，正九品下，较崇文馆校书郎之从九品下要高两阶，故可谓升迁。据权文，崔郼与卫次公于贞元初同为渭南县尉，而《旧唐书》卷一五五《崔郼传》谓"贞元中授渭南尉"，谓"贞元中"，不切。

又据权文文题，崔、卫二人在任渭南尉时，游天长寺，有诗唱和，文中称"有《清秋仁祠》往复十七韵之作"。但此唱和之作，后未存。《全唐文》卷五二六载卫次公《渭水贯都赋》一文,详述"清渭天凿,名都王制;贯金城千里之域,写银河九霄之势"。则当作于渭南尉时。由此可见,卫次公早期即与文士交往,并有诗文创作。

《旧传》于渭南尉后,接云:"严震之镇兴元,辟为从事,授监察,转殿中侍御史。"据《旧唐书·德宗纪》,严震于建中三年(782)十一月至贞元十五年(799)六月为兴元尹、山南西道节度使。则卫次公当于贞元前期曾在严震幕府。权德舆曾撰有严震墓志,极称其在山南西道幕中精选人才:"而又精于鉴裁,敏于推择,能树善于幕庭,终翰飞于公朝,率由慰荐,而后光大,至于为宗工近臣贤大夫良二千石者,列于中外。"(《唐故山南西道节度营田观察处置等使……严公墓志铭》,《全唐文》卷五〇五)严震幕中确有人才,如同为贞元时翰林学士郑馀庆,也曾在山南西道幕中任职。

《旧传》接云:"贞元八年,征为左补阙,寻兼翰林学士。"韦执谊《翰林院故事》:"补阙内供奉充。"丁居晦《重修承旨学士壁记》:"卫次公:贞元八年四月二十四日,自左补阙充。"前已述及的权德舆《崔吏部卫兵部……唱和诗序》亦记为:"厥后同为左右补阙,从周以本官入为翰林学士,处仁累以尚书郎知制诰。"卫次公确以左补阙入,与丁《记》合。

值得注意的是,卫次公于贞元八年(792)入,此后终德宗一朝,至贞元二十一年(805)正月德宗卒,官秩未有迁转,始终保持从七品上之左补阙,与同年入院之郑絪同。李肇《翰林志》虽称"德宗雅尚文学,注意是选",但终云"上多疑忌,动必拘防,有守官十三考而不迁"。卫次公即历十三年而未迁者。

卫次公在长达十三年翰林学士任期内,在翰林学士职能方面也确未有表现。至德宗卒,顺宗立,倒有所表现。《旧传》记为:"二十一年正月,德宗升遐。时东宫疾恙方甚,仓卒召学士郑絪等至金銮殿。中人或云:'内中商量,所立未定。'众人未对,次公遽言曰:'皇太子虽有疾,地居冢嫡,内外系心。必不得已,当立广陵王。若有异图,祸难未已。'絪等随而唱之,众议方定。"《通鉴》卷二三六所记同。由此,顺宗于贞元二十一年(805)正月二十六日即位。据丁《记》,卫次公于"二月二十二日,加司勋员外郎,赐绯鱼袋;三月十七日,知制诰"。这就是说,卫次公自贞元八年四月以从七品上之左补阙入,历十三年,至贞元二十一年二月,才升迁为从六品上之司勋员外郎。

不过此后数月期间,卫次公与郑絪联合,是反对王叔文新政的。《旧传》:"及顺宗在谅闇,外有王叔文辈操权树党,无复经制,次公与郑絪同处内廷,多所匡正。"特别是宦官俱文珍等谋使顺宗禅位,议立宪宗,排除王叔文,于是挟持顺宗"召翰林学士郑絪、卫次公、王涯等入至德殿,撰制诏而发命焉"(《顺宗实录》卷四)。

《旧传》在记"转司勋员外郎"后,接云:"久之,以本官知制诰,赐紫金鱼袋,仍为学士。权知中书舍人,寻知礼部贡举。"按:据丁《记》,卫次公于贞元二十一年二月二十二日迁为司勋员外郎,三月十七加知制诰,即未逾一月,而《旧传》却云"久之,以本官知制诰","久之",误。至于权知中书舍人、知贡举,丁《记》记为元和三年(808)正月,谓:"元和三年正月,拜权知中书舍人出院。"即卫次公是于元和三年以中书舍人知举。这可有《唐语林》为证:

《唐语林》卷八历叙唐时以中书舍人知举者,即有卫次公。徐松《登科记考》卷一七亦记卫次公于元和三年以中书舍人知贡举。问题在于卫次公何时出院。岑仲勉《注补》有云:"唐例翌年知举者率于上年八九月除出(可于《旧唐书》宣、懿、僖纪见之),又由翰林知举者不复留院,使如《记》文谓次公元和三年正月始拜权知中书舍人出院,则与三年知举一事不能相容,是知三年字必有误也。"于是定"三年字必为二年之讹"。

按:权德舆《崔吏部卫兵部……唱和诗序》记卫次公入为翰林学士,崔邠以尚书郎知制诰,后云:"既而处仁西垣即真,从周复以外郎掌诰,洎处仁迁小宗伯,而从周即真,俄掌贡举,实为之代。"据《旧唐书》卷一五五《崔邠传》,崔邠"以兵部员外郎知制诰至中书舍人",即权文所谓"处仁西垣即真"。又据《旧唐书·崔邠传》,邠后即为礼部侍郎。徐松《登科记考》卷一六、一七,记崔邠于元和元年、二年连续两年知贡举。又《唐语林》卷八记"神龙元年已来,累为主司者",有"崔邠再,元和元年、二年"。权德舆文云"处仁迁小宗伯,而从周即真,俄掌贡举,实为之代",即意谓,崔邠迁礼部侍郎("小宗伯")知举后,卫次公又即由知制诰改为中书舍人("即真"),且云"俄掌典举",即迁改为中书舍人,马上("俄")知贡举。《旧唐书·卫次公传》也记为"权知中书舍人,寻知礼部贡举"。唐代惯例,知举者一般确在前一年任命,但也可能有例外,卫次公于元和三年正月初受任为权知中书舍人,仍有可能于同年正月或二月知举,时间并不冲突。如按岑说,卫次公于元和二年正月出院,则距元和三年正月尚有一年,不合于《旧传》所云"权知中书舍人,寻知礼部贡举"。因此丁《记》记卫次公于元和三年正月以权知中书舍人出院，是与权文、《旧传》所记合，不误。

卫次公于元和三年知举，这是唐翰林学士于出院后即主持礼部贡举的第三例（此前为裴士淹、陆贽）。《旧传》称卫次公此次知举，"斥浮华，进贞实，不为时力所摇"。

卫次公后于元和三年六月又以权知兵部侍郎再入为翰林学士，详见后宪宗朝卫次公传。

李　程

李程，两《唐书》有传，见《旧唐书》卷一六七，《新唐书》卷一三一。《旧传》："李程字表臣，陇西人。父鹔伯。"《新传》："李程字表臣，襄邑恭王神符五世孙也。"据《旧唐书》卷一《高祖纪》，《新唐书》卷七八《宗室传》，唐高祖李渊祖李虎，历仕北魏、北周、隋。李虎有子八，第三子昞，即李渊父，后追称世祖；第八子亮，生子神通、神符，即封襄邑恭王，李程即神符五世孙。据此，李程虽为李唐宗室，但世系已远，对其仕历实未有影响。又按：《新唐书》卷七十上《宗室世系表》上，李程父单名鹔，无"伯"字，与《旧传》异。

《旧传》记李程于"贞元十二年进士擢第，又登宏辞科"；《新传》称："擢进士、宏辞，赋《日五色》，造语警拔，士流推之。"①徐松

①按：中华书局《新唐书》点校本，以此标点为"擢进士宏辞，赋《日五色》"，将此"进士""宏辞"连读，不妥。

《登科记考》卷一四即据《旧传》，系李程于贞元十二年（796）擢进士第，又登博学宏辞科；进士试，赋题为《日五色赋》，诗题为《春台晴望诗》。李程与柳宗元同为本年登科。

由此，则李程早年即以赋名世，故宣宗时赵璘在其《因话录》中即谓："李相国程、王仆射起、白少傅居易兄弟、张舍人仲素，为场中词赋之最，言程式者，宗此五人。"（卷三商部下）《全唐文》录李程文为一卷（卷六三二），除卷末《李光颜神道碑》外，其余即为赋作，二十五篇，这是贞元、元和时少见的。

《旧传》于进士及第、宏辞登科后，接云："累辟使府，（贞元）二十年入朝为监察御史，其年秋召充翰林学士。"《新传》亦谓由监察御史召为翰林学士。韦执谊《翰林院故事》仅云"察院充"，丁居晦《重修承旨学士壁记》则记有具体年月："贞元二十年九月二十七日，自监察御史充。"《旧唐书》卷一三《德宗纪》下，则记为贞元二十年（804）十一月，云："十一月丁酉，以监察御史李程、秘书正字张聿、蓝田县尉王涯并为翰林学士。"按：贞元十六年（800）在院学士已仅为三人：韦绶、郑絪、卫次公；十六年十月韦绶又丁忧外出，自此至贞元二十年就再未进人，四五年间仅为郑、卫二人，这在唐代翰林学士院人员配备中是极罕见的，应是德宗于后期无所作为、对翰林学士职能并不重视的表现。但长期只有二人，总非正常，故于贞元二十年后半年同时召入三人。惟《旧纪》所记月份与丁《记》有异，丁《记》也记张聿于是年九月二十七日入，《旧唐书·李程传》也云"是年秋"。不过《旧唐书》卷一六九《王涯传》又记为"二十年十一月，召充翰林学士"，与《旧纪》同。如此，则究竟为九月或十一月，似未能定。

关于李程在学士院任职期间，有两处史籍所记有误，应予辨正。

《新传》："德宗季秋出畋，有寒色，顾左右曰：'九月犹衫，二月而袍，不为顺时。朕欲改月，谓何？'左右称善，程独曰：'玄宗著《月令》，十月始裘，不可改。'帝矍然止。"按：此所载，实本于晚唐时《因话录》，《因话录》卷一宫部有记云："德宗尝暮秋猎于苑中，是日天色微寒，上谓近臣曰：'九月衣衫，二月衣袍，与时候不相称，欲递迁一月，何如？'左右皆拜谢。翌日，命翰林议之，而后下诏。李赵公吉甫，时为承旨，以圣人能上顺天时，下尽物理，表请宣示万方，编之于令。李相程初为学士，独不署名，具状奏曰：'臣谨按《月令》，十月始裘。《月令》是玄宗皇帝删定，不可改易。'上乃止。由是与吉甫不协。"

按：德宗在位时，贞元二十年秋李吉甫尚居外任，为饶州刺史；第二年永贞元年（805）八月，宪宗立，李吉甫始入朝为考功郎中、知制诰，同年十二月二十四日，为翰林学士承旨（详见后宪宗朝李吉甫传）。如此，则《因话录》所记德宗时李吉甫已为翰林学士承旨，且因议事不合，李程遂与李吉甫不协，显误。《新传》虽未载李吉甫名，但所谓"德宗季秋出畋"，也与李程于九月二十七日或十一月入院情事不合。

另一为《旧传》所载："顺宗即位，为王叔文所排，罢学士。"事实是，顺宗于贞元二十一年正月二十六日即位，三月十七日，即擢迁当时在院的学士卫次公、李程、张聿、李建、凌准官秩（据丁《记》），李程自监察御史（正八品上）迁为水部员外郎（从六品上），后于宪宗元和三年七月才出院，顺宗时并未有罢李程学士之事。《旧传》此处所记之误,不知何所据。

顺宗时,李程确是附和郑絪、卫次公,抵制王叔文新政的。《通鉴》卷二三六永贞元年三月载:"宦官俱文珍、刘光琦、薛盈珍皆先朝任使旧人,疾叔文、(李)忠言等朋党专恣,乃启上召翰林学士郑絪、卫次公、李程、王涯入金銮殿,草立太子制。"这样,遂于四月初一日正式立顺宗子李纯为太子。宦官俱文珍等即是为此作抵制王叔文的准备,而俱文珍之所以召集郑絪等四人参预此机密,当事先即有所选择。

宪宗即位后,元和初期李程在院中官阶之迁转,据丁《记》,为:元和元年(806)九月,加朝散大夫,赐绯鱼袋;二年(807)四月二十一日,转司勋员外郎;三年(808)七月二十三日,知制诰,同年即出院为随州刺史。

按:白居易于元和二年(807)十一月五日入为翰林学士(详后宪宗朝白居易传),则与李程同院半年有余。后白居易于元和十四年(819)春由江州员外司马赴忠州刺史任,途中会李程于武昌,时李程为鄂岳观察使(见后),白居易作《重赠李大夫》七律一诗,其中特为叙及共在院中值班情景:"早接清班登玉陛,同承别诏直金銮。凤巢阁上容身稳,鹤锁笼中展翅难。"(《白居易集笺校》卷一七)

可以注意的是,顺宗时,刘禹锡、柳宗元参预王叔文新政,而李程则附和郑絪,随从宦官俱文珍抵制王叔文。但事过十余年,刘、柳与李程却仍有情谊,如刘禹锡于穆宗长庆元年(821)由连州(刺史)赴夔州刺史任,途经武昌,获李程接待,刘禹锡连续作有《鄂渚留别李二十一表臣大夫》、《答表臣赠别二首》、《始发鄂渚寄表臣二首》《出鄂州界怀表臣二首》《重寄表臣二首》(以上均见《刘禹锡集笺证》外集卷五),深表情怀。又柳宗元于元和十四年(819)十月卒于柳州,后枢北归,途经武昌,李程特托刘禹锡代作祭文,刘禹锡有《为鄂州李大夫祭柳员外文》(同上,外集卷十),特叙早年李程与柳宗元交情:"昔者与君,交臂相得。一言一笑,未始有极。驰声日下,鸷名天衢。射策差池,高科齐驱。携手书殿,分曹蓝曲。心志谐同,追欢相续。或秋月衔觞,或春日驰毂。甸服载期,同并宪府。察视之列,斯焉接武。君迁外郎,予侍内闱。出处虽间,音尘不亏。"以上皆叙贞元时事,所谓"君迁外郎,予侍内闱"即二人同于贞元二十年(804)为监察御史,后柳宗元改迁礼部员外郎,李程入内廷为翰林学士,"出处虽间",但"音尘不亏"。后顺宗朝事,即避开,仅概略称"势变时移,遭罹多故"。应该说,李程对刘、柳是有歉情的,故在此祭文中,特托刘禹锡之笔,云:"平生密怀,愿君遣吐。"

李程出院后仕历颇为频繁,据两《唐书》纪传,大致为:元和中,李夷简镇西川,应征为成都少尹,西川节度行军司马。元和十年(815),入为兵部郎中,寻知制诰。元和十一年(816),为中书舍人,权知京兆尹事。十二年(817),权知礼部贡举。十三年(818),为礼部侍郎;六月,出为鄂州刺史、鄂岳观察使,后入为吏部侍郎。长庆四年(824)五月,敬宗即位后,入相,以本官(吏部侍郎)同中书门下平章事。宝历二年(826)九月,出为河东节度使。文宗大和四年(830)三月,改为河中尹、河中晋绛节度使。大和六年(832)七月,入朝征为左仆射。七年(833)六月,又出为汴州刺史、宣武军节度使。九年(835),复为河中晋绛节度使。开成元年

（836）五月，复入为右仆射，兼判太常卿事。开成二年（837）三月，出为襄州刺史、山南东道节度使。《旧传》记其任山南节度使后，即曰"卒"。《新传》则称："武宗立，为东都留守，卒，年七十七。"《旧唐书》卷一八上《武宗纪》，会昌元年（841）二月："赐仇士良纪功碑，诏右仆射李程为其文。"则会昌初李程尚在朝，但所谓仇士良记功碑，《全唐文》未载。

郁贤皓《唐刺史考全编》卷四八都畿道东都，记李程于会昌元年、二年间在东都留守任，当是。按：牛僧孺子会昌二年（842）为东都留守，当系接替李程。李程或即于会昌二年卒于任，年七十七。以此推计，则其生年为代宗永泰二年（766）。

李程于元和十二年（817）以中书舍人权知贡举，这是唐翰林学士出院后历任他职，后又知举之一例。

《新唐书》卷六十《艺文志》四，集部别集类，著录有李程《表状》一卷，或为翰林学士任职期间所作。但此书后未存。《全唐文》卷六三二载其文一卷，除卷末《李光颜神道碑》外，其他二十五篇均为赋，前已述。《全唐诗》卷三六八载其诗五篇，一般。

张　聿

张聿，两《唐书》无传。《全唐诗》卷三一九小传，仅有一句，云"建中进士"，未知何据。徐松《登科记考》卷二七，即据《全唐诗》小传，谓张聿于德宗建中年间进士登第。按：《文苑英华》卷一八〇诗（省试附州府诗），录有张聿《膏泽多丰年》、《望禁苑祥光》;卷一八一诗(同上),有张荐《圆灵水镜》、《夏首犹清河》;卷一八三诗(同上),有张荐《景风扇物》;卷一八五诗(同上),有张荐《剑化为龙》;卷一八七诗(同上),有张荐《余瑞麦》。《全唐诗》卷三一九所载张荐诗,即此数首,当即据《文苑英华》。今查《登科记考》卷十一,建中元年至四年(780—783),未记有进士试诗题,此数首诗或即为州府试之诗题。

又白居易《岁暮枉衢州张使君书并诗因以长句报之》(《白居易集笺校》卷二十),为张荐后在衢州刺史时所作(详后),中有"万言旧手才难敌"句,白氏自注:"张曾应万言登科。"日试万言科为制举试科目之一。据此,张荐或于建中年间进士登第后,又应制举万言科,登科,有文名,白居易于三十余年后(按:白氏此诗作于长庆二年在杭州刺史任时,详后),尚称誉其"才难敌"。

张荐于贞元前期、中期仕历不详,现可知者即于贞元二十年(804)由秘书省正字入为翰林学士。韦执谊《翰林院故事》仅言"正字充"。丁居晦《重修承旨学士壁记》记云:"张荐:贞元二十年九月二十七日自秘书省正字充。"《旧唐书》卷一三《德宗纪》下,则记为贞元二十年十一月,谓:"十一月丁酉,以监察御史李程、秘书正字张荐、蓝田县尉王涯并为翰林学士。"九月或十一月,未能定(参见前李程传)。按:据《旧唐书》卷四二《职官志》一,正字为正九品下,甚低,由此则知张荐此前之官职,品秩是不高的。

顺宗即位后,张荐有所升迁。丁《记》载:"(贞元)二十一年三月十七日,迁左拾遗。"系与卫次公、李程、王涯、李建、凌准同日擢迁。左拾遗为从八品上。入院不到半年,即提升好几阶,由此亦可见当时对翰林学士境遇之关注。

当时在院之学士对王叔文新政,态度不一,详见前郑絪、卫次公及后王叔文传。张荐似处于中间状态,并不公然表示支持或反对。正因此,据《通鉴》卷二三六载,永贞元年(805)三月,宦官俱文珍等策划先立李纯(即后之宪宗)为太子,召集郑絪、卫次公、李程、王涯商议,即未有张荐。不过张荐后亦未列入王叔文集团而被贬出。据丁《记》所载,张荐于"元和元年十一月加朝散大夫,赐绯鱼袋;二年正月,出守本官"。

限于史料,张荐此后仕历不详。《白居易集笺校》卷五五"翰林制诏"二,有《张荐都水使者制》,云:"前湖州长史张荐,顷以艺文,擢升朝列,尝求禄养,出署外官。名不为身,志亦可尚。丧期既毕,班序当迁。俾领水衡,以从优秩。可都水使者。"此文列于翰林制诏,故朱金城《笺校》系于元和二年(807)至六年(811)白氏在翰林学士任期。制云"顷以艺文,擢升朝列",云"顷",即时间不久,当指召入为学士,而又云"前湖州长史",当为元和二年正月出院后,后又改为湖州长史,当在元和前期①。而可能在湖州长史不久,又遇丧期,丁忧离任,期满后又入为都水使者,或在元和中期。

---

① 郁贤皓《唐刺史考全编》卷一四○江南东道湖州,亦引白居易此制,云:"按:白居易于元和十五年冬召回长安,知制诰,长庆二年又出为杭州刺史。此制约作于长庆初。"遂系张荐于长庆元年(821)为湖州刺史。按:郁氏所考不确。白居易《张荐都水使者制》中明记为"前湖州长史张荐",非刺史,据《元和郡县图志》卷二五江南道,湖州为上州;又据《旧唐书》卷四四《职官志》三,上州,刺史一员,从三品,次别驾,从四品下,又次为长史,从五品下,即长史非刺史。又《旧唐书》同卷,都水监使者,正五品上。则张荐由前湖州长史任都水使者,乃由从五品下迁为正五品上。

《白居易集笺校》卷四八"中书制诰"一,又有《张聿可衢州刺史制》。既为中书制诰,故《笺校》即系于穆宗长庆元年(821)至二年(822)白居易任中书舍人时。首称"中散大夫、行尚书工部员外郎",末云"可使持节衢州刺史,散官、勋如故"。又《白居易集笺校》卷二十有《岁暮枉衢州张使君书并诗因以长句报之》,《笺校》系于长庆二年(822)白居易在杭州刺史任。与前《张聿可衢州刺史制》参照,则张聿确于长庆元年、二年间任衢州刺史,长庆二年冬有书并诗寄杭州刺史白居易,白氏即以此七律答谢,诗云:"两州彼此意何如,官职蹉跎岁欲除。浮石潭边停五马,望涛楼上得双鱼。万言旧手才难敌,五字新题思有余。贫薄诗家无好物,反投桃李报琼琚。""万言"句有自注"张曾应万言登科",前已述及。《笺校》引《方舆胜览》、《演繁露》等书,证释"浮石潭"即衢州之一景点。

另外,元稹有《永福寺石壁法华经》一文(《全唐文》卷六五四),记长庆四年(824)杭州刺史白居易立石壁法华经于杭州钱塘湖永福寺中,并记载当时捐款凿经立碑者,有"衢州刺史张聿"。元稹自署此文作于长庆四年四月十一日,时任越州刺史、浙江东道都团练观察处置等使。由此,则张聿于长庆四年夏尚在衢州刺史任。

《唐刺史考全编》卷一四七江南东道睦州,引《严州图经》:"张聿:宝历□年□月□日自屯田郎中拜。"谓:"按:宝历中韩泰在睦刺任,疑张聿在大和初接韩泰任。又按:《云间志》卷中《知县题名》有张聿。"备考。

张聿此后仕历,未有记载。又《新唐书·艺文志》未著录其著作。《全唐诗》卷三一九所载诗,前已述;《全唐文》未载其文。

王　涯

　　王涯,两《唐书》有传,见《旧唐书》卷一六九,《新唐书》卷一七九。《旧传》:"王涯字广津,太原人。"《新传》:"王涯字广津,其先本太原人,魏广阳侯冏之裔。"刘禹锡于文宗大和三年(829)为王涯所作之《代郡开国公王氏先庙碑》(《刘禹锡集笺证》卷二),记王氏先世,谓:"东汉有征君霸,霸孙甲亦号征君,徙居祁县,为著姓,故至于今为太原人。"据《元和郡县图志》卷一三河东道太原府,所属有祁县。如此,太原实为王氏郡望,其具籍不详。

　　《旧传》记王涯于贞元八年(792)进士擢第。《新传》记云:"涯博学,工属文。往见梁肃,肃异其才,荐于陆贽,擢进士。"按:德宗贞元八年陆贽知举,梁肃时为翰林学士,受陆贽之聘为通榜,协助推荐人才,该年进士登第者有韩愈、李观、李绛等名士,号"龙虎榜",详见前陆贽、梁肃传。王涯则亦因梁肃之荐,登进士第。

　　《旧传》于其进士擢第后,接云"登宏辞科",《新传》亦云"擢进士,又举宏辞";刘禹锡《代郡开国公王氏先庙碑》亦谓王涯"早在文士籍,射策连中",均未记年月。按:《文苑英华》卷七载有王涯《瑶台月赋》,名下注云:"至元十八年试宏博。""至"当为"贞"之误,徐松《登科记考》卷一五即据《文苑英华》此注,系于贞元十八年(802)登博学宏辞科。

　　又,《新传》记文宗时"甘露之变",王涯因李训、郑注之牵连而为宦官仇士良等所杀,有评曰:"然涯年过七十,嗜权固位,偷合(李)训等,不能絜去就,以至覆宗。"《通鉴》卷二四五文宗大和九年(835)记王涯为宦官禁军追擒,亦云"涯时年七十余"。以此推算,其生年当在代宗永泰元年(765)或稍前。由此,则其进士及第年约为二十八岁,博学登科年为三十八岁,其入为翰林学士(贞元二十年,804)时年四十岁。在该年诸学士中,年龄较轻。

王涯之任翰林学士,仅韦执谊《翰林院故事》、元稹《承旨学士院记》有记,丁居晦《重修承旨学士壁记》未有。此乃丁居晦此记作于文宗开成二年(837)五月,即"甘露事变"后二年,当避忌讳,未记王涯。

韦执谊《翰林院故事》仅记:"蓝田尉充,补阙供奉又充。"按其体例,皆未记入、出年月。《旧唐书》卷一三《德宗纪》下,记贞元二十年(804)"十一月丁酉,以监察御史李程、秘书正字张孚、蓝田县尉王涯并为翰林学士。"《旧传》亦于"登宏辞科"后云:"释褐蓝田尉,二十年十一月,召充翰林学士。"据前李程、张孚传,此三人入院,有九月、十一月二说,但在贞元二十年,是确定的。

刘禹锡有《逢王二十学士入翰林因以诗赠》[①]诗,诗中云:"厩马翩翩禁外逢,星槎上汉杳难从。定知欲报淮南诏,促召王褒入九重。"题下自注:"时贞元二十年,王以蓝田尉充学士。"按:此时刘禹锡任监察御史,秩正八品上,而蓝田县尉仅正九品下,刘之官

---

①按:瞿蜕园《刘禹锡集笺证》卷二四,此诗题中"王二十"作"王十二"。陶敏、陶红雨《刘禹锡全集编年校注》(岳麓书社,2003年)据《四部丛刊》本改为"王二十",是,详参岑仲勉《唐人行第录》。

秩要比王涯高好几阶,但因王涯乃以蓝田尉入为翰林学士,刘特喻为天上人,自谦为难于随从,表达仰慕、企羡之情①。

王涯入院后官秩之迁转,韦执谊《翰林院故事》记为:"补阙供奉又充。"蓝田县尉为正九品下,补阙为从七品上。据丁居晦《重修承旨学士壁记》,卫次公、李程、张荐、李建、凌准均于顺宗即位后,永贞元年(805)三月十七日擢迁官秩。王涯于前一年(贞元二十年)九月(或十一月)与李程、张荐同时入,则永贞元年三月十七日之迁秩,当亦有王涯,王涯即由蓝田县尉迁补阙。顺宗朝,于三月十七日后即未对翰林学士再有所提升。今检韩愈有《赴江陵途中寄赠王二十补阙李十一拾遗李二十六员外翰林三学士》诗(《韩昌黎诗系年集释》卷三),据韩诗各注本及现有研究成果,此诗作于永贞元年八九月间,此王二十补阙为王涯,李十一拾遗为李建,李二十六员外为李程。由此即可确定,王涯于永贞元年三月十七日自蓝田尉迁补阙,同年秋仍为此官秩②。

顺宗朝,王涯当是依附郑絪、卫次公,抵制王叔文新政的。因此是年三月,宦官俱文珍等策划立李纯(即后之宪宗)为太子,就召集翰林学士郑絪、卫次公、李程、王涯入金銮殿,"草立太子制"(《通鉴》卷二三六)。

《旧传》记王涯于在职期间历左补阙后,又为起居舍人(从六品上),当在宪宗元和初。而元和三年(808),王涯即参与覆评制

①按:据刘禹锡此诗,及《旧纪》《旧传》,王涯确以蓝田尉入为翰林学士,而《新传》却云"以左拾遗为翰林学士",显误。
②按:《旧传》记有"召充翰林学士,拜右拾遗,左补阙",于补阙前有右拾遗,当不确。

科试,而遭受外贬。《旧传》:"元和三年,为宰相李吉甫所怒,罢学士,守都官员外郎,再贬虢州司马。"《新传》:"元和初,会其甥皇甫湜以贤良方正对策异等,忤宰相,涯坐不避嫌,罢学士,再贬虢州司马。"关于此次制举策试,及王涯等之贬,是否与宰相李吉甫有关,史书所记多有差异,并有误解,可详参傅璇琮《李德裕年谱》元和三年条[①]。此略举有关记载如下:

《唐会要》卷七六《制科举》条:"(元和三)年四月,以起居舍人、翰林学士王涯为都官员外郎,吏部员外郎韦贯之为果州刺史。先是,策贤良,诏杨於陵、郑敬、李益与贯之同为考官,是年牛僧孺、皇甫湜、李宗闵条对甚直,无所畏避,考官考三策皆在第,权幸或恶其诋己。而不中第者,乃注解其策,同为唱诽。又言(王)涯居翰林,其甥皇甫湜中选,考核之际,不先上言,故同坐焉。居数日,贯之再黜巴州司马,涯虢州司马,杨於陵遂出为广州节度使。"

元和三年三月,试制科(贤良方正能直言极谏科),知考官为外廷官员,即户部侍郎杨於陵等,录取者有牛僧孺、皇甫湜、李宗闵等;后有争议,宪宗乃命翰林学士王涯、裴垍等覆试,这当是唐翰林学士参与制举覆试的首例。至于所谓此次制举对策,所指斥者为宰相李吉甫,则与事实不合。现所传存的皇甫湜对策,对当时宰相是极为肯定的。皇甫湜《对贤良方正能直言极谏策》(《全唐文》卷六八五),即称"陛下寤寐思理,宰相优勤奉职",因此建议皇上"日延宰相与论义理",而其斥责之对象则为当时掌有实权

① 傅璇琮《李德裕年谱》,齐鲁书社,1984 年;河北教育出版社,2001 年修订新版。

的宦官："夫裔夷亏残之微，褊险之徒，皂隶之职，岂可使之掌王命，握兵柄，内膺腹心之寄，外当耳目之任乎？此壮夫义士所以寒心销志泣愤而不能已也！"这也就是《唐会要》所谓的"权幸"。皇甫湜之落第，杨於陵、王涯、裴垍等之被贬，实际上出于当时宦官的策划。李翱《唐故金紫光禄大夫尚书右仆射致仕……杨公（於陵）墓志铭》（《全唐文》卷六三九），也称："会考制举人，奖言直策为第一，中贵人大怒。"

当时白居易也为翰林学士，也参与此次覆试，在杨於陵、裴垍、王涯等被贬出后，就特上疏（《论制科举人状》，《白居易集笺校》卷五八），有云："臣昨在院与裴垍、王涯等覆策之时，日奉宣令臣等精意考核。臣上不敢负恩，下不忍负心，惟秉至公以为取舍。虽有仇怨，不敢弃之；虽有亲故，不敢避之，惟求直言，以副圣意。故皇甫湜虽是王涯外甥，以其言直合收，涯亦不敢以私嫌自避。当时有状，具以陈奏。不意群心嗷嗷，构成祸端。"白居易以当时人言当时事，当可信，他没有一字道及宰臣李吉甫事，又极为王涯辩白。这与王涯为人极不同，即白居易后于元和十年（815）任太子左赞善大夫时，因宰臣武元衡被盗所杀，急上疏请捕贼，反而为执政者所忌，贬江州刺史，"诏出，中书舍人王涯上疏论之，言居易所犯状迹，不宜治郡，追诏授江州司马"（《旧唐书·白居易传》）。此亦可见王涯之为人（详后）。

王涯后于元和十一年（816）又入为翰林学士承旨。元和三年此次出院后仕历，待见宪宗朝王涯传。

李　建

　　李建,两《唐书》有传,见《旧唐书》卷一五五,《新唐书》卷一六二。另外白居易有《有唐善人碑》①,元稹有《唐故中大夫尚书刑部侍郎上柱国陇西县开国男赠工部尚书李公墓志铭》②,皆详记其生平。白居易《有唐善人碑》称尚有"史官起居郎渤海高鈇作行状",但高氏所作行状未存。另外白居易尚有与元稹合署之《祭李侍郎文》③。

　　白《碑》云:"公名建,字杓直,陇西人。魏将军申公发,公十五代祖也。"并记其祖珍玉,绵州昌明令;父震,雅州别驾。李建生平,附于两《唐书》其兄李逊传后,《旧唐书》卷一五五《李逊传》所记先世与白《碑》同,并云"世寓于荆州之石首",后又云:"逊幼孤,寓居江陵,与其弟建,皆安贫苦,易衣并食,讲习不倦。"《旧唐书·李建传》亦称"家素清贫,无旧业,与兄造、逊于荆南躬耕致养,嗜学力文"。元《志》记李建早期任秘书省校书郎时,与同僚白居易、元稹结交,"杓直常自言,在江陵时无衣食"。可见李建早期家世清贫,这在当时翰林学士中还是少有的。

　　《旧传》与白《碑》、元《志》俱谓李建登进士第,但未记何年。

---

①朱金城《白居易集笺校》卷四一。
②《全唐文》卷六五五。
③朱金城《白居易集笺校》卷四〇。

按:吕温有《祭座主故兵部尚书顾公文》(《全唐文》卷六三一),此顾公为顾少连。顾少连卒于德宗贞元十九年(803),吕温此祭文作于贞元二十年①。题称"座主",所列门生有王播、刘禹锡、柳宗元、吕温、李建等。按:顾少连于贞元九年、十年、十四年曾连续三年知贡举,刘禹锡、柳宗元于九年进士及第,王播十年及第,吕温十四年及第,见清徐松《登科记考》卷一三、一四,皆有依据,惟李建及第仅见于吕温所作祭文,可定为顾少连知举时门生,但未能确切定于何年(徐松《登科记考》列于贞元十四年,但亦云"见吕温祭文,其年未详,附此俟考")。李建与刘禹锡、柳宗元交友甚深(见后),很可能与刘、柳同为贞元九年及第。

按:据白《碑》,李建卒于穆宗长庆元年(821),年五十八,则当生于代宗广德二年(764);若贞元九年进士登第,为三十岁。

《旧传》:"举进士,选授秘书省校书郎。"《新传》亦云"贞元中补校书郎"。白居易《祭文》称白与元"辱与公游,十九年矣。昔贞元岁,俱初筮仕,并命同官,兰台令史"。以长庆元年(821)前推十九年,当为贞元十九年(803),是年白居易与元稹均以书判拔萃登科,授秘书省校书郎。如此,则李建当亦于贞元十八、十九年入为秘书省校书郎,与白、元同署,即有深交。元《志》称:"公始校秘书时,与同省郎白居易、元稹定死生分。"白《祭文》亦特称:"以公明达,以我顽鄙。度长絜能,信非伦拟。一言吻合,不知所以。莫逆之交,贵从兹始。"可见李建早年既与刘禹锡、柳宗元同年登第,

---

①按:《全唐文》卷六三一所载此篇祭文,首云"维贞元十年岁次甲寅月日","十年"为"二十年"之讹,详见前顾少连传。

又与白居易、元稹同署,建莫逆之交,故此后李建与几位多有诗文交往。

李建于贞元十九年与白、元同在秘书省校书郎任,第二年即贞元二十年入为翰林学士,这样的际遇可能是白居易、元稹所想象不到的。韦执谊《翰林院故事》仅略记为"校书郎、拾遗充",丁居晦《重修承旨学士壁记》云:"贞元二十年十二月二十二日,自秘书省校书郎充;二十一年三月十七日,迁左拾遗。"即贞元二十年底仍以秘书省校书郎入,顺宗即位后,于三月十七日,与卫次公、李程、王涯等同时升迁。据此,则《旧传》所记"德宗闻其名,用为右拾遗、翰林学士",《新传》谓德宗"擢左拾遗、翰林学士",皆以德宗在位时擢为左(右)拾遗,并以此入,均误。惟《新传》据元《志》,记李建此次之入,为宰相郑珣瑜推荐:"德宗思得文学者,或以建闻,帝问左右,宰相郑珣瑜曰:'臣为吏部时,当补校书者八人,他皆藉贵势以请,建独无有。'"于是"上嘉之,使居翰林中"(元《志》)。这是唐翰林学士依宰相举荐得以召入之一例。

可能李建因与刘禹锡、柳宗元科举同年,交谊深切,故在顺宗朝时,对王叔文新政未有明显抵制,大约持中间立场。可能也因此,据《通鉴》卷二三六,宦官俱文珍等于永贞元年(805)三月"启上召翰林学士郑絪、卫次公、李程、王涯入金銮殿,草立太子制",即未有李建。也正因此,柳宗元贬永州时,还特地致信李建,抒其郁怀(详后)。

关于李建何时出院,两《唐书》所记亦有误。韦执谊《故事》谓"出为府司直",丁《记》:"改詹事府司直。"皆未记年月,但出为詹事府司直,当是(韦执谊《故事》于"府"前疑漏"詹"字)。《旧传》则记为："元和六年，坐事罢职，降詹事府司直。高郢为御史大夫，奏为殿中侍御史，迁兵部郎中、知制诰。"《新传》乃云："顺宗立，李师古以兵侵曹州，建作诏谕还之，词不假借。王叔文欲更之，建不可，左除太子詹事。"据此，则李建即在顺宗时因与王叔文意见不合，即出院，并"左除太子詹事"。白《碑》亦略记此事："翰林时，以视草不诡随，退官詹府。詹府时，以贞恬自处，不出户辄逾月。鄜帅路恕高之，拜请为副。"元《志》云："会德宗皇帝崩，郓帅擅师于曹，诏归之，公不肯与姑息。时王叔文恃幸，异公意不随，卒用公意，郓果怗。后一年，司直詹事府。会朝廷以观察防御事授路恕治于鄜，恕即日就公求自贰。"应当说，白、元所记是较确的，不过也未明标年月。今略考述。

　　按：李师古侵曹州，李建起草与王叔文异，韩愈《顺宗实录》未有记。《旧唐书》卷一四《顺宗纪》于永贞元年二月仅记为："壬子，淄青李师古以兵寇滑之东鄙，闻国丧也。"《旧唐书》卷一二四《李师古传》有具体记述："及德宗遗诏下，告哀使未至，义成军节度使李元素以与师古邻道，录遗诏报师古，以示无外。师古遂集将士，引元素使者谓曰：'师古近得邸吏状，具承圣躬万福。李元素岂欲反，乃忽伪录遗诏以寄。师古三代受国恩，位兼将相，见贼不可以不讨。'遂杖元素使者，遽出兵以讨元素为名，冀因国丧以侵州县。俄闻顺宗即位，师古乃罢兵。"《新唐书》卷二一三《李师古传》略同。《通鉴》卷二三六永贞元年亦记有此事，系于二月，谓："壬子，李师古发兵屯西境以胁滑州。"后因受宣武军节度使韩弘之阻，"师古诈穷变索，且闻上即位，乃罢兵"。由此，则李师古事发，报至朝廷，李建草诏令其返镇，文辞较激，王叔文可能使其稍改和缓，但据元《志》所记，"卒用公意"，可见李建并不因此而受排斥出院。且其事在二月，据丁《记》，三月十七日，李建与其他几位学士均迁升官秩，李建迁左拾遗。又韩愈于是年八九月间作有《赴江陵途中寄赠王二十补阙李十一拾遗李二十六员外翰林三学士》①，尚称李建为拾遗、翰林学士。可见《新传》所谓李建被王叔文罢除，误。

至于《旧传》所谓"元和六年，坐事罢职"，亦误。元《志》称："后一年，司直詹事府。"所谓"后一年"，则当为永贞元年之后一年，为元和元年。岑仲勉《翰林学士壁记注补》谓《旧传》之"元和六年"，此"六"与"元"，"笔势相近"，或当作元和元年，则与元《志》暗合。岑说有一定道理。总之，李建之出院，与王叔文及李师古发兵侵曹事均无关，且也并非"左除"。据《旧唐书》卷四二《职官志》一，詹事府司直为正七品上；卷四四《职官志》三，"东宫官属"记司直一人，为正九品上。《新唐书·百官志》同。白《碑》、元《志》皆未言李建出院为"左除"，白《碑》云："翰林时，以视草不诡随，退官詹府。詹府时，以贞恬自处，不出户辄逾月。"元《志》更明记："后一年，司直詹事府。"均记为詹事府，与韦执谊《故事》、丁《记》之詹事府司直同，《旧传》亦同，惟《新传》作"左除太子詹事"。左拾遗为从八品上，如改为太子詹事（正九品上），则确为降好几阶。而白《碑》记李建"前后著文凡一百五十二首"，举其"卓然者"五篇，中有《詹事府司直》，可见确未有任太子詹事。

又《旧唐书》卷一四《宪宗纪》载，元和三年（808）二月"丙子，

①详见钱仲联《韩昌黎诗系年集释》卷三，上海古籍出版社，1984年。

以左金吾卫大将军路恕为鄜州刺史、鄜坊节度使"。元《志》称："会朝廷以观察防御事授路恕治于鄜,恕即日就公求自贰。"白《碑》:"鄜帅路恕高之,拜请为副。"则李建当于元和三年二月后在路恕鄜坊节镇幕府。又据元《志》,李建后又"归为殿中侍御史"。《旧传》亦有记,并更具体:"高郢为御史大夫,奏为殿中侍御史。"(《新传》未记)据《旧唐书》卷一四七《高郢传》:"元和元年冬,复拜太常卿,寻除御史大夫;数月,转兵部尚书。……六年七月卒。"则李建当于元和三四年间又应高郢之荐,入朝为殿中侍御史。

李建于元和四年(809)在长安,可从柳宗元致其函得证。《柳宗元集》卷三〇《与李翰林建书》中云"前过三十七年",引"补注"谓:"元和四年,公年三十七。"又引陈景云《柳集点勘》:"书作于元和四年。"柳宗元此信中谓另有函致裴埙、萧俛,裴、萧时均在朝中任职;又云:"敦诗在近地,简人事,今不能致书,足下默以此书见之。"按:敦诗为崔群,此云"在近地",即喻在翰林学士任。崔群于元和二年十一月六日入翰林(见丁《记》)。由此可证,李建确于元和四年已返朝,任殿中侍御史(或兵部郎中,知制诰)①。

柳宗元此信不仅对李建仕历可作佐证,其文献意义还在于可以见出李建对当时外贬友人之关切,对当时文人群体交往很有研究价值。柳宗元于书信中云:"州传遽至,得足下书,又于梦得处

①《柳宗元集》载此书启,题称李翰林,实则李建于前几年已出院;同卷又有与萧俛书,题作《与萧翰林俛书》,实则萧俛于元和六年四月十二日才入院(丁《记》)。陈景云《柳集点勘》谓题称"翰林"者,乃后人编文集时偶举前后所历之官。可见此非柳氏原题,亦可见后人对翰林学士身份之看重。

得足下前次一书，意皆勤厚。"又云："仆在蛮夷中，比得足下二书，及致药饵，喜复何言！"可见李建不仅致书于被贬者柳宗元、刘禹锡，还递赠药物。这当然可能与早期同年登第有关，也可见李建对柳、刘永贞时参预新政也表示理解，并不坚持反对，故柳宗元于此书中即云："仆曩时所犯，足下适在禁中，备观本末，不复一一言之。"可以注意的是，书后特别提及："敦诗在近地，简人事，今不能致书，足下默以此书见之。"可见唐时翰林学士处境，确多禁忌，政治上被贬之人，是不能直接与身处禁中的近臣交往的，柳氏只能请李建"默以此书见之"。

又，李建与白居易更有文学交往。李建诗文今已不存，白居易却有好几首诗深叙友情。白居易作于会昌二年（842）之《感旧》一诗（《白居易集笺校》卷三六），其自序称："故李侍郎杓直，长庆元年春薨。元相公微之，大和六年秋薨。……四君子，予之执友也。"前引元《志》及白《祭文》，贞元十九年，元、白与李建即同任职秘书省校书郎，"莫逆之交，贵从兹始"。如《寄李十一建》（《白居易集笺校》卷五），时白居易尚在盩厔尉任，约元和元年（806），李建就与其约期访叙："前时君有期，访我来山城。"又《同李十一醉忆元九》（同上，卷一四）："花时同醉破春愁，醉折花枝作酒筹。忽忆故人天际去，计程今日到凉州。"孟棨《本事诗》有记："元相公稹为御史，鞫狱梓潼，时白尚书在京，与名辈游慈恩寺，小酌花下，为诗寄元曰……"即此诗。按：元稹使蜀鞫狱，在元和四年三月，可证李建于元和四年春已返长安，与白居易同游慈恩寺，醉忆元稹之行。时白居易在翰林学士任。元和十年（815），白居易丁忧期满，为太子左赞善大夫闲职，心情当然不好，但仍云"近岁将心地,回向南宗禅","进不厌朝市,退不恋人寰",因云"昨日共君语,与余心膂然"。不久,就在同一年七月,白居易因上疏请捕刺杀宰相武元衡之凶手,被诬,出贬为江州司马。据称,白氏启程日,仅李建一人送行,白于途中作《别李十一后重寄》(同上,卷一〇),有云:"秋日正萧条,驱车出蓬荜。回望青门道,目极心郁郁。岂独恋乡土,非关慕簪绂。所怆别李君,平生同道术。"李建对于流贬处境的友人如柳宗元、刘禹锡、白居易等,能有如此深情,实很难得。

又,李建后于元和十一年(816)因事出为澧州刺史,白居易有《东南行一百韵》(同上,卷一六),自注云:"(元和)十年春,(元)微之移佐通州。其年秋,予出佐浔阳。明年冬杓直出牧澧州。"白于元和十二年(817)仍在江州时又有《秋日怀杓直》诗(同上,卷七),题下自注"时杓直出牧澧州"。诗中详叙元和前期同在长安频相交游之情景:"忆与李舍人,曲江相近住。……携持小酒榼,吟咏新诗句。同出复同归,从朝直至暮。"

李建后又入朝任太常少卿,并于元和十五年(820)初以本官知贡举。《唐摭言》卷一四《主司称意》条称:"元和十五年闰正月十五日,太常少卿知贡举李建下二十九人,至二月二十九日,拜礼部侍郎。"《唐摭言》将此列于"主司称意",即对此次举试所取之士是首肯的。白《碑》亦云:"在礼部时,由文取士,不听誉,不信毁。"元《志》也记为:"于礼部中核贡士,用己鉴取文章,选用多荐说者,遂为礼部侍郎,迁刑部。"唐时知举者所取举子,多用荐者之言,这是正常的。而徐松《登科记考》卷一八元和十五年条,引《册府元龟》却谓:"是年礼部侍郎李建知贡举,(李)建取舍非其人,又惑于请托，故其年不为得士。竟以人情不洽，遽改为刑部侍郎。"《旧传》亦曰："寻以本官（太常少卿）知礼部贡举。建取舍非其人，又惑于请托，故其年选士不精，坐罚俸料。明年，除礼部侍郎，竟以人情不洽，改为刑部。"《新传》未记此事。据《登科记考》卷一八，此年进士及第者，如卢储、郑亚、吕述、施肩吾、崔嘏、卢弘止，亦为当时有名之文士，不能全谓"取舍非其人"。《唐语林》又有记云："元和十五年，太常少卿李建知举，放进士二十九人。时崔嘏舍人与施肩吾同榜。肩吾寒进，为嘏瞽一目，曲江宴赋诗，肩吾曰：'去古成段，著虫为虾。二十九人及第，五十七眼看花。'"可见当时对此榜亦有称之者。此亦可为唐翰林学士出院后再知贡举之一例。

又，《旧传》谓明年改除礼部侍郎，后又改刑部侍郎，而据《唐摭言》（上引），应在元和十五年二月二十九日改除礼部侍郎，后又改刑部侍郎。《旧传》云明年，不确。

《旧唐书·穆宗纪》载，长庆元年二月"壬辰，刑部侍郎李建卒"。元《志》记卒时"年五十八，是岁长庆元年之二月二十有三日也。上为之一日不视事，以工部尚书追命之"。而《旧传》却记为"长庆二年二月卒"，显误，惜中华书局点校本于此类误处，多未校正。

《新唐书·艺文志》未著录其著作，《全唐诗》、《全唐文》亦未有载。惟白《碑》对其著述却有记："善理王氏《易》、左氏《春秋》，前后著文凡一百五十二首，皆诣理撮要，词无枝叶，其卓然者有《詹事府司直》、《比部员外郎厅记》、《请双日坐疏》、《与梁肃书》、《上宰相论选事状》，秉笔者许之。"可见他与当时古文名家、贞元前期翰林学士梁肃，也有文字交往。据前所述，他于元和前期与白居易、元稹均有诗唱和，后又向外贬的刘禹锡、柳宗元有书信问候，惜均未能传世。

凌　准

凌准，两《唐书》无专传，附《旧唐书》卷一三五、《新唐书》卷一六八《王叔文传》后，皆甚简。其事迹所记较详者，为其元和元年（806）于贬所连州卒后，柳宗元于永州司马任期所撰之《故连州员外司马凌君权厝志》（《柳宗元集》卷一〇）；柳宗元另有《哭连州凌员外司马》诗（同上，卷四三），亦记有其事。

柳《志》称其"富春凌君"。据《元和郡县图志》卷二五江南道杭州，管县八：钱塘、余杭、临安、富阳、于潜、盐官、新城、唐山。于富阳县云："本汉富春县，属会稽郡。晋孝武帝太元中，避郑太后讳，改'春'为'阳'。"即今浙江富阳市，在杭州稍南。

柳《志》称其字宗一，"以孝悌闻于其乡，杭州刺史常召君以训于下"。又云："读书为文章，著《汉后春秋》二十余万言，又著《六经解围人文集》，未就。有谋略，尚气节，赒人之急。"柳宗元《哭连州凌员外司马》一诗记其早年生活曰："寂寞富春水，英气方在斯。著书逾十年，幽颐靡不推。天庭揽高文，万字若波驰。"可见凌准早年长期居于家乡，已专耽于著述，并有文名。

柳《志》接云："年二十，以书干丞相。丞相以闻，试其文，日万言，擢为崇文馆校书郎。"具体年月不详，据后文所述其出任邠宁节度掌书记,则其为崇文馆校书郎当在德宗建中(780—783)初。由此,则凌准未曾应科试,乃以上书而受召入仕。

柳《志》又接云:"又以金吾兵曹为邠宁节度掌书记。泾之乱,以谋画佐元戎,常有大功,累加大理评事、御史,赐绯鱼袋。"《柳集》于"泾之乱"下,注引孙(即孙汝听)曰,谓:"建中四年十月,泾原节度使姚令言反,推朱泚为主。准时为邠宁掌书记,以谋佐其节度使韩游瓌,破贼有功。"据《通鉴》卷二二八,泾原节度使姚令言谋乱在建中四年(783)十月,时韩游瓌尚为邠宁留后,但有战功,后即于兴元元年(784)被授以"奉天定难功臣"(《旧唐书》卷一四四《韩游瓌传》),并受任为邠宁兵马使(《旧唐书·德宗纪》兴元元年四月壬寅)。据此,则凌准于建中时即在邠宁幕府,任掌书记,有佐助之力。柳宗元《哭连州凌员外司马》诗,即称其"记室征西府,宏谋耀其奇"。在幕府时所带官秩,累有迁转,"换节度判官,转殿中侍御史"(柳《志》)。这样,一直到贞元十二年(796),"府丧罢职"。据《旧唐书·德宗纪》,贞元四年(788)七月庚戌,张献甫代韩游瓌为邠宁节度使;十二年五月丙戌,张献甫卒于官。如此,则凌准在邠宁,至少有十四年(783—796)。这也促使他著有《邠志》一书。

《新唐书》卷五八《艺文志》二,史部传记类,著录有:"凌准《邠志》二卷。"《直斋书录解题》卷五杂史类则著录为三卷,云:"唐殿中侍御史凌准宗一撰。邠军即朔方军也。此本从盱江晁氏借录,其末题曰:'文忠修《唐史》,求此书不获。今得于忠宪范公之孙伯高,其中尚多误,当访求正之。绍兴乙丑晁公�010。'"此云"殿中侍御史凌准宗一撰",似即为原书款署。殿中侍御史为凌准在邠宁幕府后期之官衔,约为贞元前期(如前所述,凌准于贞元十二年五月后才离职返朝),也正因此,其所记事甚为具体、详切。

按:据《直斋书录解题》所云,北宋欧阳修撰《唐书》,未得见《邠志》,但据盱江晁氏于绍兴乙丑(十五年,1145)所题,则南宋前期,尚有传存,惜此书后又佚,今不存。不过司马光撰《资治通鉴》,在记述德宗兴元元年(784)及贞元初李怀光变乱时,于《考异》中有好几处引及《邠志》,可见北宋中期《邠志》仍传存。中唐时邠宁节度治邠州(今陕西彬县),其辖境相当于今甘肃东部及陕西彬县、永寿等地,正是德宗时唐军与李怀光交战之地。《通鉴考异》中所引《邠志》,有些极为细致,如卷二三一兴元元年七月丁亥,记朝廷遣谏议大夫孔巢父至河中李怀光军宣慰,《考异》引《邠志》:"七月十二日,驾还长安。上使谏议大夫孔巢父、中官谭怀仙持诏赦怀光曰:'奉天之时,非卿不能救朕;今日之事,非朕不能容卿。宜委军赴阙,以保官爵。'使者将至,怀光阴导其卒使留己。卒之蕃、浑者希怀光意,辄害二使,欲食其肉。怀光翼而覆之,全尸以闻。"《新唐书·艺文志》列之于传记类,《直斋书录解题》列之于杂史类,就所引此则所记,可见无论传记体或杂史体,均甚详切,除直记月日外,还摘引朝廷诏文,当凌准在邠宁幕府时参据有关文献记录。除《通鉴考异》外,不知是否还有其他书引述,俟考。

柳《志》于"府丧罢职"后,接云"后迁侍御史,为浙东廉使判官",又称其治绩:"抚循罢人,按验污吏。吏人敬爱,厥绩以懋,粹然而光。"《柳集》引宋孙汝听注:"(贞元)十八年正月,以常州刺史贾全为浙东观察使,以准为判官。"《旧唐书·德宗纪》,贞元十八年正月"庚辰,以常州刺史贾全为越州刺史、浙东观察使"。则凌准当于贞元十二年（796）五月后入朝，由殿中侍御史（从七品上）迁侍御史（从六品下），至贞元十八年（802）正月后又至越州，为浙东判官，而所带之官衔仍为侍御史。

韦执谊《翰林院故事》记载："凌准，浙东判官充。"丁居晦《重修承旨学士壁记》："凌准，贞元二十一年正月六日，自侍御史充。"又《旧唐书·德宗纪》亦记云："二十一年春正月辛未朔，御含元殿受朝贺。是日，上不康。丙子，以浙东观察判官凌准为翰林学士。"是月丙子，即初六。这是德宗朝召入内廷的最后一位翰林学士。

按：据《旧纪》，贞元二十一年（805）正月初一，德宗虽御殿受朝贺，但已"不康"，二十三日即卒，在这种情况下，为什么还要将凌准从浙东判官召入呢？这当与王叔文有关。《旧传》即谓："王叔文与准有旧，引用为翰林学士。"王叔文为越州山阴人，王伾为杭州人，同为浙东人，当即早已相识，故在德宗已病，面临去世时，就设法引进凌准，使其成为顺宗时新政的参预者。《旧传》称"贞元二十年自浙东观察判官、侍御史召入"，则凌准此次入院，早有准备，即于贞元二十年十二月已由浙东入长安。

凌准初入院，即有表现。柳《志》称："德宗崩，迩臣议秘三日乃下遗诏，君独抗危词，以语同列王伾，画其不可者十六七，乃以旦日发表，六师万姓安其分。"关于宦官（"迩臣"）秘不发丧事，《通鉴》亦有记载，其卷二三六永贞元年正月，记德宗去世时，"仓猝召翰林学士郑絪、卫次公等至金銮殿，草遗诏。宦官或曰：'禁中议所立尚未定。'众莫敢对。次公遽言曰：'太子虽有疾，地居冢嫡，中外属心。必不得已，犹应立广陵王，不然，必大乱。'絪等从而和之，议始定。"此又见两《唐书》卫次公本传，但未载于韩愈《顺宗实录》。两《唐书》与《通鉴》所载，将抵制宦官，促使顺宗即位，归功于卫次公及郑絪，柳宗元却记为凌准。柳在《哭连州凌员外司马》诗中又再次强调："孝文留弓剑，中外方危疑。抗声促遗诏，定命由陈辞。"柳宗元写此，仅于此事后一年，且当时同在朝中，当更可信。《通鉴》所谓宦官提出"禁中所议尚未定"时，"众莫敢对"，更与柳宗元所记不合。

丁《记》记此年"三月十七日，改都官员外郎"，则与其他几位学士一样，同时迁官。侍御史为从六品下，都官员外郎为从六品上。丁《记》又记其于五月九日出院，即"出守本官、判度支"。韦执谊《翰林院故事》亦云"出判度支"。为何此时即出院，史书上未有说明。柳《志》有云："由本官参度支，调发出纳，奸吏衰止。"《柳集》引宋孙汝听注："王叔文兼度支盐铁副使，以准佐其府。"此注当是。《顺宗实录》卷二曾记，三月丙戌，下诏，以宰相杜佑充度支并盐铁使，王叔文仍在翰林学士职，但兼任为度支盐铁副使，并解释云："初，叔文既专内外之政，与其党谋曰：'判度支则国赋在手，可以厚结诸用事人，取兵士心，以固其权。'骤使重职，人心不服。藉杜佑雅有会计之名，位重而务自全，易可制，故先令佑主其名，而除之为副以专之。"这当然出于韩愈对王叔文嫉视之见，但由此也可看出，王叔文是重视判度支职权的，于是先由自己掌其实权，后即让凌准出院，专职其事。柳宗元在《哭连州凌员外司马》一诗中也称："徒隶肃曹官，征赋参有司。"

由此可见，凌准在王叔文实施新政时，与刘禹锡、柳宗元同样，是积极配合的。据前所述，凌准是一个有独立主见，有实际办事能力之士，因此得到王叔文的重用。《顺宗实录》卷五即谓："叔文入至翰林……刘禹锡、陈谏、韩晔、韩泰、柳宗元、房启、凌准等主谋议唱和，采听外事。"

也正因此，永贞元年八月四日，顺宗禅位，太子李纯立，是为宪宗。六日，即贬王伾为开州司马，王叔文为渝州司户；九月，贬柳宗元、刘禹锡为外州刺史，凌准当亦同时贬为和州刺史。《旧唐书》卷一四《宪宗纪》，永贞元年十月己卯，诸人再贬为外州司马，凌准由和州刺史改为连州司马。据《元和郡县图志》卷二九，连州属江南道湖南观察使，所属县三：桂阳、阳山、连山，相当于今广东西北部连县、阳山等县，较柳宗元所贬之永州更为僻远。

凌准于第二年即元和元年（806）六月即卒于贬所。柳宗元时在永州，特为作《故连州员外司马凌君权厝志》，叙其一生事迹，又作《哭连州凌员外司马》诗，诗后云："念昔始相遇，腑肠为君知。进身齐选择，失路同瑕疵。本期济仁义，今为众所嗤。灭名竟不试，世义安可支！恬死百忧尽，苟生万虑滋。顾余九逝魂，与子各何之？我歌诚自恸，非独为君悲。"深致悼念之情。

《旧传》："准有史学，尚古文，撰《邠志》二卷。"惜未传存。

王叔文

王叔文，两《唐书》有传，见《旧唐书》卷一三五，《新唐书》卷一六八。其事迹又见韩愈《顺宗实录》（《韩昌黎文集校注》外集下卷）及司马光《资治通鉴》。比较起来，柳宗元《故尚书户部侍郎王君先太夫人河间刘氏志文》(《柳宗元集》卷一三)、刘禹锡《子刘子自传》(《刘禹锡集笺证》外集卷九),所记较为公平、确切。柳、刘与王叔文共同参与新政,柳文作于永贞元年(805)六七月间①,此时王叔文虽已失势,但尚未贬谪;刘文作于武宗会昌二年(842),时年七十有一,且距永贞已三十七年,故亦能直叙其事。

两《唐书》本传及《顺宗实录》卷五都记王叔文为越州人(今浙江绍兴)。柳宗元《河间刘氏志文》称:"夫人既笄五年,从于北海王府君讳某。"所谓北海,刘禹锡《子刘子自传》曾言"叔文北海人,自言猛之后,有远祖风。"则所谓北海人乃出于王叔文自言,亦即唐人借重名门望族的习俗。清钱大昕《廿二史考异》亦云:"此云北海者,举其族望也。"又柳宗元《河间刘氏志文》记王叔文之父曾应明经举及第,授任城(今山东济宁)尉,"会世多难,不克如志,卒以隐终"。可能安史乱起,即归居山阴,隐居不仕。

《顺宗实录》称王叔文"以棋入东宫"(卷五),与王伾"俱待诏翰林,数侍太子棋"(卷一)。刘禹锡《子刘子自传》亦谓:"时有寒隽王叔文以善奕棋得通籍博望。"博望苑为汉武帝为其子卫太子所建以交接宾客之所(见《汉书》卷六三《戾太子刘据传》及注)。两《唐书》本传也皆言"以棋待诏"。

所谓待诏翰林,也称翰林供奉。详参前玄宗朝吕向传。概略

---

① 按:柳宗元此文所记,王叔文之母刘氏卒于永贞元年六月二十六日,卒后"天子使中谒者临问其家",而后又云"是年八月某日,祔于兵曹君之墓",则此文似作于八月。而宪宗于八月庚子(初四日)即位,壬寅(初六日)即下令贬谪王伾、王叔文。柳文不可能作于八月,应作于六七月间,其"八月某日,祔于兵曹君之墓",乃预设之词。

言之，玄宗开元前期，建翰林院于宫中，大致有两类人：一是属于文学之士，主要为皇帝批答、起草文书，并陪侍皇帝作诗文唱酬；另一类是书画琴棋等才艺之士及僧道医卜等，也属于宫中陪侍之列。后至开元二十六年（738），玄宗另建学士院，将上述第一类的文士移入学士院，称翰林学士，"专掌内命"（《新唐书·百官志》一）；第二类则仍在翰林院，称呼未改。翰林待诏、翰林供奉，其政治地位与社会声誉当然低于翰林学士，但仍有出色人才，从一些石刻、碑文材料中，可见到有不少著名书画家。由此可见，王叔文虽门第低微，但因善棋，得入于太子宫中，授为翰林供奉。

柳宗元《河间刘氏志文》称王叔文"贞元中待诏禁中，以道合于储后，凡十有八载"。顺宗李诵于贞元二十一年（805）正月即位，柳文谓王叔文在太子宫有十八年，则其入宫当在贞元四年（788）①。据柳氏所记，作此文时，王叔文为五十三岁，则当生于玄宗天宝十二载（753）②。其于贞元四年入宫，则为三十六岁，太子李诵时为二十八岁。

在这长达十八年间，王叔文不只以棋陪侍太子，还"献可替否，有匡弼调护之勤"，也即刘禹锡《子刘子自传》所云"因间隙得言及时事"。韩愈《顺宗实录》却讥王叔文此时已"诡谲多计"，并特记一事："上在东宫，尝与诸侍读并叔文论政。至宫市事，上曰：'寡人方欲极言之。'众皆称赞，独叔文无言。既退，上独留叔文，

①《柳宗元集》此文引宋孙汝听注，亦称王叔文于"贞元初，出入东宫，娱侍太子"。
②《柳宗元集》此文引宋孙汝听注，亦云"天宝十二年，叔文生"。

谓曰：'向者君奚独无言，岂有意邪?'叔文曰：'叔文蒙幸太子，有所见，敢不以闻。太子职当侍膳问安，不宜言外事。陛下在位久，如疑太子收人心，何以自解?'上大惊，因泣曰：'非先生，寡人无以知此。'遂大爱幸。"(《顺宗实录》卷一)两《唐书》本传亦载此事，当本《顺宗实录》，不过《旧唐书》本传称其"粗知书，好言理道"，未如《顺宗实录》直斥其为"诡谲多计"。

正因韩愈有此偏见，即又记王叔文"密结韦执谊，并有当时名欲侥幸而速进者陆质、吕温、李景俭、韩晔、韩泰、陈谏、刘禹锡、柳宗元等十数人，定为死交，而凌准、程异等又因其党而进，交游踪迹诡秘，莫有知其端者"。将刘禹锡、柳宗元称之为"名欲侥幸而速进者"，作为实录，实不应如此褊私。陆质、吕温、刘禹锡、柳宗元等，应该说都是当时有识之士。韦执谊与王叔文于贞元中期即"交甚密"，顺宗时，共同施行新政，见前韦执谊传。

柳宗元《河间刘氏志文》记顺宗即位后，王叔文"由苏州司功参军，为起居舍人、翰林学士"。《通鉴》卷二三六永贞元年二月壬戌也记："苏州司功王叔文为起居舍人、翰林学士。"韦执谊《翰林院故事》、丁居晦《重修承旨学士壁记》则仅记由起居舍人入为翰林学士(丁《记》亦记为二月二十二日)。由此，则王叔文在起居舍人前为苏州司功参军。表面看来，王叔文曾在苏州任功曹参军，为其实职，如《通鉴》卷二三六永贞元年三月，记侍御史窦群谒见王叔文，向其进言："去岁李实怙恩挟贵，气盖一时，公当此时，逡巡路旁，乃江南一吏耳。今公一旦复据其地，安知路旁无如公者乎?"元胡三省注更云："叔文本苏州司功，故云然。"这实是一种误解。

前曾论述，唐代翰林学士实际上是一种差遣之职，并非官名，在任职期间，须带官衔，以此定其品位、俸禄。清钱大昕《廿二史考异》卷五八即谓唐翰林学士"亦系差遣，无品秩，故常假以它官，有官则有品，官有迁转，而供职如故也"。学士如此，翰林待诏、翰林供奉也是如此。且无论学士与待诏、供奉，有时也常带有地方官衔的，如前所记之姜公辅，后宪宗朝之白居易，在学士任职期间曾迁转为京兆府户曹参军。又如《金石萃编》卷一〇七《邠国公（梁守谦）功德碑》，篆额者为翰林待诏陆邳，其衔为"朝议郎、权知抚州长史、上柱国、赐紫金鱼袋"。又如白居易《侯丕可霍丘县尉制》，此侯丕也是翰林待诏，现在则为"可守寿州霍丘县尉，依前翰林待诏"（《白居易集笺校》卷五一）。由此可见，陆邳、侯丕虽带地方官衔，实仍在宫中任职。白居易在制词中说得很明白，这是"既宠之以职名，又优之以禄俸"。由此可证，王叔文之为苏州司功参军，即其长期任翰林待诏时所带之官衔，并不是他真的在苏州任官。苏州司功按唐时官阶，当属于中州诸司参军事，为正八品下（见《旧唐书·职官志》一），品阶不高。《通鉴》所记窦群语，仅以"江南一吏"讥刺之，也示轻视之意。

丁《记》接云："三月十六日，以本官加度支盐铁转运副使，依前充。"《旧唐书·顺宗纪》永贞元年三月，"丙戌，检校司空、同平章事杜佑为度支盐铁使"；戊子，"以翰林学士王叔文为度支盐铁转运副使，杜佑虽领使名，其实叔文专总"。王叔文是想借此掌握财赋实权。作于该年六月的柳宗元《河间刘氏志文》即以肯定语气记述，谓王叔文此时"有弥纶通变之劳，副经邦阜财之职"。

王叔文与宰相韦执谊，朝臣程异、韩泰、刘禹锡、柳宗元、翰林

学士凌准等合作,所施行的新政,据《顺宗实录》、《旧唐书·顺宗纪》、《通鉴》等记载,大致有:

二月六日,罢翰林院中医工、相工、占星、射覆、冗食者四十二人。

二月二十一日,谴责京兆尹李实"残暴掊敛之罪",远贬为通州长史,"市井欢呼,皆袖瓦砾遮道伺之,(李)实由间道获免"。

二月二十四日,罢宫市、五坊小儿。《通鉴》卷二三六记此事,称宫市为"贞元之末政事为人患者"。早在贞元十三年(797),徐州刺史、徐泗濠节度使张建封入京师参见德宗,就奏议过宫市,要求予以禁止。《旧唐书》卷一四〇《张建封传》载:"时宦者主宫中市买,谓之宫市,抑买人物,稍不如本估。……人将物诣市,至有空手而归者,名为宫市,其实夺之。"但当时户部侍郎苏弁"希宦者之旨",谓不宜停,于是"上(德宗)信之,凡言宫市者皆不听用"。前亦曾述及,顺宗为太子时,其左右也曾与他议论过宫市,可见这是贞元中期后有关长安民生的大事。韩愈虽对王叔文有褊见,但《顺宗实录》中记此,谓因此而"人情大悦"。

二月二十五日,罢盐铁使额外进献。

三月一日,出宫女三百人,又出掖庭教坊女乐六百人,召其亲属归之。《顺宗实录》记云:"百姓相聚,欢呼大喜。"

三月三日,下诏追还德宗时被贬远出的名臣,即忠州别驾陆贽、郴州别驾郑馀庆、杭州刺史韩皋、道州刺史阳城等返朝。可惜陆贽、阳城未及闻诏而卒。

应当说,上述的这些措施是得人心的,也能为一般朝臣所接受,即使罢宫市影响宦官的额外之利,但对其上层权势影响还并不大,因此还未能受其阻抑。即使对王叔文深有成见的韩愈,在其所著《顺宗实录》中,于三月十七日记王叔文任为度支盐铁副使,依前翰林学士,著录制文,称王叔文"精识瑰材,寡徒少欲,质直无隐,沈深有谋。其忠也,尽致君之大方;其言也,达为政之要道"。此是当时实录史料,当时新政实施过程中朝中的评议。后来柳宗元在永州贬所致京兆尹许孟容函,也说他当时与王叔文共事,其宗旨即在于"立仁义,裨教化","利安元元为务"(《柳宗元集》卷三〇)。刘禹锡《子刘子自传》也称:"叔文实工言治道,能以口辨移人。既得用,自春至秋,其所施为,人不以为当非。"

从当时新政实施的先后过程来看,关键时刻是在五月。《顺宗实录》载:五月"辛未,以右金吾大将军范希朝为检校右仆射,兼右神策京西诸城镇行营兵马节度使。叔文欲专兵柄,藉希朝年老旧将,故用为将帅,使主其名,而寻以其党韩泰为行军司马专其事"。此事引起宦官极大震动,"宦者始寤兵柄为叔文等所夺,乃大怒曰:'从其谋,吾属必死其手!'"于是立刻下令地方将领,不要把兵权交给范希朝。范希朝至京西奉天(今陕西乾县),"诸将无至者,韩泰驰归白之,叔文计无所出,惟曰:'奈何,奈何!'"(《通鉴》卷二三六)就在此五月份内,宦官俱文珍就设法将王叔文移至外庭,表面上升迁为户部侍郎,实为免去翰林学士。《顺宗实录》卷三记五月辛卯"以王叔文为户部侍郎"事,有具体记述:"初,叔文欲依前带翰林学士,宦者俱文珍等恶其专权,削去翰林之职。叔文见制书大惊,谓人曰:'叔文日时至此商量公事,若不得此院职事,即无因而至矣。'王伾曰诺,即疏请,不从;再疏,乃许三五日一入翰林,去学士之名。"王伾时亦为翰林学士,为王叔文再三疏请,仍不从,还是去学士之名,可见当时宦官之权实高于翰林学士。

王叔文以朝中之将范希朝来统驭神策军,这应是一大改革,如果成功,则宦官集团就失去军权,唐朝政局将出现新变,并如有些史家所论,宪宗也不至最终为宦官所弑。但从德宗时起,宦官掌握军中大权已成定局,凭王叔文等文人集团,不可能扭转这一格局。结果俱文珍等就立即反击,罢免王叔文的翰林学士之职,逐出内廷。我们可以从现有的史料中考见,所谓永贞新政,其施行时期实际上仅二至四月,五月以后再无举措,也就是自王叔文出院后,新政即停止。此后,六月,王叔文母病重将死,柳宗元曾代为其上表,即《为户部王叔文陈情表》(《柳宗元集》卷三八),请求待其母病情稍有好转,"冀微臣驽蹇再效",但未有回复。这时大权当已在俱文珍等宦官手中。

丁《记》载曰:"五月二十四日,迁户部侍郎,余依前。"即仍任翰林学士,误。

王叔文之母于六月去世,即迫王叔文丁忧,免去一切官职。接着,七月,顺宗在俱文珍等胁迫下,让太子监国。八月四日,顺宗禅位,宪宗立,六日,即"贬右散骑常侍王伾为开州司马,前户部侍郎、度支盐铁转运使王叔文为渝州司户"(《旧唐书·顺宗纪》)。九月,又贬柳宗元等为外州刺史;十月,追贬为外州司马,即"八司马"。

王叔文贬渝州(今重庆)后,"明年诛之"(《旧传》)。前所引柳宗元《寄许京兆孟容书》(《柳宗元集》卷三○),谓王叔文"凡事壅隔,很忤贵近;狂疏缪戾,蹈不测之辜,群言沸腾,鬼神交怒"。对王叔文之悲惨结局深致同情,同时对其遭遇之复杂也表示理解。

从王叔文在顺宗朝的事迹,可以看出,所谓永贞新政,实际上即是以翰林学士王叔文为代表的文人集团与当时握有军政大权的宦官集团的一场政治斗争。这一文人集团确有革新的志向,且如上所述,其最初几个月的所为,是得人心的,韩愈《顺宗实录》有好几处特地标出"人情大悦"等字句。刘禹锡在时隔三十余年所作的《子刘子自传》,也谓此时王叔文"其所施为,人不以为当非"。关键就在夺兵权,这既表现这一时期文人集团极不寻常的抱负,但也表现出王叔文等过高估计自己力量的弱点。现在有些论著将中唐以后的翰林学士职能评估过高,认为翰林学士作为一个单独实体,与外廷宰相、内廷宦官(枢密使),共同构成新的中枢机构,甚至认为翰林学士之实权已能超出宰相,这种误解就是由于未对唐代翰林学士作具体的考察而造成的。

总之,永贞时期,王叔文拟发挥翰林学士的特殊作用,积极参预中央重大决策,这是唐代翰林学士的一次突出事件。而其最终失败,也是中唐社会文人参预政治而遭致惨败的一个值得注意的事例。

可能由于王叔文的特殊经历,王叔文无诗文传世。《新唐书·艺文志》也未记有其著述。

王　伾

王伾,两《唐书》有传,见《旧唐书》卷一三五,《新唐书》卷一六八。两《唐书》本传皆记其为杭州人。按：王叔文为越州山阴人，同属浙东道，可能早年即相识，后则同在东宫任职。

《旧传》："始为翰林侍书待诏，累迁至正议大夫、殿中丞、皇太子侍书。"《新传》亦云："始以书待诏翰林，入太子宫侍书。"韩愈《顺宗实录》卷一记："上学书于王伾，颇有宠；王叔文以棋进，俱待诏翰林。"(《韩昌黎文集校注》外集下卷)由此，则王伾与王叔文于贞元时同为翰林待诏（翰林供奉），王伾善书法①，入太子宫中侍书，此亦为翰林供奉职能之一。其正议大夫、殿中丞当系翰林待诏任期内所带之官秩。

《顺宗实录》于贞元二十一年（805）正月记："闻德宗大渐，上疾不能言，(王)伾即入，以诏召叔文入，坐翰林中使决事。伾以叔文意入言于宦者李忠言，称诏行下，外初无知者。"由此则德宗虽未卒，病已重，而太子李诵亦因病，不便言语，王伾因得太子之宠信，即以翰林待诏之身份，利用其在宫中之处境，上下交通，使王叔文"坐翰林中使决事"，这确非寻常。

关于王伾入任翰林学士之时间，诸书所记有异，今考述如下：

《顺宗实录》卷一永贞元年二月："壬戌，制殿中丞、皇太子侍书、翰林待诏王伾可守左常侍，依前翰林待诏。"《旧传》所记与《实录》同，记为："顺宗即位，迁左散骑常侍，依前翰林待诏。"《新传》略同。《顺宗实录》卷二又记，永贞元年三月"辛未，以翰林待诏王伾为翰林学士"。按：三月庚午朔，辛未则为初二。而《旧唐书》卷一四《顺宗纪》，以王伾之入，系于二月壬寅："以太子侍书、

---

①明陶宗仪《书史会要》卷五唐，列有王伾。

翰林待诏王伾为左散骑常侍,充翰林学士。"丁居晦《重修承旨学士壁记》又记为:"贞元二十一年二月二日,自散骑常侍充。"当应以《顺宗实录》为准,二月壬戌先由殿中丞迁为左散骑常侍,三月辛未(初二)即以左散骑常侍入为翰林学士。《旧纪》之"二月壬寅",误,丁《记》之"二月"应作"三月"。

又两《唐书》本传皆仅记其为翰林待诏,未记其后入为翰林学士,则为明显疏失。

王伾在王叔文行施新政时,其本人未曾提出新见,也"无它大志"(《新传》)。他主要起上下沟通、内外联系的作用。如《顺宗实录》卷五记:"伾以侍书幸,寝陋,吴语,上所褒狎。而叔文颇任事自许,微知文义,好言事,上以故稍敬之,不得如伾出入无阻。叔文入至翰林,而伾入至柿林院,见李忠言、牛昭容等,故各有所主,伾主往来传授。"此大致为两《唐书》本传所本。韩愈当然对王伾亦有褊狭之见,但王伾当时所起的实际作用也大致如此,特别是对王叔文,起积极协助的作用。

如永贞元年五月,宦官俱文珍策划外授王叔文为户部侍郎,使其离开学士院(见前王叔文传)。"叔文见制书大惊,谓人曰:'叔文日时至此商量公事,若不得此院职事,即无因而至矣。'"王伾"即疏请,不从;再疏,乃许三五日一入翰林"(《顺宗实录》卷三)。后王叔文因母卒,丁忧免职,王伾又为其疏请复官,《顺宗实录》、《新传》皆有记。《顺宗实录》卷四,七月,记曰:"伾日诣中人并杜佑请起叔文为相,且总北军。既不得,请以威远军使平章事,又不得。其党皆忧悸不自保。伾至其日,坐翰林中,疏三上,不报,知事不济。行且卧,至夜忽叫曰:'伾中风矣!'明日,遂舆归不出。"在王叔文居丧期间，王伾尚申请使居相位，且掌军权，似与情理不合，但由此也可见对王叔文之关切。

史书又有记王伾广受贿赂。《新传》记曰："当其党盛，门皆若沸羹，而伾尤通天下赇谢，日月不阕。为巨柜，裁窍以受珍，使不可出，则寝其上。"《旧传》更明记为："室中为无门大柜，惟开一窍，足以受物，以藏金宝，其妻或寝卧于上。"此当皆采小说轶闻，不一定可靠。当时施行新政，时紧事繁，内外矛盾激烈，王叔文、王伾不可能作此"珍玩赂遗"之事。

据《旧唐书·顺宗纪》，八月庚子（初四）顺宗下诏禅位，壬寅（初六）即"贬右（似依前作"左"）散骑常侍王伾为开州司马，前户部侍郎、度支盐铁转运使王叔文为渝州司户"。两《唐书》本传亦均记为贬开州司马。惟丁《记》则谓"贬开州司户"，"户"当为"马"之误。开州，今重庆开县。

《全唐文》卷五六载宪宗《贬王伾开州司马王叔文渝州司户参军制》："银青光禄大夫、守散骑常侍、翰林学士、上柱国、富阳县开国男王伾，将仕郎、前守尚书户部侍郎、充度支及诸道盐铁转运等副使、赐紫金鱼袋王叔文等，夙以薄伎，并参近署。阶缘际会，遂洽恩荣。骤居左掖之秩，超赞中邦之赋。曾不自厉，以效其诚，而乃漏泄密令，张皇威福，畜奸冒进，黩货彰闻。迹其败类，载深惊叹。夫去邪屏枉，为国之要；惩恶劝善，制政之先。恭闻上皇之旨，俾远不仁之害，宜从贬削，犹示优容。伾可开州司马员外置同正员，叔文可守渝州司户参军员外置同正员，并驰驿发遣。"所列罪状，实甚空虚，且所谓"漏泄密令"，亦未明所指。文后并谓"恭闻上皇上旨"，盖宪宗虽受禅制，但未正式登位，即云王伾、王叔文之贬,出于其父上皇之旨,实为依托之辞。

又,两《唐书·王叔文传》皆言贬渝州后,明年诛死。《旧唐书·王伾传》仅言贬开州司马,《新唐书·王伾传》则谓"贬开州司马,死其所",或未如王叔文为诛死。

宪宗朝翰林学士传

李吉甫

李吉甫,两《唐书》有传,见《旧唐书》卷一四八,《新唐书》卷一四六。《旧传》:"李吉甫字弘宪,赵郡人。"《新传》同。据《元和郡县图志》卷一七河北道,有赵州赵郡,所属县有赞皇。按:李吉甫父李栖筠,《新唐书》卷一四六《李栖筠传》,言栖筠曾封赞皇县子,李吉甫也曾封赞皇县侯,则其祖籍当为赞皇(今河北赞皇县)。

《新唐书》卷七二上《宰相世系表》二上,详记李吉甫先世,其祖肃然,父载,皆未有官衔,居赵郡。李肇《国史补》卷中曾有记,云:"李载者,燕代豪杰,常臂鹰携妓以猎,旁若无人,方伯为之前席,终不肯仕。"陈寅恪曾有论,谓:"是栖筠之父载,终身不仕,而地方官吏敬惮之如此。斯亦山东士族本为地方豪强,不必以仕宦而保持其地位势力之例证也。"①

《新唐书》卷一四六《李栖筠传》:"始,居汲共城山下。"权德舆《唐故银青光禄大夫御史大夫赠司徒赞皇文献公李公文集序》亦记为:"初未弱冠,隐于汲郡共城山下。"②可见李栖筠年未二十即离赵郡旧地而徙居于汲郡共城(今河南辉县)。后又应举登第,历仕肃宗、代宗朝。代宗时仕至御史大夫,大历十一年(776)卒,年五十八。李氏由李栖筠起始,即离河北赵郡,居长安、洛阳。陈寅恪《论李栖筠自赵徙卫事》对此有所论析,可参。

李吉甫早年即居于长安,宋敏求《长安志》卷八《安邑坊》,有云:"中书侍郎、同中书门下平章事、赵国公李吉甫宅。"其早年仕历,《旧传》概略记之,谓:"吉甫少好学,能属文。年二十七,为太常博士,该洽多闻,尤精国朝故实,沿革折衷,时多称之。迁屯田员外郎,博士如故,改驾部员外。"按:两《唐书》本传,李吉甫卒于宪宗元和九年(814),年五十七,则当生于肃宗乾元元年(758)。所谓"年二十七,为太常博士",则当为德宗兴元元年(784)。但《新传》云"贞元初为太常博士",不确。

《旧传》又云:"宰臣李泌、窦参推重其才,接遇颇厚。"《新传》略同。按:李泌于贞元三年(787)六月入相,五年(789)三月卒;窦参于贞元五年二月与董晋同为相(见《新唐书·宰相年表》)。则李吉甫为此二宰臣所重,当在贞元四五年间。又李吉甫《编次郑

①《论李栖筠自赵徙卫事》,载陈寅恪《金明馆丛稿二编》,上海古籍出版社,1980年。
②霍旭东校点《权德舆文集》卷二三,甘肃人民出版社,1999年。

钦悦辨大同古铭论》(《全唐文》卷五一二),有云:"辛未岁,吉甫转驾部员外郎。"则《旧传》所谓"改驾部员外",即在贞元七年辛未(791)。

《旧传》接云:"及陆贽为相,出为明州员外长史。"《新传》更明记为"李泌、窦参器其才,厚遇之;陆贽疑有党,出为明州长史。"按:窦参于贞元八年(792)四月乙未被贬为郴州别驾。李吉甫《编次郑钦悦辨大同古铭论》有云:"壬申岁,吉甫贬明州长史。"壬申即贞元八年,则李吉甫之贬为明州(今浙江宁波),当确受窦参之事牵连,在贞元八年四月以后。

窦参固然与陆贽有矛盾,但窦参之贬,且后"赐死",实出于德宗疑忌,非陆贽促使(见前德宗朝陆贽传)。德宗于贬窦参后,又欲杀之,陆贽曾上疏解救,奏曰:"窦参与臣无分。因事报怨,人之常情。然臣参宰衡,合存公体,以(窦)参罪犯,置之死地,恐用刑太过。"(《旧唐书》卷一三六《窦参传》)

由此,则李吉甫之贬,为窦参之事牵连,非出陆贽之意。当时因坐窦参之事而贬者,不止李吉甫,如元稹岳丈韦夏卿也坐交结窦参而由给事中出为常州刺史。又如唐次,本为礼部员外郎,因受窦参器重,贬为开州刺史,"在巴峡间十余年,不获进用。西川节度使韦皋抗表请为副使,德宗密谕皋令罢之"(《旧唐书》卷一九〇下《文苑·唐次传》)。可见此次诸人坐贬,均出德宗之意。

李吉甫在明州,贞元九年(793)作有《杭州径山寺大觉禅师碑铭并序》(《全唐文》卷五一二),又有《编次郑钦悦辨大同古铭论》(同上),鲁迅据《太平广记》卷三九一即将此文辑入《唐宋传奇集》(卷二)。又有《唐茶山诗述碑阴记》①。由此亦可见李吉甫早年之文才与学识。

后陆贽于贞元十年(794)十二月罢相,为太子宾客;贞元十一年(795)四月又贬为忠州别驾(详见前陆贽传)。据史书所载,谓当时宰相欲害陆贽,特意安排李吉甫为忠州刺史,以便对陆贽进行报复。《旧唐书·李吉甫传》:"久之遇赦,起为忠州刺史。时贽已谪在忠州,议者谓吉甫必逞憾于贽,重构其罪。"《新传》谓:"贽之贬忠州,宰相欲害之,起吉甫为忠州刺史,使甘心焉。"但李吉甫至忠州,厚礼相待,二人相得甚欢。《旧唐书·陆贽传》:"贽在忠州,与吉甫相遇,昆弟、门人咸为贽忧,而吉甫忻然厚礼,都不衔前事,以宰相礼事之。"两《唐书·李吉甫传》所载略同。《册府元龟》卷八八五《总录部·以德报怨》亦载吉甫至忠州,待陆贽"以宰相礼事之,犹恐其未信不安,遂与之亲狎,若平生还往者"。这又可佐证前所述李吉甫之贬明州,非出陆贽之意,李吉甫当知之,故此次至忠州,厚礼待陆贽。陆贽前为翰林学士,李吉甫后为翰林学士,此亦可见唐翰林学士以文相交之心情。

又《新传》谓,李吉甫如此对待陆贽,乃受当权者之忌,"坐是不徙者六岁"。此当是揣测之辞。不过李吉甫在忠州任,确有六年,至贞元十七年(801),因病罢任,但仍留于忠州;贞元十八年(802),改授郴州(今湖南郴县)刺史,贞元十九年(803)秋后又改为饶州(今江西鄱阳)刺史。永贞元年(805)八月,宪宗刚即帝位,

---

① 此文已佚,据《宝刻丛编》卷一四。参傅璇琮《李德裕年谱》贞元十年,齐鲁书社,1984年版;又河北教育出版社,2001年修订新版。

李吉甫被召入朝，为考功郎中、知制诰（按：此段所记，参据《李德裕年谱》）。

可以注意的是，李吉甫这几年在南方几个城市，间有诗作，并受当时文士唱和。如欧阳修《集古录跋尾》卷八记《唐神女庙诗》，题下注"贞元十四年"，跋云："右《神女庙》诗，李吉甫、丘玄素、李贻孙、敬骞等作。余贬夷陵令时，尝泛舟黄牛峡，至其祠下，又饮虾蟆碚水，览其江山巉绝穷僻，独恨不得见巫山之奇秀，每读数子之诗，爱其辞翰，遂录之。"又赵明诚《金石录》卷九目录，第一千六百三十七，有"唐李吉甫《神女庙》诗"，下注"正书"，未载年月。《宝刻丛编》卷一九夔州路夔州，有"唐杂言神女词"，云："唐忠州刺史李吉甫撰，正书，无姓名，贞元十四年正月二十五日刻。"此诗或为贞元十一年（795）李吉甫由明州赴忠州途中经夔州时作，宋时尚有石刻。又《金石录》卷九记有"唐李贻孙《神女庙诗》"，记为会昌五年（845）九月。陆游《入蜀记》卷六亦记为："祠旧有乌数百，送迎客舟。自唐夔州刺史李贻孙诗已云'群乌幸胙余'矣。"则李贻孙于武宗会昌五年任夔州刺史时得见李吉甫刻石诗，特有和作。但后仅有此一句，全诗不存①。《集古录跋尾》提及的丘玄素、敬骞诗，亦未见。

又柳宗元有《奉和杨尚书郴州追和故李中书夏日登北楼十韵之作依本诗韵次用》，《柳宗元集》卷四二载此，注引宋孙汝听云："先是贞元中李吉甫为郴州刺史，有《北楼诗十韵》，至是於陵和之，公亦和焉。"按：杨於陵于元和十一年（816）四月自户部侍郎、

———————

① 参见孙望《全唐诗补逸》卷一二，编于中华书局《全唐诗补编》，1992 年。

判度支出为郴州刺史,有此和李吉甫诗,时柳宗元已由永州改刺柳州,继有和作。《全唐诗》卷三三〇载杨於陵诗三首,但无此和作。今录柳诗,以备参:"郡楼有遗唱,新和敌南金。境以道情得,人期幽梦寻。层轩隔炎暑,迥野恣窥临。凤去徽音续,芝焚芳意深①。游鳞出陷浦,唳鹤绕仙岑。风起三湘浪,云生万里阴。宏规齐德宇,丽藻竞词林。静契分忧术,闲同迟客心。骅骝当远步,鸸鸠莫相侵。今日登高处,还闻《梁父吟》。"由此可见柳宗元对李吉甫之景仰。可惜李吉甫之《神女庙》与《夏日登北楼十韵》二诗均已不存,但竟有好几位文士和作,可见其诗文创作在当时之声誉。

宪宗即位后,李吉甫之仕历有很大变化。《旧传》:"宪宗嗣位,征拜考功郎中、知制诰,既至阙下,旋召入翰林为学士,转中书舍人,赐紫。"《新传》略同。《旧唐书》卷一四《宪宗纪》上,具体记载为:永贞元年(805)八月"丙寅,以饶州刺史李吉甫为考功郎中,夔州刺史唐次为吏部郎中,并知制诰";同年十二月壬戌,"以考功郎中、知制诰李吉甫为中书舍人,以考功员外郎裴垍为考功郎中、知制诰,并充翰林学士"。丁《记》记为:"李吉甫:永贞元年十二月二十四日,自考功郎中、知制诰充。二十七日,迁中书舍人,赐紫金鱼袋。"又元稹《承旨学士院记》:"李吉甫:永贞元年十二月二十四日,自考功郎中、知制诰入院。二十七日,正除,仍赐紫金鱼袋充。"据此,则李吉甫入院时间当为永贞元年十二月二十四日,以考功郎中、知制诰入;二十七日,正除,即正式任为中书舍

①按:此二句,《柳宗元集》注引"孙氏"云:"凤去以比吉甫,芝焚以比杨尚书也。"

人,并为翰林学士承旨。因同日郑絪由翰林学士承旨拜相(见《旧纪》,又参前德宗朝郑絪传),李吉甫乃接郑絪之承旨位。

可以注意的是,李吉甫长期在南方任地方官,有十余年,而宪宗刚即位,就召其入朝,虽为外廷郎官(考功郎中),实为起草诏令,即知制诰,再过几月,随又召入为翰林学士,并为承旨,接替唐代第一位承旨学士郑絪,为有唐一代第二位翰林学士承旨。应当说,这当与当时任宰相的郑馀庆有关。按:据《旧唐书·德宗纪》下,贞元十六年(800)九月,郑馀庆因事罢相位,出贬为郴州司马(此乃受德宗之猜忌,参前德宗朝郑馀庆传),而李吉甫于贞元十九年(803)夏至郴州刺史任,虽仅有几个月,旋又转为饶州刺史,但终与郑馀庆为同僚。李为刺史,郑为司马,李当为上级,但二人当相交甚好。永贞元年三月,顺宗下诏追还前所贬官,其中有郑馀庆;五月,郑入朝为尚书左丞;七月,宪宗受禅,即任郑为相。据《旧唐书·宪宗纪》下,永贞元年八月癸亥,郑馀庆以尚书左丞同中书门下平章事,入相。此后第三天,即八月丙寅,召李吉甫入朝为考功郎中、知制诰。应当说,李吉甫长期在外,恐未能为宪宗所知,只能由郑馀庆举荐。由此也可佐证,宰相对朝臣、文士之入任翰林学士是相当有作用的。

据元稹、丁居晦所记,李吉甫于永贞元年十二月二十七日为翰林学士承旨。第二年,元和元年(806)十二月,加银青光禄大夫;元和二年(807)正月二十一日,拜中书侍郎平章事。这也是宪宗朝由翰林学士直接擢迁为宰相之第二例(此前为郑絪)。李吉甫在院时间并不长,只不过一年零一个月,主要在元和元年。时间虽不长,李吉甫在元和元年却甚有表现,在当时也极受重视。

大致可举以下三事。

一、积极赞助征讨刘辟,并密献计策。刘辟本为西川行军司马,永贞元年十二月,拥兵胁迫唐朝廷任命为剑南西川节度使。元和元年正月戊子,下诏讨刘辟,命高崇文将兵入蜀。《旧唐书·李吉甫传》谓:"刘辟反,帝命诛讨之,计未决,吉甫密赞其谋,兼请广征江淮之师,由三峡路入,以分蜀寇之力。事皆允从,由是甚见亲信。"《新传》亦谓:"刘辟拒命,帝意讨之未决,吉甫独请无置,宜绝朝贡,以折奸谋。"并称:"刘辟平,吉甫谋居多。"《通鉴》卷二三七元和元年亦详载其事,称"翰林学士李吉甫亦劝上讨蜀,上由是器之"。元和二年二月李吉甫拜相。《唐大诏令集》卷四六所载《李吉甫平章事制》,即有"王纲以张,蜀寇斯殄,左右密勿,实由嘉言"等语。又《唐会要》卷五三《委任》条,亦谓:"李吉甫自翰林学士参定平蜀。"这是宪宗朝初期翰林学士参预政事的突出表现。

二、罢斥与宦官相勾结的中书吏滑涣。《旧传》:"宪宗初即位,中书小吏滑涣与知枢密中使刘光琦昵善,颇窃朝权,吉甫请去之。"按:此事《新传》所记较详,云:"中书吏滑涣素厚中人刘光琦,凡宰相议为光琦持异者,使涣请,常得如素。宦人传诏,或不至中书,召涣于延英承旨,迎附群意,即为文书,宰相至有不及知者。由是通四方赂谢,弟泳官至刺史。郑馀庆当国,尝一责怒,数日即罢去。吉甫请间,劾其奸,帝使薄涣家,得赀数千万,贬死雷州。"郑馀庆身居宰执,因曾斥责滑涣,竟至罢相(参见前宪宗朝郑馀庆传)。当时宰臣如杜佑、郑絪等"皆低意善视之"(《通鉴》卷二三七元和元年八月)。其时李吉甫在翰林学士职,官衔为中书舍人,按例滑涣为其属吏,故用计谋揭发其奸恶,也间接打击宦官的势力。

三、阻止李锜领盐铁使。浙西观察使李锜骄纵不法，贞元后期已甚跋扈，德宗屡姑息之。《新唐书·李吉甫传》云："时李锜在浙西，厚赂贵幸，请用韩滉故事领盐铁，又求宣、歙。（上）问吉甫，对曰：'昔韦皋蓄财多，故刘辟因以构乱。李锜不臣有萌，若益以盐铁之饶，采石之险，是趣其反也。'帝寤，乃以李巽为盐铁使。"据《旧纪》，元和元年四月丁未，杜佑罢领度支、盐铁、转运等使，以兵部侍郎李巽代其任，则李吉甫之阻止李锜领盐铁等使，即在四月间。后李锜于元和二年（807）十月反，果不出李吉甫所料。

李吉甫卒后，其政友、时为宰臣的武元衡有《祭李吉甫文》（《全唐文》卷五三一），中叙其任职翰林学士时，云："属元圣御极之初，昊天降休之日，公内参密命，外正戎机，竭心膂以振皇纲，励精诚以辅元化。故得三光离朗，九有澄清，南定句吴，西歼邛僰，默运宏略，弘宣大猷。"可见李吉甫在院任职期内，不仅限于草撰制诰，主要还在于参密命，议政事。正如宪宗在其《授李吉甫中书侍郎同平章事制》（《全唐文》卷五六）中，称其在院时"深中不回，独立无惧。经纶常见其道远，激切多至于涕零。王纲以张，蜀寇斯殄；左右密勿，实由嘉言。"

李吉甫此后仕历大致为：元和二年（807）正月至三年（808）九月在相位；三年九月出镇扬州，为淮南节度使；五年（810）十二月罢淮南任；六年（811）正月又任相；元和九年（814）十月卒，年五十七。李吉甫于元和前期两次任相，甚有政绩，史书多有记述，其间也有异说，详见拙著《李德裕年谱》，此不赘。

《新唐书·艺文志》四，著录有《李吉甫集》二十卷，今仅存诗四首(《全唐诗》卷三一八)，文一卷(《全唐文》卷五一二)，所佚甚多。前曾记述，李吉甫在明州、忠州等地方任官职时，多有诗文，同时或后人也有和作。李吉甫是颇注意古今诗文辑集的，如《玉海》卷五四《艺文》记有："李吉甫《古今文集略》二十卷，又《表类》五十卷，亦名《表启集》。"同卷"书目"类又载："李吉甫集梁陈迄唐开元歌诗三百二十首为《丽则集》五卷，又集唐人表章笺启露布等为《类表》五十卷。"此《类表》似为供翰林学士作表章笺启等参考之类书。

《新唐书·艺文志》载其著述颇多，计有：注《一行易》(《新志》一，经部易类，注云"卷亡")；《六代略》三十卷(《新志》二，史部杂史类)；《顺宗实录》(《新志》二，史部实录类，韩愈等撰，李吉甫监修)；《元和国计簿》十卷，《元和百司举要》一卷(《新志》二，史部职官类)；《元和郡县图志》五十四卷，《十道图》十卷(《新志》二，史部地理类)；《古今说苑》十一卷(《新志》三，子部儒家类)；《一行传》一卷(《新志》三，子部道家类)；《李吉甫集》二十卷(《新志》四，集部别集类)；《古今文集略》二十卷，《国朝哀策文》四卷，《梁大同古铭记》一卷，《丽则集》五卷，《类表》五十卷(《新志》四，集部)。由此可见其治学之广博。

《直斋书录解题》卷六职官类著录其《元和百司举要》二卷，卷八地理类著录其《唐十道图》一卷，《元和郡县志》四十卷，则此三书南宋前期尚存。后所传存者惟《元和郡县图志》一书(亦有缺卷)，其他皆佚，实在可惜。

裴 垍

　　裴垍,两《唐书》有传,见《旧唐书》卷一四八,《新唐书》卷一六九。《旧传》:"裴垍字弘中,河东闻喜人。"《新传》记为"绛州闻喜人"。据《元和郡县图志》卷一二,绛州属河东道,所属县有闻喜(即今山西闻喜县)。

　　《旧传》又云:"垂拱中宰相居道七代孙。"惟《新唐书》卷七一上《宰相世系表》一上,记裴垍七世祖名鸿智,襄州长史、高邑县侯。裴居道为另一族系,非裴垍先世。《旧传》当误。

　　《旧传》:"垍弱冠举进士。贞元中,制举贤良极谏,对策第一。"《新传》略同,惟未记贤良对策之年。徐松《登科记考》卷一三据《册府元龟》、《唐会要》,系于贞元十年(794)贤良方正能直言极谏科,列第一名。

　　《旧传》记裴垍制举登科后,"授美原县尉"。据《元和郡县图志》卷二,美原为京兆府畿县。此后仕历为:"拜监察御史,转殿中侍御史,尚书礼部、考功二员外。"(《旧传》)《新传》所记较略,仅云"四迁考功员外郎"。

　　此后即入为翰林学士。《旧传》:"元和初,召入翰林为学士,转考功郎中、知制诰,寻迁中书舍人。"《新传》亦略谓:"宪宗元和初,召入翰林为学士,再迁中书舍人。"两《唐书》本传此处所记仅数句,却有两处疏失,一是其入为翰林学士非元和初,而在元和元年前一年(永贞元年,805);二为裴垍迁为中书舍人时,又为翰林学士承旨，非仅为学士。今据丁居晦《重修承旨学士壁记》、元稹《承旨学士院记》，记其年月如下：

丁《记》载："裴垍：永贞元年十二月二十五日，自考功员外郎充。二十七日，迁考功郎中、知制诰，赐绯鱼袋。元和元年十一月，加朝散大夫，赐紫。二年四月十六日，迁中书舍人。三年四月二十五日，出院，拜户部侍郎。"元《记》载："裴垍：元和二年四月十六日，自考功郎中、知制诰、翰林学士赐紫金鱼袋，拜中书舍人充。三年四月二十五日，出院，拜户部侍郎。其年冬，拜中书侍郎平章事。"

据丁《记》，李吉甫于永贞元年十二月二十四日由考功郎中、知制诰入，即较裴垍前一日为翰林学士，实则为同时入院。在院期间，裴垍与李吉甫合作是很融洽的。如《旧传》记："李吉甫自翰林承旨拜平章事，诏将下之夕，感出涕，谓垍曰：'吉甫自尚书郎流落远地，十余年方归，便入禁署，今才满岁，后进人物，罕所接识。宰相之职，宜选擢贤俊，今则懵然莫知能否。卿多精鉴，今之才杰，为我言之。'垍取笔疏其名氏，得三十余人；数月之内，选用略尽，当时翕然称吉甫有得人之称。"按：李吉甫于元和二年（807）正月二十一日拜相，二人共在院一年余，而李吉甫于出院入相前夕，特地与裴垍叙谈，请其推荐人才，且都得到选用。《旧传》又谓："垍在翰林，举李绛、崔群，同掌密命。"《新传》亦记："垍为学士时，引李绛、崔群与同列。"按：李绛于元和二年四月八日入，崔群于同年十一月六日入（详见后李绛、崔群传），此时裴垍已为学士承旨，有权推荐人才，可见裴垍确能发挥翰林学士的职能，注意在识拔人才中起应有的作用。

裴垍在职期间,特别是充任承旨之后,是积极参与政事的。《旧传》记:"初,垍在翰林承旨,属宪宗初平吴、蜀,励精思理,机密之务,一以关垍。"《新传》也称"中外机筦,垍多所参与"。《新传》虽又云"以小心慎默称帝意",实际上裴垍并非纯然"小心慎默",而能大胆直言。如《通鉴》卷二三七元和二年十一月,记镇海节度使李锜之乱平后,"有司籍锜家财输京师",裴垍就与李绛共同上言:"李锜僭侈,割剥六州之人以富其家,或枉杀其身而取其财。陛下闵百姓无告,故讨而诛之,今辇金帛以输上京,恐远近失望。愿以逆人资财赐浙西百姓,代今年租赋。"同卷元和三年正月,癸巳,因群臣上尊宪宗尊号睿圣文武皇帝,遂发布赦令。这时宦官知枢密刘光琦请求派遣宦者将赦令分送诸道节镇,"意欲分其馈遗",裴垍也与李绛上奏:"敕使所至烦扰,不若但附急递。"意即不必特派敕使,只快递驰驿即可。

　　正因如此,白居易草撰的《除裴垍中书侍郎同平章事制》,叙其在学士任职期内之绩,有云:"内掌纶言,密参枢务,严重有大臣之体,温雅秉君子之文。每献纳之时,动有直气;当顾访之际,言无隐情。远图是经,大事能断。匡予不逮,时乃之功。"(《白居易集笺校》卷五四"翰林制诰"一;又载《唐大诏令集》卷四六)白居易制词,重点突出"动有直气""言无隐情"。

　　按:白居易于元和二年(807)十一月入为翰林学士,与裴垍共处虽仅半年,但二人交情甚深。白居易后于元和六年(811)四月丁母忧退居下邽(见后白居易传),元和九年(814)仍在服丧期,作有《梦裴相公》一诗,深切怀念二人在院时情景:"五年生死隔,一夕魂梦通。梦中如往日,同直金銮宫。仿佛金紫色,分明冰玉容。

勤勤相眷意,亦与平生同。既寤知是梦,悯然情未终。追想当时事,何殊昨夜中? 自我学心法,万缘成一空。今朝为君子,流涕一沾胸。"(《白居易集笺校》卷十)元稹可能受此启发,后亦有《感梦》一诗(《元稹集编年笺注(诗歌卷)》)[1],题下自注:"梦故兵部尚书相公。"诗中忆念裴垍"拔我尘土中,使我名字美",深为怀念。因元稹于元和四年(809)任监察御史,即由时任宰相裴垍提拔的。元稹后在《上门下裴相公启》(《全唐文》卷六五三)中,即称誉裴垍"甄辨清净,号为名流,及其为相也,构致群材"。

如上所述,裴垍任职期内与李绛共上疏,曾得到宪宗重视与赞同,但却受到宦官的嫉恨,因而有元和三年(808)四月覆试制举试而被迫出院。关于元和三年制举试,参见前德宗朝王涯传,及后之白居易传,为便于阅览,现再概述于下。

元和三年四月制举试贤良方正能直言极谏科,当时应试者皇甫湜、牛僧孺、李宗闵等在策文中对时政多有指责,特别是皇甫湜将抨击的矛头指向宦官,认为这些宦官"岂可使之掌王命,握兵柄,内膺腹心之寄,外当耳目之任乎"。当时试官吏部侍郎杨於陵、吏部员外郎韦贯之将其列为上策,但为"权幸"者所阻,于是宪宗又命翰林学士王涯、裴垍、白居易覆试。《旧唐书·裴垍传》记:"垍居中覆视,无所同异。及为贵幸泣诉,请罪于上,宪宗不得已,出於陵、贯之官,罢垍翰林学士,除户部侍郎。"《旧传》此处所记,应当说是较为客观的,所谓"贵幸",实指宦官。

关于元和三年制科案,史书所记颇有歧异。《旧唐书·宪宗

<hr />

[1] 杨军《元稹集编年笺注(诗歌卷)》,三秦出版社,2002年。

纪》上，谓皇甫湜等"策语太切，权幸恶之"。《唐会要》卷七六《制科举》条所载与《旧纪》及《旧唐书·裴垍传》同，称"权幸或恶其诋己"，未记具体姓名。但《通鉴》卷二七三所记，却归咎于李吉甫，谓："李吉甫恶其言直，泣诉于上，且言：'翰林学士裴垍覆策，湜，（王）涯之甥也，涯不先言；垍无所异同。'上不得已，罢垍、涯学士，垍为户部侍郎，涯为都官员外郎。"实则皇甫湜之对策，实为指斥宦官，裴垍、王涯之出院，也均与李吉甫无关。岑仲勉《通鉴隋唐纪比事质疑》263页《李吉甫出镇淮南》条，《唐史馀瀋》卷三《牛李问题》条，均有所辨析①。详傅璇琮《李德裕年谱》元和三年②。

且裴垍此时由中书舍人出院为户部侍郎，中书舍人为正五品上，户部侍郎为正四品下，就官阶而言，实为升迁，非降贬，且仍留朝中，与王涯之由起居舍人改为都官员外郎（均为从六品上），旋贬为虔州司马不同。此时李吉甫仍在相位，应当说，裴垍虽被迫出院，但能如此安排，当与李吉甫有关。另一事也可佐证，即李吉甫于同年九月出镇扬州，为淮南节度使，在去相位前，他即向宪宗推荐裴垍接任宰相。《旧唐书》卷一四八《李吉甫传》载为："吉甫以裴垍久在翰林，宪宗亲信，必当大用，遂密荐垍代己，因自图出镇。"《旧唐书·裴垍传》亦谓："其年秋，李吉甫出镇淮南，遂以垍

①岑仲勉《通鉴隋唐纪比事质疑》，中华书局，1964年；《唐史馀瀋》，上海古籍出版社，1960年。
②傅璇琮《李德裕年谱》，齐鲁书社，1984年；河北教育出版社，2001年修订新版。

代为中书侍郎、同平章事。"①这与李吉甫于元和二年入相前特向裴垍咨询人才，是前后一致的。

《旧纪》元和三年九月"丙申，以户部侍郎裴垍为中书侍郎、同平章事"。裴垍任相后，仍"齐整法度，考课吏理"，并继续举荐人才，"用韦贯之、裴度知制诰，擢李夷简为御史中丞，其后继踵入相，咸著名迹"（《旧传》）。但可能因劳累过度，"元和五年，中风病"；后"疾益痼，罢为兵部尚书，仍进阶银青。明年，改太子宾客，卒"。《新传》略同。但《新传》却记为，裴垍入相后，"多变更吉甫时约束，吉甫复用，衔之"；《通鉴》亦记为"李吉甫恶之"（李吉甫于元和六年正月由淮南入朝，再次任相）。所载均不实，傅璇琮著《李德裕年谱》已有辨析。按：《旧唐书》卷一四八将裴垍、李吉甫、权德舆合为一卷，卷后"史臣曰"，对裴、李之政绩及二人关系有总述，今摘录有关评议，备参："吉甫该洽典经，详练故实，仗裴垍之抽擢，致朝伦之式序。吉甫知垍之能别髦彦，垍知吉甫之善任贤良，相须而成，不忌不克。"这样的评议，应该说较为公道，符合实际。

《新唐书》卷五八《艺文志》二，史部实录类，著录《德宗实录》五十卷："蒋乂、樊绅、林宝、韦处厚、独孤郁撰，裴垍监修。"当为裴垍在相位时，监修国史。《旧纪》元和五年十月"庚辰，宰相裴垍进所撰《德宗实录》五十卷"。司马光作《通鉴考异》，也有引及《德

①宋王谠《唐语林》卷六据《刘宾客嘉话录》，亦有云："李安邑（指李吉甫）之为淮海也，树置裴光德（指裴垍）。"见周勋初《唐语林校证》，中华书局，1987年，第581页。

宗实录》。《直斋书录解题》卷四起居类亦著录为五十卷,则南宋前期尚传存,后佚。

《全唐文》卷六一六载其文三篇:《上德宗实录表》、《汰僧道议》、《郭子仪传论》。《全唐诗》未载其作。

李 绛

李绛,两《唐书》有传,见《旧唐书》卷一六四,《新唐书》卷一五二。另外刘禹锡有《唐故相国李公集纪》(《刘禹锡集笺证》卷一九),乃为其文集所作序,亦记其生平。

《旧传》:"李绛字深之,赵郡赞皇人也。"赵郡赞皇,即今河北赞皇县(参见前李吉甫传),盖其祖籍。《旧传》记其先世,云:"曾祖贞简。祖刚,官终宰邑。父元善,襄州录事参军。"《新传》未记。《新唐书》卷七二上《宰相世系表》二上,记其曾祖贞简,司农卿;其祖名岗,与《旧传》所记异,任武成令。据《元和郡县图志》卷十一河南道,武成县属曹州(今山东菏泽、曹县等地)。《新表》又记其父元善,襄州录事参军,与《旧传》同。如此,则其祖、父二代,均为一般地方官。

《旧传》:"绛举进士,登宏辞科,授秘书省校书郎。"《新传》则云:"擢进士、宏辞,补渭南尉。"实则应据《旧传》,李绛登宏辞科后,先任秘书省校书郎,"秩满,补渭南尉",《新传》失记。刘禹锡《唐故相国李公集纪》于此所记更详,谓"以词赋升甲科,授秘书省校书郎。岁满从调,有司设甲乙问以观决断,复居高品,补渭南尉"。又《郡斋读书志》卷一七别集类著录《李绛论谏集》七卷,记为"贞元八年进士",则当据南宋前期所传存的唐登科记。徐松《登科记考》卷一三即据此系于贞元八年(792)。是年进士登第者尚有韩愈、李观、欧阳詹、崔群等,均为名士,称"龙虎榜",详见前德宗朝陆贽、梁肃等传。又《登科记考》据《文苑英华》,系李绛于贞元九年(793)登博学宏辞科。

据《旧传》,李绛卒于文宗大和四年(830),年六十七,则当生于代宗广德二年(764)。贞元八年登进士第,当为二十九岁。后元和二年(807)为翰林学士,年四十四。

《旧传》于渭南尉后,接云:"贞元末,拜监察御史。元和二年,以本官充翰林学士。"丁居晦《重修承旨学士壁记》记为:"元和二年四月八日,自监察御史充,加主客员外郎。"《旧唐书》卷一四八《裴垍传》曾谓:"垍在翰林,举李绛、崔群,同掌密命。"按:裴垍于永贞元年(805)十二月入为翰林学士。此时亦仍在院,为考功郎中、知制诰,则李绛之入,出于裴垍之荐。这也是唐代翰林学士互荐之一例。

又据元稹《承旨学士院记》,李绛后于元和四年(809)四月十七日,由主客员外郎转为司勋员外郎、知制诰,接替卫次公,为承旨学士。此后为:"五月十九日,赐紫金鱼袋。五年五月五日,迁司勋郎中、知制诰。十二月,正除。六年二月二十七日出院,拜户部侍郎。其年十月,拜中书侍郎平章事。"丁居晦《重修承旨学士壁记》于记元和二年四月八日入院后,云:"四年四月十七日,加司勋员外郎、知制诰。五月十九日,赐绯。五年五月五日,加司勋郎中,依前充。十二日,迁中书舍人,赐紫。六年二月二十七日,出院,拜户部侍郎。"元、丁所记大致相同,但仍各有差失。

据元《记》,李绛于元和四年四月十七日由主客员外郎转为司勋员外郎、知制诰,同时即任为承旨学士,而丁《记》缺记。丁《记》于宪宗朝往往漏记承旨事,如郑絪、李吉甫、裴垍、卫次公等,均未记承旨学士事。

丁《记》于元和五年(810)五月五日加司勋郎中后,记为:"十二日,迁中书舍人,赐紫。"则似为同月(五月)又由司勋郎中迁为中书舍人。而《唐会要》卷五七《翰林院》条有记:"(元和)五年十二月,以司勋郎中、知制诰李绛为中书舍人,依前翰林学士,面谕吐突承璀用兵无功,合加明责。"元《记》亦明确记为"十二月,正除"。正除,即由兼知制诰正式任为中书舍人。《通鉴》卷二三八元和五年十二月记:"翰林学士、司勋郎中李绛面陈吐突承璀专横,语极恳切。……己丑,以绛为中书舍人,学士如故。"如此,则丁《记》之"十二日"中之"日"字当为"月"字传抄之误。

元《记》记李绛于元和六年(811)二月二十七日以户部侍郎出院,"其年十月,拜中书侍郎同平章事"。《旧唐书·宪宗纪》上,则记为元和六年十二月己丑,《新纪》、《通鉴》同。《新唐书》卷六二《宰相年表》,则记为"十一月己丑",此"十一月",显误,惜中华书局点校本未予校正。

李绛在院共三年零十个月,任职期内,亦积极参预政事,敢于上言,主要针对宦官、方镇。今概述如下。

一、《旧传》:"宪宗即位,叛臣李锜阻兵于浙右。锜既诛,朝廷将辇其所没家财",李绛即上言劝阻,以为应将其家财"并赐本道,代贫下户今年租税",又云"翰林学士裴垍、李绛上言",即二人合奏（参见前裴垍传）。

二、《旧传》："时中官吐突承璀自藩邸承恩宠，为神策护军中尉，乃于安国佛寺建立《圣政碑》，大兴功作，仍请翰林为其文。"李绛则以为皇上立位，施新政，革旧弊，不必以文字立碑，"而尽圣德"。《通鉴》卷二三七亦记有此事，系于元和四年六月，较详，且记吐突承璀特请翰林学士撰碑文，并云"臣已具钱万缗，欲酬之"。

三、《通鉴》卷二三七元和四年三月记："上以久旱，欲降德音，翰林学士李绛、白居易上言，以为'欲令实惠及人，无如减其租税'；又言'宫人驱使之余，其数犹广，事宜省费，物贵徇情'。又请'禁诸道横敛以充进奉'；又言'岭南、黔中、福建风俗，多掠良人卖为奴婢，乞严禁止'。"可见其议政之面甚广。

四、《旧传》："绛后因浴堂北廊奏对，极论中官纵恣、方镇进献之事。宪宗怒，厉声云：'卿所论奏，何太过耶？'绛前论不已。"中有云："且臣与中官，素不相识，又无嫌隙，只是威福太盛，上损圣朝，臣所以不敢不论耳。"《通鉴》卷二三八元和四年八月亦有记。由此可见李绛对当时宦官专横，坚决反对，而李绛终亦因此而受到宦官报复。《旧传》记："（元和）六年，犹以中人之故，罢学士，守户部侍郎，判本司事。"《通鉴》元和六年二月也记为："宦官恶李绛在翰林，以为户部侍郎，判本司。"唐翰林学士受宦官排斥，而被迫出院，其例不少，很值得作统一考索。

但《旧传》所记亦有不确切处，如云："前后朝臣裴武、柳公绰、白居易等，或为奸人所排陷，特加贬黜，绛每以密疏申论，皆获宽宥。"按：裴武事见《通鉴》元和四年八九月所记，但未记有贬黜，《通鉴·考异》且有辨析《李司空论事集》记事之误者。柳公绰事

也同。最明显为白居易事。按：白居易于元和六年(811)四月丁母忧出院，未有贬黜，且李绛于此前即同年二月已出院。后白居易于元和十年(815)因上书言武元衡事确实被贬(白居易事见后白居易传)，但李绛于元和九年(814)已罢相，十年出为华州刺史，更与此无关。可见《旧传》记李绛事虽详，但仍有误，应加辨正。

又，李绛与李吉甫之关系，史籍所载多有曲解，也应加辨析。按：李绛于元和二年四月八日入院，六年二月二十七日出院，李吉甫于元和二年正月拜相，三年九月出为淮南节度使，六年正月由淮南入朝，复为相，则在此期间，大部分时间二人不是同在朝廷。《旧唐书·李绛传》记李绛在翰林学士任内，亦无一字提及与李吉甫之关系者。但《新传》、《通鉴》多记李绛与李吉甫不合，并谓李吉甫多恶李绛。《通鉴》卷二三七元和二年十一月载，宪宗召李绛议事，谈及昭义节度使卢从史事，谓李吉甫密奏，郑絪将宪宗之语泄于卢从史，李绛为之辩解。此事《旧唐书·李绛传》未载，《新传》却有记，并引李绛语曰："恐吉甫势轧内忌，造为丑辞，以怒陛下。"傅璇琮著《李德裕年谱》元和二年条，对此有辨，并谓北宋吴缜《新唐书纠谬》已逐项加以驳斥，《新唐书》所记皆与李吉甫、郑絪仕历不合。现代唐史研究专家岑仲勉在其所著《通鉴隋唐纪比事质疑》、《隋唐史》(卷下)更详为考析①。所谓李吉甫诬构郑絪，吴缜《新唐书纠谬》已指出："此盖李绛之门生故吏撰集绛事者务多书其事，以为绛之美。"《李德裕年谱》曾引清劳格《劳氏碎金》

①岑仲勉《通鉴隋唐纪比事质疑》，中华书局，1964年；《隋唐史》，中华书局，1982年。

所云，《李相国论事集》成于宣宗大中年间，"传闻异辞，不无失实，适值李卫公（指李德裕）迁谪之后，故于赵公（指李吉甫）不无贬词"。岑仲勉《隋唐史》更明确定为："《论事集》由牛党造以诋吉甫，所言自有参错不实。"按：《李相国论事集》为蒋偕所编，蒋偕为蒋乂子，而蒋乂于元和时即与李吉甫有隙。清《四库全书总目》卷五七史部传记类，于《李相国论事集》提要中即讥斥其"编次芜杂，亦乖体例"。现在实可据其书所奏论事，与诸史所载详加考索，对此作全面梳理。

李绛于元和六年（811）二月出院，同年十二月拜相。此后仕历，颇为频繁，两《唐书》纪、传及《通鉴》，均有记，此处即不重述①。文宗大和二年（828），任兴元尹、山南西道节度使；三年冬，南蛮侵西蜀，李绛奉命率兵赴援；四年二月，为乱兵所害，时年六十七。

李绛卒后三年，其二子琢、顼辑集其遗稿，送交刘禹锡，刘禹锡应邀为其编集，并作序，即《唐故相国李公集纪》。《集纪》称集其所作"四百余篇，勒成二十卷"，未提及《论事集》。《新唐书》卷六〇《艺文志》四，别集类，著录《李绛集》二十卷，则当为刘禹锡所编，至北宋前期尚存，而南宋时晁、陈二志均未有记，当北宋中期后已佚。清编《全唐文》载李绛文两卷（卷六四五、六四六），除

①按：史籍所载，其间亦有误，如《旧传》记李绛于元和十五年（820）为兵部尚书，"穆宗即位，改御史大夫"，则其任兵部尚书在穆宗即位前。而据《旧唐书》卷一六《穆宗纪》，李绛由河中观察使入朝为兵部尚书在元和十五年七月壬寅，而穆宗即帝位在元和十五年正月丙午。即其任兵部尚书亦在穆宗即位后，《旧传》所记不确。

赋及神道碑各一篇外,其余皆为奏议、对问,凡四十二篇,主要即据《李相国论事集》。

《全唐诗》卷三一九载其诗二首:《省试恩赐耆老布帛》、《和裴相公答张秘书赠马诗》,一般。

崔　群

崔群,两《唐书》有传,见《旧唐书》卷一五九,《新唐书》卷一六五。《旧传》:"崔群字敦诗,清河武城人,山东著姓。"《新传》记为"贝州武城人"。据《元和郡县图志》卷一六河北道,贝州清河郡,所属县有武城(今河北省武城县)。

《新唐书》卷七二下《宰相世系表》二下,记崔群父名积,字实方,检校金部郎中。而柳宗元《先君石表阴先友记》(《柳宗元集》卷一二),记为:"崔积,清河人,至检校郎官。子群。"又牛僧孺《崔相国群家庙碑》(《全唐文》卷六八二),作于元和十四年(819)五月,应崔群之请而撰,亦记其父"讳积,字实方",则《新表》作"积",误。又《新表》记崔群祖名朝,字懿宗,而牛僧孺所作《家庙碑》,则记"字守忠"。中华书局点校本均未有校。

《旧传》记崔群"十九登进士第",后又云:"群年未冠举进士,陆贽知举,访于梁肃,议其登第有才行者,肃曰:'崔群虽少年,他日必至公辅。'果如其言。"《新传》亦云:"未冠,举进士,陆贽主贡举,梁肃荐其有公辅才,擢甲科。"徐松《登科记考》卷一三即据此系于德宗贞元八年(792),同年登第者有韩愈、李观、欧阳詹、李绛等,时号为"龙虎榜"。

按:两《唐书》本传皆谓崔群未冠,年十九,登进士第,这涉及崔群之生年。若据《旧传》所记"十九登进士第",则当生于代宗大历九年甲寅(774)。而《旧传》又记崔群卒于文宗大和六年(832),年六十一,《新传》同。如此,则当生于大历七年壬子(772),贞元八年应为二十一岁,不能说"未冠",更不能说年十九。今检《白居易集笺校》卷三一《七年元日对酒五首》,其五有云"同岁崔何在",自注:"余与吏部崔相公甲子同岁。"据朱金城笺,此诗作于大和七年(833),崔群卒于大和六年(832)八月,故云"何在"。其诗第四又有云:"梦得君知否,俱过本命年。"自注:"余与苏州刘郎中同壬子岁,今年六十二。"刘郎中即刘禹锡,壬子为大历七年(772)。又《白居易集笺校》卷十《自觉二首》,有"同岁崔舍人"句,作于元和六年(811);丁忧退居于下邽,诗中又有"四十未为老"句,元和六年,白居易正值四十。又,刘禹锡有《乐天示过敦诗旧宅有感一篇吟之泫然追想昔事因成继和以寄苦怀》一诗(《刘禹锡集笺证》外集卷四),诗末自注:"敦诗与予及乐天三人同甲子。"如此,则崔群与白居易、刘禹锡同年,即均生于大历七年。据此,两《唐书》本传所谓年十九,未冠,举进士第,显误,未知其何所据。中华书局点校本也未有校。

《旧传》于进士登第后,接云:"又制策登科,授秘书省校书郎。"《新传》亦云:"举贤良方正,授秘书省校书郎。"皆未载何年。《唐会要》卷七六《制科举》条,记贞元十年十二月贤良方正能直言极谏科,首为裴垍(见前裴垍传),中有崔群。《登科记考》卷一三据此即系于贞元十年(794)。

如此，则崔群当于贞元十年十二月后，任秘书省校书郎。贞元中期，当即居此任。可以注意的是，此时崔群也仅二十余岁，但已与柳宗元、韩愈、刘禹锡、李建、韩泰等有交往，且甚挚切。如柳宗元有《送崔群序》(《柳宗元集》卷二二)，称"崔君以文学登于仪曹，扬于王庭，甲俊造之选，首儴校之列"，即举贤良方正后为秘书省校书郎，未言及后来之仕历，当在贞元十四五年间，时柳宗元任集贤殿正字，职相近，故有交往。此时崔群赴洛阳探亲，京中友人相送，柳宗元特为作序，文中赞誉崔群"有柔儒温文之道，以和其气，近仁复礼，物议归厚"，并述及崔群近数年来在京，"尝与陇西李杓直、南阳韩安平洎予交友。杓直敦柔深明，冲旷坦夷，慕崔君之和；安平厉庄端毅，高朗振迈，说崔君之正"。李杓直即李建，贞元末、永贞时为翰林学士，对王叔文新政持中立态度，未公然反对；韩安平即韩泰，参预永贞新政，后与柳宗元、刘禹锡同贬，为八司马之一。

　　《旧传》于秘书省校书郎后面接云"累迁右补阙"，《新传》同，实则崔群于右补阙前曾有数年在宣歙节度使幕府，并带监察御史里行官衔，两《唐书》本传于此未载。今检刘禹锡有《举崔监察群自代状》(《刘禹锡集笺证》卷一七)，文末署"贞元十九年闰十月日"，即此时刘禹锡由渭南主簿擢迁为监察御史。此《自代状》首称"宣歙池等州都团练判官监察御史里行崔群"，后云："右臣蒙恩授监察御史，伏准建中元年正月五日制，常参官上后三日举一人自代者。伏以前件官在诸生中号为国器，萦维外府，人咸惜之，臣既深知，敢举自代。"由此，则崔群于贞元十九年(803)闰十月前已在宣歙池等州幕府任都团练判官，官衔为监察御史里行。由此，亦可见刘禹锡于贞元中期与崔群亦颇有交往(文中称"臣既深知")。

又韩愈有《与崔群书》,据《韩昌黎文集校注》(卷三)马其昶注及张清华《韩愈年谱汇证》[1],作于贞元十八年(802),时韩愈在长安任国子四门博士。《书》中称崔"寻承已达宣州",则崔群赴宣州幕,在贞元十七、十八年间。韩愈极称宣州幕人才之盛,"主人仁贤,同列皆君子"。按:此时宣歙池州观察使为崔衍(贞元十二年八月至永贞元年八月,见《旧唐书》之《德宗纪》、《宪宗纪》)。《旧唐书》卷一八八《崔衍传》称:"迁宣歙池观察使,政务简便,人颇怀之。其所择从事,多得名流。……幕中之士,后多显达。"韩愈后所作之《送杨支使序》(《韩昌黎文集校注》卷四),亦有谓:"愈在京师时,尝闻当今藩翰之宾客惟宣州为多贤,与之游者二人:陇西李博,清河崔群。"可见崔群虽远在江南幕,但已闻名京中,故刘禹锡于贞元十九年受任监察御史,即举荐之。

又韩愈《与崔群书》,自称交往相识者已不少,"至于心所仰服,考之言行而无瑕尤,窥之阃奥而不见畛域,明白淳粹,辉光日新者,惟吾崔君一人"。视崔群为惟一挚友。

由上所述,可见崔群在入任翰林学士前,与当时知名文士结交既广,相知又深。

前面提及之韩愈《送杨支使序》,为韩愈于贞元二十年(804)在阳山贬处所作,则此时崔群尚在宣歙幕。《旧唐书·宪宗纪》上

---

[1]马其昶《韩昌黎文集校注》,上海古籍出版社,1986年;张清华《韩愈年谱汇证》,《韩学研究》下册,江苏教育出版社,1998年。

载永贞元年八月"甲寅,以常州刺史穆赞为宣歙池观察使,以前宣歙观察使崔衍为工部尚书"。据此,则可能崔衍离镇入朝,崔群也即受荐返朝,为右补阙。韩愈《游青龙寺赠崔大补阙》(《韩昌黎诗系年集释》卷五),此崔大即崔群(见岑仲勉《唐人行第录》)。中云"去岁羁帆湘水明",指永贞元年(805)八九月间由郴州赴江陵途中,则此诗为元和元年(806)秋在长安作(诗中云"秋灰初吹季月管"),即此前崔群已在朝中,为右补阙。

《旧传》接云:"元和初,召为翰林学士,历中书舍人";后云"迁礼部侍郎,选拔才行",即出院知举,但均未记年月。《新传》略同。今据丁居晦、元稹所记如下:

丁居晦《重修承旨学士壁记》:"崔群:元和二年十一月六日,自左补阙充。三年四月二十八日,加库部员外郎。五月五日,加库部郎中、知制诰。十二月,赐绯。七年四月二十九日,迁中书舍人。九年六月二十六日,出院,拜礼部侍郎。"元稹《承旨学士院记》:"元和六年二月四日,以库部郎中、知制诰、翰林学士、赐绯鱼袋充。七年四月二十九日,正除。九年六月二十六日,出院,拜户部侍郎。十二月,拜中书侍郎平章事。"丁、元此处所记,各有疏失。

按:两《唐书》本传皆记以右补阙入,丁《记》云左补阙,此为小异。主要是元和三年(808)四月二十八日,由补阙(从七品上)迁为库部员外郎(从六品上),而于同年五月五日,即不到十天,竟又擢为库部郎中(从五品上),于情理不合。岑仲勉《注补》即谓"颇背迁转常例,疑五月上或夺年分"。按:据丁《记》,李绛与白居易均于元和五年(810)五月五日迁官,即李绛于元和五年五月五日由司勋员外郎迁司勋郎中,白居易亦于该年五月五日由左拾遗改任京兆府户曹参军,崔群当亦与李绛、白居易同时迁转,丁《记》于此"五月五日"前应加"五年"二字。

又元稹《承旨学士院记》记崔群于六年二月四日为学士承旨,岑仲勉《翰林承旨学士厅壁记注补》谓此前李绛为承旨,李绛于元和六年(811)二月二十七日出院,"若群于二月四日已充,则同时有两承旨,疑二月或三月之误",备参①。

元稹又记崔群于元和九年(814)六月二十六日出院,改任户部侍郎;同年十二月拜相,为中书侍郎平章事。丁《记》则记出院为礼部侍郎,非户部。《旧传》记为先迁礼部侍郎,后转户部侍郎。按:白居易有《渭村退居寄礼部崔侍郎翰林钱舍人诗一百韵》,《白居易集笺校》卷一五系于元和九年秋。又徐松《登科记考》卷一八据《唐才子传》沈亚之、裴夷直等传,系崔群于元和十年(815)以礼部侍郎知贡举。如此,则崔群当于元和九年六月先以礼部侍郎出

①又按:史籍记崔群在院期间职事,另有误者,如《唐会要》卷四《储君·杂录》条,谓元和十年,"惠昭太子既薨,穆宗时为遂王,宪宗以澧王居长,又多内助,将建储贰,命翰林学士崔群与澧王作让表,群执奏曰……"。按:崔群于元和九年六月已出院,何能于元和十年仍为翰林学士。查《旧唐书》卷一四《宪宗纪》上,元和六年闰十二月"辛亥,皇太子宁薨,谥曰惠昭"。《通鉴》卷二三八亦记元和六年闰十二月"辛亥,惠昭太子宁薨";同卷元和七年七月又记:"乙亥,立遂王宥为太子,更名恒。恒,郭贵妃之子也。诸姬子澧王宽,长于恒;上将立恒,命崔群为宽草让表,群曰……"则惠昭太子宁卒于元和六年闰十二月,崔群作让表为元和七年,时即在学士任。《唐会要》记为十年,显误。《旧唐书·崔群传》亦记此事,而云"元和七年,惠昭太子薨",亦误。

院,翌年初以礼部侍郎知举,这是合于唐代科举试体制惯例的(参见傅璇琮《唐代科举与文学》第九章《知贡举》①)。又韩愈有《除崔群户部侍郎制》(《韩昌黎文集校注》外集上卷)。按:韩愈于元和九年十二月戊午(十五日)为考功郎中、知制诰,元和十年仍在此任。此为韩愈任知制诰时所存惟一制词,中云:"比参密命,弘益既多,及贰仪曹,升擢惟允。"则可确证崔群先为翰林学士,后出院为礼部侍郎("贰仪曹"),现又由礼部侍郎改户部侍郎,故有此制。

又《旧唐书·宪宗纪》下,元和十二年(817)七月丙辰,"以朝散大夫、守尚书户部侍郎、上护军、赐紫金鱼袋崔群为中书侍郎、同中书门下平章事"。《新唐书》卷六二《宰相年表》同。由此可证,元稹所记,谓崔群于元和九年六月以户部侍郎出院,"户"字误,应为"礼",此其一;后接云:"十二月,拜中书侍郎平章事",更显误,应作"十二年七月"。

崔群于元和二年十一月入,九年六月出,在院前后有八年,在元和时期翰林学士中其任职时间是较长的。《唐大诏令集》卷四七《崔群平章事制》,赞其在此任期内之业绩,云:"自承我密命,职参内廷,高文焕发于纶言,敏识详达于国典。伏奏无挽,直躬不回。勤劳八年,始终一致。"《旧传》亦概称为:"群在内职,常以谠言正论闻于时。"并举例云:"时魏博节度使田季安进绢五千匹,充助修开业寺。群以为事实无名,体尤不可,请止其所进。"

白居易与崔群同于元和二年十一月六日入院,白后于元和六

①傅璇琮《唐代科举与文学》,陕西人民出版社,1986年。

年四月丁忧外出，两人相处，前后五年，交谊甚深。白居易后于大和六年（832）十月作《祭崔相公文》（《白居易集笺校》卷七〇），有云："始愚与公，同入翰林。因官识面，因事知心。献纳合章，对扬联襟。以忠相勉，以义相箴。朝案同食，夜床并衾。绸缪五年，情与时深。"由此可见，翰林学士也有二人同值夜班，即使是承旨，也并非只一人独守。其与崔群交友，可参朱金城《白居易交游考·崔群》①。

又《白居易集笺校》卷五四"翰林制诏"一，有《除崔群中书舍人制》。按：据前所述，崔群迁中书舍人在元和七年四月二十九日，而白居易已于六年四月出院，故岑仲勉《〈白氏长庆集〉伪文》定为伪作②。今检此文，首云"库部郎中、知制诰、翰林学士崔群"，崔群确由库部郎中、知制诰迁为中书舍人。中又云："自列内朝，兼司诰命，事烦而益密，职久而弥精。六年于兹，勤亦至矣。"与崔群仕历合。故此制虽非出于白居易之手，但不能说是伪造，应是当时正式制文。对于岑氏所辩之伪文，可再作统一考核。

又，崔群无论在任职期间或出院以后，对当时文士均甚为关切。如白居易后于元和十三年（818）十二月由江州司马改迁为忠州刺史，据云即得自崔群之力，崔群时在相位。前曾述及，崔群于贞元中即与柳宗元甚有交往，柳宗元后贬为永州司马，于元和四年（809）致李建书（《柳宗元集》卷三十《与李翰林建书》），特请将此书信于方便时转致时在院中的崔群："敦诗在近地，简人事，今

①载朱金城《白居易研究》，陕西人民出版社，1987年。
②岑仲勉《〈白氏长庆集〉伪文》，载《岑仲勉史学论文集》，中华书局，1990年。

不能致书,足下默以此书见之。"(参见前德宗朝李建传)后柳宗元于元和十四年(819)卒,崔群作有《祭柳州柳员外文》(《全唐文》卷六一二),称其"早著嘉名,远播芳烈",又称其才略如"镆铘锋利,浮云可决;骐骥逸步,飞尘可绝",评价甚高,并寄以深情。

崔群出院后之仕历,大致为:元和十年(815)以礼部侍郎知贡举,"选拔才行,咸为公当"。这是唐翰林学士出院后即主持贡举试、选拔人才之一例(见前陆贽等传)。后改户部侍郎。元和十二年(817)七月拜相,为中书侍郎、同中书门下平章事。后为皇甫镈所诬,元和十四年(819)十二月罢为湖南观察使。穆宗立,召为吏部侍郎,旋为御史中丞,后又任徐州刺史、武宁军节度使。因军事有失,入朝为秘书监,分司东都。后又历仕华州刺史、宣州刺史、荆南节度使等。文宗大和五年(831)检校左仆射,兼吏部尚书。六年(832)八月卒,年六十一。卒后,白居易有《祭崔相公文》(《白居易集笺校》卷七十)。

《新唐书·艺文志》未著录其著述。《全唐文》卷六一二载其文六篇,中有两篇册文,其中一篇为元和七年十月在学士任期内所撰册太子文,另一篇为元和十四年七月作。其诗则无全篇,仅有与人唱和之联句,如《白居易集笺校》外集卷上"诗文补遗"载《杏园联句》,有白居易、崔群、李绛、刘禹锡,作于文宗大和二年(828)春,在长安。崔群句为:"杏园千亩欲随风,一醉同人此暂同。"又《全唐诗》卷七九〇联句,又有《春池泛舟联句》,有裴度、刘禹锡、崔群、贾𫗧、张籍,崔群句为:"柳丝迎画舸,水镜写雕梁";"逸韵追安石,高居胜辟彊",亦大和二年作。可见崔群于晚年时仍与诸文士诗文交酬。

白居易

白居易，两《唐书》有传，见《旧唐书》卷一六六，《新唐书》卷一一九。按：记叙白居易生平者，除两《唐书》本传外，尚有唐李商隐《唐刑部尚书致仕赠尚书右仆射太原白公墓碑铭》（《全唐文》卷七八○），及宋陈振孙《白香山年谱》，清汪立名《白香山年谱》，今人有朱金城《白居易年谱》①，罗联添《白乐天年谱》②，蹇长春《白居易评传》③。有关白居易研究论著亦多，专著有陈寅恪《元白诗笺证稿》④，岑仲勉《〈白氏长庆集〉伪文》、《从〈文苑英华〉中书、翰林制诏两门所收白氏文论〈白集〉》⑤。20 世纪 80 年代以来，论著更多。白居易生平事迹已较清晰，其诗文创作与文学思想，论述也多。为避免重复，本文主要记述其翰林学士任职期间事迹，以及翰学职能与其创作的关系。

《旧传》记"白居易字乐天，太原人"，后即详叙世系与郡籍，《新传》略同。关于白居易家世、种族、郡望与籍里，过去史籍所载，既有异，且纷繁，蹇长春《白居易评传》对此有所综述，可参，此不赘。简言之，白居易于代宗大历七年（772）诞生于郑州新郑县

---

① 《白居易集笺校》附，上海古籍出版社，1988 年。
② 罗联添《白乐天年谱》，台湾编译馆，1989 年。
③ 蹇长春《白居易评传》，南京大学出版社"中国思想家评传丛书"，2002 年。
④ 陈寅恪《元白诗笺证稿》，中华书局上海编辑所，1959 年。
⑤ 见《岑仲勉史学论文集》，中华书局，1990 年。

东郭宅。其祖白锽此时已罢巩县令,徙居于新郑;其父白季庚,曾任宋州司户参军、彭城令,以及衢州、襄州别驾等。

德宗贞元十六年(800),白居易应试进士及第,时年二十九。贞元十九年(803)春,与元稹登书判拔萃科,并同授秘书省校书郎,即始与元稹建交。宪宗元和元年(806)正月,罢校书郎,与元稹同居长安,闭户累月,揣摩时事,习作《策林》(成七十五篇)。同年四月,应才识兼茂明于体用科,又与元稹同登科,元稹入朝为左拾遗,白居易则任京畿盩厔县尉。是年十二月,与陈鸿、王质夫同游盩厔郊外仙游寺,共话唐玄宗、杨贵妃事,白居易作《长恨歌》,后陈鸿作《长恨歌传》,旋即闻名于时。

白居易任盩厔尉后,即于第二年(元和二年,807)召入为翰林学士。《旧传》先记"授盩厔县尉、集贤校理",后云:"居易文辞富艳,尤精于诗笔。自雠校至结绶畿甸,所著歌诗数十百篇,皆意存讽赋,箴时之病,补政之缺,而士君子多之,而往往流闻禁中。章武皇帝纳谏思理,渴闻谠言,二年十一月,召入翰林为学士。"《新传》则简载为:"调盩厔尉,为集贤校理,月中,召入翰林为学士。"按:李商隐《白公墓碑铭》记元和元年任盩厔尉,接云:"明年,试进士,取故萧遂州瀚为第一,事毕,为集贤校理。"此所谓"试进士",即临时调至长安,为京兆府试进士举子。《白居易集笺校》卷四七"试策问制诰"门类,有《进士策问五道》,题下自注"元和二年为府试官"①。按:唐代州府试,一般在七八月间(参傅璇琮《唐代科

_____

①按:原传本如宋绍兴本、马本等皆作"三年",朱金城《笺校》据《文苑英华》本及李商隐《墓碑铭》,改作"二年",是。

举与文学》第三章《乡贡》)。白居易又有《曲江早秋》(《白居易集笺校》卷九),题下自注"二年作",可证是年七月间即自盩厔县至长安参预京兆府试,而试毕即又调入为集贤校理。

韦执谊《翰林院故事》记白居易"盩厔尉、授集贤校理充"。丁居晦《重修承旨学士壁记》则记有具体年月:"元和二年十一月六日,自盩厔县尉充。"此与白居易所作之《奉敕试制书诏批答诗等五首》自注相合,云:"元和二年十一月四日,自集贤院召赴银台候进旨。五日,召入翰林,奉敕试制诏等五首。翰林院使梁守谦奉宣:宜授翰林学士。"(《白居易集笺校》卷四七)由此可概括为:元和二年七月自盩厔尉调至京师,充府试官,选考举子,事毕调为集贤校理;十一月四日,又由集贤院奉召至宫中;五日,试制诏等;六日,正式入院。罗联添《白乐天年谱》元和二年记此,亦引及上述材料,则云:"乐天是以集贤校理充任翰林学士,《壁记》谓自盩厔尉充,是错误的。"按:集贤校理亦为差遣之职,非正式官名,白居易是以盩厔县尉入为集贤校理,十一月六日仍以盩厔县尉官阶入为翰林学士,丁《记》未有误。也正因此,数月后,元和三年四月二十八日,即由正九品下之京兆县尉迁为从八品上之左拾遗,而非从集贤校理迁。

又宋董逌《广川书跋》卷八《盩厔尉题跋》有云:"唐都关中,盩厔在畿内,为望至重,而尉尤为要任,自进士第一与贤科中选人得补。就以题名考之,皆自此入翰林充学士者接武,不者犹为真御史。"备考。

关于翰林学士入院考试,李肇《翰林志》有记,谓:"凡初迁者,中书、门下召令右银台门候旨。其日入院,试制书答共三首,诗一首,自张仲素后加赋一首。试毕封进,可者翌日受宣,乃定。"李肇此志撰于元和十四年(819),据此,则唐翰林学士入院前均须考试。白居易之《奉敕试制书诏批答诗等五首》,可以说是唐翰林学士自玄宗开元二十六年(738)建立以来,首次记叙有此考试者。此后惟唐末昭宗时韩偓《金銮密记》有云:"昭宗召偓入院,试文五篇:《万邦咸宁赋》、《禹拜昌言诗》、《武臣授东川节度使制》、《答佛詹国进贡书》、《批三功臣让图形表》。"①但唐代翰林学士入院考试是否如科举试那样,亦有落第者,未有史料记载,甚可疑。又如《旧唐书》卷一六五《柳公权传》记柳公权本在夏州幕府任掌书记,后因事入朝,穆宗召见,谓:"我于佛寺见卿笔迹,思之久矣。"于是"即日拜右拾遗,充翰林侍书学士"(详见后柳公权传)。所谓"即日",则明显未经考试。唐代翰林学士入院,绝大多数都未记有考试者,更未记有虽应荐而终因举试不合格而未入者。此事可作进一步综合考虑。

丁《记》记白居易于元和二年十一月六日入院后,接云:"三年四月二十八日,迁左拾遗。"按:崔群与白居易同时入院,亦同于三年四月二十八日由左补阙迁为库部员外郎。《白居易集笺校》卷五九即有《谢官状》,题下署为"新授将仕郎守左拾遗翰林学士臣白居易、新授朝议郎守尚书库部员外郎翰林学士云骑尉臣崔群",云:"右臣等伏奉恩制除前件官,今日守谦奉宣进旨,特加慰谕,并赐告身者。"由此可证,白居易确实与崔群同日迁进,亦即同上谢

---

① 陈尚君据《说郛》卷四、卷七五辑,见《中华野史》唐朝卷,泰山出版社,1999年,第720页。

状。惟《旧传》记谓:"(元和)三年五月,拜左拾遗。""五"字误,中华书局点校本未有校。

丁《记》接云:"(元和)五年五月五日,改京兆府户曹参军,依前充。"关于此次改官,有些研究者联系白居易前几年屡上奏议讽谏,认为因此即触怒皇帝,得罪权贵,受到疏远,于是白居易只好抽身思退,出为京兆府判司。有以为白居易此次改为京兆府户曹参军,乃"由内官转为外官","遭到冷落的一个更直接的信息",并引其《初除户曹喜而言志》诗,以为"分明流露出一种被弃置的失落感"(褒长春《白居易评传》,123 页)。

《旧传》对此即有记述:"五年,当改官,上谓崔群曰:'居易官卑俸薄,拘于资地,不能超等,其官可听自便奏来。'居易奏曰:'臣闻姜公辅为内职,求为京府判司,为奉亲也。臣有老母,家贫养薄,乞如公辅例。'于是,除京兆府户曹参军。"《新传》略同。白居易所述姜公辅事,《旧唐书》卷一三八《姜公辅传》亦有记,姜公辅于德宗建中元年(780)自左拾遗入为翰林学士,"岁满当改官,公辅上书自陈,以母老家贫,以府掾俸给稍优,乃求兼京兆尹户曹参军,特承恩顾"。左拾遗官阶为从八品上,京兆府户曹参军官阶为正七品上,而主要是"俸给较厚"(清钱大昕《廿二史考异》卷六十)。姜公辅的请求是从实利出发的,德宗对他很看重,特为批准,并按惯例,仍留在学士院内,并不外出,且不久又擢其为宰相。

据《旧传》,白居易此次改官,宪宗先与崔群商议,因崔群当时为翰林学士承旨,为院长。崔群当即转告白居易,白居易就为此上奏。《白居易集笺校》卷五九有《奏陈情状》,题下注"元和五年四月二十六日进",首云:"右,今日守谦奉宣圣旨,以臣本官合满,欲议改转,知臣欲有陈露,令臣将状来者。"后即具述:"臣母多病,臣家素贫。甘旨或亏,无以为养;药饵或缺,空致其忧。情迫于中,言形于口。伏以自拾遗授京兆府判司,往年院中曾有此例,资序相类,俸禄稍多。傥授此官,臣实幸甚。"后又有《谢官状》,题下注:"元和五年五月六日进",自署"新授京兆府户曹参军翰林学士臣白居易"。佐证丁《记》,则五月五日授京兆府户曹参军,五月六日乃进谢官状。状中自称"位卑俸薄,家贫亲老,养缺甘馨之费,病乏药石之资",而现在改任,则"俸料稍优","胜登贵位"。应该说这不是一种失落感。

白居易为此还特写有一诗,题为《初除户曹喜而言志》(《白居易集笺校》卷五),首云:"诏授户曹掾,捧诏感君恩。感恩非为己,禄养及吾亲。"其实际所得为:"俸钱四五万,月可奉晨昏;廪禄二百石,岁可盈仓囷。"诗中还特地描述友人多来拜贺:"喧喧车马来,贺客满我门。不以我为贪,知我家内贫。置酒延贺客,客容亦欢欣。笑云今日后,不复忧空尊。"由此,则唐时翰林学士声誉虽高,但左右拾遗,俸禄并不高,甚至有时得病也"乏药石之资",这也值得研究。又,白居易还将此诗寄给时在江陵的友人元稹,元稹即写有《和乐天初授户曹喜而言志》(见杨军《元稹集编年笺注(诗歌卷)》,301页),谓"君衣不盈箧,君食不满囷",而现在"闻君得所请,感我欲沾巾",故特写此和作,并致贺意。

事实上,白居易虽带有京兆府户曹参军官衔,但如同姜公辅(见前德宗朝姜公辅传),依然在学士院内任职,并不外出至京兆府做事。而且在五月以后,他还照常直言奏事,如《请罢兵第三状》(《白居易集笺校》卷五九),元和五年六月十五日进,痛斥宦官吐突承璀向河北诸道进兵，拖时既久，而"竟未立功"，言辞甚鲠直。元和六年初，又有《论严绶状》（同上，卷五九），认为江陵节度使赵宗儒"众称清介有恒"，而严绶则"众称怯懦无耻"，现在却命严绶去接赵任，正是"大乖群情，深损朝政"。这些都说明白居易由左拾遗改为京兆府户曹参军，仍在内廷供职，如前一样积极关心政事，据直言事，发挥翰林学士职能。

不过白居易不久因其母卒，丁忧，出院。《旧传》："（元和）六年四月，丁母陈夫人之丧，退居下邽。九年冬，入朝，授太子左赞善大夫。"丁居晦《重修承旨学士壁记》则仅记"丁忧"二字，未记年月。

如此，则白居易任翰林学士，前后共六年。据罗联添《白乐天年谱》，白居易于元和二年十一月入院，至十二月间，只近两月，即撰有制诏二十余篇。按：此时白居易仅带盩厔尉官衔，而《新唐书》卷四六《百官志》一，谓翰林学士"入院一岁，则迁知制诰，未知制诰者不作文书"，仅以白居易实际情况而言，《新唐书》此处显误。

白居易在职期间，一直是积极参议政事。如元和三年四月制举策试贤良方正能直言极谏举人，皇甫湜等指陈时政之失，得罪贵幸（宦官），试官杨於陵，覆试翰林学士王涯、裴垍均受累出贬（详见前王涯、李吉甫、裴垍等传）。《通鉴》卷二三八元和三年五月即记白居易为此上疏，直言："今陛下明下诏令，征求直言，反以为罪，此臣所以未谕也。"（《论制科人状》，《白居易集笺校》卷五八）《通鉴》同卷元和三年九月又记："淮南节度使王锷入朝。锷家巨富，厚进奉及赂宦官，求平章事。翰林学士白居易以为：'宰相人臣极位,非清望大功不应授。……若(锷)除宰相,四方藩镇皆谓锷以进奉得之,竞为刻剥,则百姓何以堪之!'"白居易此奏,其矛头又直指藩镇。

元和四年,白居易上奏直言更多,仅《通鉴》(卷二三七)所记,就有:三月,"上以久旱,欲降德音,翰林学士李绛、白居易上言,以为'欲令实惠及人,无如减其租税';又言'宫人驱使之余,其数犹广,事宜省费,物贵徇情';又请'禁诸道横敛以充进奉';又言'岭南、黔中、福建风俗,多掠良人卖为奴婢,乞严禁止'。闰月己酉,制降天下系囚,蠲租税,出宫人,绝进奉,禁掠卖,皆如二人之请"。白居易上言,见《奏请加德音中节目二件》(《白居易集笺校》卷五八),其《贺雨》诗亦略记其事(同上,卷一)。《通鉴》又记:"夏四月,山南东道节度使裴均恃有中人之助,于德音后进银器千五百余两。翰林学士李绛、白居易等上言:'均欲以此尝陛下,愿却之。'上遽命出银器付度支。既而有旨喻进奏院:'自今诸道进奉,无得申御史台;有访问者,辄以名闻。'白居易复以为言,上不听。"白居易所奏,见《白居易集笺校》卷五八《论裴均进奉银器状》、卷五九《奏所闻状》。《通鉴》记"上不听",可见翰林学士奏事,并非全能为君主接受。又如《通鉴》卷二三八元和四年十月,记宪宗任宦官左神策中尉吐突承璀为左右神策、河中、河阳等道行营兵马使,征讨成德节度使王承宗。白居易上奏,以为不宜用宦者统领诸军,"臣恐四方闻之,必轻朝廷;四夷闻之,必笑中国"(见《白居易集笺校》卷五九《论承璀职名状》),但"上皆不听"。《旧唐书》白居易本传更记为:"惟谏承璀事切,上颇不悦,谓李绛曰:'白居易小人,是朕拔擢致名位,而无礼于朕,朕实难奈．'"《通鉴》元和五年六月，更记宪宗有一次召李绛，谓曰："白居易小臣不逊，须令出院。"正因如此，元和五年二月元稹为宦官所辱，既被殴打，又被贬官（贬江陵士曹），白居易与李绛、崔群等分别上言劝谏，而宪宗均"不听"。这也可见当时翰林学士参预政事的处境。

白居易的谏诤行迹，涉及白居易《新乐府》诗的创作。一般论白居易《新乐府》，大致仅从文学创作观念出发，即一般理解的立足现实，反映民间疾苦的意向，但并未与白居易此时任翰林学士联系起来。实际上白居易当时在翰林学士任内，从翰林学士的职能出发，立意于"时闻得至尊"，将其创作视为反映民情国政的奏议性诗篇。《新乐府》五十首，见《白居易集笺校》卷三，题下注"元和四年为左拾遗时作"①。如前所述，元和四年是白居易奏议时政最多的一年，可相关考虑。作于《新乐府》同时的有《寄唐生》一诗（《白居易集笺校》卷一），中云："非求宫律高，不务文字奇。惟歌生民病，愿得天子知。未得天子知，甘受时人嗤。"这应当说是与《新乐府》写作同时的创作观，即"歌生民病"的诗只有能"得天子知"，才能有实际作用。《新乐府》最后一首，也可以说是总结篇，题为《采诗官》，就强调乐府之作，起关键作用者即所谓采诗官，有了采诗官，才能"下流上通上下泰"，并直接表达："君兮君兮愿听此，欲开壅蔽达人情，先向歌诗求讽刺。"就是说，能让君

---

①陈寅恪《元白诗笺证稿》第五章《新乐府》，谓《新乐府》五十首并非全写于元和四年，也有元和五年之作，并时有修改，至元和七年改定，可参。应当说主要作于元和四年。

主采听,诗歌创作就可先为讽刺之作。

此后白居易所论诗,这一观念更明确。如元和十年(815),白居易任太子左赞善大夫时所作的《读张籍古乐府》一诗(《白居易集笺校》卷一),认为张籍确善于乐府诗,"尤工乐府诗,举代少其伦";但如果"时无采诗官,委弃如泥尘",因不能上达君主,这种"裨教化""济万民"之作是起不了实际作用的,因此建议"愿播内乐府,时得闻至尊"。又如稍后同一年冬在江州时所作之《与元九书》(同上,卷四五),称在翰林时,"身是谏官,月请谏纸,启奏之外,有可以救济人病,裨补时阙,而难于指言者,辄咏歌之,欲稍稍递进闻于上"。元和十一年(816)在江州时所作《与杨虞卿书》(同上,卷四四),称在近职时,"凡直奏密启外,有合方便闻于上者,稍以歌诗导之,意者欲其易入而深诫也"。由此可见,白居易是将《新乐府》作为奏议的诗化形式来看待的。也正因此,白居易的五十首《新乐府》,并非全是歌生民病,有些还是歌颂君主圣德的,如《牡丹芳》,题下自注:"美天子忧农也。"诗中有云:"元和天子忧农桑,恤下动天天降祥。去岁嘉禾生九穗,田中寂寞无人至;今年瑞麦分两岐,君心独喜无人知。"

白居易离开翰林学士院后,尤其是贬江州司马后,讽谕诗创作就基本停止。现在一般研究者多从白居易文学观念的变化加以探讨。实际上,我们从其翰林学士仕历来看,应当说他在离职后就自认为已无此政治职能,也就可以辍笔不写。

这里拟再探索一下白居易在翰学任职期间的心情变化。他在入院前期,情绪是很高的,其《初授拾遗献书》(《白居易集笺校》卷五八),谓:"臣所以授官已来,仅将十日,食不知味,寝不遑安,惟思粉身,以答殊宠。"在《初授拾遗》诗中更举陈子昂、杜甫加以比较:"杜甫陈子昂,才名括天地;当时非不遇,尚无过斯位。"另作于元和四年之《醉后走笔酬刘五主簿长句之赠兼简张大贾二十四先辈昆季》(同上,卷一二),首云:"元和运启千年圣,同遇明时余最幸。始辞秘阁吏王畿,遽列谏垣升禁闱。"遂即自炫:"步登龙尾上虚空,立去天颜无咫尺。"

但随后因政事变动,其奏议未能全被采纳,经常受到宦官的阻抑,其心情也逐渐冷漠。如《答马侍御见赠》(《白居易集笺校》卷一四),中云:"谬入金门侍玉除,烦君问我意何如。蟠木讵堪明主用,笼禽徒与故人疏。"有时他与另一学士钱徽同值夜班,冬夜深寒,相对饮酒,但还是"夜深草诏罢,霜月凄凛凛"(《冬夜与钱员外同直禁中》,《白居易集笺校》卷五)。有时单独一个人值班,更是"心绪万端","独宿相思",怀念远地的挚友元稹:"三五夜中新月色,二千里外故人心","五声宫漏初明后,一点窗灯欲灭时"(《八月十五日夜禁中独直对月忆元九》《禁中夜作书与元九》,同上,卷一四)。

白居易对翰林学士的地位与境遇,确实逐渐有冷静的认识。如他于元和十二年(817)在任江州司马时,曾写有一首长诗寄赠友人元稹、李建等(李建于元和初也仍在学士院),其间曾说及"入视中枢草"的难得机遇,但后边特写有这样两句:"日近恩虽重,云高势却孤。"(《东南行一百韵寄通州元九侍御澧州李十一舍人……》,同上,卷一六)这两句话颇有典型意义,概括性极强,意谓翰林学士虽亲近皇帝,恩遇亦重,但又如天上白云,虽高高在上,其本身则仍是"势孤"。

元和十年(815)贬江州后,更引起他对五年间翰林学士生活的反思。元和十年之贬,表面看来,是宰相武元衡被盗所杀,他第一个上疏要求追查此案,被指责为越位(时任太子左赞善大夫,确为闲职),而其祸根实始于翰林学士任期。他于贬江州后第二年(即元和十一年)写有《与杨虞卿书》(同上,卷四四),即明确提出:"始得罪于人也,窃自知矣。"这是因为"当其在近职时,自惟贱陋,非次宠擢",就积极上言,"不识时之至讳","直奏密启"。如此,则"握兵于外者,以仆洁慎不受赂而憎;秉权于内者,以仆介独不附己而忌;其余附丽之者,恶仆独异,又信猜猜吠声,惟恐中伤之不获"。由此得出结论:"以此得罪,可不悲乎!"所谓握兵于外,就是地方藩镇,所谓秉权于内,就是宫中宦官。他认为自己此次之贬出,实出于在任翰林学士期间得罪了他们。所谓"可不悲乎",实是中国古代文人积极参政,秉公直言,往往成为政治斗争的牺牲品。

白居易于在职期间另有一特出之业绩,即所撰制诏之多,现所保存者,可以说居唐翰林学士第一位。《白居易集笺校》列"翰林制诏"共四卷(卷五四至五七)。岑仲勉《〈白氏长庆集〉伪文》根据白居易任职期间,考其在出院之后的,断为伪作。但认为可以考定在任职期间所作,也有一百二十二首,另有存疑,尚不能断为非白氏之作的,有二十二首。这一百四十余首,不仅数量多,且史料价值高,很值得研讨。如按过去一般说法,认为翰林学士所撰制词,都是高级层次,如李肇《翰林志》所云,乃立后、建储、任免宰相、大将等,而可以确定为白居易所作的,如《裴克谅权知华阴县令制》(《白居易集笺校》卷五四),则为县令制词。又如岑仲勉断为伪作的,也可据其所述仕历,考证其历史真实性。这方面尚可作进一步研究。

又《新唐书·艺文志》著录白居易著述多种,现据元稹诗及宋王楙《野客丛书》,白居易在翰林学士任期内还编有《白朴》一书,值得一提。元稹《酬乐天余思不尽加为六韵之作》,其中有"白朴流传用转新"句,自注云:"乐天于翰林中书取书诏批答词等,撰为程式,禁中号曰《白朴》。每有新入学士求访,宝重过于《六典》也。"(杨军《元稹集编年笺注(诗歌卷)》)①《白朴》一书,《新唐书·艺文志》未著录,白居易自己也未曾提及,这是一部颇可注意之书,应是当时翰林学士院内撰写制诰的参考用书,类似陆贽的《备举文言》(参见前德宗朝陆贽传)。不过元稹此诗自注"翰林中书"语,今所存元稹集各本皆同,而宋王楙《野客丛书》卷三十《白朴》条所记,则有异。此条对《白朴》所记亦甚详切,全文为:"仆读元微之诗,有曰'白朴流传用转新',注云:'乐天于翰林中,专取书诏批答词,撰为矜式,禁中号为《白朴》。每新入学,求访,宝重过于《六典》。'检《唐·艺文志》及《崇文总目》,无闻,每访此书不获。适有以一编求售,号曰《制朴》,开帙览之,即微之所谓《白朴》者是也。为卷上中下三卷,上卷文武阶勋等,中卷制头、制肩、制腹、制腰、制尾,下卷将相刺史节度之类。此盖乐天取当时制文编类,以规后学者。"②

王楙所载,"翰林中书"作"翰林中专",是,即白居易于翰林

---

① 杨军《元稹集编年笺注(诗歌卷)》,三秦出版社,2002年。
② 此据中华书局出版之王文锦点校本,1992年。

中编撰此书。按：白居易于元和前期任翰林学士，穆宗长庆初任中书舍人，如依"翰林中书"，则似白居易于翰林学士及中书舍人时编此书，即与上下文义不通。又就王楙所记，此书南宋前期尚存，且具体记述制词的结构范例，对研究唐代诏文很有史料价值。

白居易出院后仕历亦甚频繁，今据两《唐书》纪、传及有关论著如年谱、传记等，概述如下：元和六年（811）丁母忧出院，退居京畿下邽。元和九年（814），丁忧期满，冬，召授太子左赞善大夫入朝。十年（815），因上疏请捕刺宰臣武元衡之盗事，秋，被贬江州司马。十三年（818）十二月，改任忠州刺史，传为崔群之力。十五年（820）正月，宪宗卒，穆宗立，夏，白居易自忠州召还入朝，十二月改授主客郎中、知制诰。穆宗长庆元年（821）十月，转中书舍人。时元稹先后任祠部郎中、知制诰及翰林学士，白居易就与元稹合作，倡议诏制文体之改革、创新，详见后元稹传。长庆二年（822）七月，出任杭州刺史。长庆四年（824）五月，改除太子左庶子分司东都（洛阳）。敬宗宝历元年（825）三月，出任苏州刺史；二年（826）九月，罢官。文宗大和元年（827），分居洛阳、长安。二年（828）二月，由秘书监除刑部侍郎。三年（829）三月，以太子宾客分司洛阳。四年（830）十二月，为河南尹，此后即长居洛阳，历任太子宾客分司东都、太子少傅分司东都，武宗会昌元年（841）后以刑部尚书致仕。会昌六年（846）八月卒，年七十五。

《新唐书·艺文志》四，集部别集类，有《白氏长庆集》七十五卷。白氏文集，后世流传亦甚繁，现代有关论著多有论述，此不赘。现编纂较详确者，为朱金城《白居易集笺校》，上海古籍出版社，1988年。又《宣和书谱》卷九"行书"，亦立有白居易专条，谓

"白居易以文章名世,至于字画,不失书家法度,妙处与时名流相后先",并记宋徽宗御府尚存有行书五幅。则白居易尚以行书著称于宋。

卫次公

卫次公,两《唐书》有传,见《旧唐书》卷一五九,《新唐书》卷一六四。

按:卫次公于德宗贞元八年(792)已入为翰林学士,后历顺宗朝,至宪宗元和三年(808)正月,以司勋员外郎、知制诰改权知中书舍人,出院,并知元和三年贡举。《旧传》接云:"真拜中书舍人,仍充史馆修撰,迁兵部侍郎、知制诰,复兼翰林学士。"未记年月。《新传》所记更略,仅云:"由中书舍人充史馆修撰,改兵部侍郎。"未记再入院事。

按:权德舆《崔吏部卫兵部同任渭南县尉日宿天长寺上方唱和诗序》(《全唐文》卷四九〇),有记崔邠、卫次公早年同仕渭南尉事,时为元和初(此文详见前德宗朝卫次公传)。文中记卫次公接崔邠知贡举事。按:前已记叙,崔邠于元和元年(806)、二年(807)知举,卫次公于元和三年(808)知举。权德舆此文接云:"元和三年秋,处仁为吏部侍郎,从周为兵部侍郎。"《旧唐书》卷一五五《崔邠传》,载崔邠由礼部侍郎转吏部侍郎,《旧唐书·卫次公传》未记改兵部侍郎年月,据权德舆文,则在元和三年秋。

元稹《承旨学士院记》,记卫次公:"元和三年六月二十五日,以兵部侍郎入院充。七月二十三日,加知制诰。"如此,则卫次公于元和三年六月二十五日,以兵部侍郎再入翰林学士院,并为承旨学士。如此,则六月二十五日前,已为兵部侍郎,权德舆文所云是年秋为兵部侍郎,不确。

按:此前任承旨者为裴垍,裴垍于元和三年四月二十五日以户部侍郎出院,后即拜相(见前裴垍传)。此时在院中者,卫次公资历最深(即贞元八年入,已有十七年),故可能即以此重新召入,并同时任为承旨学士。

丁居晦《重修承旨学士壁记》记元和后,卫次公再入:"元和三年六月二十五日,自权知兵部侍郎充。七月二十三日,加知制诰。"与元稹所记同,惟未记承旨事。

后不到一年,即出院。元稹《承旨学士院记》:"(元和)四年三月,改太子宾客出院,后拜淮南节度使。"丁《记》所记亦同:"四年三月,除太子宾客。"关于此事,《旧传》叙为:"与郑絪善,会郑絪罢相,次公左授太子宾客。"《新传》略同。《通鉴》卷二三七元和四年(809)有记:"给事中李藩在门下,制敕有不可者,即于黄纸后批之。吏请更连素纸,藩曰:'如此,乃状也,何名批敕!'裴垍荐藩有宰相器。上以门下侍郎、同平章事郑絪循默取容,二月丁卯,罢絪为太子宾客,擢藩为门下侍郎、同平章事。"郑絪事,详见前传。按:郑絪与卫次公同于德宗贞元八年(792)入,直至贞元末,未有变动,贞元十七年(801)至二十年(804)九月前,院中即仅郑、卫二人。顺宗时,二人又密切合作,顺依宦官俱文珍,抵制王叔文新政。宪宗于永贞元年(805)八月立,十二月即任郑絪为相。卫次公于元和三年六月再次入院,且又同时为承旨,此时郑絪也正在相位。据此，卫次公此次再入，当出郑絪之力，故郑絪于元和四年二月丁卯因"循默取容"，无所作为，而罢为太子宾客，则卫次公即于同年三月，亦因其与郑絪善而出院。唐时翰林学士之入、出，多由于宰相之人事关系。

《旧传》接云："改尚书右丞，兼判户部事，拜陕虢等州都防御观察处置等使。"《旧唐书·宪宗纪》上，元和六年（811）二月癸巳："以右丞卫次公为陕府长史、陕虢观察使。"则虽于元和四年三月左除太子宾客，后仍授以实职，且为方镇重任。又据《旧唐书·宪宗纪》下，元和八年（813）九月戊辰，以窦易直为陕虢观察使，则据《旧传》，并参《旧纪》，于元和八年九月入朝，"征为兵部侍郎"，后又改尚书左丞。《旧传》又有记云："改尚书左丞，恩顾颇厚。上方命为相，已命翰林学士王涯草诏，时淮夷宿兵岁久，次公累疏请罢。会有捷书至，相诏方出，宪宗令追之，遂出为淮南节度使、检校工部尚书，兼扬州大都督府长史、御史大夫。"按：据《旧纪》，卫次公任淮南节度使，在元和十二年（817）十月甲申。

按：《旧传》所云"淮夷宿兵岁久"，乃指元和中期征讨淮西节镇吴元济事。《通鉴》卷二四〇元和十二年二月已记"淮西被兵数年"，当时朝臣对这一征讨也有不同意见，翰林学士令狐楚即附和宰相李逢吉"不欲讨贼"，被罢出院。据史载，当时随唐节度使李愬屡败淮西兵，元和十二年十月己卯，攻入蔡州，执吴元济以献。这与《旧传》所云"会有捷书至，相诏方出，宪宗令追之，遂出为淮南节度使"，时间不合。《旧纪》记为，元和十二年十月甲申，"以左丞卫次公代（李）鄘为淮南节度使"，此后，"己卯，随唐节度使李愬率师入蔡州，执吴元济以献，淮西平"。据陈垣《二十史朔闰表》（中华书局 1962 年新一版），元和十二年十月丁巳朔，十八日为甲戌，《旧纪》作"甲申"误（甲申应为该月二十八日），而己卯为二十三日。《通鉴》卷二四〇元和十二年十月记李愬平吴元济事，《考异》引《实录》"己卯执元济"，谓"乃奏到日也"，则奏到日己卯（二十三日），已在甲戌（十八日）后五天。

又据元稹《承旨学士院记》，王涯于元和十一年正月十八日以中书舍人入为翰林学士承旨，但同年十二月十九日即以任相出院（见后王涯传）。由此，王涯亦不可能于元和十二年十月仍在学士院为卫次公拜相草诏。由此可证《旧传》所记卫次公拜相事，甚误。中华书局点校本未予校正。

又《太平广记》卷一五九《卫次公》条，据《续定命录》，亦有类似记载，云："唐吏部侍郎卫次公，早负耿介清直之誉，宪宗皇帝将欲相之久矣。忽夜召翰林学士王涯草麻，内两句褒美云：'鸡树之徒老风烟，凤池之空淹岁月。'诘旦，将宣麻，案出，忽有飘风坠地，左右收之未竟。上意中辍，令中使止其事，仍云麻已出，即放下，未出即止，由此遂不拜，终于淮南节度使。"此处虽未言及淮西战事，但仍提及王涯，又误记其为吏部侍郎，且更以神秘之笔写之，为时俗小说传闻之辞。《旧传》或亦采自传奇小说之作。

《旧唐书·宪宗纪》下，元和十三年（818）七月，"辛丑，以门下侍郎、同平章事李夷简检校左仆射、同平章事、扬州大都督府长史、淮南节度使"；十月"癸亥，前淮南节度使卫次公卒"。《旧传》："元和十三年十月，受代归朝，道次病卒，赠太子少保，年六十六，谥曰敬。"则其免淮南节度使在元和十三年七月。

《新唐书·艺文志》未著录其著作。《全唐文》卷五二六仅载其文一篇:《渭水贯都赋》,为早年任渭南县尉时所作(详见前德宗时传)。《全唐诗》未载其诗。

钱　徽

钱徽,两《唐书》有传,见《旧唐书》卷一六八,《新唐书》卷一七七。《旧传》:"钱徽字蔚章,吴郡人。"按:钱徽为钱起子,《新唐书》卷二○三《文艺下·卢纶传》附钱起传,谓吴兴人。据《元和郡县图志》卷二五浙西,有湖州吴兴郡,另有苏州吴郡。《旧传》云吴郡人,不确。

钱起为"大历十才子"之一,为代宗时著名诗人。钱徽应有文学家世涵养,故其任翰林学士前后,与白居易、韩愈、刘禹锡等亦多有文学交往。

《旧传》记钱徽"贞元初进士擢第"。徐松《登科记考》卷一二即系于贞元元年(785)。所据一为《旧传》所云贞元初,另一为白居易《和钱员外卢员外早春独游曲江》诗"醉思诗侣有同年"句,自注:"云夫、蔚章同年及第。"云夫为卢汀字。所引另有韩愈《酬司门卢四兄云夫院长望秋作》,五百家注引集注:"卢四名汀,贞元元年进士。"是。《登科记考》又据《永乐大典》所引《苏州府志》,钱徽于本年又登贤良方正能直言极谏科。按:据《旧传》,钱徽卒于文宗大和三年(829)三月,年七十五,则生于玄宗天宝十四载(755)。贞元元年进士及第时,为三十一岁。

《旧传》记钱徽于贞元初登进士第后,仅云"从事戎幕",后即云"元和初入朝",则贞元一朝,均未记其仕历。《新传》则有具体记叙,有云:"徽中进士第,居穀城。穀城令王郢善接侨士游客,以财贷馈,坐是得罪。观察使樊泽视其簿,独徽无有,乃表署掌书记。"据郁贤皓《唐刺史考全编》,樊泽于德宗兴元元年(784)正月至贞元三年(787)闰五月为襄州刺史、山南东道节度使,又于贞元八年(792)二月至十四年(798)再任,贞元十四年九月卒于任。按:《新传》记钱徽在樊泽幕,直至泽卒,则其在山南东道节度使幕,当在樊泽第二次任时,即贞元十四年前数年。据《元和郡县图志》卷二一山南道,襄州所属县有穀城县,"东南至州一百四十五里"。由此,则钱徽于贞元十四年入幕前曾居穀城,而非如《新传》所云"徽中进士第,居穀城",实则其于进士登第后,先在剑南西川幕府。

《全唐文》卷六九○载有符载《剑南西川幕府诸公写真赞》,首云"戊辰岁,尚书韦公授钺之四年也"。按:韦皋于贞元元年六月即为剑南西川节度观察使(《旧唐书》卷一二《德宗纪》上)。戊辰为贞元四年(788),故云"韦公授钺之四年"。符载接云:"韦公虚中下体,爱敬士大夫,故四方文行忠信豪迈倜傥之士,奔走接武,麕至幕下,搢绅峨峨,为一时伟人。"乃请沙门义全为幕士十三人写真,符载为作赞词。钱徽即列于第十一,云:"大理钱评事徽字文美:和顺中积,英华外发。碧海灵珠,秋天朗月。风度可法,文章无辙。何许凤栖,峨峨双阙。"同行有司空曙,亦为"大历十才子"之一。符载既于贞元四年写此赞语,则钱徽入韦皋幕,即在贞元四年前,当于贞元元年进士及第、制举登科后,即应聘入剑南西川幕。《新传》既缺记钱徽曾在西川幕任职，又云进士及第后居山南东道襄州附近之穀城，不确。又符载记钱徽字文美，或为早年之字，后改为蔚章。由符载所记，钱徽早年已甚有文采。

《新传》在叙樊泽幕后，接云："又辟宣歙崔衍府。"据《唐刺史考全编》卷一五六，崔衍于贞元十二年（796）至永贞元年（805）任宣歙池观察使。钱徽当于贞元十四年（798）樊泽卒后转至崔衍幕。《旧唐书》卷一八八《崔衍传》称崔衍在宣歙任时，"政务简便，人颇怀之。其所择从事，多得名流。……幕中之士，后多显达"。翰林学士崔群亦曾在其幕（见前崔群传），则钱徽在贞元后期曾与崔群为同幕僚友。

由此可知，钱徽于贞元元年登第后，累聘于藩镇幕府，历时二十一年。这也是唐代文士仕历的一个特点。

《旧传》载："元和初入朝，三迁祠部员外郎，召充翰林学士。"《新传》则记为："入拜左补阙，以祠部员外郎为翰林学士。"则钱徽于元和初入朝时先为左补阙（从七品上），后迁为祠部员外郎（从六品上）。

韦执谊《翰林院故事》记钱徽"左补阙充，祠外又充"，即先以左补阙入，后于院中任职期内又由左补阙迁为祠部员外郎。而丁居晦《重修承旨学士壁记》则记为："元和三年八月二十六日，自祠部员外郎充。"未记左补阙事，与《新传》所记先以左补阙入朝，后以祠部员外郎为翰林学士合。

又《全唐诗》卷四六五载杨衡《答崔钱二补阙》二句（按：仅此二句，无全篇）："陇首降时雨，雷声出夏云。"诗题之"崔钱"，当为崔群、钱徽①。按：崔群于元和二年（807）十一月六日自左补阙入为翰林学士，三年（808）四月二十八日改库部员外郎。就杨衡诗"雷声出夏云"句，则当作于元和三年四月间，即初夏。而钱徽于元和三年八月二十六日以祠部员外郎入，此前曾任左补阙。由杨衡此二句诗，亦可佐证，钱徽入院前确曾任左补阙，同时亦可见钱徽当时虽尚未入院，但已与崔群同作诗赠杨衡，杨衡即以诗答之（按：崔、钱原诗未见）。杨衡，两《唐书》无传，事迹亦不详，可参阅《唐才子传校笺》卷五《杨衡传》，吴汝煜笺②。杨衡亦为中唐德宗、宪宗时人，与符载、崔群等有交往。存诗虽少，但仍有声誉。宋范晞文《对床夜话》卷四，曾谓："杨衡诗，宋人颇有好评。"由杨衡此二句诗，亦可见钱徽于入院前亦已注意与文士诗文交往。

　　又，韦执谊《翰林院故事》云自左补阙充，与两《唐书》本传异，当从丁《记》，以祠部员外郎入。但丁《记》所记年月也有与两《唐书》本传有异的。如丁《记》记元和六年（811）四月由祠部员外郎迁为祠部郎中，至八年（813）五月，转司封郎中，兼知制诰，而《旧传》则记六年转祠部郎中时已加知制诰；丁《记》谓元和十年（815）为中书舍人，而《旧传》却记为"九年，拜中书舍人"。似以丁《记》为确。《新传》未记具体迁转年月，但却记有承旨，为他书所无，谓："三迁中书舍人，加承旨。"即其迁中书舍人时又加承旨，则当在元和十年七月二十三日（丁《记》）。按：元稹《承旨学士院记》记宪穆两朝翰林承旨学士，明确指出："用是十七年之间，由郑

①参陶敏《全唐诗人名考证》，陕西人民教育出版社，1996年，第692页。
②见傅璇琮主编《唐才子传校笺》第二册，中华书局，1989年。

至杜,十一人。"此十七年间,记郑絪至杜元颖,十一人,实无钱徽。

岑仲勉《注补》对此有考,云:"按:《承旨学士院记》,崔群以九年六月二十六日出院,王涯以十一年正月十八日入院,承旨一职,中间空悬年余,则疑《新唐书》之有据而元、丁两记殆漏也。"此说似有理,但如据岑说,钱徽于元和十年七月二十三日迁中书舍人,同时加承旨,至元和十一年正月出院,其间任承旨亦仅半年;而崔群于九年六月二十六日出院,若以钱徽于十年七月二十三日接任承旨,此前亦有一年零一月未有承旨,故也未能以缺员而谓必应有人相接。且元稹作此《承旨学士院记》在长庆元年(821)八月,距元和九、十年仅六七年,时距不长,当不致漏略,故《新传》所云"加承旨"并无据。其间钱徽本人或他人,及《通鉴》等史书,亦未有提及其为承旨者。

又《白居易集笺校》卷五五"翰林制诰"二,有《钱徽司封郎中知制诰制》,中云:"祠部郎中、翰林学士钱徽,蔼然儒风,粲然词藻,缜密若玉,端直如弦。自参禁司,益播其美。贞方敬慎,久而弥彰。应对必见于据经,奏议多闻于削稿。迨今六载,其道如初。嘉其忠勤,宜有迁擢。俾转郎吏,仍参纶阁。"按:钱徽自祠部郎中转司封郎中、知制诰,在元和八年五月九日,白居易则已于元和六年四月丁忧出院,退居下邽。岑仲勉《〈白氏长庆集〉伪文》断为伪作。按:此制非白居易作,当是,但制中所叙甚合钱徽实情,钱徽确由祠部郎中转司封郎中、知制诰(据此并可纠正《旧传》之误,见前述)。且谓钱入翰学,已"迨今六载",亦甚切合。故此制文,虽非白氏所作,但当仍为正式制文,后人编白集时杂入其中的。

钱徽在院期间业绩,《旧传》无甚记载,《新传》有记,云:"是时,内积财,图复河湟,然禁无名贡献,而至者不甚却。徽恳谏罢之。帝密戒后有献毋入右银台门,以避学士。梁守谦为院使,见徽批监军表语简约,叹曰:'一字不可益邪!'衔之。"此可见钱徽对方镇、宦官的态度,以及宦官对他的嫉恨。亦如前述《钱徽司封郎中知制诰制》中所云"缜密若玉,端直如弦"。

　　钱徽在院中值得一提的是与白居易诗作交酬,及在院中值班情景。按:钱徽于元和三年八月以祠部员外郎入,至六年四月转为祠部郎中,而白居易先于元和二年十一月已入,六年四月丁忧外出,故白居易在院中所作与钱徽交游及唱和之作,均称为钱员外。如《冬夜与钱员外同直禁中》(《白居易集笺校》卷五),有云:"夜深草诏罢,霜月凄凛凛。欲卧煖残杯,灯前相对饮。"《同钱员外禁中夜直》(同上,卷一四):"宫漏三声知半夜,好风凉月满松筠。此时闲坐寂无语,药树影中惟两人。"则二人常于夜间同在院中值班。又《立春日酬钱员外曲江同行见赠》(同上),有云:"下直遇春日,垂鞭出禁闱。两人携手语,十里看山归。"则有时下值出院,亦可偕同出游。又,白居易有好几首题为和钱诗的,如《和钱员外青龙寺上方望旧山》(同上,卷一四)、《和钱员外早冬玩禁中新菊》(同上)、《和钱员外禁中夙兴见示》(同上,卷四),可见钱徽在院中也作有不少诗,但可惜均已失传。所幸白居易于《登龙昌上寺望江南山怀钱舍人》一诗,自注中尚保留钱徽诗二句。据《白居易集笺校》卷一六,白居易此诗作于元和十五年(820)任忠州刺史时。诗中述白居易出城西,登龙昌上寺,遥望前山,"忽似青龙阁,同望玉峰时"。青龙阁即长安青龙寺阁,白、钱二人在翰学时曾共游青龙寺(见《和钱员外青龙寺上方望旧山》,同上,卷一四），白即在诗中接云："因咏松雪句，永怀鸾鹤姿。六年不相见，况乃隔荣衰。"句下自注："昔常与钱舍人登青龙寺上方，同望蓝田山，各有绝句，钱诗云：'偶来上寺因高望，松雪分明见旧山。'"（按：此时钱徽在虢州刺史任）则此二句，为钱徽在翰林学士任期内与白居易同游唱和之作。

按：钱徽在翰林学士时，确实甚有诗名。孟郊有《送淡公十二首》，华忱之《孟郊诗集校注》卷八载此，谓作于元和七年至九年间，时孟郊在洛阳，送诗僧淡公自洛阳归越中。第一首前六句云："燕本冰雪骨，越淡莲花风。五言双宝刀，联响高飞鸿。翰苑钱舍人，诗韵铿雷公。""燕本"指贾岛，"越淡"指淡公，言二人五言可称双宝，而其间时居翰苑的钱舍人徽，其诗声韵则又如响雷，可见他对钱徽诗作之称扬。又，孟郊卒于元和九年八月，而钱徽于元和十年七月才迁任中书舍人，孟郊此诗称钱舍人，当因钱徽于元和八年五月为司封郎中、知制诰，唐时即习称知制诰为中书舍人①。

关于钱徽出院，丁《记》仅云"十一年，出守本官"，即出为中书舍人，未记月日。《旧唐书》卷一五《宪宗纪》下，元和十一年（816）正月，"庚辰，翰林学士钱徽、萧俛各守本官，以上疏请罢兵故也"。按：此年正月丁卯朔，庚辰为十四日，此可补丁《记》之缺记月日。《旧传》："十一年，王师讨淮西，诏朝臣议兵，徽上疏言用兵累岁，供馈力殚，宜罢淮西之征。宪宗不悦，罢徽学士之职，守

①《孟郊诗集校注》卷八于此未作说明。按：此书由华忱之、喻学才校注，人民文学出版社，1995年。

本官。"《通鉴》卷二三九亦记此,谓:"时群臣请罢兵者众,上患之,故黜徽、俛以警其余。"按:征讨淮西吴元济是当时军政大事,朝中确有争议,翰林学士有参预此政争者,不免受影响。

据两《唐书》本传,钱徽于元和十一年正月仍为中书舍人,后却又徙为太子右庶子,并出为虢州刺史。至穆宗立,长庆元年(821)才入为礼部侍郎。

又据有关韩愈年谱(如张清华《韩愈年谱汇证》),翰愈于元和十一年正月迁任中书舍人,而是年五月,因力主征讨淮西,与宰相议不合,亦被降为太子右庶子,此时作有《奉酬卢给事云夫四兄曲江荷花行见寄并呈上钱七兄阁老张十八助教》(《韩昌黎诗系年集释》卷九),"钱七兄阁老",即钱徽。宋洪兴祖《韩子年谱》即引此诗中"岂如散仙鞭笞鸾凤终日相追陪"句,谓"时公与徽同为庶子也"。即钱徽虽于元和十一年正月出院时仍为中书舍人,但于是年夏秋又改为太子右庶子闲职,得与同处闲职的韩愈交游。

韩愈于同年夏又有《奉和钱七兄曹长盆池所植》(同上,卷九),诗后却附有钱徽《小庭水植率而成诗》,五律:"泓然一缶水,下与坳堂接。青菰八九枝,圆荷四五叶。动摇香风至,顾盼野心惬。行可采芙蓉,长江讵云涉。"韩愈当和此诗而作。由此可见,钱徽此时与韩愈同为太子右庶子,同一处境,当亦有同一心情,故作诗唱和。这是现存钱徽一首完整佚诗,与前佚句二,均为《全唐诗》失收。

另,韩愈后于元和十二年(817)十二月以太子右庶子改任刑部侍郎,是为实职,即有《举钱徽自代状》(《韩昌黎文集校注》卷八),仍称钱徽为太子右庶子。状中盛赞钱徽,称:"前件官器质端方,性怀恬淡,外和内敏,洁静精微。可以专刑宪之司,参轻重之议。况时名年辈,俱在臣前,擢以代臣,必允众望。"

《新传》记钱徽后又出任虢州刺史:"徙太子右庶子,出虢州刺史。"何时出任虢州,未有明记①。而白居易有《钱虢州以三堂绝句见寄因以本韵和之》七绝一诗,据《白居易集笺校》卷一八笺注,此诗作于元和十五年(820),时白居易尚在忠州刺史任。按:白居易于此年夏自忠州召入朝,任尚书司门员外郎,则钱徽于元和十五年上半年尚在虢州刺史任。穆宗于是年正月即帝位,政局有所变化,钱徽当即于元和十五年秋冬入朝,迁任礼部侍郎,并于第二年长庆元年(821)春主持科举考试。

长庆元年春钱徽知贡举,为当时一重大科试案。《通鉴》卷二四一,及两《唐书》之李宗闵、钱徽、王起及元稹、李绅等传皆有记述,其中涉及牛李党争,认为李德裕因其父李吉甫于元和初即与李宗闵有隙,故此次即借机攻击李宗闵,《通鉴》更谓:"自是德裕、宗闵各分朋党,互相倾轧,垂四十年。"关于此次之所谓牛李党争,傅璇琮《李德裕年谱》曾引岑仲勉之说,予以辨析,此不赘。现据《旧唐书·钱徽传》及有关记载,概述如下。

长庆元年,钱徽以礼部侍郎知举。时元和后期曾为翰林学士、穆宗初拜相,现即将出任西川节度使之段文昌,及现任翰林学士之李绅,各以所善举子向钱徽推荐,段文昌还将图书古画馈赠钱徽。而同时,中书舍人李宗闵也以其婿苏巢求荐于钱徽。结果,段文昌、李绅所荐俱落选,李宗闵等所荐俱登第。时议纷然,

①《唐刺史考全编》据上引韩愈文,定于元和十二年,未确。

段文昌于出任西川前也特向穆宗面告,穆宗向翰林学士元稹、李绅等询问,元、李等皆谓"诚如文昌言"。穆宗就命中书舍人王起、主客郎中知制诰白居易覆试,结果李宗闵等所荐者俱落第,于是贬钱徽为江州刺史,李宗闵为剑州刺史,杨汝士为开江令。还命元稹特为此撰一制词:《诫励风俗德音》(《全唐文》卷六五〇,又见《唐大诏令集》卷一一〇,题《诫励风俗诏》,署为长庆元年四月)。

《通鉴》并有记云:"或劝(钱)徽奏文昌、绅属书,上必悟。徽曰:'苟无愧心,得丧一致,奈何奏人私书,岂士君子所为耶!'取而焚之,时人多之。"应当说,唐朝科举取士,未如北宋开始采取糊名制,因此事先请托是所见不鲜的,钱徽此次知举,段文昌、李绅与李宗闵等,两方均有所托,钱徽似也无所取贿,未涉及个人品德。但此次科试,也确有弊端,即初选时,贵门势要子弟多,所取者才艺不高,正如《旧唐书》卷一六四《王起传》所谓"势门子弟,交相酬酢,寒门俊造,十弃六七"。

据《旧纪》、《旧传》,钱徽即于长庆元年四月出贬江州刺史。又据《嘉泰吴兴志》卷一四,长庆元年十二月十五日又改为湖州刺史。《旧传》未记湖州任,《新传》有记,云"转湖州",后云:"还,迁工部侍郎,出为华州刺史……文宗立,召拜尚书左丞。……大和初,复为华州。"此时钱徽与白居易、刘禹锡仍有诗文交往,白居易有《喜钱左丞再除华州以诗伸贺》(《白居易集笺校》卷二五),刘禹锡有《途次华州陪钱大夫登城北楼春望……》(《刘禹锡集笺证》卷二四)。

《旧传》后云:"(大和)二年秋,以疾辞位,授吏部尚书致仕。

三年三月卒,时年七十五。"《旧唐书·文宗纪》上,则记于大和三年正月:"庚寅,吏部尚书致仕钱徽卒。"庚寅为该月初九日。似以《旧纪》作正月为是,可参见朱金城《白居易研究》之《白居易交游考》所记钱徽条。

《新唐书·艺文志》未著录其著述。《全唐诗》、《全唐文》亦未载其诗文,实则其生前所作诗文甚多,多与友人唱酬,惜均不存。

韦弘景

韦弘景,两《唐书》有传,见《旧唐书》卷一五七,《新唐书》卷一一六。《旧传》:"韦弘景,京兆人。后周逍遥公夐之后。祖嗣立,终宣州司户;父尧,终洋州兴道令。"《新唐书》卷七四上《宰相世系表》四上所记同。

《旧传》又记:"贞元中始举进士,为汴州、浙东从事。"《新传》略记为:"擢进士第,数佐节度府。"如此,其在汴州、浙东幕,当在贞元中后期及元和初。《旧传》接云:"元和三年,拜左拾遗,充集贤殿学士,转左补阙,寻召入翰林为学士。"《新传》仅云"以左补阙召为翰林学士",未记年。

韦执谊《翰林院故事》仅记韦弘景名,未记事,与前李吉甫、裴垍同,未知何故。丁居晦《重修承旨学士壁记》则具体记为:"元和四年七月一日,自左拾遗、集贤院直学士充。九月,转左补阙。"据此,则韦弘景当于元和初入朝,三年(808)任左拾遗,并兼集贤殿直学士;四年(809)七月,以左拾遗(从八品上)入,再过两月,即同年九月,转为左补阙(从七品上)。如此,则两《唐书》本传皆记以左补阙入,误。又按唐官制,集贤书院,集贤学士须以五品以上官充,六品以下为直学士。左拾遗为从八品上,故只能兼为直学士,而《旧唐书》本传谓"充集贤殿学士",漏"直"字,惜中华书局点校本未有校。

韦弘景在院任期内,史籍未有具体记载。《旧传》有记其出院事:"普润镇使苏光荣为泾原节度使,弘景草麻,漏叙光荣之功,罢学士,改司门员外郎。"《旧唐书》卷一五《宪宗纪》下,亦有记:元和八年十月,"戊戌,以神策普润镇使苏光荣为泾州刺史、四镇北庭行军泾原节度使。翰林学士、司封员外郎韦弘景守本官,以草光荣诏漏叙功勋故也。"按:苏光荣,两《唐书》无传。《旧唐书》卷一六二《韩全义传》,记贞元中征淮西吴少诚,韩全义因宦官窦文场之荐,为蔡州四面行营招讨使,但韩"将略非所长",兵屡败。贞元十六年(800),又大败于溵水,诸镇兵皆亡归本镇,"惟陈许将孟元阳、神策将苏光荣等数千人守溵水"。《新唐书》卷一四一《韩全义传》、卷二一四《吴少诚传》所记略同。或许此亦为苏光荣一功,而为韦弘景撰制文时漏记。但即使如此,亦未能因此迫使其出院,由此亦可见翰林学士当时之处境。

又,丁《记》记韦弘景于元和七年二月五日由左补阙迁司门员外郎,八年十月二十日出守本官,即出院时仍为司门员外郎。而《旧纪》则记为司封员外郎。清劳格于《唐尚书省郎官石柱题名考》卷六司封员外郎卷末"附存",即有考,谓"《纪》作司封误",是。又《旧传》谓"罢学士,改司门员外郎",云"改",亦非,因在此之前,元和七年二月五日已由左补阙迁升为司门员外郎,此次为出守本官,不能谓"改"。可见丁《记》均可订正《旧唐书》纪、传之误。

白居易于文宗大和二年(828)曾作有《喜与韦左丞同入南省因叙旧以赠之》(据《白居易集笺校》卷二五),诗中有自注:"宪宗朝与韦同入翰林。"按:白居易于元和二年十一月入,六年四月出,与韦弘景同院有两年,故诗云:"早年同遇陶钧主,利钝精粗共在镕。"即亦曾共同切磋时政。

《旧传》载其出院后之事,云:"转吏部员外、左司郎中,改吏部度支郎中。张仲方贬李吉甫谥,上怒,贬仲方。弘景坐与仲方善,出为绵州刺史。"《旧唐书·宪宗纪》下,亦载张仲方此事,元和十二年(817)三月戊辰:"太常定李吉甫谥曰敬宪,度支郎中张仲方非之。上怒,贬为遂州司马。赐吉甫谥曰忠。"按:李吉甫卒于元和九年(814),卒后议谥,意见不一,亦是常事,而张仲方此次之议,实出于反对对藩镇用兵。《唐会要》卷八十《朝臣复谥》条有详记,引张仲方奏议,奏议中称近期战事不断,"逮今四载,祸乱之兆,实始其谋",即征讨淮西实始于李吉甫。故《唐会要》记云:"宪宗方用兵,恶仲方深言其事,怒甚,贬为遂州司马。"《新唐书·韦弘景传》亦记为"宪宗意弘景摘助",即以为韦弘景亦附和张仲方之说,故亦贬出。可见当时朝臣、文士确有反对对淮西用兵的(参见后徐晦、令狐楚传)。

《旧传》接云:"宰相李夷简出镇淮南,奏为副使。"按:李夷简于元和十三年(818)七月出为淮南节度使,因其与力主用兵征讨淮西之裴度不合,故辞去相位,出镇,当因此亦即奏用韦弘景。

韦弘景此后仕历,大致为京兆少尹、给事中、刑部侍郎、吏部侍郎、陕虢观察使。又据《旧唐书·文宗纪》上,大和二年(828)二月,入任尚书左丞。而此时,白居易由秘书监为刑部侍郎,同在朝,白居易就特作一诗以赠韦弘景:《喜与韦左丞同入南省因叙旧以赠之》(《白居易集笺校》卷二五),云:"早年同遇陶钧主,利钝精粗共在镕(自注:宪宗朝与韦同入翰林)。金剑淬来长透匣,铅刀磨尽不成锋。差肩北省惭非据,接武南宫幸再容。跛鳖虽迟骐骥疾,何妨中路亦相逢。"这可以说是韦弘景与当时文士作文学交往的惟一现存材料,故录全诗,备参。

据《旧传》及《旧唐书·文宗纪》,大和三年(829)九月,又改除礼部尚书,四年(830)十三月,出为东都留守。大和五年(831)五月卒,年六十六。

《新唐书·艺文志》未著录其著述。《全唐文》卷四八二载其《封还刘士泾授太仆卿诏疏》,即《旧传》所载者。

独孤郁

独孤郁,两《唐书》有传,见《旧唐书》卷一六八,《新唐书》卷一六二(附于其父独孤及传后)。另韩愈有《唐故秘书少监赠绛州刺史独孤府君墓志铭》(《韩昌黎文集校注》卷六),权德舆有《祭子婿独孤少监文》(《权德舆文集》卷四十)。

韩《志》云:"君讳郁,字古风,河南人。常州刺史赠礼部侍郎宪公讳及之第二子。"《旧传》亦云:"独孤郁,河南人。父及。"《新唐书》卷一六二《独孤及传》称为河南洛阳人。独孤及为中唐前期古文名家,与李华、萧颖士等齐名,大历九年至十二年(774—777)任常州刺史时,梁肃从之游,拜其为师(见前德宗朝梁肃传)。

韩《志》:"君生之年,宪公殁世。"宪公即独孤及。据梁肃所作独孤及行状,崔祐甫所作独孤及神道碑(皆见前梁肃传),独孤及卒于代宗大历十二年(777)四月。又据韩《志》,独孤郁卒于元和十年(815)正月,年四十,《新传》亦谓"卒年四十"。据此,则当生于大历十一年(776)。如此,则独孤及大历十二年卒时,独孤郁为二岁,而韩《志》又云"君生之年,宪公殁世",前后有异,未知何故。

又《旧传》记独孤郁"贞元十四年登进士第"。按:独孤郁有《上权侍郎书》(《全唐文》卷六八三),首云:"贞元十三年八月日,独孤郁谨上书于舍人三兄阁下。"末云:"不肖辱承大贤之心深矣,非又敢以假喻自荐也,意欲以大贤择众贤如七十子之徒,是亦方孔子于大贤也。"独孤郁之上此书,乃为翌年初应进士试做准备,以求举荐。权德舆即有《答独孤秀才书》(《权德舆文集》卷三二)。独孤郁以是于贞元十四年(798)进士登第,与《旧传》合。徐松《登科记考》卷一四即据此系于贞元十四年。又吕温亦于此年登进士第,此年知举者为顾少连。后顾少连卒,吕温于贞元二十年(804)作有《祭座主故兵部尚书顾公文》,举有诸门生之名(见前德宗朝顾少连传),其中有独孤郁,此亦为一确证。

又韩《志》记独孤郁于元和十年(815)正月卒,年四十,即生于大历十一年(776),前已述。如此,则贞元十四年及第时应为二十三岁,而韩《志》又云"年二十四登进士第",其《志》文所记,前后矛盾,惜现韩集整理校注本均未指及。

　　《旧传》记其进士及第后,接云:"文学有父风,尤为舍人权德舆所称,以子妻之。"《新传》略同。韩《志》亦记为:"时故相太常权公掌出诏文,望临一时,登君于门,归以其子。"按:权德舆于贞元十四年(798)四月由驾部员外郎迁司勋郎中兼知制诰,十五年(799)又迁为中书舍人(参蒋寅《权德舆年谱略稿》,《大历诗人研究》下册,中华书局,1995 年)。则当于贞元十四年独孤郁进士及第后,权德舆赏识其才,即以其女妻之。

　　韩《志》记其登第后仕历为:"选授奉礼郎。杨於陵为华州,署君镇国军判官,奏授协律郎。朋游益附,华问弥大。"按:据李翱《杨公墓志铭》(《全唐文》卷六三九),德宗卒(贞元二十一年正月)后,杨於陵先为告哀使出使太原、幽镇等十道,后还朝为华州刺史,其年冬又出为浙东观察使。如此,则独孤郁当于顺宗永贞元年间在杨於陵华州幕府,并已甚有文名,此为两《唐书》本传未载。

　　韩《志》又记:"元和元年,对诏策,拜右拾遗。"《旧传》亦载:"元和初,应制举才识兼茂明于体用,策入第四等,拜左拾遗。"徐松《登科记考》卷一六即据此并《唐会要》所载元和元年才识兼茂明于体用科,有独孤郁,并有元稹、白居易、萧俛等。《全唐文》卷五九宪宗《处分及第举人诏》,列独孤郁、白居易为第四等。《全唐文》卷六八三亦即载有独孤郁《对才识兼茂明于体用策》。

　　按:韩《志》谓独孤郁此次登科后,授为右拾遗,《新传》同,而《旧传》则记为左拾遗。唐时拾遗、补阙,史籍所记,左、右多有差异。

据韩《志》及两《唐书》本传,此后数年独孤郁历任右补阙,又兼史馆修撰。《旧传》记其于元和四年(809)转为右补阙时云:"又与同列拜章论中官吐突承璀不宜为河北招讨使,乃改招抚宣慰使。"《新传》略同。按:此事,《旧唐书·宪宗纪》上,元和四年十月亦有记,称:"京兆尹许孟容与谏官面论,征伐大事,不可以内官为将帅,补阙独孤郁其言激切。"《旧唐书》卷一八四《宦官·吐突承璀传》记此事,亦云:"补阙独孤郁、段平仲尤激切。"惜独孤郁此次上奏之文后未传存,《全唐文》未载。

此后,独孤郁即召入为翰林学士。《旧传》:"五年,兼史馆修撰,寻召充翰林学士,迁起居郎。"丁居晦《重修承旨学士壁记》记为:"元和五年四月一日,自右补阙、史馆修撰改起居郎充。"右补阙为从七品上,起居郎为从六品上。但不到半年,即"九月,出守本官"(丁《记》)。韩《志》于此有具体记述:"权公既相,君以嫌自列,改尚书考功员外郎,复史馆职。"韩《志》所述不足之处,即未云出院。《旧传》则明言:"权德舆作相,郁以妇公辞内职。"于是"迁郁考功员外郎,充史馆修撰、判馆事"。参合丁《记》,当先以本官(起居郎)出院,后又改考功员外郎(同为从六品上),在史馆任职,预修《德宗实录》。

按:权德舆于元和五年九月丙寅,由太常卿为礼部尚书、同中书门下平章事。而权德舆刚入相,独孤郁即于同月提出辞职,求出院,可见其为人极注意避嫌。时白居易正同在院,特作诗赠别:"碧落留云住,青冥放鹤还。银台向南路,从此到人间。"(《翰林中送独孤二十七起居罢职出院》,《白居易集笺校》卷一四)诗中以独孤郁出院,喻为天上白鹤飞翔天空,可以自由在人间往返。

这也表现白居易当时的心境(白居易此时心情,可参前白居易传)。

据《旧传》,独孤郁后于元和七年(812)又复为考功员外郎、知制诰,即在中书省起草诏诰。八年(813),转驾部郎中,十月,复入院为翰林学士。丁《记》则记为:"元和八年十二月二十二日,自驾部郎中、知制诰充。"韩《志》云"权公去相,复入翰林",未记年月。据《旧纪》及《新唐书》卷六二《宰相年表》,权德舆罢相在元和八年正月,则独孤郁再次入院,在十月抑或十二月,未能确定。

但仅一年,独孤郁又因病出院。韩《志》:"九年,以疾罢,寻迁秘书少监,即闲于郊。"丁《记》:"九年,以疾辞内职,十一月,改秘书少监。"

由此可见,独孤郁虽两次在院,但时间均不长,第一次仅半年,第二次亦不到一年,且其间亦有病。但权德舆在祭文中仍极称之:"训辞温雅,视草宥密,当时之选,必居第一。"

据韩《志》,独孤郁卒于元和十年(815)正月:"十年正月,病遂殆。甲午,舆归,卒于其家。赠绛州刺史。年四十。"是年四月,独孤郁之兄朗托韩愈为作墓志铭,谓:"子知吾弟久,敢属以铭。"则谓韩愈早与独孤郁有交。权德舆于四月作有祭文《祭子婿独孤少监文》(《权德舆文集》卷四十)。同年十月二十一日,独孤郁妻亦卒,年仅三十一。权德舆乃为其女作墓志铭(《独孤氏亡女墓志铭并序》,《权德舆文集》卷十六),以志悼念,并对独孤郁有甚高评价:"始绛州以褐衣纳采,其后为侍臣、史官,更掌中外诰诏,皆再命或三命,十数年间便蕃清近,咺赫光大,天下公议,以宰政待之。"按:《新传》有云:"郁有雅名,帝遇之厚,议者亦谓当宰相,共以早世惜之。"所谓"议者亦谓当宰相",或即本于权德舆此说。

独孤郁著作,《新唐书》卷五八《艺文志》二,史部实录类有《德宗实录》五十卷,裴垍监修,当是元和初期在史馆修撰时著。又卷六十《艺文志》四集部,有《元和制策》三卷,下注:元稹、独孤郁、白居易。当为三人在翰林学士任期内各自所撰的制文,由后人选编,各为一卷。元、白皆有制文传存,惜独孤郁无,但由此亦可见唐宋间仍有人将独孤郁制诏辑集,并与元、白所作合为一书传世。

《全唐文》卷六八三收有独孤郁文五篇。中有《答孟郊论仕进书》,文中有云"如仆琐琐方困",又云:"吾子知仆将宦游",似尚未登第,或已登第而尚未有一定官位者①。此文题云"答孟郊",但孟郊诗文中未有涉及独孤郁者。另有《辩文》,似反对彩饰之作,有云:"而曰必以彩饰之能,援引之富,为作文之秘诀,是何言之末欤?"似与当时古文派作者力主朴质直言、宣扬圣贤之道一致。

《全唐诗》未载其诗。

萧 俛

萧俛,两《唐书》有传,见《旧唐书》卷一七二,《新唐书》卷一

---

① 《唐五代文学编年史》中唐卷,系此文于贞元十六年(800),谓独孤郁将出仕,有书答孟郊论仕进,即独孤郁于贞元十四年登进士第,孟郊则于十五年选调溧阳尉。备考。又,《唐五代文学编年史》,傅璇琮主编;中唐卷,陶敏、李一飞、傅璇琮著,辽海出版社,1998年。

〇一。《旧传》:"萧俛字思谦。曾祖太师徐国公嵩,开元中宰相。祖华,袭徐国公,肃宗朝宰相。父恒,赠吏部尚书。皆自有传。"按:萧嵩、萧华、萧恒,两《唐书》亦皆有传,见《旧唐书》卷九九,《新唐书》卷一〇一。又据《新唐书》卷七一下《宰相世系表》一下,萧俛父萧恒,官殿中侍御史。由此可见其世袭贵胄。

《旧传》:"俛,贞元七年进士擢第。"《新传》则仅云"贞元中及进士第"。徐松《登科记考》卷一二即据《旧传》系于贞元七年(791)。同年有令狐楚、皇甫镈,后萧俛于仕历升迁中即有得此二人扶助者。

《旧传》又云:"元和初,复登贤良方正制科。"《新传》亦记其进士及第后,"又以贤良方正对策异等"。按:《唐会要》卷七六《制科举》条,元和元年(806)四月,才识兼茂明于体用科,登科者有元稹、独孤郁、白居易等,其中亦有萧俛。本年制举尚有达于吏治可使从政科,但无贤良方正科(元和三年有)。两《唐书》本传记元和初登贤良方正科,显误,中华书局点校本未有校。

据传,萧于制举登科后,先任右拾遗,后迁右补阙。《旧唐书》卷一四《宪宗纪》上,元和六年正月丙申,"敕谏议大夫孟简、给事中刘伯刍、工部侍郎归登、右补阙萧俛等于丰泉寺翻译《大乘本生心地观音经》"。时白居易在翰林学士任,有为宪宗草制的《答孟简萧俛等贺御制新译大乘本生心地观经序状》(《白居易集笺校》卷五六"翰林制诰"三)①。则此时萧俛仍在右补阙任。

①按:《白居易集笺校》卷五六所载此文,题中"心地观经",据《旧纪》,于"观"字下当缺一"音"字,惜《笺校》本未有校。

丁居晦《重修承旨学士壁记》载："元和六年四月十二日，自右补阙充。"与《旧传》合。而韦执谊《翰林院故事》却谓"驾中充"。据丁《记》，萧俛自元和六年（811）四月十二日入院，"七年八月五日，加司封员外郎。九年十一月二十四日，加驾部郎中。十二月十日，加知制诰"。即加驾部郎中在元和九年（814）十一月，即在入院后四年，《翰林院故事》所记显误。此盖非出韦执谊之手，为后在院中者误记。

又《旧唐书》卷一七二《令狐楚传》另有一误，载："楚与皇甫镈、萧俛同年登进士第。元和九年，镈初以财赋得幸，荐俛、楚俱入翰林，充学士。"《新唐书》卷一六六《令狐楚传》亦有记，虽未标年，但仍载皇甫镈向宪宗举荐令狐楚、萧俛，宪宗即"召为翰林学士"。按：令狐楚确为元和九年入院（见后令狐楚传），而萧俛则于元和六年已入。又据两《唐书·皇甫镈传》，元和六年皇甫镈尚未得势。

又《白居易集笺校》卷五四"翰林制诰"，有《除萧俛起居舍人制》："左补阙、翰林学士萧俛：顷居谏列，职司其忧。夙夜孜孜，拾遗左右。朕嘉乃志，选在内庭。自参密近，益见忠谠。始终不替，尤足多之。记事之官，一时清选。俾膺是命，以弘劝奖。"岑氏《注补》谓："疑六七年间俛并未经此改官而制是伪作也。"岑说是。按：萧俛于元和六年四月十二日入，而白居易已于是年四月三日丁忧出院，作制时间不合。且据此制，其除起居舍人，乃由左补阙改任，而据丁《记》，萧俛于元和六年四月十二日以右补阙入，至七年八月五日加司勋员外郎，在职期间，未有改除起居舍人。此确与萧俛仕历不合。可见白集之翰林制诰伪作，情况确实复杂，可再作统一考索。

丁《记》未记萧俛出院事,仅云:"(元和)九年十一月二十四日,加驾部郎中。十二月十日,加知制诰;十二日,赐绯。"后未记。《旧唐书》卷一五《宪宗纪》下,则有记:元和十一年(816)正月"庚辰,翰林学士钱徽、萧俛各守本官,以上疏请罢兵故也。"《通鉴》卷二三九元和十一年正月亦记:"庚辰,翰林学士、中书舍人钱徽,驾部郎中、知制诰萧俛,各解职,守本官。时群臣请罢兵者众,上患之,故黜徽、俛,以警其余。"

丁《记》记钱徽于元和十一年出院(未记月日)。《旧唐书》卷一六八《钱徽传》亦记为:"王师讨淮西,诏朝臣议兵,徽上疏……宪宗不悦,罢徽学士之职,守本官。"如此,则萧俛与钱徽同于元和十一年正月出院。而《旧传》却又云:"坐与张仲方善,仲方驳李吉甫谥议,言用兵征发之弊,由吉甫而生,宪宗怒,贬仲方,俛亦罢学士,左授太仆少卿。"张仲方事,《旧唐书·宪宗纪》下,元和十二年三月戊辰有记:"太常定李吉甫谥曰敬宪,度支郎中张仲方非之。上怒,贬为遂州司马。"《唐会要》卷八十《朝臣复谥》亦载有此事(见前韦弘景传)。张仲方之贬确实在元和十二年三月,而萧俛出院在十一年正月,故与张仲方贬事无关,而《旧传》却谓萧俛之出,受张仲方之贬牵连,则为明显错误。按:萧俛于元和十一年正月守本官出院,即仍任驾部郎中。有可能张仲方于元和十二年三月出贬,因亦涉及淮西战事,萧俛又受此牵连,由驾部郎中改太仆少卿。太仆少卿为闲职,故《旧传》称之为"左除"。

此后,《旧传》概叙为:"(元和)十三年,皇甫镈用事,言于宪宗,拜俛御史中丞。俛与镈及令狐楚,同年登进士第。明年,镈援楚作相,二人双荐俛于上。自是顾昐日隆,进阶朝议郎、飞骑尉,袭徐国公,赐绯鱼袋。穆宗即位之月,议命宰相,令狐楚援之,拜中书侍郎、平章事,仍赐金紫之服。八月,转门下侍郎。"

《全唐文》卷六四穆宗《授萧俛中书侍郎平章事制》一文中写到萧俛在宪宗朝任翰林学士时的状况,云:"尝事先朝,职居宥密,奏议无挠,忠劳益彰。"其褒赞之辞,实一般。萧俛在院虽有五年,但确无特殊业绩,与同院学士亦未有交往及诗文唱和等记述。惟此前此后,尚有。如柳宗元有《与萧翰林书》,载《柳宗元集》卷三十。按:柳宗元于此书中自称"今已三十七矣",即作于元和四年。时柳宗元在永州贬地,而萧俛尚未入院,任拾遗、补阙之职,题称"萧翰林",为后人编集时所加。柳宗元于此信中极言处境之艰苦,望为一言,则萧俛与柳宗元亦早有交往。又萧俛于穆宗时任相,白居易作有《萧相公宅遇自远禅师有感而赠》(《白居易集笺校》卷一九)。诗中云:"半头白发惭萧相,满面红尘问远师。应是世间缘未尽,欲抛官去尚迟疑。"时白居易在朝任中书舍人,则曾在萧俛宅中,与此禅师共叙。

据两《唐书》纪、传,萧俛此后仕历,大致为:长庆元年(821)正月,罢相,守仆射;后历仕吏部尚书、兵部尚书、同州刺史、太子少保分司东都等,文宗大和五年(831)七月,守左仆射致仕。会昌二年(842)二月卒(《旧唐书》卷一八上《武宗纪》)。

《旧传》赞誉萧俛"性介独,持法守正",而《新传》于传后却特有一段评议,云:"俛议销兵,宁不野哉!当此时,河朔虽挈地还天子,而悍卒顽夫开口仰食者故在,彼皆不能自返于本业者也。又朱克融等客长安,饿且死,不得一官,而俛未有以措置,便欲去兵,使群臣失职，一日叫呼，其从如市，幽、魏相挺，复为贼渊，可谓见豪末而不察舆薪矣。"其讽刺之辞，甚为深切，对研究萧俛及当时翰林学士之主张销兵、不事征讨，颇可参资。

《新唐书·艺文志》对萧俛著述未有著录。《全唐文》卷五四五载其文三篇：《请放免当司诸色本利钱奏》、《辞撰王承宗先铭奏》、《对穆宗问兵法有必胜疏》，后二文即据《旧传》载录。

明陶宗仪《书史会要》卷五，记其"善草书"，未有具体记述。

刘从周

刘从周，两《唐书》无传，仅《新唐书》卷七一上《宰相世系表》一上有记，记其官为左补阙；又记其曾祖子玄，祖餗，父赟。

按：刘子玄即著名史学家刘知己。《旧唐书》卷一〇二《刘子玄传》即载"刘子玄，本名知己"，又记"子玄子贶、餗、汇、秩、迅、迥，皆知名于时"；又记刘餗著有《史例》、《传记》、《乐府古题解》三书。《新唐书·艺文志》则著录刘餗有《国朝传记》二卷，《传记》三卷，《乐府古题解》一卷，《史例》三卷。据两《唐书·刘子玄传》，刘知己子如刘贶、刘秩、刘迅等也均各有专著。可见刘从周出身于学问世家，惜刘从周虽曾入翰林，但其事迹及著作均不详。

岑仲勉《注补》引《元和姓纂》，载刘子玄生餗，河南功曹，生赟，赟生从周，左补阙。与《新表》所记同（按：岑氏未引及《新表》）。

关于刘从周之仕迹，唐人所记，主要即为韦执谊《翰林院故事》、丁居晦《重修承旨学士壁记》。韦《故事》："补阙充,卒赠礼部员外。"丁《记》:"元和八年七月二十七日,自左补阙充,卒。"则似卒于翰学任期,可能在院期间不长,故未记出院年月。韦《故事》云"卒赠礼部员外",丁《记》未记。

另有记及刘从周者,为《白居易集笺校》卷五五"翰林制诰"二,有《除卢士玫刘从周等官制》。岑仲勉《〈白氏长庆集〉伪文》谓据丁《记》,刘从周于元和八年七月二十七日已自左补阙入翰林,"则其授补阙时最迟不过八年初",即白居易已于元和六年出院,故断此制为伪作。按:此制记刘从周授以左补阙,而刘从周虽以左补阙入院,但其任左补阙,有可能在白居易尚任翰林学士期间,即元和六年四月前,不能据此即断为伪作。

按:此制文中云:"前侍御史卢士玫,尝在西川,时为从事,乱危潜伏,能洁其身。前监察御史刘从周,顷佐宣城,奉公守政,端士之操,终然不渝。时所称论,并宜甄奖。况学术词藻,见推于众,并命清贯,金以为宜。记事尽规,各伫能效。士玫可起居郎,从周可右补阙。"

按:卢士玫,两《唐书》有传,即《旧唐书》卷一六二,《新唐书》卷一四七。但两《唐书》传没有记其早年事,制文称其"尝在四川",则当为元和初在刘辟西川幕,后刘辟叛乱,故制文云"乱危潜伏,能洁其身",应当说制文此处所述与事实相合。又制文称刘从周"顷佐宣城",亦可以李绅诗间接佐证。

李绅有《过吴门二十四韵》(《全唐诗》卷四八一),中云:"忆昨麻衣日,曾为旅棹游。放歌随楚老,清宴奉诸侯。"自注:"贞元中,余以布衣多游吴郡中,韦夏卿首为知遇,常陪宴席,段平仲、李

季何、刘从周、綦毋咸十余辈,日同杯酒。"据《唐刺史考全编》卷一
三九,韦夏卿于贞元十二年至十六年(796—800)在苏州刺史任。
则此一时期,李绅游吴郡,与刘从周相识,刘从周有可能即在苏州
刺史韦夏卿幕,后又转至宣州幕府,而于元和前期入朝为监察御
史(正八品上),后迁升为左补阙(从七品上),再过几年,又以左
补阙入为翰林学士。

《除卢士玫刘从周等官制》称其"学术词藻,见推于众",但未
有诗文传存。在元和一朝翰林学士中,刘从周仕迹、著作及与文
士交往等,资料记载是最少的。

徐　晦

徐晦,《旧唐书》卷一六五有传,《新唐书》附于卷一六〇《杨
凭传》后。《旧传》未载其郡籍、字号。《新唐书》卷七五下《宰相
世系表》五下,北祖上房徐氏,有徐晦,但亦未注字号、官职。《新
唐书·杨凭传》后附传,谓其字大章。

两《唐书》传皆言其进士擢第,但未记年。徐松《登科记考》
卷一五系于德宗贞元十八年(802),其所据为《玉芝堂谈荟》及
《永乐大典》所引《莆阳志》。《莆阳志》记为:"贞元十八年,徐晦
状元。"本年知举者为权德舆。按:徐晦此次及第,曾得力于欧阳
詹之举荐。《新唐书》卷二〇三《文艺·欧阳詹传》:"初,徐晦举
进士不中,詹数称之,明年高第。"按:欧阳詹于贞元八年(792)与
韩愈等同登进士第,贞元十五年(799)冬,欧阳詹为国子监四门助

教,曾荐举韩愈为国子博士(见韩愈《欧阳生哀辞》,《韩昌黎文集校注》卷五);约贞元十七年(801)秋冬卒①。可见徐晦早期即受名家赏识。

《旧传》于进士擢第后云:"登直言极谏制科。"《唐会要》卷七六《制科举》条,元和三年四月贤良方正能直言极谏科有徐晦。徐松《登科记考》卷一七即据此系于元和三年(808)。按:此年制举试,皇甫湜等即因直言而落选(见前裴垍等传),徐晦则登科,故两《唐书》传云"授栎阳尉"。据《元和郡县图志》卷二,栎阳亦为京兆畿县,在长安东北。翌年七月,徐晦仍在栎阳尉任,即发生杨凭事,徐晦即由此而为时所称。

《通鉴》卷二三八元和四年载:"秋七月壬戌,御史中丞李夷简弹京兆尹杨凭,前为江西观察使贪污僭侈;丁卯,贬凭临贺尉。……凭之亲友无敢送者,栎阳尉徐晦独至蓝田与别。太常卿权德舆素与晦善,谓之曰:'君送杨临贺,诚为厚矣,无乃为累乎?'对曰:'晦自布衣蒙杨公知奖,今日远谪,岂得不与之别!借如明公他日为谗人所逐,晦敢自同路人乎!'德舆嗟叹,称之于朝。"两《唐书》传亦记此事,但未如《通鉴》标有具体年月。杨凭,两《唐书》有传,《旧唐书》卷一四六《杨凭传》记其曾为湖南、江南观察使,"性尚简傲,不能接下,以此人多怨之",又称其任此二镇时,有"奢侈"之缺失。而此时李夷简正以御史外出巡属,到江西时,杨凭即"颇疏纵,不顾接之,夷简常切齿"。李夷简当因此私怨而报复之,故《新唐书》卷一六〇《杨凭传》记此,即评李夷简"缘私怨,

①见《唐五代文学编年史》中唐卷。

论者亦不与"。也正因此,徐晦在回答权德舆时,即借称"为谗人所逐"。不过徐晦此次"称之于朝",李夷简倒因而奏荐其为监察御史。

此后,《旧传》接云:"历殿中侍御史、尚书郎,出为晋州刺史,入拜中书舍人。"《新唐书·杨凭传》后记徐晦事,则仅云:"后历中书舍人。"应当指出的是,两《唐书》此处均漏叙徐晦任翰林学士事。因据《唐刺史考全编》卷八一河东道晋州,引《淳熙三山志》卷二一《秩官类·郡守》,曰:"徐晦,宝历元年自晋州刺史入拜中书舍人,是年出为福建观察使。"如此,徐晦则于敬宗宝历元年(825)自晋州刺史入为中书舍人,则其任晋州刺史当在穆宗长庆年间(821—824)。而据丁《记》,徐晦早于宪宗元和九年(814)七月已入任翰林学士。由此可见,两《唐书》传于徐晦出任晋州刺史前皆未记充任翰林学士事,应是明显的疏失。

韦执谊《翰林院故事》记为:"都外充,赐绯,封中又充,出守本官。"丁居晦《重修承旨学士壁记》:"元和九年七月二十三日,自东都留守判官、都官员外郎充。十年七月二十三日,封司封郎中。十二年二月十一日,出守本官。"

徐晦任职,前后四年。元和十二年(817)初,正是淮西征讨高峰期间,当时制诰草撰繁忙,何以恰于此时出院,甚可疑。且徐晦于该年二月十一日出院,即于同月十三日召沈传师、杜元颖入(见后沈、杜传),沈、杜在院时即忙于与战事有关之诏令。由此,徐晦或可能与前钱徽、萧俛相近,对征讨事并不关心,即求辞出院。

徐晦出院,仍为司封郎中,后出为晋州刺史,并据前所引述之《淳熙三山志》,宝历元年(825)自晋州刺史入为中书舍人,同年又出为福建观察使。

此后仕历，《旧传》记为："（宝历）二年，入为工部侍郎，出为同州刺史兼御史中丞。大和四年，征拜兵部侍郎。五年，为太子宾客、分司东都。晦性强直，不随世态，当官守正，惟嗜酒太过，晚年丧明，乃至沉废。以礼部尚书致仕。"于文宗开成三年（838）三月卒（《旧唐书·文宗纪》记为开成三年四月卒）。

关于徐晦晚年在洛阳失明的情况，可参白居易《吟四虽》诗，有云："酒酣后，歌歇时。请君添一酌，听我吟四虽。年虽老，犹少于韦长史。命虽薄，犹胜于郑长水。眼虽病，犹明于徐郎中。家虽贫，犹富于郭庶子。"其自注云："分司同官中……徐郎中晦因疾丧明。"据《白居易集笺校》卷二九，此诗作于大和八年（834），时白居易为太子宾客、分司东都，故称与徐晦"分司同官"。据此，则徐晦于大和五年分司东都，居洛阳后不久即丧明。又徐晦嗜酒，当为时人所称，约作于晚唐文宗时之《大唐传载》曾记有："徐尚书晦、沈吏部传师，徐公嗜酒，沈公善餐。杨东川嗣复尝云：'徐家肺，沈家脾，真安稳耶？'"

《新唐书·艺文志》未著录其著述。《全唐文》卷六一一载其文一篇《海上生明月赋》，或为州府、省试之赋文。

令狐楚

令狐楚，两《唐书》有传，见《旧唐书》卷一七二，《新唐书》卷一六六。又刘禹锡有《唐故相国赠司空令狐公集纪》（《刘禹锡集笺证》卷一九），亦详记其生平（后简称刘《集纪》）。现代人成果，有傅璇琮主编《唐才子传校笺》卷五《令狐楚传》，吴汝煜、胡可先笺（中华书局，1989 年），尹占华、杨晓霭校笺《令狐楚集》，附《令狐楚年谱》（甘肃人民出版社，1998 年）。

《旧传》："令狐楚字殻士，自言国初十八学士德棻之裔。"《新传》则直载为"德棻之裔也"。而据《新唐书》卷七五下《宰相世系表》五下，令狐楚非令狐德棻直系。刘禹锡《彭阳侯令狐氏先庙碑》（《刘禹锡集笺证》卷二），所述令狐楚之世系，也无令狐德棻之名。由此则《新唐书》纪、传互异，当以表为是。《旧传》所谓"自言"，也未知所据。

两《唐书》本传皆未记郡籍。刘《集纪》云"燉煌人"。刘禹锡《彭阳侯令狐氏先庙碑》（同上，卷二），先云："令狐，晋邑也"，后记其后世曾为燉煌郡太守，"子孙因家，遂占数为郡人"。则燉煌为其先世郡籍。吴、胡《笺》谓令狐楚之父承简先官汾州司法参军，后终太原府功曹参军，"故刘禹锡《集纪》谓其'家于并、汾间'。……两地均隶属于唐河东节度管辖。……可知其家实在太原"。

关于令狐楚之年岁，也有异说。《旧传》记为文宗开成二年（837）十一月卒，年七十二。《新传》虽未记何年卒，但亦曰"卒年七十二"。《旧唐书》卷一七下《文宗纪》下，载开成二年十一月"丁丑，兴元节度使令狐楚卒"。而刘《集纪》虽亦云卒于开成二年十一月，但谓"享年七十"。如按两《唐书》本传所记，开成二年卒，年七十二，当生于代宗大历元年（766），而以刘《集纪》年七十推算，则生于大历三年（768）。吴、胡《笺》据令狐楚《夏至日衡阳郡斋书怀》诗,考谓应生于大历元年,刘《集纪》于"七十"下夺"二"字。尹、杨《年谱》据令狐楚《祭丰州李大夫十八丈文》及李商隐《代彭阳公遗表》等,考谓刘《集纪》所记是,两《唐书》误。按:两说各有所据,似亦各有理,但均为推测,可并存供参。

《旧传》:"楚儿童时已学属文,弱冠应进士,贞元七年登第。"若以大历三年生,弱冠(二十岁)为贞元三年(787),则其于贞元前期即已数次应举,至贞元七年(791)始登第,已为二十四岁。李逢吉有《送令狐秀才赴举》七绝诗(《全唐诗》卷四七三),有云:"子有雄文藻思繁,龆年射策向金门。"当为令狐楚早年应试时赠送之作。由此亦可见时人对令狐楚早期文采已有高评。刘《集纪》亦有记:"天授神敏,性能无师,始学语言,乃协宫徵,故五岁已为诗成章。既即冠,参贡士,果有名字。时司空杜公以重德知贡举,擢居甲科。"

徐松《登科记考》卷一二,记贞元七年进士及第者三十人,有尹枢、令狐楚、萧俛、皇甫镈等,知举者杜黄裳,即刘《集纪》所云"司空杜公"。按:此时卢纶在河中节度使浑瑊幕,令狐楚及第后返太原省亲,经河中,卢纶有诗送之,即《送尹枢令狐楚及第后归觐》:"贡文齐受宠,献礼两承欢。鞍马并汾地,争迎陆与潘。"(《卢纶诗集校注》卷一①,并参见《唐五代文学编年史》中唐卷)将尹枢、令狐楚比喻为陆氏兄弟与潘岳(按:令狐楚后任翰林学士时,应宪宗之命,为卢纶编集,也可能同早期与卢纶交结有关)。

据两《唐书》传及刘《集纪》,令狐楚于及第后,曾应桂管观察

---

①刘初棠《卢纶诗集校注》,上海古籍出版社,1989年。

使王拱之聘,仕其幕府,不久即还太原,以奉养其父。在太原,又相继在河东节度使李悦、郑儋、严绶幕,官至监察御史。严绶在河东任,为贞元十七年(801)八月至元和四年(809)三月(据《通鉴》卷二三七)。由此,则令狐楚自贞元中期至元和初,均在河东幕府,其间所起草的奏疏为时所称。《旧传》记:"楚才思俊丽,德宗好文,每太原奏至,能辨楚之所为,颇称之。"《新传》略同。《郡斋读书后志》卷二,著录有《令狐楚表奏》十卷,有引其自序:"登科后,为桂、并四府从事,掌笺奏者十三年,始迁御史。缀其稿,得一百九十三篇。"①此《表奏》,宋后已佚。《全唐文》所录,其在桂、并四府所草表奏,约六十余篇。按:《全唐文》编令狐楚文共五卷(卷五三九至五四三),约一百四十余篇,则其早期在幕府所撰奏表,已近一半。

又刘禹锡《彭阳唱和集后引》(《刘禹锡集笺证》外集卷九)中有云:"贞元中,予为御史。彭阳公从事于太原,以文章相往来,有日矣。"按:刘禹锡于贞元十九年(803)由渭南主簿入朝为监察御史,顺宗即位后迁为屯田员外郎。据此,则德宗贞元后期,刘禹锡虽尚未与令狐楚见面,但已有文字交往。

《旧传》接云:"丁父忧,以孝闻。免丧,征拜右拾遗,改太常博士、礼部员外郎。母忧去官。服阕,以刑部员外郎征,转职方员外郎、知制诰。"《新传》简记为:"以亲丧解,既除,召授右拾遗。宪宗时,累擢职方员外郎、知制诰。"据《新传》所叙,则德宗时已入朝为右拾遗,宪宗时则累迁为职方员外郎。按:德宗于贞元二十一年(805)正月卒,顺宗立,令狐楚有为河东节度使严绶草撰之《为

---

① 此据孙猛《郡斋读书志校证》卷一八,上海古籍出版社,1990 年,第 23 页。

严尚书贺登极赦表》(《全唐文》卷五三九)①,则此时令狐楚仍在太原幕府,并未入朝。刘《集纪》即记为:"元和初,宪宗闻其名,征拜右拾遗。"由此,则《新传》所记误。

据吴、胡《校笺》及尹、杨《年谱》,令狐楚于元和前期仕历大致为:元和四五间,亲丧期满,入朝为右拾遗,后历太常博士、礼部员外郎、刑部员外郎、职方员外郎,知制诰,至元和九年(814)入为翰林学士。

韦执谊《翰林院故事》记为"职外、知诰充,又赐绯",未记年月。丁居晦《重修承旨学士壁记》:"元和九年七月二十五日,自职方员外郎、知制诰充;十二月十一日,赐绯。"《旧唐书·宪宗纪》下,所记有异,谓元和九年十月"甲寅,以刑部员外郎令狐楚为职方员外郎、知制诰";同年十一月戊戌,"以职方员外郎、知制诰令狐楚为翰林学士"。《旧纪》所记较实,当是,丁《记》仅记作七月,不确。又丁《记》于"十二月十一日赐绯"后,却又云"十一月七日,转本司郎中",月份竟如此错颠。岑氏《注补》改为"十一月十一日,赐绯,十二月七日,转本司郎中",于"郎中"下再补"知制诰"。虽为推测,但可从。又刘《集纪》记其除刑部员外郎后,又云:"未几,改职方,知制诰,词锋犀利,绝人远甚。适有旨,选司言高第者视草内庭,宰臣以公为首,遂转本司郎中,充翰林学士。"乃谓以职方郎中入充翰林学士,当系刘氏误忆。

又两《唐书》本传皆言令狐楚此次之能召入为翰林学士,出于皇甫镈之力。《旧传》谓:"楚与皇甫镈、萧俛同年登进士第。元和

---

①按:《全唐文》于此题中"严"原作"郑",误,据尹、杨《令狐楚集》点校本改。

九年，镈初以财赋得幸，荐俛、楚俱入翰林，充学士。"《新传》同，不过未记"元和九年"。按：萧俛已于元和六年入，时皇甫镈尚未有权，《旧传》记萧俛亦为九年因皇甫镈之荐入，显误（详见前萧俛传）。又《旧唐书》卷一三五《皇甫镈传》记皇甫镈元和前期仕历，为："兼御史中丞，赐金紫，判度支，俄拜户部侍郎。"后云："时方讨淮西，切于馈运，镈勾剥严急，储供办集，益承宠遇，加兼御史大夫。"《新唐书》卷一六七《皇甫镈传》亦谓："宪宗方伐蔡，急于用度，镈裒会严亟，以办济师，帝悦，进兼御史大夫。"而元和九年，淮西之征尚未开始。《旧唐书》卷一四八《李吉甫传》："淮西节度使吴少阳卒，其子元济请袭父位。"据《旧唐书·宪宗纪》下，吴少阳于元和九年九月卒，当时朝廷还遣使吊祭；至元和十年正月，才正式下诏征讨吴元济。因此两《唐书》本传记皇甫镈因讨伐淮西而得用，即举荐令狐楚，而令狐楚之入翰林，亦仍在元和九年，即正式讨伐淮西之前，可见两《唐书》所记不确。当然，令狐楚与萧俛同样，在此后仕历中确也有得皇甫镈之助。又，皇甫镈为配合征战，筹集财资，也不必纯以个人品格着眼，加以片面否定。

　　丁《记》后记令狐楚于元和"十二年三月，迁中书舍人"。元稹《承旨学士院记》则记为："元和十二年二月二十四日，以职方郎中、知制诰、翰林学士赐绯鱼袋充。三月二十日，正除。"按：王涯于元和十一年（816）正月十八日以中书舍人任翰林承旨，十二月十六日拜相（见后王涯传），承旨位缺人，令狐楚即于第二年即元和十二年（817）二月二十四日以职方郎中、知制诰充任承旨学士，三月二十日正除为中书舍人。丁《记》仅记迁中书舍人，刘《集纪》也仅言"满岁，迁中书舍人"，均未提承旨事，两《唐书》本传同。唐代史籍往往对充任承旨学士未加提及。

又，元和十二年二月下旬，当时在院者共五人，即令狐楚、张仲素、段文昌、沈传师、杜元颖，以令狐楚入院时间最早，故即选其为承旨。

令狐楚后于同年即元和十二年八月出院（见后），在院前后有四年。刘《集纪》叙其任职时，盛赞其"专掌内制，武帐通奏"，而"冠于一时"，但在院期间，除元和十二年八月因草制《授裴度彰义军节度使制》而致其出院外，无一篇制诏传存。令狐楚在院时，也未如元和前期的白居易、裴垍、李绛等，对朝政多直言奏议。他可能主要还在于"柏梁陪燕，嘉猷高韵"（刘《集纪》），在此期间，于文献辑集与诗文创作方面较为突出。今分述于下。

关于《御览诗》的编纂。《御览诗》，今所传最早、也较为通行的刻本为毛晋汲古阁本，书前署为"翰林学士、朝议郎、守中书舍人、赐紫令狐楚奉敕纂进"，当为令狐楚自题。据前所述，令狐楚于元和十二年三月迁中书舍人，八月出院，则其书纂成当为元和十二年夏秋间。云"奉敕纂进"，书名为"御览"，则当为遵宪宗之旨所纂。这也可以说是唐翰林学士职能之一。南宋陈振孙《直斋书录解题》卷一五总集类载："《唐御览诗》一卷。唐翰林学士令狐楚纂刘方平而下迄于梁锽凡三十人，诗二百八十九首。一名《唐新诗》，又名《选进集》，又名《元和御览》。"毛晋汲古阁刻本于书后附有陆游跋，中云："右《唐御览诗》一卷，凡三十人，二百八十九首，元和学士令狐楚所集也。"按：《御览诗》所收三十位诗人都是唐肃、代和德宗时人，即主要是大历和贞元时的近期诗作，亦即所谓"唐新诗"。诗体基本上为近体五七言律绝，清《四库全书总目提要》卷一八六认为"大致雍容谐雅,不失风格",应该说是提供中唐大历时期诗坛的实况。令狐楚能着眼于此,确为不易。从文献角度看,其中不少诗人、诗作,即赖此以传,如无此书,有些诗作就不能流传,《唐诗纪事》、《全唐诗》即多采自此书①。

关于卢纶诗的辑集。前所引《御览诗》后陆游跋(又见《渭南文集》卷二六)云:"按:《卢纶墓碑》云:'元和中,章武皇帝命侍丞采诗第名家,得三百一十篇,公之章句,奏御者居十之一。'②今《御览》所载卢纶诗正三十二篇,所谓居十之一者也。"按:《御览诗》选卢纶诗三十二首,是所收三十位诗人中选诗最多的。编于德宗贞元初期的高仲武《中兴间气集》,也主要选大历诗家二十六人,其中如钱起、韩翃、郎士元、皇甫冉等,皆为"大历十才子"诗人,但却未收卢纶。令狐楚将卢纶诗录入最多,一方面可引起对卢纶作为大历诗风代表的注意,一方面也为卢纶诗集编纂提供文献基础。《新唐书》卷二○三《文艺下·卢纶传》载:"宪宗诏中书舍人张仲素访集遗文。"则宪宗当于令狐楚《御览诗》编成后,又命时亦为翰林学士的张仲素专辑卢纶之诗,当时得有三百一十篇,当在《御览诗》所选基础上辑成的。后李德裕于文宗时又重加辑集,据说"得诗五百篇"(《旧唐书》卷一六三《卢简辞传》,并参后李德裕传)。

---

① 关于此书,参见傅璇琮编《唐人选唐诗新编》,陕西人民教育出版社,1996年。
② 按:陆游此跋所引《卢纶墓碑》,未注著者。今检北宋赵明诚《金石录》目录卷十,第一千九百十号《唐兵部尚书卢纶碑》,下注:"卢言撰,崔倬正书,大中十三年七月。"(见《宋本金石录》,中华书局影印本,1991年)此文后佚,《全唐文》未收。关于卢言,参陈耀东《〈全唐文〉佚目作者事略考》,收于其所著《唐代诗文丛考》,浙江教育出版社,2004年。

关于《元和三舍人集》。唐代翰林学士在院期间,有时互有诗歌唱和,如前所述白居易、钱徽等。但这些唱和之作,多收于各人文集,未有在当时编成合集,且所作后亦多有散佚。而令狐楚与王涯、张仲素同在院时,集中精力,作有唱和诗一百多首,且编成集,这在唐宋两代也未曾再有。此书唐宋两代公私书目均未有著录,最早见于南宋计有功《唐诗纪事》,其书卷四二于王涯、令狐楚、张仲素名下各录有《宫中乐》、《圣神录》、《春游曲》等唱和诗,而最后于张仲素条记云:"右王涯、令狐楚、张仲素五言、七言绝句共作一集,号《三舍人集》,今尽录于此。"按:令狐楚于元和九年十一月自职方员外郎、知制诰入,十二年三月迁中书舍人,八月四日出守本官;王涯于元和十一年正月自中书舍人入为翰林学士承旨,同年十二月出院任相;张仲素于元和十一年八月自礼部郎中入,十四年三月迁中书舍人,后不久卒官。据此,则三人实未曾同时任中书舍人,但三人是于元和十一年八月至十二月同在院内。唐宋人对中书舍人很看重,因三人在职期间都带过中书舍人官衔,故后人将其唱和集加上"三舍人"之名。

　　按:《唐诗纪事》所记《三舍人集》录有八十八首诗,云"尽录于此",实则所载并不全。复旦大学图书馆藏有明抄本《唐人诗集八种》,其中即有《元和三舍人集》,其书目录完整,正编则有残缺①。据目录,全书共收诗一百六十九首,其中王涯六十一首,令狐楚五

①复旦大学中文系陈尚君教授曾据复旦大学图书馆所藏明抄本加以整理,拟收辑于《唐人选唐诗新编》(傅璇琮、陈尚君、徐俊合编),将由中华书局出版。陈尚君教授于整理说明中,谓此书当即《新唐书·艺文志》著录之《翰林歌词》(一卷),备参。

十首,张仲素五十八首,今所存则亦有缺佚,但仍存一百十九首,较《唐诗纪事》多出三十余首。书中所收,以《宫中乐》、《春游曲》、《从军辞》、《思君恩》等为题,共有二十六题,每题下各人所作篇数不一,如《春游曲》,王涯二首,令狐楚三首,张仲素三首;《塞上曲》,王涯二首,张仲素一首,令狐楚无。唐代翰林学士在院中唱和之作,有一百六十余首,且编有成集,传于后世,这确为稀例。

由此可见,令狐楚在院时,主要着眼于文学活动,这当然也可属于翰林学士职能,但总与政治关系不大。意料不到的是,他之离职出院却与当时政事直接有关。

《旧传》:"时用兵淮西,言事者以师久无功,宜宥贼罢兵,惟裴度与宪宗志在殄寇。十二年夏,度自宰相兼彰义军节度、淮西招抚宣慰处置使。宰相李逢吉与度不协,与楚相善。楚草度淮西招抚使制,不合度旨,度请改制内三数句语。宪宗方责度用兵,乃罢逢吉相任,亦罢楚内职,守中书舍人。"《新传》略同。刘《集纪》亦有记:"会淮右稽诛,上遣丞相即戎以督战,公草诏书,词有涉嫌者,相府上言,有命中书参详窜定,因罢内职,归阁中。"刘禹锡此处所记,未提具体人事关系,可能避嫌,但所叙仍为同一事。

据元稹《承旨学士院记》,令狐楚"八月四日,出守本官"。丁《记》同。按:据《旧纪》,裴度于元和十二年七月丙辰授为兼彰义军节度使、淮西宣慰招讨处置使,八月庚申离京赴行,宪宗"御通化门送之"(《通鉴》卷二四〇)。庚申为八月初三日,则第二天(八月四日)即使令狐楚出院。又据《新唐书》卷六二《宰相年表》,李逢吉于同年九月丁未罢相,出为剑南东川节度使。则《旧传》记李逢吉罢相在令狐楚出院前，不确。

又《册府元龟》卷五三三对令狐楚所草制文及改字，有具体记载：“（元和）十二年七月丙辰，以中书舍人、平章事裴度为门下侍郎、平章事，充彰义军节度、申光蔡等州观察、淮西宣慰处置等使，其制翰林学士、中书舍人令狐楚所草也。度以是行兼招抚，请改其辞中‘未蒃其类’为‘未革其志’，又以韩弘为都统，请改‘更张琴瑟’为‘近辍枢轴’，又改‘烦我台席’为‘授以成算’，宪宗皆从之，乃罢楚学士。”按：《唐大诏令集》卷五二有《裴度门下侍郎彰义军节度宣慰等使制》，下署仍为令狐楚名，《册府元龟》所载裴度请改三处，亦仍未改，《全唐文》卷五三九所载令狐楚此文，亦同。按：此三句，当时裴度所谓兼为招抚及兼顾韩弘，可能改后稍为稳妥，但原文与当时征讨之大局未有影响；且制中仍甚赞誉裴度，称其“精辨宣力，坚明纳忠，当轴而才谋老成，运筹而智略前定”，且称此次出征，“付以兵要，必得万人之心”，应当说与宪宗征讨大局相称。而令狐楚却因此被罢出院，此种人事关系之复杂，可待研究。

令狐楚此后仕历，两《唐书》纪、传及刘《集纪》所载甚明，不必细述。大致为：元和十三年（818）四月，出为华州刺史；十月，皇甫镈为相，便改为河阳怀节度使。十四年（819）七月，又因皇甫镈之荐，入京为中书侍郎、同中书门下平章事，拜相。十五年（820）正月，宪宗卒，穆宗立，又因人事纠纷，七月出为宣歙观察使；八月再贬为衡州刺史。后又累任各地节度，文宗开成二年（837）十一月，卒于山南西道节度使任，年七十（或七十二）。卒后，其子绹辑其父之文，成一百三十卷，请刘禹锡为之作序，刘即撰《唐故相国赠司空令狐公集纪》。

又，令狐楚后半生与刘禹锡、白居易诗歌唱和甚多，刘禹锡有《彭阳唱和集引》（《刘禹锡集笺证》外集卷九），称："聆风相悦者四十年，会面交欢者十九年，以诗见投凡七十九首，勒成三卷。"现白居易集中与令狐楚唱酬诗，也近二十首。至于与元稹关系，元和十四、十五年间甚为曲折。

关于令狐楚著述，《新唐书》卷五九《艺文志》三记有："《元和辨谤略》十卷，令狐楚、沈传师、杜元颖撰。"卷六〇《艺文志》四记曰："令狐楚《漆奁集》一百三十卷。"此外还有"《梁苑文类》三卷，《表奏集》十卷。"此外还有："《断金集》一卷，李逢吉、令狐楚唱和。《彭阳唱和集》三卷，令狐楚、刘禹锡。僧广宣与令狐楚唱和一卷。"详参吴、胡《校笺》及尹、杨整理校笺《令狐楚集》。

郭　求

郭求，两《唐书》无传。

《元和姓纂》卷十京兆郭氏，记有郭齐宗："司农郎中、怀州刺史"，又云"曾孙求，校书郎"。则郭求为京兆人。郭齐宗，两《唐书》亦无传。《旧唐书》卷一九〇中《文苑中·员半千传》："上元初，应八科举，授武陟尉。属频岁旱饥，劝县令殷子良开仓以赈贫馁，子良不从。会子良赴州，半千便发仓粟以给饥人。怀州刺史郭齐宗大惊，因而按之。"此上元为高宗年号（674—676），则郭齐宗任怀州刺史或在上元、仪凤（676—679）间。又《会稽辍耕录》

载:"郭齐宗,光宅元年十月自右卫将军授。"光宅为武周年号(684),则郭齐宗当仕宦于高宗、武周间。

郭齐宗后,世系不详。记郭求事迹最早者,为《唐摭言》卷二《府元落》条,记九人,即虽为京兆府试首名解送,但后省试仍未及第,中有郭求:"郭求:元和元年。"郭求为京兆人,故在京兆举试。元和元年(806)府试虽列为第一,但第二年即元和二年(807)初礼部省试,未及第。按:《全唐诗》卷七七九载郭求诗一首,题为《日暖万年枝》,五言六韵。《全唐诗》郭求此诗实本《文苑英华》,《文苑英华》卷一八七以"日暖万年枝"为题者有四首,撰者为蒋防、郭求、王约、郑师贞。按:《文苑英华》编例,此处所列诗为省试或州府试之诗。王约、郑师贞,无考。蒋防,两《唐书》也无传,也未知其是否登第,穆宗长庆年间为翰林学士(见穆宗朝蒋防传)。《文苑英华》所载此四首诗,如"新阳归上苑,嘉树独含妍"(蒋防),"隐映当龙阙,氤氲隔凤池"(王约),"禁树敷荣早""光摇连北阙"(郑师贞),皆写京兆景观。据此,则很可能此即为元和元年京兆府试之诗。

又《唐会要》卷七六《制科举》,记元和三年(808)贤良方正能直言极谏科,登科者有郭球。徐松《登科记考》卷一七元和三年,贤良方正能直言极谏科,即据《唐会要》,列有郭球。不过徐氏有按语,云:"按:球疑即元年府元落之郭求。"府元落即前引《唐摭言》卷二所记者,惟徐氏未注明《唐摭言》。徐氏所疑当是,"球"为"求"之形讹(《唐会要》类似讹字者甚多)。由此,则郭求虽于元和二年未进士及第,但于元和三年三月应制举试,登贤良方正能直言极谏科。按:此年贤良方正能直言极谏科为一大科案,皇甫湜等应试,覆试落第,试官及覆试官亦有因此而贬官者(参见前裴垍、王涯等传)。郭求此年应试策文未见。

此后即韦执谊《翰林院故事》、丁居晦《重修承旨学士壁记》所记入翰林院事。韦《故事》记为:"蓝田尉、授集贤校理充,拾遗又充,出守本官。"丁《记》:"元和十一年十一月六日,自蓝田尉、史馆修撰充。八月,迁左拾遗。十一月八日,出守本官。"

韦《故事》未记年月,丁《记》虽有记,但此处所记,甚有错讹。如丁《记》记元和十一年十一月六日自蓝田尉入,何以又于同年八月(即十一月六日之前)迁左拾遗?清劳格《读书杂识》卷六已谓"《壁记》年月有误",但未有考。岑仲勉《注补》则有辩说,谓:"盖《壁记》系依入院先后为序列,今下文张仲素、段文昌二人均于十一年八月十五日入院,使求是同年十一月入,何为居张、段之前,如谓是传刻错简,则《翰林院故事》亦次求于令狐楚后,王涯、段文昌、张仲素前也。"岑氏又以王涯于元和十一年正月十八日入为翰林承旨,即推断为:"(王)涯之复入,在十一年,此处之十一年,殆'九年'之误,而下文'八月'之上殆夺'十年'二字也。"

按:岑氏指出丁《记》年月差舛,是。但定郭求于元和九年十一月六日入,仅为推测,无确据。韦《故事》及丁《记》所列次序,确以入院时间先后排列,大致相同。现郭求在令狐楚之后,而据前所考,令狐楚之入在元和九年十一月戊戌,是年十一月甲戌朔,戊戌为二十五日。如此,则按岑说,令狐楚之入即晚于郭求(十一月六日入),其排列应在郭求之后,不能在前,故岑氏定郭求于九年十一月六日,未能成立。而郭求既在令狐楚之后,令狐楚在元和九年十一月二十五日入,则郭求可能于十年一月入,"十一年"

之"一","十一月"之"十",均为衍文;同年(即十年)八月,迁左拾遗,似较合情理。

郭求于元和三年制举登科,此后事迹不详,其仕历当有一定时段。《元和姓纂》撰成于元和七年,其记郭求为校书郎,当为此次制举登科后所授。所谓校书郎,或为崇文馆校书郎(从九品下),或为弘文馆校书郎(从九品上)。后改为蓝田县尉(畿县尉,正九品下),再由蓝田县尉入兼史馆修撰(或集贤校理),如白居易于元和元年四月为盩厔县尉,二年秋由盩厔尉入兼集贤校理,后即以盩厔尉、集贤校理入为翰林学士。郭求当于元和三年四月制举登科后为崇文(或弘文)校书郎,后为蓝田尉,后又以蓝田尉入朝兼史馆修撰或集贤校理,累历六七年,于元和十年正月入院,再历数月,又迁右拾遗(从八品上)。

丁《记》仅云"十一月八日,出守本官",未记何年。岑氏《注补》据《新唐书·韦贯之传》及《旧唐书·宪宗纪》,谓郭求出院当在元和十一年(816)八九月间,是。今再考述如下。

据《新唐书》卷六二《宰相年表》,韦贯之于元和九年十月戊辰入相(尚书右丞、同中书门下平章事)。《新唐书》卷一六九《韦贯之传》,记元和中皇甫镈、张宿受宪宗宠信,韦贯之则言张宿奸佞,由是张宿等怨之;韦贯之与裴度论兵事,又不合,于是罢为吏部侍郎。《旧唐书》卷一五《宪宗纪》下,元和十一年八月壬寅,亦记为:"贯之以淮西、河北两处用兵,劳于供饷,请缓(王)承宗而专讨(吴)元济,与裴度争论上前故也。"《通鉴》卷二三九元和十一年八月亦记此,但未提及裴度,云:"中书侍郎、同平章事韦贯之,性高简,好甄别流品,又数请罢用兵;左补阙张宿毁之于上,云其朋党,八月壬寅,贯之罢为吏部侍郎。"《新唐书·韦贯之传》叙其罢为吏部侍郎时,"于是翰林学士、左拾遗郭求上疏申理,诏免求学士,出贯之为湖南观察使。不三日,韦颋、李正辞、薛公幹、李宣、韦处厚、崔韶坐与韦贯之厚善,悉贬为州刺史"。

按:韦贯之当时并不一概反对征讨,而认为先征讨淮西吴元济,后再平山东王承宗,与裴度并不对立,且也符合当时唐朝兵力、财力实际,故《新唐书·韦贯之传》谓"后四年乃克蔡,皆如贯之策云"。可能也正因此,郭求乃为之"上疏申理",却因当时人事朋党之争,受累而出。由此也可见唐时翰林学士确实并无实力,往往受政事或人事纷争牵累而被排斥出院。

据《新唐书·韦贯之传》,郭求为之上疏而被迫出院后,"出贯之为湖南观察使"。据《旧唐书·宪宗纪》、《通鉴》,韦贯之于元和十一年八月罢相,后又贬湖南观察使,在元和十一年九月丙子。故岑氏《注补》谓郭求出院当在此年八九月间,丁《记》之"十一月八日,出守本官",当为"十一年八月,出守本官",当是。

郭求此后仕迹不详。至文宗大和五年(831)九月,《旧唐书》卷一七下《文宗纪》下,记云:"甲辰,贬太子左庶子郭求为婺王府司马,以其心疾,与同僚忿竞也。"据《旧唐书》卷四四《职官志》三,东宫馆属有太子左庶子,官阶虽为正四品上,实为闲职。又《旧唐书》卷一七五《宪宗诸子传》有:"婺王怿,长庆元年封。"长庆元年封,又见《旧唐书》卷一八《穆宗纪》长庆元年三月戊午。李怿为穆宗弟,而文宗李昂为穆宗第二子。《旧唐书·文宗纪》所记郭求事,不甚清楚,由东宫出为诸王府第,不仅仍为闲职,又当为"贬"。

此后,郭求又离开长安,居洛阳。白居易《吟四虽》一诗(《白居易集笺校》卷二九),作于大和八年(834),白居易时为太子宾客分司东都,年六十三。诗中提及四位友人,其中有郭求。诗云:"酒酣后,歌歇时,请君添一酌,听我吟四虽。年虽老,犹少于韦长史。命虽薄,犹胜于郑长水。眼虽病,犹明于徐郎中。家虽贫,犹富于郭庶子。"自注中有云:"郭庶子求,贫苦最甚。"自注又谓此四位"皆分司同官"。其中徐郎中即徐晦,亦为元和时翰林学士(见前徐晦传)。郭求于大和五年九月已罢太子左庶子,白居易当仍沿袭旧称。此时郭求当又为东都分司,不仅官闲,且又甚贫。

郭求著作,除前已引述的《日暖万年枝》一诗外,其他未有。《新唐书·艺文志》也未有著录。

王　涯

王涯,前德宗朝已有传。据前考述,王涯于德宗贞元二十年(804)十一月由蓝田县尉入为翰林学士,其间历顺宗朝,后于宪宗元和三年(808)四月,因参与覆试制举试(贤良方正能直言极谏科),"权幸"(宦官)以为"涯居翰林,其甥皇甫湜中选,考核之际,不先上言"(《唐会要》卷七六《制科举》),乃与考试官韦贯之等同时贬出,王涯贬为虢州司马。

王涯于元和中期又入为翰林学士,并充承旨。今将其前后仕历,考述于下。

《旧唐书》卷一六九《王涯传》,记王涯于贬虢州司马后,即谓

"（元和）五年，入为吏部员外"，则以元和五年即由虢州司马入朝为吏部员外郎，实误。《新唐书》卷一七九《王涯传》记为："罢学士，再贬虢州司马，徙为袁州长史。"《新传》于此确可补《旧传》之缺，并纠其误。《新传》此年所记，还可以韩愈诗佐证。

《韩昌黎诗系年集释》卷六有《祖席》二诗，一题为"前字"，一题为"秋字"。《集释》引方崧卿《举正》云："旧注云：以王涯徙袁州刺史而作。……公时在东都，故云：'祖席洛桥边'。"又引方世举《笺注》："公与涯同年进士，虢州又近东都，故有《祖席》之作。"据《元和郡县图志》卷六，虢州属河南道，辖境相当今河南卢氏、灵宝、栾川等地，的确靠近洛阳（位洛阳西南）。此当为王涯由虢州司马改为袁州刺史，当时南下，须经洛阳，韩愈即祖饯宴送，作此二诗："祖席洛桥边，亲交共黯然。野晴山簇簇，霜晓菊鲜鲜。书寄相思处，杯衔欲别前。淮阳知不薄，终愿早回船。"（"前字"）"淮南悲木落，而我亦伤秋。况与故人别，那堪羁宦愁。荣华今异路，风雨苦同忧。莫以宜春远，江山多胜游。"（"秋字"）《集释》及张春华《韩愈年谱汇证》皆系于元和三年，张《谱》并引王元启云："涯贬虢州，在初夏，徙袁当在深秋，故有菊鲜、木落等句。"以为即在元和三年。按：韩愈于元和二年六月以国子博士分司东都，元和三年、四年均在洛阳。王涯有可能于元和三年四月贬虢州，是年秋徙迁袁州刺史，但也有可能在元和四年（809）。韩愈与王涯确实于贞元八年（792）同登进士第，永贞元年（805）秋自贬地阳山北返，赴江陵途中曾作诗寄尚在翰林学士任中的王涯、李程等，请其援荐，故早有交谊。此次王涯虽由州司马提升为州刺史，但处地却远，韩愈此时由京中分司在外，也未得意，故二人相聚，确有

"亲交共黯然"之感,但还是寄以慰藉:"莫以宜春远,江山多胜游。"宜春即袁州。按:王涯当时唱酬之诗不存。

又,玄、肃两朝颇有名声,肃宗时曾任宰相的房琯,天宝时曾因人事牵累,贬宜春太守。两《唐书》有传。古文名家李华曾为袁州撰《唐丞相太尉房公德铭》(《全唐文》卷三一八)。柳宗元又有《唐相国房公德铭之阴》(《柳宗元集》卷九),中云:"今刺史太原王涯,嘉公之道犹在乎人,袁人不忘公之道,为之刻石。"则柳宗元作此文时,王涯在袁州刺史任,王涯特为李华原作刻石立碑。柳文虽未标年月,但于此可佐证王涯当于元和前期确实任袁州刺史。柳文又云"王公尝以机密匡天子于禁中",即在此之前王曾任翰林学士。

《旧传》后云:"五年,入为吏部员外郎。七年,改为兵部员外郎、知制诰。"而《新传》于记袁州刺史后,接云:"宪宗思之,以兵部员外郎召,知制诰。"王涯当由虢州司马改任袁州刺史后,元和五年(810),以吏部员外郎召入朝,七年(812),再改为兵部员外郎、知制诰。又据《旧唐书·宪宗纪》下,元和七年六月"乙丑,以兵部员外郎王涯知制诰"。则当先由吏部员外郎改兵部员外郎,后再以兵部员外郎兼知制诰。两《唐书》本传于此各有所失。

又,王涯以吏外入朝,离袁州,时在巴州的羊士谔闻讯后曾有一诗寄怀:《郡中端居有怀袁州王员外使君》(《全唐诗》卷三三二)。按:羊士谔于元和三年十月也因人事纠纷,由侍御史贬资州刺史,未及到任,又贬为巴州刺史。元和六年(811)尚在巴州(参见《唐才子传校笺》卷五《羊士谔传》,吴汝煜、胡可先笺)。此诗诗题既称员外,又称袁州使君,则正为已有朝命为吏部员外郎而仍未离刺史任之王涯。诗云："珥笔金华殿,三朝玉玺书。恩光荣侍从,文采应符徐。"句下自注："王自贞元以至元和,并掌客命。"即指王涯。诗末云："风波移故辙,符守忽离居。济物阴功在,分忧盛业余。弱翁方大用,延首迟双鱼。"意即忽闻有新命,"方大用",故寄予重望。又诗之首句"忆作同门友,承明奉直庐"。诗中自注又云:"王尤精太玄,自为深知,时在宪司,休注释,与予自躬冠服,辄诣松庭,永日言集。"则二人早年即相识,并甚有交往。羊士谔当时亦为名家,《唐诗纪事》卷四三羊士谔条,谓张为所作《主客图》,"以乐天为广大教化主,士谔为入室"。

随后即牵涉到王涯再次入任翰林学士的时间问题。《旧传》于"五年,入为吏部员外郎"后云:"七年,改兵部员外郎、知制诰。九年八月,正拜舍人。十年,转工部侍郎、知制诰,加通议大夫、清源县开国男,学士如故。"据此,则王涯于元和十年,由中书舍人(正五品上)转迁为工部侍郎,但仍知制诰,又云"学士如故",即如过去那样,仍入为翰林学士。《新传》未记有具体年月,而谓:"宪宗再思之,以兵部员外郎召,知制诰,再为翰林学士,累迁工部侍郎,封清源县男。"则以兵部员外郎、知制诰入,后在院时累迁工部侍郎,却又未提及中书舍人。

按:丁居晦《重修承旨学士壁记》作于文宗开成二年(837),在大和九年(835)"甘露之变"后,为避嫌,未记王涯。韦执谊《翰林院故事》于元和后,则仍记有王涯,云:"中书舍人充,又赐绯。"明确记为由中书舍人入,两《唐书》本传皆与此不同。元稹《承旨学士院记》记为:"元和十一年正月十八日,以中书舍人入院充。十月十七日,拜工部侍郎、知制诰。"即王涯于元和十一年(816)正月十八日为翰林学士承旨，而此前先已为中书舍人，后于同年十月十七日迁为工部侍郎、知制诰。

岑仲勉《注补》对年月记载有所质疑。岑氏意谓，《翰林院故事》将王涯之名列于郭求之后，段文昌之前，郭求入院，"颇难专据"，但总当在令狐楚入院之后（岑氏定令狐楚入院在元和九年七月二十五日）；又据韦《故事》所记"以中书舍人充"，又《旧唐书·宪宗纪》下，记元和九年闰八月十八日（壬戌），"以中书舍人王涯、屯田郎中韦绶为皇太子诸王侍读"，因此认为："涯复入翰林，应为九年闰八月后也。"现代研究者也有沿袭岑氏此说的，如吴汝煜、胡可先于《唐才子传校笺》卷五《王涯传》所作笺中，即据岑氏考订，谓王涯之入翰林即在元和九年。实则元和十年六月间，王涯仍在中书省，任中书舍人。《旧唐书》卷一六六《白居易传》，记元和十年七月，"盗杀宰相武元衡，居易首上疏论其冤，急请捕贼以雪国耻。宰相以宫官非谏职，不当先谏官言事"，又因其他人"有素恶居易者"，就贬白居易为江州刺史。《旧传》接云："诏出，中书舍人王涯上疏论之，言居易所犯状迹，不宜治郡，追诏授江州司马。"《新唐书》卷一一九《白居易传》记此事，亦谓"中书舍人王涯上言不宜治郡"。王涯只是在白居易贬江州刺史之"诏出"才看到，因而上疏的，可见非在内廷。据此，则元和十年七月，王涯仍为中书舍人，尚未入院，故两《唐书》记白居易此事，未提王涯为翰林学士。

又岑氏《注补》考郭求事，曾定其为元和九年十一月入（详见前郭求传）。如按岑此考，王涯既在郭求后入，则就不应以元和九年十一月前入，即未能如岑氏所谓以元和九年闰八月为界。实际上岑氏另有说。其另一篇《元稹〈翰林承旨学士厅壁记〉注补》，认为元稹此《记》体例,凡原已为翰林学士而拔充承旨者,均书为"翰林学士……充",另如自外廷径入为翰林学士(如李吉甫)或承旨者(如卫次公),均书为"入院"或"入院充",现元稹所记王涯,书为"入院充",韦执谊《故事》亦云"中书舍人充",则王涯当自外廷径入,非拔自原为翰林学士。岑氏又据韩愈《祭张虞部文》亦仍止称"中书舍人王涯",未称其为学士。如此,则岑氏仍赞同元稹所记,王涯于元和十一年正月十八日以中书舍人入,并同时任承旨。如此,则与其《注补》所考谓元和九年入有异。又据前《郭求传》,郭求实为元和十年十一月六日入为翰林学士,王涯既列于郭求之后,则据元《记》乃于元和十一年正月入,合于情理。

又,钱徽、萧俛因当时议战事不合朝旨(见前钱、萧传),于元和十一年正月十四日被迫出院,王涯当因此二人出院,后数日(即正月十八日)受召入院,也与当时情事相合。

如前所述,白居易于元和十年因上疏议武元衡被杀事,先被贬为江州刺史,时为中书舍人之王涯却又上疏,不使其任郡守,白又降贬为江州司马。实际上白居易于元和三年制举案覆试事,曾特为上疏,其中提及王涯,为之辩解:"故皇甫湜虽是王涯外甥,以其言直合收,涯亦不敢以私嫌自避。"而王涯却于元和十年对白居易作如此斥责,有附和权贵之嫌,可对其人品作进一步探索。

又元稹《承旨学士院记》于元和十一年正月王涯入院并充承旨后,接记同年"十月十七日拜工部侍郎、知制诰"。而《旧传》却谓"十年,转工部侍郎、知制诰",显误。

《新传》记其在院时,甚受宪宗亲重,云:"涯文有雅思,永贞、元和间,训诰温丽,多所稿定。帝以其孤进自树立,数访逮,以私居远,或召不时至,诏假光宅里官第,诸学士莫敢望。"按:李肇《国史补》卷中曾有记:"旧百官早朝,必立马于望仙、建福门外,宰相于光宅车坊,以避风雨。"清徐松撰、张穆校补《唐两京城坊考·校补记》卷三《两京·光宅坊》亦引《唐国史补》此条,并按云:"按:车坊属太仆寺。"①亦即《旧传》此处所称之"官第"。又李揆于肃宗时曾居相位(见《旧唐书》卷一二六,《新唐书》卷一五〇),有《谢赐光宅坊宅表》(《全唐文》卷三七一),中云:"中使某至,奉宣圣旨,知臣无宅,以光宅坊去内最近,赐臣宅一区,宠渥特临,喜惧交集。"又云:"今宅在庙图,地近丹禁,朝天不远于咫尺,捧日如奋于云霄。"可见光宅坊非为一般,故"诸学士莫敢望"(《新传》)。

也正因此,宪宗于元和十一年同年之内,即举拔王涯为相。《旧唐书·宪宗纪》下载元和十一年十二月"丁未,以翰林学士、尚书工部侍郎、知制诰王涯为中书侍郎、同平章事"②。《新唐书》卷六二《宰相年表》与《通鉴》卷二三九所记同。《唐大诏令集》卷四七《王涯平章事制》即对其翰学任职甚加奖赞:"属者禁垣挥翰,五字日宣;选部持衡,九流风动。荐居肘腋之地,历试股肱之才。进尝伏于青蒲,出不浅其温树。牟融得大臣之节,毛玠有古人之风。"③

实际上王涯此次再入,虽为承旨,但任职期不长,不到一年,且未有施展。《全唐文》卷四四八载其文一卷,无一文为翰林学士时所草制诰及言事奏议者。因此也如《旧传》记其任相后,谓"坐

①《唐两京城坊考》,中华书局,1985年。
②按:此月丁未为十六日,而元稹《承旨学士院记》记为"十二月十九日",不确。
③按:《唐大诏令集》于文末署为元和十一年十一月,"十一月"误。

循默不称职罢"。

元和十一年秋冬间,王涯与同在院的学士令狐楚、张仲素,相互唱和,作诗多首,后编为《元和三舍人集》,是当时翰林学士在院中少见的唱和集(详见前令狐楚传)。

此后仕历,两《唐书》纪、传及《通鉴》均有记,不细述。大致为:元和十三年(818)八月罢相,为兵部侍郎。穆宗即位,元和十五年(820)正月,出为剑南东川节度使;长庆四年(824),入为御史大夫(按:两《唐书》本传谓在长庆三年,误),后累历户部尚书、盐铁转运使、山南西道节度使、太常卿、吏部尚书、诸道盐铁转运使等。文宗大和七年(833)七月,再入相,与李训、郑注相合。《通鉴》卷二四四文宗大和七年记:"王涯之为相,(郑)注有力焉。"元胡三省注并谓"是必因(郑)注以结王守澄也",则王涯于后期又结附宦官。大和九年(835)十一月"甘露之变",又为宦官另一派仇士良等所杀(详后文宗朝郑注、李训传)。《旧传》记其被杀时,"涯以榷茶事,百姓怨恨,诟骂之,投瓦砾以击之";又称其"贪权固宠,不远邪佞之流,以至赤族"。《新传》亦谓其晚年"嗜权固位,偷合(李)训等,不能絜去就,以至覆宗";而其所居永宁里,"乃杨凭故第,财贮钜万,取之弥日不尽"。又成书于晚唐僖宗时苏鹗《杜阳杂编》卷中有云:"王涯初为大官,名德闻望,颇为朝廷钦仰",但"末年恃宠固位,为士大夫讥之"①。王涯于中唐翰林学士中,其品行为最为人所讥刺者。

王涯著述,《新唐书》卷五八《艺文志》二,史部,有《唐循资

---

① 阳羡生点校《杜阳杂编》,上海古籍出版社《唐五代笔记小说大观》本,2000 年。

格》五卷;卷五九《艺文志》三,子部,有注《太玄经》六卷,又《月令图》一轴。《直斋书录解题》卷一九有《王涯集》一卷。后皆不传。《全唐诗》卷三四六编其诗一卷,其中即有与令狐楚、张仲素唱和诗,即后编于《元和三舍人集》者。《全唐文》卷四四八载其文十四篇,《唐文拾遗》卷二三辑其文一篇。

张仲素

　　张仲素,两《唐书》无专传,仅《旧唐书》卷一七九《张濬传》略记云:"祖仲素,位至中书舍人。"《唐才子传》卷五有张仲素传,《唐才子传校笺》之吴汝煜笺,对其生平有所考述;另《唐才子传校笺》第五册,张仲素传又有陶敏、陈尚君补笺①,均可参。

　　《旧唐书·张濬传》称"河间人"。《新唐书》卷七二下《宰相世系表》二下,河间张氏,有张仲素,"中书舍人";又载其祖感,未记有官职;父应,安南都护。吴《笺》据白居易《燕子楼三首》诗序及清光绪《宿州志》,考谓河间为张氏郡望,张仲素之本贯实在宿州苻离(今安徽宿县)。陶敏补笺,亦据白居易诗,考光绪《宿州志》卷一八《物志·儒林》所谓"同县二张",实非张仲素,且谓明嘉靖《宿州志》、清道光《宿州志》也未有"苻离五子"记载,张仲素非苻离籍,仍以河间人为是。按:陶说是。

---

①傅璇琮主编《唐才子传校笺》第二册卷五《张仲素传》,吴汝煜笺,中华书局,1989年;第五册,中华书局,1995年。

又，上引《新表》记张仲素之父张应，为安南都护。《旧唐书》卷一三《德宗纪》下，记贞元四年（788）四月"辛酉，以吉州刺史张庭为安南都护、本管经略使"。郁贤皓《唐刺史考全编》卷三一〇岭南道安南都护府，即引《旧纪》此记，并引《旧唐书·李复传》，记有"安南经略使高正平、张应相次卒官"，并据《新表》，谓《旧纪》"张庭"应为"张应"之讹。陶敏、陈尚君补笺均谓郁说是，并谓张应至任后不久即卒，当在贞元四五年间（788—789）。按：《旧纪》"张庭"字讹，中华书局点校本未有校。

又《新唐书·张濆传》仅载张仲素名，《新唐书》卷五九《艺文志》三，子部类书类，著录有张仲素《词圃》，注云："字绘之。"白居易《燕子楼三首》序有"昨日司勋员外郎张仲素缋之访予"之句（《白居易集笺校》卷十五）。吴《笺》谓绘、缋二字，古通。

《唐才子传》卷五《张仲素传》云："贞元十四年李随榜进士，与李翱、吕温同年。"此当据当时尚传存之唐人登科录，徐松《登科记考》卷一四则据此系张仲素于贞元十四年（798）登进士第，又据《广川书跋》载李翱《慈恩题名》："李翱第一，张仲素次之。十人解送而九人入等。"徐松谓："盖李、张皆于上年为京兆等第也。"按：《文苑英华》卷三二载吕温、张仲素、王季友《鉴止水赋》，《唐才子传》卷五亦记吕温为贞元十四年进士及第，此《鉴止水赋》当为赋作试题①。是年知举者为顾少连，德宗时翰林学士，同年登第者如独孤郁、王起、李建等，后亦为翰林学士。

---

①按：《旧唐书》卷一三七、《新唐书》卷一六〇《吕温传》皆记吕温"贞元末"进士及第，误。中华书局点校本未有校。

又闻一多《唐诗大系》记张仲素生年为 769 年（代宗大历四年），未有考，当仅为推测。如以 769 年生，则贞元十四年（798）登第时为三十岁。

《唐才子传》后云："以中朝无援不调，潜耀久之。复中博学宏辞，始任武康军从事。"何年中博学宏辞科，徐松《登科记考》未载。按：此时，博学宏辞已非制举，当为吏部铨试，故徐松《登科记考》亦可不列。又吴《笺》疑"武康"为"武宁"之误，谓徐州节度于永贞元年（805）三月赐名武宁军（见《旧唐书·顺宗纪》及《通鉴》卷二三六）。白居易《燕子楼三首》序中有云："徐州故张尚书有爱妓曰盼盼，善歌舞，雅多风态。予为校书郎时，游徐、泗间，张尚书宴予。酒酣，出盼盼以佐欢。"又提及"缋之从事武宁军累年，颇知盼盼始末"。缋之即张仲素字（见前述）。吴《笺》谓此张尚书为张愔，张愔任徐州节度使在贞元十六年（800）至元和元年（806），而白居易为校书郎后曾游徐、泗，在贞元二十年（804），见《白居易集笺校》之《燕子楼三首》笺及后所附朱金城《白居易年谱》，由此则张仲素当于贞元十六年后入徐州张愔幕。又张仲素有《贺破贼表》、《贺捉获刘辟等表》（《全唐文》卷六四四），即元和元年唐军征讨西川节镇刘辟，六月大破叛军，九月擒获刘辟。陶敏补笺谓据此，张仲素当时仍在徐州幕，代张愔向朝廷进献贺表。张愔于元和元年冬卒，张仲素可能于张愔卒后离徐州幕，入朝。

《旧唐书》卷一六四《杨於陵传》："（元和）七年，吏部尚书郑馀庆以疾请告，乃复置考判官，以兵部员外郎韦顗、屯田员外郎张仲素、太学博士陆亘等为之。"则元和七年（812）前张仲素已在朝任屯田员外郎（从六品上），屯田员外郎前任何职，无史料。

此后,元和十年(815),在司勋员外郎任,与白居易有诗唱和。前所引述的白居易《燕子楼三首》之序云:"徐州故张尚书有爱妓曰盻盻,善歌舞,雅多风态。予为校书郎时,游徐、泗间,张尚书宴予。酒酣,出盻盻以佐欢,欢甚。……迩后绝不相闻,迨兹仅一纪矣。昨日,司勋员外郎张仲素缋之访予,因吟新诗,有《燕子楼》三首,词甚婉丽;诘其由,为盻盻作也。缋之从事武宁军累年,颇知盻盻始末。……予爱缋之新咏,感彭城旧游,因同其题作三绝句。"据《白居易集笺校》卷一五,白居易作此诗在元和十年(815),时已丁忧期满,在朝任太子左赞善大夫。又据朱金城《白居易年谱》,白居易于贞元十九年(803)任校书郎,二十年(804)春曾游洛阳、徐州,其时二人在徐州张愔幕府已相识。而元和十年,张仲素又访之,时已由屯田员外郎改为司勋员外郎。按:张仲素《燕子楼诗三首》载《全唐诗》卷三六七。前所引白居易《燕子楼三首》自序,对张仲素此诗甚为称赏,云"词甚婉丽",故特为和作。

又,《唐才子传》谓张仲素"贞元二十年迁司勋员外郎,除翰林学士",则大误。前已考述,德宗贞元后期直至宪宗元和元年,张仲素一直在徐州张愔幕府,而其为翰林学士,则在元和十一年(816)。《唐才子传》此处误载,不知出于何书。

关于张仲素入院,韦执谊《翰林院故事》所记仅一句,云"礼部员外充"。丁居晦《重修承旨学士壁记》记为:"元和十一年八月十五日,自礼部郎中充。"一为礼外,一为礼中,当以丁《记》为是,此可以杨巨源诗参证。杨巨源有《张郎中段员外初直翰林报寄长句》(《全唐诗》卷三三三),此段员外为段文昌,丁《记》即记其于元和十一年八月十五日自祠部员外郎充,韦《故事》亦记为"祠部员外充"。杨巨源诗题称张、段同时初值翰林,称段为员外,则称张为郎中,当是。

按:杨巨源此诗云:"秋空如练瑞云明,天上人间莫问程。丹凤词头供二妙,金銮殿角直三清。方瞻北极临星月,犹向南班滞姓名。启沃朝朝深禁里,香炉烟外是公卿。"将二人以尚书郎官入为翰林学士称誉为"天上人间莫问程"。其实唐人对尚书省郎官是极为看重的,如《唐会要》卷五八载玄宗开元五年(717)四月九日敕,称"尚书郎皆是妙选"。文宗时翰林学士韦温曾谓:"国朝已来,郎官最为清选。"(《旧唐书》卷一六八《韦温传》)而杨巨源以翰林学士与郎官作比,称"天上人间莫问程",可见当时文士的一种社会心理。

杨巨源,两《唐书》无传。《唐才子传》卷五有《杨巨源传》,据吴汝煜、胡可先笺,杨巨源于元和九年(814)六月后随河中张弘靖入朝为秘书郎,十一年(816)前后任太常博士,十三年(818)改为虞部员外郎,旋出任凤翔少尹。赴任时,张籍有《送杨少尹赴凤翔》诗(《全唐诗》卷三八五),首二句为"诗名往日动长安,首首人家卷里看",可见其当时之诗名。由杨巨源赠张仲素、段文昌诗,也可由此考见当时翰林学士与文士的交往。

又,张仲素以礼部郎中任翰林学士时,当时另有一诗人答其赠诗,值得一提,即张碧《答张郎中分寄翰林贡余笔歌》,为七古。此诗《全唐诗》未收,近代学者童养年于《全唐诗续补遗》卷五中辑入①。《唐才子传》卷五有《张碧传》,吴汝煜、胡可先笺,引有此诗,并据丁《记》,谓中唐德、顺、宪三朝时,以郎中充翰林学士并姓

①见陈尚君编纂《全唐诗补编》,中华书局,1992年。

张者,仅张仲素一人。诗中云:"我之宗兄掌文橛,翰林分与神仙毫",又赞誉其诗"东风吹柳作金线,狂涌辞波力生健;此时捧得江文通,五色光从掌中见";末云"手擎瑟瑟三十斗,博归天上书《黄庭》;梦中摆手不相许,怅望空乘碧云去",似有望请举荐之意。据《唐才子传》及《唐诗纪事》卷四五,张碧于贞元间应试进士,累举不第,而后退隐,读李白诗,慕其为人。孟郊有《读张碧诗》,称"陈词备风骨"(《孟东野诗集》卷九),当亦有诗名。由上引张碧答和张仲素诗,可见张仲素在任翰林学士时,主动赠诗与笔给文士,也可见当时翰林学士与文士之交往。

关于张仲素、段文昌之入为翰林学士,《旧唐书》卷一五八《韦贯之传》尚记有一事,时韦贯之为宰相,"同列以张仲素、段文昌进名为学士,贯之阻之,以行止未正,不宜在内庭"。《新唐书》卷一六九《韦贯之传》更记为:"贯之谓学士所以备顾问,不宜专取辞艺,奏罢之。"按:韦贯之于元和十一年八月壬寅(九日)罢相,而张、段则于同年八月十五日入,即张、段之入,乃为韦罢相后,而韦之罢相,又与裴度论事不合有关。《旧唐书》卷一五《宪宗纪》下,元和十一年八月记韦贯之罢相后,有云:"贯之以淮西、河北两处用兵,劳于供饷,请缓(王)承宗而专讨(吴)元济,与裴度争论上前故也。"正因如此,张、段之所以能在韦贯之罢相后数日即入,也当与裴度有关,因裴度当时是力主全力征讨的。此年正月十四日,钱徽、萧俛即因不主张用兵而被迫出院,此时郭求也于八月出院,院中仅徐晦、令狐楚、王涯三人,在征战正急、制令日繁的情况下,必须急调人才。又据《唐会要》卷五七《翰林院》所记元和十三年(818)事,张仲素等是主张用兵的:"(元和)十三年,上御麟德殿,召对翰林学士张仲素、段文昌、沈传师、杜元颖,以仲素等自讨叛奉书诏之勤,赐仲素以紫,文昌等以绯。"按:此"讨叛",即指平淮西吴元济。据史载,唐将李愬于元和十二年(817)十月擒获吴元济,十一月诛吴元济于京兆,十三年正月朔,受朝贺,大赦。《旧唐书》卷一五《宪宗纪》下,十三年"二月乙亥,御麟德殿,宴群臣,大合乐,凡三日而罢,颁赐有差"。此当即《唐会要》卷五七所载赐张仲素等。由此亦可见,文士之入为翰林学士,与当时执政者即宰相有极大关系,如当时韦贯之未罢相,裴度未力荐,张仲素、段文昌也就未能入。

张仲素入院后,丁《记》记云:"(元和)十三年正月十二日,加司封郎中、知制诰,二月十八日,赐紫。十四年三月二十八日,迁中书舍人。卒官,赠礼部侍郎。"元稹《承旨学士院记》:"元和十三年二月十八日,以司封郎中、知制诰、翰林学士赐紫金鱼袋充①。十四年三月二十八日,正除。其年卒,官赠礼部侍郎。"则张仲素于元和十三年二月十八日赐紫后,即又任承旨,此为丁《记》未记。

又,张仲素于元和十一年八月十五日以礼部郎中入,至十三年二月十八日,改司封郎中、知制诰,即其间约有一年半时间加知制诰者,而此期间正为淮西战事最为繁剧之时,翰林学士为此撰写制诰诏令一定很多,前引《唐会要》所记亦称其"奉书诏之勤"。张仲素所草制诰,虽未有传存,但当时一定不少。如此则所谓翰林学士在院期间未加中书舍人时,只有兼知制诰,才能撰制,确与事实不合。

---

① 按:此处"充"字原无,据岑氏《注补》补。

据元《记》,张仲素于元和十四年三月二十八日迁中书舍人,"其年卒,官赠礼部侍郎"。则其在院,前后四年。在院期间,除撰制诏诰外,尚有三事可述:

一、曾为卢纶辑集。《新唐书》卷二〇三《文艺下·卢纶传》:"宪宗诏中书舍人张仲素访集遗文。"按:令狐楚在院期间曾应宪宗之嘱编中唐前期诗选《御览诗》,其中所选卢纶诗最多,为三十二首(见前令狐楚传)。后所传本《御览诗》附有陆游跋,有云:"按:《卢纶墓碑》云:'元和中,章武皇帝命侍丞采诗第名家,得三百一十篇,公之章句,奏御者居十之一。'今《御览》所载纶诗正三十二篇,所谓居十之一者也。"令狐楚所选卢纶诗最多,一方面可能与其诗学观念有关,另一方面也有可能因得有张仲素所编之卢纶诗集。

二、宋陈思《宝刻丛编》卷八引《京兆金石录》:"《唐赠左武卫上将军彭献忠碑》,张仲素撰,郭叔瑜书,王遂篆额。元和十二年。"此即《全唐文》卷六四四所载张仲素《内侍护军中尉彭献忠神道碑》。据文中所载,彭献忠为宦官,建中三年(782)入侍宫殿,得到德宗之宠信;宪宗元和三年(808)为左神策军副使,六年(811)十月迁升为左领军卫大将军、知内侍省事,充左神策等护军中郎将兼左卫功德使;十二年(817)二月卒,十月十四日葬。文中云:"词臣奉诏,传信扬芳,焯叙德善,永垂贞石。"奉皇帝之命为宦官撰写碑铭,这是唐翰林学士职能常例,也值得作综合考察。

三、《新唐书》卷五九《艺文志》三,子部类书类,著录有张仲素《词圃》十卷。按:此类所录,前有规模较大的类书,如《艺文类聚》一百卷,《北堂书钞》一百七十三卷,及武后时所编之《三教珠英》一千三百卷等。可以注意的是,另有中唐时翰林学士所编,如陆贽《备举文言》二十卷,元稹《元氏类集》三百卷,白居易《白氏经史事类》三十卷(一名《六帖》)。这几部书一般是为翰林学士撰写制诰或其他文士应试时所参用的。张仲素当时以赋著称,李肇《翰林志》记文士应召入院,须经文试,即"试制书答共三首,诗一首"(此可参前白居易传),后又云:"自张仲素后加赋一首。"这就是说,自张仲素后,翰林学士召试又加试赋一项。唐赵璘《因话录》卷三,称元和以来,"李相国程、王仆射起、白少傅居易兄弟、张舍人仲素为场中词赋之最,言程式者,宗此五人"。可见张仲素赋作在当时的声望。《全唐文》卷六四四载张仲素文二十七篇,其中十九篇为赋,这在中唐翰林学士中是极为少见的。《新唐书》卷六〇《艺文志》四,集部最后一类,又著录"张仲素《赋枢》三卷",同类有王昌龄《诗格》、皎然《诗式》等,则此《赋枢》当亦为写作指南一类之书。由此可见,张仲素之《词圃》、《赋枢》,后虽未传,但对研究唐时赋体文学的发展、传播,当甚有参考价值。

又,张仲素于元和十一年秋冬间,与令狐楚、王涯同在院,有诗唱和,后编成集,为《元和三舍人集》,详见前令狐楚传。《全唐诗》卷三六七载其诗一卷,计三十八首,其中即有《元和三舍人集》所收者。

段文昌

段文昌,两《唐书》有传,见《旧唐书》卷一六七,《新唐书》卷八九(附于其高祖段志玄传后)。《旧传》:"段文昌字墨卿,西河人。"《新传》:"文昌字墨卿,一字景初,齐州临淄人。"所记郡籍不同。《新唐书》卷七五下《宰相世系表》五下,记"段氏出自姬姓","世居武尉",后"徙河南"。元稹《唐左千牛韦珮母段氏墓志铭》(《全唐文》卷六五五)亦称段氏为"武威段氏",武威当为郡望。又《元和郡县图志》卷一三河东道有汾州,即西河郡,在今山西省中部,与《新唐书·段志玄传》所云齐州临淄人,亦不同。当各因其先世仕历不同,所记有异。而段文昌,则两《唐书》本传皆记为"家居荆州""世客荆州",当较合于实际。荆州,治所为江陵(今湖北荆门市)。

又《旧传》称其高祖志玄,祖德皎。《新唐书·宰相世系表》则记段志玄子瓘,瓘有三子:怀昶、怀晏、怀皎;怀皎子谔,谔子文昌。如此,则《旧传》称文昌祖德皎,"德"字误,因据《新表》,瓘子三人名,皆以"怀"字行。

关于段文昌早期生活,过去也有两处误载。宋王谠《唐语林》卷六谓"文昌少孤,寓居广陵之瓜洲,家贫力学。"而同卷另一条又载:"段相文昌,少寓江陵,甚贫窭。每听曾口寺斋钟动,诣寺求食。寺僧厌之,乃斋后扣钟,冀其来不逮食。后登台辅,出镇荆南,题诗曰:'曾遇阇梨饭后钟。'"前一条,周勋初《唐语林校证》谓"不知源出何书";后一条,谓原出《北梦琐言》卷三《段相踏金莲》,后《类说》、《说郛》皆据《北梦琐言》有载。

按:两《唐书》本传及有关记载,均谓段文昌世居荆州。《旧传》记其父谔,循州刺史,《新表》则记谔为荣州刺史,有所不同(中华书局点校本未有校),但均与广陵(扬州)无关。《太平广记》卷一五五《段文昌》条引《定命录》有云:"父锷(按:此字当误,应作谔），为支江宰，后任江陵令"；又称段文昌"长自渚宫"。《太平广记》卷一三八《段文昌》条引《录异记》，又谓段文昌"负才傲俗，落拓荆楚间"，均记其早年在荆州江陵。《旧传》更云："先人坟墓在荆州。"因此《唐语林》所谓段文昌"少孤，寓居广陵"，失实。

又前所引述《唐语林》同卷所引《北梦琐言》一条，却记段文昌为"少寓江陵"，较合实际，但此条又记于当地僧寺求食事，唐末五代王定保《唐摭言》所记，则为王播事。两《唐书·王播传》亦有类似记载，并可参《唐诗纪事》卷四五王播条，及许浑《和淮南王相公与宾僚同游瓜洲别业题旧书斋》（《全唐诗》卷五三五）。由此，则《北梦琐言》虽记段文昌少寓江陵，是，但记"诣寺求食"，应是王播事，且在广陵（扬州），亦与段文昌无关。

段文昌子段成式所著《酉阳杂俎》，其书《续集》七，记有："贞元十七年，先君自荆入蜀，应韦南康辟命。"据《旧传》，段文昌卒于文宗大和九年（835）三月，年六十三，则当生于代宗大历八年（773），贞元十七年（801）当为二十九岁。段文昌于二十九岁才由荆入蜀，应聘至剑南西川幕府，可见他早年确长期居于荆州，可能也未应科举考试，故徐松《登科记考》即未列其名。又韦皋于德宗贞元年间即任剑南西川节度使、成都尹，后封南康郡王，故又称韦南康。符载作于贞元四年（788）的《剑南西川幕府诸公写真赞》序中曾称："韦公虚中下体，爱敬士大夫，靡至幕下，搢绅峨峨，为一时伟人。"（《全唐文》卷六九〇）可见韦皋在西川节镇是颇善意于招募文才之士的，故段文昌特意由荆入蜀。

《旧传》接云："李吉甫刺忠州，文昌尝以文干之。及吉甫居相位,与裴垍同加奖擢,授登封尉、集贤校理。"按:李吉甫于贞元十一年(795)夏由明州员外长史迁为忠州刺史,十七年(801)因病罢任,但仍留于忠州,至十九年(803)夏改郴州刺史任(见前李吉甫传)。忠州治所临江县,在今重庆忠县。由此,可能段文昌于贞元十七年入韦皋幕后,于十七、十八年内曾去忠州探访李吉甫,"以文干之",具体不详。

李吉甫于宪宗元和二年(807)正月与武元衡同时入居相位,同年十月,武元衡出为剑南西川节度使,元和三年(808)九月,李吉甫出为淮南节度使。如此,则可能段文昌于元和二三年间,武元衡镇蜀时,被召为其婿(段文昌于元和初期仍在西川),后又由李吉甫、裴垍之荐,入朝。登封县为畿县,属河南道,段文昌当以正九品下之登封县尉官衔,入朝为集贤校理,并非在登封县供职。

《旧传》随后记为:"俄拜监察御史,迁左补阙,改祠部员外郎。元和十一年,守本官,充翰林学士。"《新传》所记甚略,于登封尉、集贤校理后,仅"再迁左补阙"一句,后即述翰林学士事。据丁居晦《重修承旨学士壁记》,段文昌与张仲素同于元和十一年(816)八月十五日入,段文昌是"自祠部员外郎充",与《旧传》合。韦执谊《翰林院故事》亦记为"祠部员外充"。

关于段文昌之入为翰林学士,两《唐书》皆记当时有争议。《旧传》云:"文昌,武元衡之子婿也。元衡与宰相韦贯之不协,宪宗欲召文昌为学士,贯之奏曰:'文昌志尚不修,不可擢居近密。'至是贯之罢相,李逢吉乃用文昌为学士。"《新传》亦有记,但未提武元衡事,亦未提李逢吉,仅云:"宪宗数欲亲用,颇为韦贯之奇诋,偃蹇不得进。贯之罢,引为翰林学士。"按:《旧传》所载,韦贯之仅提及段文昌，而两《唐书·韦贯之传》则记韦贯之当时不主张入任翰林学士者，为张仲素、段文昌二人，且亦未提及武元衡，只谓此二人"行止未正"。按：武元衡于元和十年（815）六月已为盗所杀，元和十一年七八月间，韦贯之已与武元衡无实际利害冲突。据前张仲素传所考，韦之力阻张、段二人召入，与当时征讨战事有关。韦贯之当时与力主征讨的裴度常"争论上（宪宗）前"，结果，韦贯之于元和十一年八月九日罢相，张、段二人于同月十五日入院，可能即为裴度举荐。段文昌入院时，为四十四岁。

又，段文昌初入院时，当时颇有诗名的杨巨源有诗寄献段文昌、张仲素，参见前张仲素传。

丁《记》接云："十三年正月十二日，加本司郎中。二月十八，赐绯。"此次迁赐，也与张仲素等同时。据史载，元和十二年十月，唐将李愬擒获淮西吴元济，十一月诛吴元济于京兆；十三年正月朔，宪宗即受朝贺，大赦。又《旧唐书》卷一五《宪宗纪》下，十三年"二月乙亥，御麟德殿，宴群臣，大合乐，凡三日而罢，颁赐有差。"关于当时翰林学士赏赐，《唐会要》卷五七《翰林院》有记："（元和）十三年，上御麟德殿，召对翰林学士张仲素、段文昌、沈传师、杜元颖，以仲素等自讨叛奉书诏之勤，赐仲素以紫，文昌等以绯。"可见段文昌等对当时征讨、用兵之积极支持与效勤。

丁《记》接云："十四年四月，加知制诰。十五年正月二十三日，迁中书舍人。闰正月一日，赐紫。"元稹《承旨学士院记》则记为："元和十五年闰正月一日，以中书舍人、翰林学士与杜元颖同承旨，仍赐紫金鱼袋。"

岑仲勉《注补》谓据《旧唐书·宪宗纪》下，宪宗卒于元和十五年正月二十七日庚子，依此，则段文昌于正月二十三日迁中书舍人，当仍在宪宗时。《旧传》则谓"穆宗即位，正拜中书舍人"，误。《新传》记段文昌于宪宗时迁中书舍人，但又将其任承旨亦记于宪宗时，谓："迁中书舍人，遂为承旨。穆宗即位，屡召入思政殿顾问。"据元《记》，段文昌于元和十五年闰正月一日，与杜元颖同为承旨，已在宪宗卒后，《新传》此处所记亦不确（中华书局点校本，于《旧传》《新传》此处之误，皆未有校正）。

按：翰林学士承旨是宪宗即位初创建的，但终宪宗一朝，同一时期，只设承旨一人，前后相继，有时尚有空缺。而穆宗即位初，又将段文昌与杜元颖同任为承旨，这是首创，但似也仅此一例，后未有。

《旧唐书》卷一六《穆宗纪》，元和十五年闰正月辛亥（初八），记云："舍人、翰林学士、武骑尉、赐紫金鱼袋段文昌为中书侍郎、同平章事。"元稹《承旨学士院记》同，记为："（闰正月）八日，拜中书侍郎、同中书侍郎平章事。"（丁《记》则于"闰正月一日赐紫"后，谓"八月，拜中书侍郎、平章事"，"月"当为"日"讹）这是穆宗时由翰林学士直接提升为宰相的首例。

《唐大诏令集》卷四七载有《段文昌平章事制》，文末署"元和十五年闰正月"，未署撰者。《全唐文》卷七二四杜元颖文，载有此制。杜元颖此时正任为翰林学士承旨。制文称段文昌"自掌文翰苑，列籍金门，出入五年，恭勤一致"；又赞其"修词每掇其菁华，所尚者风格；发言必深于指要，所贵者变通。识古今理乱之源，知遐迩利病之本"。但《全唐文》卷六一七载其文四篇，无一篇制诰文字。

其任职期间应命所作之《平淮西碑》，则为争议甚多一文。《旧唐书》卷一六〇《韩愈传》云："仍诏愈撰平淮西碑，其辞多叙裴度事，时先入蔡州擒吴元济，李愬功第一，愬不平之。愬妻出入禁中，因诉碑辞不实，诏令磨愈文，宪宗命翰林学士段文昌重撰文勒石。"《新唐书》卷二一四《吴元济传》亦有记："（韩）愈以元济之平，繇（裴）度能固天子意，得不赦，故诸将不敢首鼠，卒禽之，多归度功，而（李）愬特以入蔡功居第一。愬妻，唐安公主女也，出入禁中，诉愈文不实。帝亦重牾武臣心，诏斫其文，更命翰林学士段文昌为之。"段文昌《平淮西碑》（《全唐文》卷六一七）文后亦云："诏命掌文之臣文昌勒铭淮浦。"关于韩、段此两篇碑文，后罗隐《说石烈士》（《全唐文》卷八九六），《芝田录》（《类说》卷一一引），各有所记，后人亦多有不同评论。现代学者罗联添《记〈平淮西碑〉》，对此有综述，可参。罗氏以为宪宗所以允从愬妻之诉说，命段文昌重写，"盖以河北、山东藩镇之乱未清，仍须借重武臣"[1]。当然，段文昌重写之《平淮西碑》，与韩愈所作，其重点及优缺点，可再作比较研究，但我们从翰林学士研究角度，主要在论述此为翰林学士职能之一，只能听从上旨。

段文昌后之仕历颇繁，不再细述。罢相后，历任各地节镇，如剑南西川、淮南、荆南等。详见两《唐书》纪、传。文宗大和九年（835）三月卒，年六十三。

《旧传》谓"有文集三十卷"，《新唐书》卷六〇《艺文志》四，别集类所载同，后不存。《全唐文》卷六一七载文四篇；《全唐诗》卷

---

① 罗联添文，载《韩愈研究》论文集第一辑，中州古籍出版社，1996 年。

三三一载诗四首,皆辑自《唐诗纪事》卷五〇。其诗文除《平淮西碑》外,皆与翰林学士无关。

又,其子成式,有文才,附见两《唐书·段文昌传》,著有《酉阳杂俎》,是唐时著名志怪笔记小说体著作。

沈传师

沈传师,两《唐书》有传,见《旧唐书》卷一四九,《新唐书》卷一三二。另有杜牧《唐故尚书吏部侍郎赠吏部尚书沈公行状》(《樊川文集》卷一四)[①]。按:《旧唐书》卷一四九虽标为沈传师传,实际上所记主要系其父沈既济事,记沈传师事仅数行,甚略。《新唐书》卷一三二本传所记较详,但大多即本于杜牧所作《行状》。

《元和姓纂》四十七寝,记沈传师,谓"吴兴武康人"。杜牧《行状》未记其郡籍。两《唐书》本传则皆称为苏州吴人。据《元和郡县图志》卷二五,湖州吴兴郡有武康县(今属浙江德清县)。又徐松《登科记考》卷一五记沈传师于贞元二十一年(805)登进士第,系据《永乐大典》所引《苏州府志》,而《嘉泰吴兴志》卷一六《贤贵事实》所引《吴兴统志》又谓沈传师为德清县人。可能其本籍仍为吴兴,而后则长期居于苏州。

其父沈既济,德宗初曾因杨炎之荐,任左拾遗、史馆修撰,后

---

①陈允吉点校《樊川文集》,上海古籍出版社,1978 年。

杨炎谴逐,也就受累贬处州司户,后入朝,终礼部员外任。所著《枕中记》(《唐文拾遗》卷二四),为唐时传奇名作。

两《唐书》本传及杜牧《行状》,记沈传师事迹,均自进士擢第始。《旧传》仅言"擢进士",杜牧《行状》则记为"贞元末",并言时权德舆知举,给事中许孟容特向权德舆推荐。杜牧《行状》又云:"文公门生七十人,时人比公为颜子。"即以沈传师为权德舆知举时录取举子之翘秀者。徐松《登科记考》卷一五,贞元二十一年,知举者即权德舆,同年登第者另有牛僧孺、李宗闵等。杜牧《行状》已云此年登第者七十人,又杨嗣复《丞相礼部尚书文公权德舆文集序》(《全唐文》卷六一一)亦谓"擢进士第者七十有余";同年及第者萧籍,其所作《祭权少监文》(同上,卷六九五)亦谓:"公昔在贞元,实司文衡,第甲者七十有二人。"按:唐进士科,一般录取者不过三四十人,而此年却达到七十余人。据《旧唐书》卷一四《顺宗纪》,德宗于贞元二十一年正月卒,顺宗立,三月下旬进士放榜,而此时正为王叔文新政施展之际,可能与由此而多提拔人才有关。

杜牧《行状》记进士及第后,接云:"联中制策科。"《唐会要》卷七六《制科举》条,即记元和元年(806)四月才识兼茂明于体用科,有沈传师,即进士及第后之第二年,故杜牧《行状》云"联中"。同登此科者有元稹、白居易、独孤郁、萧俛,后皆为翰林学士。沈传师此次制举登科后,据杜牧《行状》,历仕为:"太子校书,郫县尉,直史馆,左拾遗,左补阙,史馆修撰。"当均在元和前期,后即入为翰林学士。

现补记沈传师进士登第之年岁,并兼考《旧唐书》所记之误。

《旧传》有云："转宣州刺史、宣歙池观察使。入为吏部侍郎。大和元年卒,年五十九,赠吏部尚书。"杜牧《行状》及《新传》皆未记卒于何年。按:《旧唐书》卷一七上《文宗纪》上,大和二年十月癸酉,以右丞沈传师为江西观察使;卷一七下《文宗纪》下,大和四年九月丁丑,"以(沈)传师为宣歙观察使";七年四月甲申,"以(沈)传师为吏部侍郎"。如此,则沈传师于大和二年至七年(828—833)仍历镇江西、宣歙。杜牧《池州造刻漏记》(《樊川文集》卷十)曾记:"某大和三年佐沈吏部江西府……后二年,公移镇宣城。"即杜牧于这几年间即在沈传师幕府。由此,则《旧传》谓"大和元年卒",显误(中华书局点校本未有校)。杜牧《行状》后记沈传师自宣州入为吏部侍郎(即大和七年),又经"二年考覆搜举",后即"及薨于位",则当卒于大和九年(835)。《旧传》所记"元年","元"当为"九"之形讹。

大和九年卒,年五十九,则当生于代宗大历十二年(777)。贞元二十一年(805)进士及第,为二十九岁;后元和十二年(817)入为翰林学士,当为四十一岁,在当时院中是最为年轻的。

韦执谊《翰林院故事》记沈传师:"补阙充。"丁居晦《重修承旨学士壁记》,记为:"元和十二年二月十三日,自左补阙、史馆修撰充。"杜牧《行状》记其翰林学士前,亦为左补阙、史馆修撰,任翰林学士后则为"历尚书司门员外郎"。但两《唐书》本传却均记为由左补阙迁司门员外郎、知制诰,后才召充翰林学士,当不确。且沈传师入院后虽有迁转,但其以本官兼知制诰乃在穆宗即位后,即元和十五年(820)闰正月二十一日,以兵部郎中知制诰,此亦为两《唐书》本传之误。

丁《记》记其入院后，云："十三年正月十三日，迁司门员外郎；二月十八日，赐绯。"按：此次升迁、赏赐，与张仲素、段文昌同时。《唐会要》卷五七《翰林院》记云："（元和）十三年，上御麟德殿，召对翰林学士张仲素、段文昌、沈传师、杜元颖，以仲素等自讨叛奉书诏之勤，赐仲素以紫，文昌等以绯。"此因淮西战平，吴元济于元和十二年十一月被诛，宪宗乃于十三年正月朔日，朝贺，宣赦。《旧唐书》卷一五《宪宗纪》下，十三年"二月乙亥，御麟德殿，宴群臣，大合乐，凡三日而罢，颁赐有差"。张仲素、段文昌等皆于十三年正月十二日迁转（见前张、段传）。丁《记》此处记为："正月十三日。""三"字当为传写之误。

丁《记》接云："十五年正月二十三日，加司勋郎中。闰正月一日，赐紫。二十一日，加兵部郎中、知制诰。"按：段文昌亦于正月二十三日由祠部郎中、知制诰迁中书舍人，闰正月一日加承旨（见前段文昌传），杜元颖、李肇亦于闰正月一日赐紫（见后杜、李传），此当因元和十五年正月宪宗卒，穆宗立，穆宗表示对翰林学士的信重。《旧唐书》卷一六《穆宗纪》即记，元和十五年正月"丙午，即皇帝位于太极殿东序。是日，召翰林学士段文昌、杜元颖、沈传师、李肇、侍读薛放、丁公著对于思政殿，并赐金紫"，而第二天（丁未），才"集群臣班于月华门外"。

丁《记》又记："长庆元年二月二十四日，迁中书舍人。"元稹时已入为翰林学士、中书舍人，有《沈传师授中书舍人制》（《全唐文》卷六四八），称为："洁净精微，风流儒雅，名因道胜，信在言前。谦而愈光，卑以自牧，专对无不达，群居若不知。而又焕有文章，发为词诰，使吾禁中无漏露之患，而朕语言与三代同风，勤亦至矣。"对沈传师在院期间之职责表现甚为赞誉,并特标以"与三代同风",亦表现元稹对制诏文体改革创新的意向(此参见后穆宗朝元稹传)。

杜牧《行状》记其迁中书舍人后云:"时穆宗皇帝亲任学士,时事机秘,多考决在内,必取其长,循为宰相。公密补弘多,同列每欲面陈拜章,互来告公,必取规议,用为进退。岁久,当为其长者凡再,公皆逡巡不就。上欲面授之,公奏曰:'学士院长,参议大政,出为宰相,臣自知必不能为。凡宰相之任,非能尽知天下物情,苟为之必致败挠。况今百姓甚困,燕赵适乱,臣以死不敢当,愿得治人一方,为陛下长养之。'因出称疾,特降中使刘泰伦起之,公称益笃。故相国李公德裕与公同列友善,亦欲公之起,辞说甚切,公终不出。"按:元和十五年闰正月一日,段文昌与杜元颖同受任为翰林学士承旨,而同月八日段文昌又出任宰相,杜元颖于长庆元年(821)二月十五日又拜相出院,时当有人提议请沈传师充任承旨,但沈传师力辞,亦可见其"恬退无兢"(《旧传》)之品行。

杜牧《行状》后记为:"因诏以本官兼史职,出归纶阁。久处密近,思效用于外,恳请于丞相不已,由是出为湖南观察使、兼御史大夫。"《旧传》亦于"以本官兼史职"后,记为"俄兼御史中丞,出为潭州刺史、湖南观察使"。又欧阳修《集古录跋尾》卷八著录《唐韩愈罗池庙碑》①,引有《穆宗实录》,云:"长庆二年二月,传师自尚书兵部郎中、翰林学士罢为中书舍人、史馆修撰,其九月,愈自兵部侍郎迁吏部。"韩愈确于长庆二年(822)九月由兵部侍郎迁

---

①《集古录跋尾》,见《欧阳修全集》卷一四一,中华书局点校本,2001 年。

改为吏部侍郎,则沈传师亦当于长庆二年二月出院。唯所引《穆宗实录》,所谓由兵部郎中罢为中书舍人,则误。因沈传师在院期间已由兵部郎中(从五品上)迁为中书舍人(正五品上),何以又谓出院时以兵部郎中罢为中书舍人?但时间可佐证,由此可补丁《记》"二月十九日"前加"二年"二字(岑氏《注补》亦已提及),即长庆二年二月十九日以中书舍人出院,"以本官兼史职"。

沈传师与李德裕元和十五年闰正月至长庆二年二月同在院中任职,据杜牧《行状》,二人"同列友善"。如前所述,李德裕曾力劝沈传师升任承旨。李德裕于大和三年(829)春为浙西观察使、润州刺史后,曾作有《招隐山观玉蕊树戏书即事奉寄江西沈大夫阁老》(《李德裕文集校笺》别集卷三),中云:"玉蕊天中树,金闺昔共窥。……今来想颜色,还似忆琼枝。"自注:"内署沈大夫所居门前有此树,每花落,空中回旋久之,方集庭际,大夫草诏之月,皆邀予同玩。"此时沈传师任江西观察使(见后),见此诗后,即作有《奉酬浙西尚书九丈招隐山观玉蕊树戏书见怀之作》(《全唐诗》卷四六六),中云:"曾对金銮直,同依玉树荫。……劳君想华发,仅欲不胜簪。"二诗是对同值翰学时的回忆,提供了有意义的史料。

另,翰苑外之文士沈亚之有诗寄赠沈传师:《题海榴树呈八叔大人》(《全唐诗》卷四九三),七律,前四句云:"曾在蓬壶伴众仙,文章枝叶五云边。几时奉宴瑶台下,何日移荣玉砌前。"蓬壶即蓬莱,相传为仙人所居,此处即喻为翰林学士院。次句即谓经常陪侍皇上,以供咨询。此亦可见当时对翰林学士特殊境遇的仰慕之情。

沈传师任职于翰苑，前后六年，时间不短，但无一篇制诰传存。《全唐文》卷六八四仅载其《元和辨谤略序》。编纂《元和辨谤略》一书，当是其在院时的一项职务。《旧唐书》卷一九〇下《文苑下·唐次传》，载唐次于德宗贞元八年因窦参之贬，受累出为开州刺史，约十余年，"久滞蛮荒，孤心抑郁，怨谤所积，孰与申明，乃采自古忠臣贤士，遭罹谗谤放逐，遂至杀身，而君犹不悟。其书三篇，谓之《辨谤略》，上之。德宗省之，犹怒，谓左右曰：'唐次乃方吾为古之昏君，何自谕如此！'"后又记宪宗"尝阅书禁中，得（唐）次所上书三篇，览而善之，谓学士沈传师曰：'唐次所集辨谤之书，实君人者时宜观览。朕思古书中多有此事，次编录未尽。卿家传史学，可与学士类例广之。'传师奉诏与令狐楚、杜元颖等分功修续，广为十卷，号《元和辨谤略》"。按：沈传师与令狐楚、杜元颖同在院内，应为元和十二年二月至八月，令狐楚于该年八月八日出院。《旧唐书·宪宗纪》下，记元和十二年十月"癸酉，内出《元和辨谤略》三卷付史馆"。时令狐楚已出院，故由沈传师撰序。

又，前所引述的《旧唐书·宪宗纪》，记《元和辨谤略》为三卷，而《旧唐书·唐次传》则谓唐次原著为三卷，沈传师等乃"广为十卷"。沈传师《序》亦曰十卷。《新唐书》卷五九《艺文志》三，子部儒家类，著录唐次《辨谤略》三卷，另有《元和辨谤略》十卷，注云"令狐楚、沈传师、杜元颖撰"。由此，则《旧纪》元和十二年十月癸酉所记之"三卷"，误。沈传师于序中称此书"上自周汉，下洎隋朝，求史籍之忠贤，罹谗谤之事迹。……编次指明，勒成十卷"。应当说是一部贯通古今、以史为鉴之书。可惜宋时已不存，南宋晁、陈二志均未有著录。

可能也正因此,沈传师的史学专长受到当时社会的重视。《新唐书》卷五八《艺文志》二,史部实录类,有《顺宗实录》五卷,注谓"韩愈、沈传师、宇文籍撰,李吉甫监修"。当为李吉甫第二次在相位时(元和五年至九年)监修,沈传师时尚未入院,任史馆修撰。《新唐书·艺文志》同卷又著录有《宪宗实录》四十卷,沈传师参预编撰,当在穆宗长庆初。《新传》记其出镇湖南时,云:"方(沈)传师与修《宪宗实录》未成,监修杜元颖因建言:'张说、令狐峘在外官论次国书,今藁史残课,请付传师即官下成之。'诏可。"《旧唐书·穆宗纪》则记杜元颖此建言在长庆三年六月:"六月,宰相、监修国史杜元颖奏:史官沈传师除镇湖南,其本分修史,便令将赴本任修撰。从之。"按:杜牧《行状》亦有记,谓沈传师参与"撰《宪宗实录》未竟,出镇湖南,诏以随之,成于理所,时论荣之"。按:沈传师于长庆二年二月出院,俄出为湖南观察使(杜牧《行状》),当在长庆二年三四月间,而其出任时,杜元颖即上言使其在任时仍修撰《宪宗实录》,则其奏言应在长庆二年六月《旧纪》列于三年六月,当误。

据杜牧《行状》及《旧唐书·敬宗纪》,沈传师后于敬宗宝历二年(826)六月离湖南任,入朝改为尚书右丞。其在湖南任,约有三四年,其间有一诗:《次潭州酬唐侍御姚员外游道林岳麓寺题示》(《全唐诗》卷四六六)。关于此诗,欧阳修《集古录跋尾》卷九有著录,题为"唐沈传师游道林岳麓寺诗",题下注"长庆中",跋云:"右岳麓寺诗,沈传师撰并书。题云'酬唐侍御姚员外',而二人之诗不见,不知为何人也。独此诗以字画传于世,而诗亦自佳。传师书非一体,此尤放逸可爱也。"(《欧阳修全集》卷一四二)欧阳修云唐、姚不知何人,二人之诗不见,实则同为宋人的赵德麟在其所著《侯鲭录》(卷一)有所记,谓:"姚员外诗不复见之,今得唐侍御诗,题云'儒林郎守监察御史唐扶'。"唐扶,两《唐书》有传,《旧唐书》卷一九〇下《文苑下》记唐扶"元和五年进士登第,累佐使府。入朝为监察御史,出为刺史。大和初,入朝为屯田郎中"。《全唐诗》卷四八八载其诗二首,其一即为《使南海道长沙题道林岳麓寺》,与沈传师诗同为七言排律。又段成式《酉阳杂俎》前集卷一九:"岭南茄子,宿根成树,高五六尺,姚向曾为南选使,见之。"①《唐尚书省郎官石柱题名考》卷八司勋员外郎、卷一二户部员外郎均有姚向名。如此,据《全唐诗》所载唐扶诗题,则可能此次当系唐扶、姚向出使南海,经长沙,作此题岳麓寺诗。唯姚向诗已佚,未传。可以注意的是,刘禹锡亦有和作,题为《唐侍御寄游道林岳麓二寺诗并沈中丞姚员外所和见征继作》(《刘禹锡集笺证》外集卷六),中云:"星使双飞出禁垣,元侯饯之游石门。"可证确为唐、姚出使,经长沙,沈传师特为饯宴、和诗。刘禹锡时为夔州刺史,故诗中又有"远持青琐照巫峡,一夏惊断三声猿"句(刘于长庆四年又自夔州转和州)。由此,可见沈传师刚离翰林学士院,与当时文士仍极有交往。

又,欧阳修于此跋尾中,不仅赏识沈诗,并极称誉其字体,谓"传师书非一体,此尤放逸可爱也"。其《集古录跋尾》卷八记韩愈所撰《罗池庙碑》《黄陵庙䃌》,皆记为沈传师书。宋陈思《书小史》卷十记有沈传师,谓"材行有余,工书,有楷法"。明陶宗仪

---

① 按:此参见陶敏《全唐诗人名考证》,陕西人民教育出版社,1996 年,第 542 页。

《书史会要》卷五也称其"善楷、隶、行书,以书自名"。可见沈传师所书字,于宋元时尚传世。

沈传师又曾历任江西观察使(文宗大和二年十月至四年九月)、宣歙观察使(大和四年九月至七年四月,皆据《旧唐书·文宗纪》)。沈传师主此二镇,都辟杜牧在其幕府。《旧唐书》卷一四七《杜牧传》:"沈传师廉察江西、宣州,辟牧为从事,试大理评事。"杜牧有《和宣州沈大夫登北楼书怀》(《樊川文集·外集》),七律,沈传师原诗不存。另朱庆馀有《上宣州沈大夫》(《全唐诗》卷五一四),中云:"帝命几曾移重镇,时清犹望领春闱。登朝旧友常思见,开幕贤人并望归。""时清犹望领春闱",乃谓当时文士极盼沈传师能知贡举,提拔人才。又,当时另一诗家赵嘏有《宛陵寓居上沈大夫二首》(《全唐诗》卷五四九),七律。赵嘏后于武宗会昌二年(842)才登进士第,此时尚在漫游求荐中;《全唐诗》同卷又有《下第寄宣城幕中诸公》,则赵嘏当时在宣州,对沈传师颇有期望。

沈传师后于大和七年(833)四月由宣歙入朝,为吏部侍郎;九年(835)卒(见前考),年五十九,赠吏部尚书。

按:宋赵明诚《金石录》目录卷十,第一千八百二十六,有"唐沈传师墓志",下注:"权璩撰,佺尧章正书,大和九年。"(据中华书局影印本《宋本金石录》,1991年)按:杜牧为沈传师所作有行状,则此当由权璩撰为墓志。权璩为权德舆子,《新唐书》卷一六五有传,附于《权德舆传》后。据传,权璩于文宗大和时曾任中书舍人,大和九年(835)六月,李宗闵因与郑注、李训有人事纠纷,出贬为明州刺史,权璩也受牵连,于八月甲午出贬为郑州刺史。《金石录》著录此沈传师墓志,撰与书均在大和九年,则当在权璩仍在中书舍人任时,沈之卒或即在大和九年上半年(两《唐书》本传及杜牧《行状》均未记卒于大和九年何月)。惜此墓志未传存,《全唐文》也未记权璩文。

沈传师著述,已见前述。《全唐文》卷六八四载其《元和辨谤略序》一篇,《全唐诗》卷四六六载诗五首。

最后可再补一事。《白居易集笺校》卷五四"翰林制诏",有《授沈传师左拾遗史馆修撰制》,朱金城笺据岑仲勉《〈白氏长庆集〉伪文》,以为沈传师授左拾遗必在元和六年四月以后,时白居易已丁忧出院,故当为伪作。按:沈传师之为左拾遗,不一定在元和六年四月以后,仍有可能尚在白居易在翰林学士任时。制中先称"京兆府鄠县尉沈传师",又云:"惟尔先父,尝撰《建中实录》,文质详略,颇得其中。"即合沈既济实际。制又云:"庶职之重者其史氏欤!历代以来,甚难其选。非雄文博学,辅之以通识者,则无以称命。今兹命尔,其有旨哉!"末云:"尔宜继前志,率前修,无忝尔父之官之职。可左拾遗、史馆修撰。"如此实笔,不可能是捏造,故所谓白居易翰林制诰之伪作,确有必要作综合的考察。

杜元颖

杜元颖,两《唐书》有传,见《旧唐书》卷一六三,《新唐书》卷九六(附杜如晦传后)。《旧传》:"杜元颖,莱公如晦裔孙也。父佐,官卑。"《新传》记杜元颖为杜如晦五世孙。又《新唐书》卷七二上《宰相世系表》二上,记元颖之父名佐,官大理正,官阶确不高。又《新传》记杜如晦为京兆杜陵人,唐太宗贞观初曾任宰相。

两《唐书》本传皆未载杜元颖字号,亦未记早年行迹,唯云贞元末登进士第,徐松《登科记考》卷一五即据此系杜元颖于贞元二十一年(805)。但《登科记考》卷一四又据白居易《七年元日对酒诗》注“余与循州杜相公及第同年”,系于贞元十六年(800),因白居易为贞元十六年进士及第者(见前白居易传)。经查《白居易集笺校》卷三一《七年元日对酒五首》,作于大和七年(833)在洛阳为河南尹时,其五有“同年杜又无”句①,自注称“与循州杜相公及第同年”,当为确记。由此可断定,两《唐书》本传所记贞元末,显误,徐松则又据此重见于贞元二十一年,亦极疏失。

又,杜元颖卒于大和六年十二月,《新传》记其年六十四,则当生于代宗大历四年(769)。贞元十六年进士及第,为三十二岁。

《旧传》记其进士登第后,云“再辟使府”,《新传》则谓“又擢宏词”,皆极简略。今据《因话录》、《唐语林》,作具体考述。赵璘《因话录》卷二:“族祖天水昭公,以旧相为吏部侍郎,考前进士杜元颖宏词登科,镇南又奏为从事。”此“族祖天水昭公”,乃赵璘自称其先世赵宗儒。《唐语林》卷四对此更有细述,谓:“赵昭公以旧相为吏部侍郎,考前进士杜元颖宏词登科;及镇荆南,又奏为从事。”按:赵宗儒,两《唐书》有传,德宗建中时曾为翰林学士(见前传),贞元十二年(796)至十四年(798)在相位,二十年(804)任吏

①按:杜元颖卒于大和六年(832)十二月,白此诗即作于杜卒后不到一年间,故云“同年杜又无”。

部侍郎,宪宗元和元年(806)十一月改为东都留守、东畿汝防御使(《旧唐书》卷一四《宪宗纪》上)。其以吏部侍郎考选博学宏词,当时已非制举,为进士及第后吏部铨试①。徐松《登科记考》卷一六列于元和元年,大致可从,但称为制举科,则非。又《旧唐书》卷一六七《赵宗儒传》记其任东都留守后,云:"入为礼部、户部二尚书,寻检校吏部尚书,守江陵尹、兼御史大夫、荆南节度营田观察等使。……六年,又入为刑部尚书。"据《旧唐书·宪宗纪》上,赵昌于元和三年(808)四月由岭南节度使为荆南节度使,但又旋征为太子宾客(《旧唐书·赵昌传》)。故《唐刺史考全编》卷一九五定赵宗儒任荆南节度使在元和三年至六年,是。由此,则赵宗儒于元和元年铨试杜元颖,选其登科,元和三年又辟其入荆南幕府。

又元稹有《送杜元颖》:"江上五年同送客,与君长羡北归人。今朝又送君先去,千里洛阳城里尘。"又有《三月三十日程氏馆饯杜十四归京》,有云:"江春今日尽,程馆祖筵开。我正南冠絷,君寻北路回。"按:元稹于元和五年(810)贬江陵府士曹参军(见后穆宗朝元稹传),即与杜元颖同在赵宗儒江陵府幕,元诗云"江上五年同送客",则此诗当作于元和九年(即元和五年后元在江陵五年),故杨军《元稹集编年笺注(诗歌卷)》即系于元和九年②。由此亦可见,杜元颖当先于元稹在江陵,后与元稹共有诗唱酬并饯送友人,至元和九年春北上返京,元稹特又赠诗,致以深情:"逾年长倚玉,连夜共衔杯。涸溜沾濡沫,余光照死灰。"又,元和六年三

①参见傅璇琮《唐代科举与文学》第六章《制举》,陕西人民出版社,1986年。
②见杨军《元稹集编年笺注(诗歌卷)》,三秦出版社,2002年,第471—472页。

月,严绶接赵宗儒任,则杜元颖仍留于江陵,在严绶幕,于元和九年春返京。

又,《文苑英华》卷四九一载杜元颖《茂才异等对策》,未注年月。徐松《登科记考》卷一八系于元和十一年(816),有说。而孟二冬《登科记考补正》卷一五,据陈尚君补,列于贞元二十一年(805)。按:孟《补正》将杜元颖之博学宏词列于制举,亦列为贞元二十一年,则同一人于同一年应两次制科举,于唐科举试体制不合。徐松之说有一定道理,杜元颖当于元和九年自江陵北返,逾二年,乃于十一年应茂才异等制举试,登科后即正式入仕,为太常博士。第二年,元和十二年,即入为翰林学士,旋改右补阙,即《新唐书》本传所载:"数从使府辟署,稍以右补阙为翰林学士。"

又,《旧传》记云:"元和中为左拾遗、右补阙,召入翰林,充学士。"以补阙为入院之前,误(详后),但记有拾遗,则为《新传》漏记,而有史料可证。李德裕有《掌书记后壁记》①,有云:"丙申岁,丞相高平公始自枢衡以膺谋帅,以右拾遗杜君为主记。"此文末署"元和十四年四月十一日",时李德裕在河东节度使幕府。丙申为元和十一年(816)。此年正月,张弘靖求罢相位,乃出为太原尹、河东节度使(《旧唐书·宪宗纪》下)。如此,则张弘靖出镇河东时,即辟杜元颖入其幕府,并奏其为右拾遗(从八品上)。李德裕此文后又云:"明主惜其忠规,复拜旧职,寻参内庭视草之列。"即杜元颖旋又被召入朝,仍为右拾遗,同年又应茂才异等制举试,登

---

① 见傅璇琮、周建国《李德裕文集校笺》别集卷七,河北教育出版社,2000年。

科后又迁为太常博士（从七品上）。又，白居易《东南行一百韵》，诗题中有寄诸友人如元稹、韦处厚等，其中提及"杜四拾遗"。《白居易集笺校》卷一六考为作于元和十二年，时白仍在江州司马任。诗中有"今春席八姐"句，当作于春后，而杜元颖已于此年二月由太常博士入院。盖白居易于元和十年出贬江州，此后二年皆在外地，未细悉杜元颖之迁秩情况。但由此仍可证杜元颖确曾任拾遗之职，且为其仕历较早者。

关于杜元颖之入院，韦执谊《翰林院故事》记为"太博充"，丁居晦《重修承旨学士壁记》为"元和十二年二月十三日，自太常博士充"。与沈传师同时入（见前沈传师传）。此乃因当时正为征讨淮西紧急之际，而此前院中四人，徐晦于二月十一日出院，仅令狐楚、张仲素、段文昌三人，故再召沈、杜二人同时入院。

丁《记》于二月十三日自太常博士入后，接云："二十日，改右补阙。"《翰林院故事》则谓"拾遗又充"，误，拾遗应为入院前，见上述。太常博士与左右补阙皆从七品上，故于入院后不到十天即可改。唯此后丁《记》记为："□月十八日，赐绯。""月"前缺字。按：段文昌、沈传师均于十三年（818）二月十八日赐绯，据《唐会要》卷五七《翰林院》条，有云："（元和）十三年，上御麟德殿，召对翰林学士张仲素、段文昌、沈传师、杜元颖，以仲素等自讨叛奉书诏之勤，赐仲素以紫，文昌等以绯。"则丁《记》所记赐绯，应补为"十三年二月"。

丁《记》后云："十四年三月二十一日，加司勋员外郎。"按：《旧传》云："手笔敏速，宪宗称之。吴元济平，以书诏之勤，赐绯鱼袋，转司勋员外郎、知制诰。"《新传》略同。岑仲勉《注补》于此有云:"唐制,率先知制诰乃正拜中舍,今元颖十五年迁中舍,知此处夺知制诰三字。"按:迁升中书舍人不一定先须兼知制诰。据丁《记》,杜元颖后于元和十五年(820)十一月十七日由中书舍人迁为户部侍郎,加知制诰,而两《唐书》则记户部侍郎时,未加"知制诰",有可能其误将户部侍郎时知制诰移于司勋员外郎。

元稹《承旨学士院记》记杜元颖:"元和十五年闰正月一日,以司勋员外郎、知制诰、翰林学士充,赐紫金鱼袋。"丁《记》则仅记"十五年闰正月一日,赐紫",未记承旨事。按:此次杜元颖与段文昌同时任为承旨学士,此为穆宗即位初对翰林学士信重的表现,参见前张仲素、段文昌、沈传师传。

据元、丁所记,杜元颖后即于元和十五年闰正月二十一日由司勋员外郎、知制诰正除中书舍人;十一月十七日,又迁为户部侍郎、知制诰(又见《全唐文》卷六四八元稹《授杜元颖户部侍郎依前翰林学士制》);长庆元年(821)二月十五日,以本官同中书门下平章事,任宰相。《新传》即谓:"穆宗以元颖多识朝章,尤被宠,拜中书舍人、户部侍郎,为学士承旨,以本官同中书门下平章事、建安县男。自帝即位,不阅岁至宰相,搢绅骇异。"《旧传》则称:"辞臣速达,未有如元颖之比也。"这也是穆宗朝自翰林学士直接入居相位之又一例。

又,《旧唐书》卷一六《穆宗纪》,长庆元年二月壬申,段文昌免相出镇西川,杜元颖接任,《新唐书》卷六三《宰相年表》同。唯《旧传》记为"长庆元年三月",此"三"当为"二"之形讹,惜中华书局于此显误亦未有校。

《唐大诏令集》卷四七有《杜元颖平章事制》,署李德裕撰,长庆元年二月。制中叙杜元颖在院任职之业绩："间者妖孽相挺，纷乱南北，朝夕机命，迅如风霆，而翰动若飞，神无滞用。"可见元和后期，杜元颖在征讨淮西战事中，制诏撰写，甚勤。时李德裕亦在翰林学士任，与杜元颖交谊甚切。

又，杜元颖在院时，撰有《翰林院使壁记》，《全唐文》卷七二四所载未署年月，《文苑英华》卷七九七于文末署为"时庚子岁夏五月一日记"。庚子为元和十五年，时杜元颖已为翰林承旨、中书舍人。此记虽作于穆宗时，但所叙翰林院使，则为宪宗时事，称学士虽"掌诏命""备顾问"，而实际上，"军国之重事，古今之大体，庶政之损益，众情之异同"，之能"悉以关揽，因而启发"，须倚仗由宦官承担的翰林院使（二员）。因其职责乃"进则承睿旨而宣于下，退则受嘉谟而达于上"，即翰林学士之所谓受密旨，进要策，实际上是由任翰林院使的宦者起上下串通作用的。这对研究唐时翰林学士院机构及宦官所起的作用，很有参考价值。

但杜元颖于长庆三年（823）十月出为西川节度使，此后就无政绩。文宗大和三年（829），南诏攻蜀，且一度进入成都，平民死伤甚众。十二月丁卯，即被贬为循州司马；大和六年（832）十二月，卒（《旧唐书》卷一七下《文宗纪》下）。《新传》后记云："元颖与李德裕善，会昌初，德裕当国，因赦令复其官。"

《全唐文》卷七二四载其文四篇：《授段文昌中书侍郎平章事制》、《请令沈传师在外修实录奏》、《翰林院使壁记》，皆在院时所作；另《对茂才异等策》，已见前述。

《新唐书》卷五八《艺文志》二，史部，记其与韦处厚、路随监修《宪宗实录》，当为长庆前期任相时。《新唐书》卷五九《艺文志》三,子部,记与令狐楚、沈传师合撰《元和辨谤略》十卷,作于元和后期(见前令狐楚、沈传师传)。又同上卷六〇《艺文志》四,集部别集类,著录有"杜元颖《五题》一卷",书名含义不详,书亦未存。

关于杜元颖诗才与文名,可以白居易一诗参证。白居易有一诗,诗题颇长,为:《昨以拙诗十首寄西川杜相公,相公亦以新作十首惠然报示,首数虽等,工拙不伦,重以一章,用伸答谢》。《白居易集笺校》卷二六系于文宗大和二年(828),时白居易在朝为刑部侍郎,杜元颖在西川任。白诗云:"诗家律手在成都,权与寻常将相殊。剪截五言兼用钺,陶钧六义别开炉。惊人卷轴须知有,随事文章不道无。篇数虽同光价异,十鱼目换十骊珠。"由此可见,当时白居易曾寄诗十首与杜,杜即作诗十首相报,而白居易作为一代名家,却称自己所作与杜之和诗,"篇数虽同光价异",既为自谦,亦为对杜诗才之赞誉。惜清编《全唐诗》卷四六四仅载其诗一首:《赋得玉水记方流》,又载于《文苑英华》卷一八六"省试诗",同题作者另有吴丹、郑俞、白居易、王鉴、陈昌言,为贞元十六年进士试诗题(见《登科记考》卷一四)。

李　肇

李肇,两《唐书》无传。《新唐书》卷七二上《宰相世系表》二上,记有李华(字遐叔),李华名下一格为鹗,鹗旁为肇,注为"大理评事"。岑仲勉《注补》即据此以李肇为李华子。按:梁肃《为常州独孤使君祭李员外文》①，记李华有二子，但未记其名，仅云"鞠然二孤，诉彼穹苍"。又独孤及《检校尚书吏部员外郎赵郡李公中集序》(《全唐文》卷三八八)，则有记李华长子名，谓"公长子羔，字宗绪"，亦与《新表》所记之"骘"异②；仍未记其次子名。《旧唐书》卷一九〇下《文苑下·李华传》未记其后世；《新唐书》卷二〇三《文艺下·李华传》也仅云："宗子翰，从子观，皆有名"，未记其亲子。又《新表》所记李肇与李骘虽并列，但字形不一，未如兄弟名，故颇疑李肇上格另有一人名(即其父)，而《新表》缺记；或《新表》此处所记之李肇，与宪宗时翰林学士李肇，为同名异人③。

可以注意的是，李肇《国史补》卷上有记李华《含元殿赋》事，直称李华名，且谓其"失节贼庭"，完全不像儿子记父之笔调。故李肇当非李华子。

另唐人记述，有记李肇姓名，实与此元和时翰林学士李肇非一人者。一为崔损《祭成纪公文》(《全唐文》卷四七六)，作于德宗贞元十二年(796)，文中记同祭者有赵宗儒、权德舆等，其中有"左拾遗李肇"(《文苑英华》卷九八四所载同)。岑仲勉《读全唐文札记》即云："至著《国史补》之李肇，元和七年尚为试太常寺协律，断非此人，亦未闻同姓名者，李肇字殆有误。"④二为作于贞元十八年(802)的李公佐《南柯太守传》⑤，此文末记云："前华州参

①见胡大浚、张春雯编校《梁肃文集》卷六，甘肃人民出版社，2000年。
②中华书局点校本对此亦未有校。
③参见李一飞《〈唐国史补〉作者李肇行迹考略》，载《文献》1991年第2期。
④附辑于岑仲勉《唐人行第录》，中华书局上海编辑所，1962年。
⑤见李时人编校《全唐五代小说》卷二三，陕西人民出版社，1998年。

军李肇赞曰：贵极禄位，权倾国都，达人视此，蚁聚何殊。"曰"赞"，即对《南柯太守传》是称誉的。但李肇《国史补》则对《南柯太守传》甚加贬责，其书卷下先称当时传奇之作如沈既济《枕中记》、韩愈《毛颖传》，为"二篇真良史才也"，又提及"有传蚁穴而称李公佐《南柯太守》"，则"皆文之妖也"。应当说，《南柯太守传》引及之李肇，与《国史补》著者李肇，亦当为同名异人，因此也不能据以定本传传主李肇于贞元十八年（802）前曾为华州参军。

有关较早记载李肇行迹的，为王建《荆南赠别李肇著作转韵诗》（《全唐诗》卷二九七）。诗中自称"两京二十（原校：一作十二）年，投食公卿间；封章既不下，故旧多惭颜"，可见王建此前曾多年应试，都未中第。贞元后期，王建离幽州幕南下，拟远赴岭南幕府从事，于元和初留寓荆州，即作有此赠别李肇诗①。诗中有云："欣欣还切切，又二千里别。楚笔防寄书，蜀茶忧远热。……会合何时节，莫叹各从军。……争向巴山夜，猿声满碧云。"据此诗意，则为王建南下，而李肇又将赴蜀，各将依从节镇幕府（即诗中所谓"从军"）。按：据《旧唐书·宪宗纪》上，永贞元年（805）十二月"壬子，以右谏议大夫韦丹为梓州刺史，充剑南东川节度使"；元和元年（806）四月"己亥，以前剑南东川节度使韦丹为晋绛观察使"。此时正为西川节镇刘辟不听朝命，宪宗命高崇文率军讨之（参见前李吉甫、裴坰传）。韩愈《唐故江西观察使韦公墓志铭》（《韩昌黎文集校注》卷六）对此有具体记述，谓："刘辟反，围梓州，诏以公为东川节度使、御史大夫。公行至汉中，上疏言：'梓州

---

① 参见《唐才子传校笺》第二册卷四《王建传》，谭优学笺。

在围间,守方尽力,不可易将。'征还,入议蜀事。刘辟去梓州,因以梓州让高崇文,拜晋慈隰等州观察防御使。"这就是说,韦丹于永贞元年十二月授为剑南东川节度使,但实未到任,仅至汉中,后于元和元年四月又改为晋绛观察使。不过韦丹在晋绛也仅半年,"不半岁,元和二年二月拜洪州观察使"(杜牧《唐故江西观察使武阳公韦公遗爱碑》,《樊川文集》卷七)。韦丹在江西任较长,至元和五年(810)八月,卒于任。

由此可以推知,李肇可能于元和元年初受韦丹之辟,自荆州赴蜀,后韦丹改任,未至梓州东川任,李肇当即随韦丹至晋绛幕。后又至江西幕,因李肇有《东林寺经藏碑铭并序》(《全唐文》卷七二一),记元和四年(809)释灵彻向韦公(丹)建议,组建殿堂,收藏历代经典,"以备名山之阙,而资学者之求",韦丹欣然同意。序文后云:"(元和)五年,韦公薨,七年,博陵崔公以仁和政成,悯默旧绩,由是东林以遗功得请篆刻之盛,其成公志。故家府从事李肇为之文。"此处"博陵崔公"为崔芃,据《旧纪》,元和六年(811)八月,以常州刺史崔芃为洪州刺史、江西观察使;元和七年(812)十一月己卯,崔芃卒于任。李肇自称"故家府从事",则可能曾随韦丹在江西幕,元和五年韦丹卒,李肇入朝。

又,王建诗题称"李肇著作",如为著作郎,则官阶为从五品上,与尚书诸司郎中同一品阶,初入幕府,不可能有如此高的官阶。唐时进士及第,释褐后一般为校书郎(正九品上)。王建此诗诗题之"著作"似当作"校书"。不过王建诗是盛赞李肇声誉的,谓"早岁慕嘉名",并具体描述同在荆州幕中,"主人开宴席,礼数无形迹。醉笑或颠吟,发谈皆损益"。由此亦可见李肇早期与文士的交往。

又北宋陈舜俞《庐山记》卷二,载有《东林寺经藏院碑》,署为:"元和七年岁次壬辰九月丙辰朔十五日庚午,朝请郎、试太常寺协律郎李肇撰。"则撰时在任的江西观察使崔芃尚未卒(卒于元和七年十一月),与文中所述合。陈舜俞此记,有云:"凡唐以前碑记,因其有岁月、甲子、爵里之详,故并录之,庶或有补史氏。"即有实据①。由此即可定,元和七年(812)九月,李肇已在朝中,为朝请郎、试太常寺协律郎。协律郎为正八品上。由前正九品之校书郎,历经数年,升秩为正八品上之协律郎,也合乎仕例。

此后即入为翰林学士。

韦执谊《翰林院故事》记为"监察御史充",未记年月。丁居晦《重修承旨学士壁记》:"元和十三年七月十六日,自监察御史充。"则在此之前,即元和七年九月后,李肇已由太常寺协律郎改为监察御史(均为正八品上),至此即以监察御史入为翰林学士。丁《记》接云:"十四年四月五日,迁右补阙。五月二十四日,赐绯。"左右补阙为从七品上,故云迁。按:李肇自著之《翰林志》,有云:"元和十二年,肇自监察御史入,明年四月,改左补阙,依旧职守。"此云"元和十二年",《百川学海》、《知不足斋丛书》及文渊阁《四库全书》各本皆同,《翰林志》原传抄时当即有误,"二"应作"三"。《翰林志》又云"明年四月,改左补阙",一为四月,一为五

---

① 按:岑仲勉《注补》亦引《庐山记》,但云《庐山记》卷一、卷五有记此碑铭者,实则《庐山记》仅三卷,并无卷五,且所记李肇所署撰碑年月及官衔,实在卷二,未在卷一。

月,左、右补阙亦有异;但差别不大,不必细考。

丁《记》接云:"十五年闰正月一日,赐紫。二十一日,加司勋员外郎。"按:此时宪宗已卒,穆宗刚即位。《旧唐书》卷一六《穆宗纪》:"(元和)十五年正月庚子,宪宗崩。丙午,即皇帝位于太极殿东序。是日,召翰林学士段文昌、杜元颖、沈传师、李肇、侍读薛放、丁公著对于思政殿,并赐金紫。"按:正月庚子为正月二十七日,丙午为闰正月初三。丁《记》记段文昌、沈传师、杜元颖赐紫,皆作闰正月一日,当据《旧纪》,为闰正月三日(又见前段文昌等传)。

丁《记》又云:"长庆元年正月十三日,出守本官。"即出院,仍为司勋员外郎(从六品上)。出院的具体原因不详。按:元和十五年正月,穆宗即位后,一方面固然仍重视原任翰林学士,并于闰正月一日将段文昌、沈传师同升任为承旨,闰正月八日又提迁段文昌为宰相,但同时于闰正月至三月间,召李德裕、李绅、庾敬休、韦处厚、路随、柳公权入院。长庆元年,又召元稹、高钺、蒋防。有唐一代,每一皇朝,翰林学士多有新旧交替,李肇于长庆元年初出院,可能亦与此有关。

李肇在院时间为两年半,其入院时,淮西之战已毕,战事高潮已过,故其入院后,制诏等撰写当已不繁,而其在院时所作《翰林志》,则为唐翰林学士之重要著作。清《四库全书总目提要》称"今以言翰林典故者,莫古于是书"(卷七九史部职官类),不够确切,因此前三十余年,韦执谊已于德宗贞元二年(786)十月著有《翰林院故事》,最早提出翰林学士始建于玄宗开元二十六年(738),并概叙其职能,后又列记开元以后翰林学士名单。不过李肇《翰林志》仍有其特点,详述初唐起始的学士制度,及开元二十六年建置翰林学士后的职能、建构及有关议论,两《唐书》之《职官志》《百官志》即大多本此。当然李肇的某些记述也有可商之处,特别是所谓翰林学士"时人谓之内相",及所引陆贽贞元三年奏议提出的"宰臣有备位之名",均不切实。此可作进一步研讨。

又李肇自述,作此文是"改左补阙,依旧职守"时,且言此时"中书舍人张仲素、司门员外郎沈传师在焉",则当在元和十四年三月以后(张仲素迁中书舍人在三月二十八日,段文昌以祠部郎中加知制诰在四月,杜元颖由左补阙为司勋员外郎、知制诰在三月二十一日)。又前引《四库全书总目提要》有云:"按:肇所作《国史补》,结衔题尚书左司郎中,此书结衔则题翰林学士、左补阙,王定保《摭言》又称肇为元和中中书舍人,《新唐书·艺文志》亦云肇为翰林学士坐荐柏耆,自中书舍人左迁将作少监,以唐官制考之,盖自左司改补阙,入翰林后为中书舍人,坐事左迁。"《四库全书总目提要》此处所述,不仅对李肇行实甚有错记,且对唐官制也有误解:左司郎中为从五品上,补阙为从七品上,怎能由左司降为补阙,再入翰林?

李肇出院后仕历如下:

李肇于长庆元年(821)正月出院,而同年十二月却又被贬出。《旧唐书》卷一六《穆宗纪》:长庆元年十二月戊寅,"贬员外郎独孤朗韶州刺史,起居舍人温造朗州刺史,司勋员外郎李肇澧州刺史,刑部员外郎王镒郢州刺史,坐与李景俭于史馆同饮,景俭乘醉见宰相谩骂故也。兵部郎中知制诰冯宿、库部郎中知制诰杨嗣复各罚一季俸料,亦坐与李景俭同饮,然先起,不贬官"。按:此事又见《旧唐书》卷一七一《李景俭传》，谓长庆元年十二月，李景俭时为谏议大夫，与冯宿、李肇同谒史官独孤朗，乃于史馆饮酒，"景俭乘醉诣中书谒宰相，呼王播、崔植、杜元颖名，面疏其失，辞颇悖慢"，于是被贬，"是日同饮于史馆者皆贬逐"。据《新唐书·宰相年表》，时在相位者确为王播、崔植、杜元颖。又据《通鉴》卷二四二长庆元年十月记："丙寅，以盐铁转运使、刑部尚书王播为中书侍郎、同平章事，使职如故。播为相，专以承迎为事，未尝言国家安危。"当时李景俭当主要是面责王播。

关于此次降贬，时为中书舍人的白居易，曾特为论奏：《论左降独孤朗等状》(《白居易集笺校》卷六十)，中云："伏以两省史馆，皆是近署，聚饮致醉，理亦非宜。然皆贬官，即恐太重。况独孤朗与李景俭等皆是僚友，旦夕往来，一饭一饮，盖是常事。景俭饮散之后，忽然醉发，自犹不觉，何况他人？以此矜量，情亦可恕。臣又见贞元之末，时政严急，人家不敢欢宴，朝士不敢过从。众心无慑，以为不可。自陛下临御，及此二年，圣慈宽和，天下欣戴。臣恐此诏或下，众情不免惊忧。兼恐朝廷官寮，从此不敢聚会。四方诸远，不知事由，奔走流传，事体非便。伏维宸鉴，更赐裁量，免至贬官，各令罚俸。"白居易此奏所论，是颇合情理的，尤其是所提出的贞元后期"时政严急"之状，对研究德宗朝政治状态极有意义，当时能有如此直论者，恐也不多。

不过很可惜，白居易此奏为长庆元年十二月十一日上，而《旧唐书·穆宗纪》记李景俭、李肇等贬谪在十二月戊寅，即十二月十五日，这就是说，穆宗当仍听从当时宰相的意见，维持原贬。这是穆宗即位后最大一次文臣贬谪事件。

李肇遂于长庆元年十二月出贬澧州,州治澧阳县(今湖南澧县)。又据前引《旧唐书·李景俭传》,后元稹为相,景俭追还,授少府少监,"从坐者皆召还"。按:元稹于长庆二年(822)二月入相,六月罢相,而据《旧纪》,李景俭确于长庆二年五月辛卯朔,由德州刺史入为谏议大夫,即元稹尚居相位时。但两《唐书》未记"从坐者"召还时日。白居易另有《李肇可中散大夫郢州刺史王镒朗州刺史温造可朝散大夫三人同制》(《白居易集笺校》卷五十),云:"敕:朝请大夫、使持节澧州诸军事、澧州刺史、上柱国、赐紫金鱼袋李肇等:乃者李景俭使酒获戾,而肇等与之会饮,失于检慎,宜有所惩,由是左迁,分为郡守。今首坐者既复班列,缘累者亦当征还。但以长吏数易,其弊颇甚。况闻三郡皆有政能,人方便安,不宜迁换。故吾以采章阶级并命而就加之。"白居易时仍为中书舍人,长庆二年七月出为杭州刺史,而李景俭于长庆二年五月由德州刺史入朝,即"今首坐者既复班列",则此制当作于长庆二年五六月间。据此制,则李肇等未如李景俭由外州入朝,但仍在原任,但加以爵秩,以示慰勉①。

　　李肇另著有《国史补》三卷,署为"唐尚书左司郎中李肇撰",书前序中称"予自开元至长庆撰《国史补》",书中有记长庆二年事(如记韦山甫"长庆二年卒于余干"),由此则李肇约于长庆二三年间入朝,为左司郎中。

---

① 按:刊于《文献》1991 年第 2 期之李一飞《〈唐国史补〉作者李肇行迹考略》,亦引及白居易此制,但对制题有误读,将李肇理解为改授中散大夫、郢州刺史,王镒改为朗州刺史,温造为朝请大夫,与制文文意不符。

李肇后又升任为中书舍人。唐末五代时王定保《唐摭言》曾有三处提及李肇中书舍人，但均有误。如卷一《述进士》下篇，谓"元和中，中书舍人撰《国史补》"，同卷《两监》、卷三《散序》亦均概称"李肇舍人《国史补》"。按：元和时李肇虽在翰林学士院，但尚未任中书舍人（或兼知制诰）。较为确切的是《新唐书》卷五八《艺文志》二，著录李肇《国史补》，有云："翰林学士，坐荐柏耆，自中书舍人左迁将作少监。"柏耆受贬事，《旧唐书》卷一七上《文宗纪》上，系于大和三年（829）五月。柏耆，两《唐书》均有传，即《旧唐书》卷一五四，《新唐书》卷一七五。史称其"素负志略，学纵横家流"。宪宗元和时征讨淮西，柏耆即配合说服镇州王承宗，"宣导上旨，众心乃安"（《旧传》），"由是声震一时，迁起居舍人"（《新传》）。文宗大和初，兖海节度使李同捷反，唐朝廷"诏两河诸镇出兵，久无功"（《新传》），于是任命柏耆为德州行营诸军计会使加以宣谕，柏耆用计直驰入沧州，"取同捷赴京，沧、德平"（《旧传》）。但这一行动却受到诸镇武将的妒忌，"诸将嫉耆功，比奏攒诋，文宗不获已，贬耆循州司户参军"（《新传》），而宦官"又奏耆于同捷处取婢九人，再命长流爱州，寻赐死"。文宗完全是慑于藩镇与宦官之胁迫而作出这一处理的。这一事件，不止柏耆本人，还有其他人受到牵连。如当时著名古文家李翱，于大和三年（829）二月在中书舍人任，"谏议大夫柏耆将使沧州军前宣谕，翱尝赞成此行。柏耆寻以擅入沧州得罪，翱坐谬举，左授少府少监"（《旧唐书》卷一六〇《李翱传》）。而时亦为中书舍人的李肇，也当于同时因曾举荐柏耆而受到降谪。

此后李肇行迹不详。李德裕《怀嵩楼记》，据《李德裕文集校笺》别集卷七,作于文宗开成元年(836)七月在滁州刺史任。此文主要怀念往昔同在翰林学士院任职的友人,有云:"元和庚子岁,予获在内庭。同僚九人,丞弼者五,十数年间,零落将尽。今所存者,唯三川守李公(绅)而已。"句下自注,记已殁者七人,中有"舍人李公",即李肇。由此可见,李肇确曾任中书舍人,而其卒当在大和三年五月至开成元年间。

李肇著作主要为专著三种,即前已提及的《翰林志》、《国史补》,及《新唐书》卷五八《艺文志》二,史部目录类所著录的《经史释题》二卷。《国史补》主要记载开元至长庆间事,清《四库全书总目提要》评为"可采操者不一而足"(卷一四○子部小说家类)。《经史释题》,《新唐书·艺文志》仅载其书目,未有说明。北宋于真宗朝也曾任翰林学士之钱易,于其所著《南部新书》丙卷则有记:"李肇自尚书郎守澧阳,人有藏书者,卒岁玩焉。因著《经史目录》。"则为长庆间贬谪澧州时所作,由此亦可见李肇对藏书文化的重视。可惜此书后佚,否则可借以考索当时经史书籍传存的情况。又,其诗未存。《全唐文》卷七二一载文两篇,即前已述及的《翰林志》前序,及《东林寺经藏碑铭并序》。

穆宗、敬宗朝翰林学士传

李德裕

李德裕,两《唐书》有传,见《旧唐书》卷一七四,《新唐书》卷一八〇。另有傅璇琮著《李德裕年谱》,傅璇琮、周建国合撰《李德裕文集校笺》①。今据傅著《年谱》,傅、周《校笺》,并参稽有关史籍,概述如下。

李德裕,字文饶,祖籍赵郡(今河北赞皇县)。德宗贞元三年(787)出生于京兆长安。时其父李吉甫在京,任太常博士。贞元八年(792),李吉甫因牵连宰相窦参事,由驾部员外郎贬明州员外长史,此后直至永贞元年(805),十余年间,李吉甫历任忠州、郴州、饶州等刺史(详见前宪宗朝李吉甫传)。在此期间,李德裕即

①傅璇琮《李德裕年谱》,齐鲁书社,1984 年;河北教育出版社修订新版,2001年。傅璇琮、周建国《李德裕文集校笺》,河北教育出版社,2000 年。

随父徙居各地,如《旧传》所云:"贞元中,以父谴逐蛮方,随侍左右,不求仕进。"

宪宗于永贞元年八月即位,李吉甫即应召入为考功郎中、知制诰,同年十二月又受任为翰林学士承旨,后于元和二年(807)至九年(814),曾两度任相,又曾为淮南节度使(元和三年九月至五年)。《旧唐书·李德裕传》称此一期间,"以父再秉国钧,避嫌不仕台省,累辟诸府从事",并谓"耻与诸生同乡赋,不喜科试"。李德裕确未应科举试,至于元和前期应辟在方镇幕府,未详,现可知者,为元和八年(813)以荫补校书郎(据《白居易集笺校》卷五四《赠吉甫先父官并与一子官制》,并参《李德裕年谱》)。

元和九年(814)十月李吉甫卒,李德裕服丧丁忧。十二年(817),期满,河东节度使张弘靖辟其入幕,任掌书记。十四年(819),"从弘靖入朝,真拜监察御史"(《旧传》)。刘禹锡《和浙西李大夫示述梦四十韵并浙东元相公和斐然继声》,曾追叙李德裕自太原归朝事,云:"车骑方休汝,归来欲效陶(自注:大夫罢太原从事,归京师)。南台资謇谔,内署选风骚。"(《刘禹锡集笺证》卷七)即谓其入朝为监察御史,旋即召入为翰林学士。

据《旧唐书》卷一六《穆宗纪》,元和十五年(820)正月庚子(二十三日),宪宗卒,闰正月丙午(初三),穆宗即位。穆宗于即位后仅九日,即同时召李德裕、李绅、庾敬休入为翰林学士。《旧纪》,元和十五年闰正月甲寅(十一日),"以监察御史李德裕、右拾遗李绅、礼部员外郎庾敬休并守本官,充翰林学士"。此时宪宗朝翰林学士所留仅三位(沈传师、杜元颖、李肇),故穆宗特另新召三位,后于二三月间,又召三位:韦处厚、路随、柳公权(详见后传）。这也表现穆宗即位初对文士参预政事的重视。

　　韦执谊《翰林院故事》所记仅止于宪宗朝李肇，此后未记。丁居晦《重修承旨学士壁记》记李德裕："元和十五年闰正月十二日，自监察御史充。"据《旧纪》，该年闰正月甲寅为十一日，丁《记》记谓十二日，有小异。丁《记》后又记："二月一日，赐紫。二十日，加屯田员外郎。"此即《旧传》所云"是月，召对思政殿，赐金紫之服。逾月，改屯田员外郎"。按：监察御史为正八品下，屯田员外郎为从六品上，入院不到一月，即升迁数阶，可见穆宗对其信重。

　　又，《旧纪》长庆元年正月有记李德裕上疏论驸马事，称"翰林学士、司勋员外郎李德裕上疏曰"，记李德裕此时所带之官衔为司勋员外郎。按：丁《记》及两《唐书》本传，皆未有记李德裕于翰学任期内曾任司勋员外郎。后于文宗大和四年（830）贾餗奉诏所作之《赞皇公李德裕德政碑》（《全唐文》卷七三一），有谓："元和十五年，以本官召充翰林学士。时穆宗皇帝初即位，对见之日，即赐金紫，迁屯田员外郎。"清劳格《唐尚书省郎官石柱题名考》卷八即因所存司勋员外郎碑刻中未有李德裕名，即于"附存"中引丁《记》、贾餗《德政碑》，谓《旧纪》作"司勋"误。又，此亦可以《旧纪》长庆元年三月所记作证。《旧纪》于长庆元年三月记："己未，以屯田员外郎李德裕为考功郎中，左补阙李绅为司勋员外郎，并依前知制诰、翰林学士。"即李德裕于元和十五年二月二十日由监察御史迁屯田员外郎，时隔一年，长庆元年三月又由屯田员外郎升为考功郎中，其间并未有司勋员外郎衔。《旧唐书》于同一卷，只隔一年，所记官名即有如此之误。惜中华书局点校本未有校。

　　丁《记》亦云："长庆元年三月二十三日，改考功郎中、知制诰。"又接云:"(长庆)二年正月二十九日,加承旨。二月四日,迁中书舍人。十九日,改御史中丞,出院。"《旧纪》则未记承旨事,记为:二月"丁卯,以考功郎中、知制诰李德裕为中书舍人,依前翰林学士";同月辛巳,"以翰林学士、中书舍人李德裕为御史中丞",未记出院,亦疏略。

又,元稹《承旨学士院记》亦有记李德裕,云:"长庆元年正月二十九日,以考功郎中、知制诰、翰林学士赐绯鱼袋。二月四日,迁中书舍人充,余如故。十九日,改御史中丞,出院。"此处所记亦有误:(一)"长庆元年"之"元年"应为"二年",即于长庆二年正月二十九日接替元稹为承旨(元稹于长庆元年二月十六日为承旨,十月十九日出院,详见后元稹传)。(二)加考功郎中为长庆元年三月,元年正月尚为屯田员外郎。(三)迁中书舍人及以御史中丞出院,亦均在长庆二年。元《记》之"二月四日"前,亦应加"二年"。按:元稹作此《承旨学士院记》乃在长庆元年八月。南宋陈振孙《直斋书录解题》即称元稹此作"专载承旨姓名,自贞元二十一年郑絪,至元和十五年杜元颖并(元)稹,为十二人。末又有李德裕、李绅、韦处厚三人,盖后人所益也"(卷六《职官类》)。即李德裕后,非元稹原作,故后人有误记。

李德裕在院任期仅两年零两个月,时间并不长,而《旧传》则称为:"禁中书诏,大手笔多诏德裕草之。"《新传》亦云:"凡号令大典册,皆更其手。"但现存其所撰制诰,仅《杜元颖平章事制》,《唐大诏令集》卷四七载,题下署为李德裕作,文末署"长庆元年二月",即长庆元年二月壬申,杜元颖由翰林学士、户部侍郎、知制诰升任宰相。按:此文,《会昌一品集》及别集皆未收,《李德裕文集校笺》即据《唐大诏令集》补入（734 页）。

可以注意的是，李德裕除撰制诏外，仍承袭元和前期如白居易、裴垍等，亦甚关切时政，直言时弊。如《旧纪》长庆元年正月，载李德裕上疏，有云："近日驸马多至宰相及要官宅，此辈无他才可以延接，唯是漏泄禁密，交通中外。伏望宣示驸马等，今后有事任至中书见宰臣，此外不得至宰臣及台省官私第。"这是因为当时穆宗"怠荒于政，故戚里多所请丐，挟宦人诇禁中语，关托大臣"（《新传》）。

同年十一月，制举试，即贤良方正能直言极谏科，当时考试官为外廷官员，即中书舍人白居易、膳部郎中陈岵、考功员外郎贾𫗧，而为天子穆宗起草策问的则为内廷翰林学士李德裕。这当也是翰林学士的职能之一，类似于替皇帝起草诏令，因制举是以天子名义主试，与常科考试的进士、明经试不同。李德裕此次起草策问也是唐代翰林学士参预科举考试的一种方式。李德裕起草的策问，见《唐大诏令集》卷一〇六及《册府元龟》卷六四四（详参《李德裕文集校笺》之"新补佚文佚诗"）。此篇策问一开始即提出："古人有言，当引一代之人，以理一代之务。虽隽贤茂彦，不乏于时，然亦在敷纳以言，精核其实。"后又云："当体予衷，不惧后害。"所谓"予衷"，是替皇上立言，有如陆贽于兴元时替德宗起草诏令，深表自责之意。李德裕这几句是劝勉应试者要讲实话，不必后惧，鼓励应试者对当前朝政直言。正因如此，此年应试者庞严在对策中就严责现实："今朝廷用人不以仁，而悯默低柔；进人不以义，而因循持疑。言有不符于行，才有不足于用矣。"（《文苑英华》卷四九〇）沈亚之策文，其质直更有过于庞严，直言"今仕进之风益坏"，又认为所谓天灾之祸，实际上"皆由尚书六曹之本坏而致乎然也"（同上，卷四九二）。应当说，如此激烈之议论，实受李德裕提出的"当引一代之人，以理一代之务"的启示。

除政治参预外，李德裕在职期间另一特点是他与同院学士交友甚切。《旧传》："时德裕与李绅、元稹俱在翰林，以学识才名相类，情颇款密。"《旧唐书》卷一七三《李绅传》亦记为："岁余，穆宗召为翰林学士，与李德裕、元稹同在禁署，时称'三俊'，情意相善。"按：李德裕与李绅于元和十五年（820）闰正月同时入，元稹则于长庆元年（821）二月入，十月出院（详见后元稹传），李德裕与元稹同在院中为长庆元年二月至十月，时间虽不长，交谊却仍深。李德裕后于宝历元年（825）任浙西观察使时，曾作有长诗《述梦诗四十韵》（《李德裕文集校笺》别集卷三），寄时为浙东观察使元稹，追忆共在翰林的情景。此诗自序有谓："忽梦赋诗怀禁掖旧游。"诗中云："静室便幽独，虚楼散郁陶（自注：学士各有一室，西垣有小楼，时宴语于此）。花光晨艳艳，松韵晚骚骚。画壁看飞鹤，仙图见巨鳌（自注：内署垣壁，比画松鹤。先是西壁画海中曲龙山，宪宗曾欲临幸，中使惧而涂焉）。……荷静蓬池鲙，冰寒郢水醪（自注：每学士初上赐食，皆是蓬莱池鱼脍，夏至后赐及颁烧香酒）。荔枝来自远，芦橘赐仍叨（自注：先朝初临御，南方曾献荔枝，亦蒙颁赐，自后以道远罢献也）。"此诗不但描述李德裕与元稹等在翰林供职的情景，而且记载唐代翰林学士院的所在地、内部布置以及生活情况，对研究唐翰林学士工作环境颇有史料价值。

元稹《寄浙西李大夫四首》（《全唐诗》卷四一七），其二三两首也记同在翰林时事,云:"蕊珠深处少人知,网索西临太液池。浴殿晓闻天语后,步廊骑马笑相随(自注:网索在太液上,学士候对,歇于此)。""禁林同直话交情,无夜无曾不到明。最忆西楼人静夜,玉晨钟磬两三声(自注:玉晨观在紫宸殿后面也)。"

又沈传师于宪宗元和十二年(817)二月已入院为翰林学士,长庆二年(822)二月出院(见前宪宗朝沈传师传)。李德裕也与之友善,曾推荐他接任学士承旨(见杜牧《沈公行状》,《樊川文集》卷一四)。李德裕后在浙西观察使任时,也作有诗,忆与沈传师同在院中供职情事:"玉蕊天中树,金闺昔共窥。落英开舞雪,密叶乍低帷。"自注谓:"内署沈大夫所居门前有此树,每花落,空中回旋久之,方集庭际。大夫草诏之月,皆邀予同玩。"沈传师亦有和作(见《全唐诗》卷四六六),参见前沈传师传。

李德裕在院期间,还另有涉及人事纷争一事。长庆元年三月科举考试,时礼部侍郎钱徽知举;试后,李宗闵等因涉请托,罢官外出,钱徽也被贬。《旧唐书·李宗闵传》与《通鉴》所记均以为此次事件与李德裕有关,李德裕与李宗闵从此时起,各分朋党,互相倾轧,即所谓牛李党争,垂四十年。实际上此次科试案,李绅、元稹较参预,与李德裕无关,参《李德裕年谱》,此不赘。李德裕出院后仕历,则多与牛李党争有关,史书所载也各有歧异,傅璇琮著《李德裕年谱》已有辨析,此处也不复述。

其后仕历,大致为:穆宗、敬宗、文宗、武宗朝,即自长庆二年(822)至会昌六年(846),曾任地方节镇,主要为浙西观察使、义成节度使、剑南西川节度使、淮南节度使等。曾两度任相,即文宗朝大和七年(833)二月至八年(834)十月;武宗朝,开成五年(840)

九月至会昌六年（846）四月。会昌六年（846）三月，武宗卒，宣宗即位，四月，即令李德裕罢相，出为江陵尹、荆南节度使；九月，又改为东都留守。宣宗大中元年（847）十二月，贬为潮州司马；大中二年（848）九月，再贬为崖州司户参军。大中三年十二月初十（即公元850年1月26日），卒于崖州贬所，年六十四。

应当说，李德裕无论在地方节镇，或在朝中任相，都甚有政绩，特别是武宗会昌时，摧抑藩镇，抵御回鹘、吐蕃等侵扰，抑制宦官权力，改进科举试制，在晚唐是甚为突出的，后世评议亦极高，宋叶梦得《避暑录话》卷二甚至称许"李德裕是唐中世第一等人物"。后人对其文学评价也高，如清王士禛《池北偶谈》卷一七论及李德裕文集《会昌一品集》时，就认为："别集忆平泉五言诸诗，较白乐天、刘梦得不啻过之。"详参傅璇琮著《李德裕年谱》大中三年条。

李德裕在任外地节镇时，有与元稹、白居易、刘禹锡等以诗交酬，特别是与刘禹锡。后刘禹锡于大和七八年间编纂与李德裕唱和诗，题为《吴蜀集》。其《吴蜀集引》（《刘禹锡集笺证》外集卷七）有云："长庆四年，予为历阳守，今丞相赵郡李公时镇南徐州，每赋诗，飞函相示，且命同作。尔后出处乖远，亦如邻封。凡酬唱始于江南，而终于剑外，故以'吴蜀'为目云。"时刘禹锡在苏州刺史任。由此亦可见李德裕与当时文人的交往。

李德裕之诗文集及专著（如《次柳氏旧闻》、《会昌伐叛记》、《大和辨谤录》等），《李德裕年谱》大中六年条及《李德裕文集校笺》前言均有著录，可参，此处即不复述。

李　绅

　　李绅,两《唐书》有传,见《旧唐书》卷一七三,《新唐书》卷一
八一。另唐人所作记其事迹者,有白居易《李公家庙碑铭》(《白
居易集笺校》卷七一),沈亚之《李绅传》(《全唐文》卷七三八)。
现代学者的有关著作,有卞孝萱《李绅年谱》①,《唐才子传校笺》
卷六《李绅传》吴企明笺②,《唐五代文学编年史》(中唐卷、晚唐
卷)③,及朱金城《白居易研究》之《李绅与"元白"》④,王旋伯《李
绅诗注》⑤。李绅为中晚唐时著名诗人,文学史著作及近二十余年
来报刊上有关论文,亦多述及。因此本书所作李绅传,不拟全面
记叙,主要为参考现有成果,对其翰林学士仕历及有关文学活动
加以考述。

　　《旧传》:"李绅字公垂,润州无锡人。"《新传》称其为"中书令
敬玄曾孙",而《旧唐书》卷一〇六《李敬玄传》则记为亳州谯人。
《唐诗纪事》卷五亦记李敬玄为亳州人;《唐才子传》卷六《李绅
传》即明确记李绅为亳州人,实仅依其祖籍。《新唐书·李绅传》

①卞孝萱《李绅年谱》,载《安徽史学》1960年第3期。
②傅璇琮主编《唐才子传校笺》第三册卷六《李绅传》,中华书局,1990年。
③《唐五代文学编年史》,傅璇琮主编;中唐卷,陶敏、李一飞、傅璇琮著;晚唐
　卷,吴在庆、傅璇琮著。辽海出版社,1998年。
④朱金城《白居易研究》,陕西人民出版社,1987年。
⑤王旋伯《李绅诗注》,上海古籍出版社,1985年。

叙其为李敬玄曾孙后，即云"地宦南方，客润州"。按：《元和郡县图志》卷二五江南道，无锡属常州，润州所属县则为丹徒、丹阳、金坛、延陵、上久、句容。两《唐书·地理志》同。如此，则两《唐书》本传记李绅为润州人，误。李绅《过梅里》诗七首（《全唐诗》卷四八一），其诗前小序即称"家于无锡四十载"。

据李绅《墨诏持经大德神异碑铭》（《全唐文》卷六九四），李绅生于代宗大历七年（772）。《旧传》记其少年时即有诗名："绅六岁而孤，母卢氏教以经义。绅形状眇小而精悍，能为歌诗。乡赋之年，讽诵多在人口。"《新传》亦称其时"于诗最有名"。其著称于时、久传后世之《古风》二诗，即作于早期贞元时。宋范摅《云溪友议》卷上《江都事》有载："初，李公赴荐，常以《古风》求知，吕光化温谓齐员外煦及弟恭曰：'吾观李二十秀才之文，斯人必为卿相。'果如其言。诗曰：'春种一粒粟，秋成万颗子。四海无闲田，农夫犹饿死。''锄禾日当午，汗滴禾下土。谁知盘中餐，粒粒皆辛苦。'"《唐诗纪事》卷三九李绅条亦载此，题作"悯农"。此为德宗贞元十七年（801）秋李绅赴长安应试时，向吕温求荐时所上（见《唐五代文学编年史·中唐卷》）。李绅能在早期即撰有此悯农之作，确为作《新题乐府》建树创作基础。

如前所述，李绅于贞元十七年（801）秋在长安应举科试，十八年（802）初，韩愈曾向此年通榜帖陆傪荐士子十人，其中即有李绅。《唐摭言》卷八《通榜》："贞元十八年，权德舆主文，陆傪员外通榜帖，韩文公荐十人于傪。"韩愈有《与祠部陆员外书》（《韩昌黎文集校注》卷三），所荐十人，称此十人"或文或行，皆出群之才也"。李绅此年虽未及第，但也可见其文才已为人所称。

后李绅又于贞元二十年(804)秋在长安,当亦再次应试,寄住于元稹之靖安里第,与其交谈《莺莺传》之写作,并特为其作《莺莺歌》。元稹《莺莺传》(《太平广记》卷四八八)在详述张生、崔氏之事后,云:"贞元岁九月,执事李公垂宿于余靖安里第,语及于是。公垂卓然称异,遂为《莺莺歌》以传之。"此贞元岁当为贞元二十年(参见朱金城《李绅与"元白"》)。当时白居易亦在长安,当亦因元稹介绍,与李绅相识。白居易后所作《醉送李二十常侍赴镇浙东》(《白居易集笺校》卷三一),即有回忆当时在靖安里共聚之情景:"靖安客舍花枝下,共脱青衫典浊醪。"又《靖安北街赠李二十》(同上,卷一五),亦有云:"还似往年安福寺,共君私试却回时。"

据《旧传》及徐松《登科记考》,李绅后于宪宗元和元年(806)进士及第。及第后,返江东,镇江节度使李锜辟其入幕府,为从事。元和二年(807),李锜叛乱,李绅因不从其命,被执;同年十月,李锜乱平,得免。李绅当于此后,即元和二三年间,返朝,任校书郎,并作有《新题乐府》二十首。李绅原作已佚,但元稹、白居易有和作,特别是白居易于翰林学士任期特撰作《新乐府》五十首,不仅对中唐诗风,且对唐翰林学士以诗歌创作直接参预朝政甚有影响。李绅原创之功,甚不可没。

按:元稹和作,题为《和李校书新题乐府十二首》,杨军《元稹集编年笺注(诗歌卷)》系于元和四年(809),时元稹在京任监察御史。元稹于诗前序云:"予友李公垂贶予《乐府新题》二十首,雅有所谓,不虚为文。予取其病时之尤急者,列而和之,盖十二而已。昔三代之盛也,士议而庶人谤。又曰,世理则词直,世忌则词隐。予遭理世而君盛圣,故直其词以示后,使夫后之人谓今日为不忌之时焉。"元稹所和十二首,有引李绅诗题下之原注者,如《蛮子朝》,题下注:"李传云:贞元末,蜀川始通蛮国。"《阴山道》,题下注:"李传云:元和二年,有诏悉以金银酬回鹘马价。"据此,则李绅当于元和二三年间返朝后任校书郎,乃于此期间作《新题乐府》二十首,并赠交元稹,元稹亦于元和三四年间,"取其病时之尤急者",和作十二首。后白居易作有《新乐府》五十首(《白居易集笺校》卷三),题下自注:"元和四年为左拾遗时作。"时白居易任翰林学士,官衔为左拾遗(见前宪宗朝白居易传),当见到元、李之作,乃又参据时事,扩而充之,为五十首。此亦为中唐时文学创作交流之一大事。

李绅后之仕历,为:元和七年(812),仍为校书郎,曾从役至常、苏二州,见《全唐诗》卷四八一《过吴门二十四韵》、卷四八二《毗陵东山序》,又参见《唐五代文学编年史·中唐卷》元和七年。元和九年(814),在国子助教任,见白居易《初授赞善大夫早朝寄李二十助教》(《白居易集笺校》卷一五)、《渭村酬李二十见寄》(同上)。由此可见,《旧传》所谓"元和初,登进士第,释褐国子助教",疏误;又谓"(李)锜诛,朝廷嘉之,召拜右拾遗",亦误。据上所述,李绅应于李锜乱平后,元和二三年返朝,始为校书郎,元和九年前改国子助教,非李锜事后即召为右拾遗。

《新传》记李锜平后,称李绅"久之,从辟山南观察使"。虽未有记年,但可补《旧传》之缺,《旧传》未记。李绅有《南梁行》(《全唐诗》卷四八〇),即记山南西道梁州(兴元府)之行,有句云:"公言可荐承明庐。"自注:"元和十四年,故山南节度使仆射崔公奏观察判官,蒙以书奏见委,常戏拙速。"此崔公为崔从,元和十三年

（818）至长庆元年（821）为兴元尹、山南西道节度使。此诗后又云："青天诏下宠光至，颁籍金闺征石渠。"自注："是岁五月，蒙恩除右拾遗。"此后，元和十五年（820）正月，穆宗即位，即召为翰林学士。

《旧唐书》卷一六《穆宗纪》，元和十五年闰正月甲寅，"以监察御史李德裕、右拾遗李绅、礼部员外郎庾敬休并守本官，充翰林学士"。这是穆宗即位后首批召入的翰林学士，值得注意（参见前李德裕传）。闰正月甲寅为十一日。丁居晦《重修承旨学士壁记》则记为："元和十五年闰正月十三日，自右拾遗内供奉充。"作十三日。而李绅后所作之《趋翰苑遭诬构四十六韵》（《全唐诗》卷四八〇），有云："选贤方去智，招谏忽升愚。"自注："穆宗听政五日，蒙恩除右拾遗，与淮南李公召入翰林也。"按：据《旧纪》，穆宗于闰正月丙午（初三）即位，"听政五日"，当为初七（庚戌）。则当时记时有小异。

丁《记》接云："二月一日，赐绯。二十日，迁右补阙。"其赐、迁，时日均与李德裕、庾敬休同。《旧传》亦云"寻转右补阙"。唯《旧·穆宗纪》后记其改授司勋员外郎时，则记为左补阙，亦有小异。拾遗为从八品上，补阙为从七品上。

丁《记》接云："长庆元年三月二十三日，加司勋员外郎。"《旧纪》长庆元年三月，"己未，以屯田员外郎李德裕为考功郎中，左补阙李绅为司勋员外郎，并依前知制诰、翰林学士"。此云"依前知制诰"，不当，因此前未有授为知制诰。《旧传》亦与丁《记》同，谓"长庆元年三月，改司勋员外郎、知制诰"，即由左补阙迁为司勋员外郎（从六品上），始加知制诰。

丁《记》后云："（长庆）二年二月十九日，迁中书舍人、承旨。二十五日，赐紫。"《旧传》："二年二月，超拜中书舍人，内职如故。"未记承旨。《旧纪》亦未记承旨。署名为元稹之《承旨学士院记》即明记为："长庆二年二月十九日，自司勋员外郎、知制诰、翰林学士赐绯鱼袋，迁中书舍人充。"即接替李德裕。李德裕于长庆二年（822）二月十九日改御史中丞，出院（见前李德裕传）。

丁《记》又接云："三月二十七日，改中丞，出院。"前未记年，粗阅，似即在长庆二年。元稹《承旨学士院记》则记为："（长庆）三年三月二十七日，改御史中丞，出院。"是。李绅《忆春日太液池亭候对》（《全唐诗》卷四八〇），题下自注："长庆三年。"即长庆三年春仍在院中。

如此，李绅在院三年零三个月（元和十五年闰正月至长庆三年三月），其间任承旨者有一年余。白居易《李公家庙碑铭序》（《白居易集笺校》卷七一）概称其业绩，为："承颜造膝，知无不言。献替启沃，如石投水。"元王恽《玉堂嘉话》卷一载有孔温业所撰《李绅拜相制》（武宗会昌二年二月十二日），中云："中立不倚，方严寡徒。长庆一朝，委遇斯极。入参禁密，出总纪纲，王猷多润饰之能，邦宪著肃清之称。"[①]惜李绅于此期间所撰制文，《全唐文》卷六九四仅载一篇：《授韩弘河中节度使制》。据《旧唐书》卷一五六《韩弘传》，弘于元和十五年六月为河中尹、河中晋绛节度观察等使，此制当李绅在院时作。可注意的是，李绅此时初入院，为右补阙，尚未加知制诰，可见唐翰林学士入院不足一年，还未加

---

① 按：此制，《唐大诏令集》未收，《唐文拾遗》卷三〇即据《玉堂嘉话》辑入。

知制诰,仍能撰写制诏。又《新唐书》卷六〇《艺文志》四,集部,有李绅《批答》一卷,当为代穆宗所作批答之文,惜后世亦无传。

李绅在院时,与其他学士同僚相处甚好。《旧传》称:"穆宗召为翰林学士,与李德裕、元稹同在禁署,时称'三俊',情意相善。"前已述及,李绅与元稹早有交谊,与李德裕则此时始交,李绅后之仕历多与李德裕有关,武宗时即因李德裕举荐,入朝拜相。李绅并与元稹推荐蒋防、庞严入为翰林学士。《旧唐书》卷一六六《庞严传》云:"严与右拾遗蒋防俱为稹、绅保荐,至谏官内职。"《册府元龟》卷四八二《台省部·朋附》亦载:"李绅为户部侍郎,与庞严友善。长庆中穆宗召严为翰林学士,又赐以金紫,皆绅引之也。"按:蒋防于长庆元年十一月入,庞严于长庆二年三月入,李绅时正任学士承旨。此可为学士互助之例。不过,李绅后之坎坷遭遇,也与李德裕、元稹有关;蒋防、庞严之出院,也受到李绅贬谪之牵累(见后)。

李绅有忆叙任期时生活情景的,如《南梁行》、《趋翰苑遭诬构四十六韵》、《忆春日太液池亭候对》、《忆夜直金銮殿承旨》、《忆春日曲江宴后许至芙蓉园》(以上均载于《全唐诗》卷四八〇,亦即在《忆昔游》三卷诗中)。又姚合有《和李补阙曲江看莲花》(《全唐诗》卷五〇二),五言排律,详叙秋时曲江景致。诗题称李绅为补阙,当作于元和十五年秋。由此亦可见李绅在院时与文士之交往。

李绅任期内之纷争,一为长庆元年春之科试案,此事涉及钱徽、段文昌、李德裕、元稹等(参见诸人传)。两《唐书·李绅传》虽未记李绅事,但亦与李绅有关。

《通鉴》卷二四一长庆元年三月记,云:"右补阙杨汝士与礼部侍郎钱徽掌贡举,西川节度使段文昌、翰林学士李绅各以书属所善进士于徽;及榜出,文昌、绅所属皆不预,及第者,郑朗,覃之弟;裴撰,度之子;苏巢,(李)宗闵之婿;杨殷士,汝士之弟也。文昌言于上曰:'今岁礼部殊不公,所取进士皆子弟无艺,以关节得之。'上以问诸学士,德裕、积、绅皆曰:'诚如文昌言。'上乃命中书舍人王起等覆试。夏四月,丁丑,诏黜朗等十人,贬徽江州刺史,宗闵剑州刺史,汝士开江令。……自是德裕、宗闵各分朋党,互相倾轧,垂四十年。"《通鉴》所载,仍以此为牛李党争,实则此次科试案与李德裕无关,详见傅璇琮著《李德裕年谱》。不过由唐科试习俗,李绅之举荐士子,在当时也为习见,未能足怪。

李绅之出院及后贬官,均出于当时宰相李逢吉之诬害。《旧传》载:"(长庆)二年二月,超拜中书舍人,内职如故。俄而(元)积作相,寻为李逢吉教人告积阴事,积罢相,出为同州刺史。时(李)德裕与牛僧孺俱有相望,德裕恩顾稍深。逢吉欲用僧孺,惧绅与德裕沮于禁中。二年九月,出德裕为浙西观察使,乃以僧孺为平章事,以绅为御史中丞,冀离内职,易掎摭而逐之。"关于李德裕事,详见其传,此不赘。

李绅出院后,李逢吉又结交宦官王守澄,继续谋害李绅。《旧传》:"中尉王守澄用事,逢吉令门生故吏结托守澄为援以倾绅,昼夜计画。"后穆宗卒,敬宗立,李逢吉更向敬宗进言,"言李绅在内署时,尝不利于陛下,请行贬逐"。《旧唐书》卷一七上《敬宗纪》,敬宗于长庆四年正月癸酉立,二月"癸未(初三),贬户部侍郎李绅为端州司马。丙戌(初六),贬翰林学士、驾部郎中、知制诰庞严为信州刺史,翰林学士、司封员外郎、知制诰蒋防为汀州刺史,皆绅之引用者"。据《通鉴》卷二四三载,李逢吉还使其党与张又新等,"上书言贬绅太轻"。据云敬宗由此"曾许为杀之",后幸赖翰林侍讲学士韦处厚上疏,为之辩解,才止于贬端州。《旧唐书》卷一五九《韦处厚传》记韦上疏,谓"臣窃闻朋党议论,以李绅贬黜尚轻",又云"今逢吉门下故吏,遍满朝行,侵毁加诬,何词不有"。可见当时李逢吉凭其居相位,广结党羽,诬害当时在院的几位学士。李绅后撰《趋翰苑遭诬构四十六韵》(《全唐诗》卷四八〇),详记其事,言此次之贬,实源于在院中任职时"洁身酬雨露,利口扇谗谀"。这如同白居易于元和时贬江州司马,在与友人书信中论此次之贬,亦源于在院中时直论朝政,得罪中外权幸。

李绅此后仕历,大致为:敬宗宝历元年(825),量移为江州长史,后迁滁、寿二州刺史。文宗大和七年(833),李德裕为相执政,绅受擢为浙东观察史。大和九年(835)五月,改太子宾客、分司东都。开成元年(836)三月,为河南尹;同年六月,迁宣武军节度使。武宗即位,开成五年(840)九月,徙淮南节度使。会昌二年(842)二月,因李德裕之荐,入朝任相;四年(844)闰七月,辞出,复为淮南节度使。六年(846)七月,卒于任,年七十五。

李绅后期,仕宦各地,与白居易、元稹、刘禹锡、张祜等有诗交酬。特别是编于开成三年(838)之《追昔游诗》三卷,不仅有记与文士交往,对其本人之生活境遇与创作心态,也有真切记述,甚有研究价值。其自序有云:"追昔游,盖叹逝感时,发于凄恨而作也。或长句,或五言,或杂言,或歌或乐府、齐梁,不一其词,乃由牵思所属耳。……词有所怀,兴生于怨。"(《全唐文》卷六九四)清编

《全唐诗》收李绅诗四卷（卷四八〇—四八三），前三卷即《追昔游集》。

《全唐文》卷六九四载其文十二篇。如前所述，有制文一篇，另有奏议三篇，其他为赋、记、碑、铭等。

庾敬休

庾敬休，两《唐书》有传，见《旧唐书》卷一八七《忠义传》下，《新唐书》卷一六一。《旧传》："庾敬休，字顺之，其先南阳新野人。"据《元和郡县图志》卷二一，山南道，邓州南阳郡有新野县（即今河南新野县）。

又《旧传》载其祖光烈，玄宗、肃宗朝曾任大理少卿；父河，德宗时为兵部郎中。《新传》则记敬休之父名何，非河。《元和姓纂》九，记庾何生威，威生敬休。由此，则《旧传》所记之"河"，当误（中华书局点校本未有校）。而庾何为庾敬休之父或祖，则未确定。清劳格于《唐尚书省郎官石柱题名考》卷一左司郎中庾敬休名下，有按云："《姓纂》与传不合。按：何在德宗时，敬休当宪宗末年已入翰林，相去仅三十年。"劳格似以庾何为敬休父为是。

《旧传》又云："敬休举进士，以宏词登科，授秘书省校书郎，从事宣州。"《新传》略同，皆未记年，故徐松《登科记考》亦未有记。唯北宋乐史所著《广卓异记》卷一三《同年五人同为翰林学士》条，于题下注五人名：庾敬休、柳公权、李绅、韦表微、高釴。文中云："右，按《唐书》，元和元年，礼部侍郎崔邠下一榜，放进士十三人;其后庾敬休等五人,长庆中为翰林学士。"①据《旧唐书》柳公权、李绅、高钅皆传,此三人确于元和元年(806)登进士第,而庾敬休等五人亦为长庆时翰林学士。乐史当采自北宋时尚传存之唐登科记名录②。

庾敬休于元和元年进士及第后,至入为翰林学士。《旧传》概记其仕历为:"以宏词登科,授秘书省校书郎,从事宣州。转授渭南尉、集贤校理,迁右拾遗、集贤学士。历右补阙,称职,转起居舍人,俄迁礼部员外郎。"均未记年月。《新传》所记更简。今据有关材料,补考如下。

《白居易集笺校》卷五四"翰林制诏"一,有《除拾遗监察等制》:"渭南县尉庾敬休等,咸文行清茂,士之秀者。宜从吏列,擢在朝行,各随才用,分命以职。司谏执宪,佇有可称。"参《旧传》所记,即庾敬休以渭南县尉迁为右拾遗。按:《元和姓纂》九记有庾敬休,称其为左拾遗。岑仲勉《〈白氏长庆集〉伪文》,即据《元和姓纂》撰于元和七年(812),而此时白居易已出院,因定此制为伪作。按:岑氏此说恐不确。《元和姓纂》撰成于元和七年,时庾敬休已为左拾遗(《旧传》记为右拾遗,此为小异),而拾遗任期也有一定时段,则其由渭南县尉迁左拾遗,也有可能在元和六年四月(白居易出院时)之前,即白居易于翰林学士任期仍作有此制。又

①乐史《广卓异记》,见《全宋笔记》第一编。《全宋笔记》,上海师范大学古籍整理研究所编纂,大象出版社,2003年。按:《广卓异记》此处云元和元年榜,进士为十三人,误,应为二十三人,见徐松《登科记考》卷一六。
②孟二冬《登科记考补正》卷一六,即据此补庾敬休于元和元年;北京燕山出版社,2003年。

《白居易集笺校》外集卷下"诗文补遗",据《文苑英华》卷三九五又录有此制,题为《授庾敬休监察御史等制》,应是重载,不宜为补遗,但笺谓作于元和二年至六年间,当是。

又白居易有《庾顺之以紫霞绮远赠以诗答之》(七律),《白居易集笺校》卷一四系于元和五年(810),时白居易正处于翰林学士任。此诗首二句:"千里故人心郑重,一端香绮紫氛氲。"云"千里",则庾敬休(字顺之)时在远地,给白居易"紫霞绮",参《旧传》所载,庾敬休时在宣州幕。诗末云:"不如缝作合欢被,寤寐相思如对君。"则此前二人即已甚有交结。

于此,庾敬休当于元和元年进士登第,又宏词登科,初为秘书省校书郎,元和初期又在宣州幕府,不久又入为渭南县尉,兼集贤校理,后又迁为左(右)拾遗,在元和五六年间。

又,白居易《东南行一百韵》诗(《白居易集笺校》卷一六),作于元和十二年(817),在江州司马任。此诗诗题颇长,于"一百韵"下分列所寄友人姓氏及官衔,如通州元九侍御(即元稹)、澧州李十一舍人(即李建)等,中有"庾三十二补阙",据岑仲勉《唐人行第录》及朱金城笺,即庾敬休。由此,则庾敬休于元和十二年已在右补阙任。此诗详述元和前期共在长安宴游,"别选闲游伴,潜招小饮徒",可见庾敬休于元和前期与白居易、元稹、李建、李绅、杜元颖、韦处厚等已多有交往,多为宪、穆朝翰林学士。

元和十二年夏秋间,庾敬休已由右补阙(从七品上)迁为起居舍人(从六品上)。《唐会要》卷五六《起居郎起居舍人》条,载元和十二年九月敕,"自今以后,每坐日,宰臣及诸司对后,如有事可备劝诫、合记述者,委其日承旨宰相宣示左右起居,令其缀录"。

这一措施,据《唐会要》此处载,是时任起居舍人庾敬休上疏建议的。又《唐会要》卷六四《史馆杂录》条,及《册府元龟》卷六五〇《国史部·记注》亦载此,皆记"时起居舍人庾敬休上疏"。

据此,则庾敬休于元和十二年上半年在右补阙任,是年秋(九月)前迁起居舍人,而可能不久即又改为礼部员外郎(礼部员外郎与起居舍人皆为从六品上)。白居易有《浔阳岁晚寄元八郎中庾三十二员外》,《白居易集笺校》卷一七系于元和十二年。诗中云:"封事频闻奏,除书数见名。"即称庾敬休与元宗简(元八,时由金部员外郎迁仓部郎中)常有上奏议事,频见擢迁,这就与庾敬休元和十二年仕历相合。

庾敬休于元和十三年(818)上半年,仍在礼部员外郎任。《旧唐书·宪宗纪》下,元和十三年三月丁未,记郑馀庆由太子少师为尚书左仆射;七月庚戌,改为凤翔陇右节度使。《旧唐书》卷一五八《郑馀庆传》,记其任左仆射时,"宪宗以馀庆谙练典章,朝廷礼乐制度有乖故事,专委馀庆参酌施行,遂用为详定使。馀庆复奏刑部侍郎韩愈、礼部侍郎李程为副使,左司郎中崔郾、吏部郎中陈珮、刑部员外郎杨嗣复、礼部员外郎庾敬休并充详定判官。朝廷仪制、吉凶五礼,咸有损益焉。改凤翔尹、凤翔陇右节度使。"则元和十三年七月前,仍为礼部员外郎,且于穆宗即位后,即以礼部员外郎入为翰林学士。

由此可见,《旧传》记庾敬休进士登第后,直至元和末,总宪宗朝十五年间,虽概叙其仕历,但均未记其时。今据白居易诗及有关史书,可大致明了此十五年间经历,并可见其入院前与当时文士已甚有交往。

《旧传》记："俄迁礼部员外郎，入为翰林学士。"《新传》则于起居舍人后，记云"召为翰林学士"，缺记礼部员外郎。

关于庾敬休入院时间及所带官衔，丁居晦《重修承旨学士壁记》记为："元和十五年闰正月十三日，自礼部员外郎充。"即与李德裕、李绅同日入。而《旧唐书》卷一六《穆宗纪》则载于元和十五年闰正月甲寅，甲寅为该月十一日，有小异。

丁《记》又记："二月一日，赐绯。二十一日，加左司郎中。"前已记述，李德裕于二月一日赐紫，李绅于二月一日赐绯，庾敬休之赐绯日期，当与李德裕、李绅同。唯丁《记》所谓"加左司郎中"，有误。《旧传》谓："俄迁礼部员外郎，入为翰林学士，迁礼部郎中，罢职归官，又迁兵部郎中、知制诰。"即未记任职期间有迁左司郎中。《白居易集笺校》卷四八"中书制诰"一，有《韦觊可给事中庾敬休可兵部郎中知制诰同制》，前云"朝散大夫、尚书礼部郎中、上柱国庾敬休"，后云"敬休可尚书兵部郎中、知制诰，散官、勋如故"。由此，则庾敬休确由礼部郎中改兵部郎中，并知制诰，与《旧传》合，丁《记》误。

按：丁《记》有记出院年月，为："长庆元年十月二十一日，出守本官。"参前所引白居易制文，则当为以礼部郎中出院，后改为兵部郎中、知制诰。按：白居易于长庆元年（821）十月自尚书主客郎中、知制诰迁中书舍人，长庆二年（822）七月出为杭州刺史。白居易此制当作于庾敬休出院（即长庆元年十月二十一日）后，白居易出任杭州前，即庾敬休改任兵部郎中、知制诰当在长庆二年上半年。又白氏制文曾述及庾敬休在院任职业绩，云："温裕端明，饰以辞藻。"甚简略。庾敬休在院不到两年，确无所表现。

庾敬休此后仕历,据两《唐书》本传及有关记载,历任尚书户部侍郎、吏部侍郎、尚书左丞,文宗大和九年(835)卒,赠吏部尚书。

这里可择要纠正两《唐书》之失。《旧传》曾记文宗"将立鲁王为太子,慎选师傅,改工部侍郎兼鲁王傅",而《新传》亦记此事,则谓文宗"慎选师傅,敬休以户部侍郎兼鲁王傅"。即《旧传》作工部侍郎,《新传》作户部侍郎。按:此事在文宗大和六年(832)。《唐会要》卷六七《王府官》条有记:"大和六年,上以鲁王永年渐长,择名儒为其府属,用户部侍郎庾敬休兼王傅。"《旧唐书》卷一七五有文宗子庄恪太子李永传,云:"(大和)六年,上以王年幼,思得贤傅辅导之。……因以户部侍郎庾敬休守本官兼鲁王傅。"《旧唐书》卷一七六《郑肃传》亦有记:"时鲁王永有宠,文宗择名儒为其府属,用户部侍郎庾敬休兼王傅,户部郎中李践方兼司马,以(郑)肃本官(太常少卿)兼长史。"由此可证,应作户部侍郎,《旧唐书·庾敬休传》作工部侍郎,显误。中华书局点校本应据《旧唐书》本书(如卷一七五、一七六),指出同一书前后所记异,并参他书(如《唐会要》、《新唐书》),加以校正。

又如《旧传》记庾敬休"大和九年三月,卒于家",而同书即《旧唐书》卷一七下《文宗纪》下,则记庾敬休卒子大和九年二月,谓:"庚午,左丞庾敬休卒,废朝一日。"据《二十史朔闰表》,大和九年二月丙子朔,二月无庚午,三月丙午朔,庚午为三月二十五日。则《旧纪》记二月庚午,误,应据《旧传》,为三月卒。惜中华书局点校本亦未有校。

《旧传》末有评云:"敬休姿容温雅,襟抱夷旷,不饮酒茹荤,不迩声色。"故列之于《忠义传》。但亦甚有艺术素养。李肇《国史补》卷上有记云："王维画品妙绝,于山水平远尤工。今昭国坊庾敬休屋壁有之。"可见庾敬休有意收藏王维山水画。清徐松《唐两京城坊考》卷三西京,有昭国坊;张穆校补卷三"昭国坊·尚书右丞庾敬休宅",有引《唐画断》:"庾右丞宅有壁王维图山水兼题记,亦当时之妙。"似即本李肇书。

庾敬休著述,《旧传》记有"著《谕善录》七卷"。《新唐书》卷五九《艺文志》三,子部杂家类,亦记"庾敬休《谕善录》七卷"。按:《新志》同类著录有魏征《群书治要》、马总《意林》、杜佑《理道要诀》等,则为有关政略、伦理等书。此书后佚。《全唐文》卷七三二载其《请停百官应给匹段以平米价奏》,《唐文拾遗》载《制置除陌等钱奏》,皆据《旧传》载录,非在翰林学士任内所作。《全唐诗》卷五一六载《春雪映早梅》诗一篇,《文苑英华》卷一八二已载,列为省试或州府试之诗题。

韦处厚

韦处厚,两《唐书》有传,见《旧唐书》卷一五九,《新唐书》卷一四二。另刘禹锡有《唐故中书侍郎平章事韦公集纪》(《刘禹锡集笺证》卷一九),亦有记其事迹。

《旧传》:"韦处厚字德载,京兆人。父万,监察御史,为荆南节度参谋。"《新传》亦载其为京兆万年人。《新唐书》卷七四上,《宰相世系表》四上,亦载其父万,兼监察御史,皆同。又刘禹锡《集纪》谓"本名惇","既仕方更名处厚"。当与宪宗名纯,有所避讳有关。

《旧传》称其"元和初登进士第",后"应贤良方正,擢居异等,授秘书省校书郎"。《新传》则仅言"中进士第"。按:《旧传》记其"元和初登进士第",又谓"与(李)绅皆以孤进,同年进士",李绅为元和元年(806)进士及第(见前李绅传)。徐松《登科记考》卷一六即据《旧传》列韦处厚为元和元年登进士第。

按:晚唐张固《幽闲鼓吹》曾有记:"刘禹锡为屯田员外郎,旦夕有腾趋之势。知一僧有术数,寓直日邀至省。方欲问命,报韦秀才在门外,不得已见之,令僧坐帘下。韦献卷已,略省之,意色颇倦,韦觉告去。"后记此韦秀才即韦处厚。按:刘禹锡任屯田员外郎在王叔文施行新政时,故《鼓吹》称其"旦夕有腾趋之势",但后又云"不旬日,贬官",故可确定在顺宗永贞元年亦即贞元二十一年(805),韦处厚则于翌年即元和元年及第。据此,则韦处厚当于应试前一年上半年向尚在朝中任职的刘禹锡献文(行卷),请其举荐,这也是唐代科举试的惯例。不过刘禹锡在《集纪》中未提此事。

《旧传》于进士登第后,又云"应贤良方正"。《新传》则谓"中进士第,又擢才识兼茂科"。刘禹锡《集纪》记为:"宪宗朝河南元公稹、京兆韦公淳以才识兼茂征。"元稹即于元和元年登才识兼茂明于体用科(参《登科记考》卷一六)。由此,则《旧传》所谓"应贤良方正",误。

又据《旧传》,韦处厚卒于文宗大和二年(828)十二月,年五十六,则当生于代宗大历八年(773)。如此,则元和元年(806)进士及第为三十四岁,后元和十五年(820)入院,为四十八岁。

《旧传》接云:"裴垍以宰相监修国史,奏以本官充直馆,改咸阳县尉,迁右拾遗,并兼史职。修《德宗实录》五十卷上之,时称信史。转左补阙、礼部考功二员外。"按:裴垍于元和三年九月拜相(见《新唐书·宰相年表》),则韦处厚当于三年(808)九月后以秘书省校书郎入直史馆,后改咸阳县尉官衔,实际仍任史职。又《旧唐书》卷一四《宪宗纪》上,元和五年(810)十月,"庚辰,宰相裴垍进所撰《德宗实录》五十卷……史官蒋武、韦处厚等颁赐有差"(又参见《唐会要》卷六三《修国史》条)。则韦处厚当于此后历擢左补阙(从七品上),礼部、考功员外郎(从六品上)。

《旧传》接云:"早为宰相韦贯之所重,时贯之以议兵不合旨出官,处厚坐友善,出为开州刺史。"此事《旧唐书·宪宗纪》下有记,元和十一年(816),"八月壬寅,以宰臣韦贯之为吏部侍郎,罢知政事。贯之以淮西、河北两处用兵,劳于供饷,请缓承宗而专讨元济,与裴度争论上前故也"。《通鉴》卷二三九元和十一年八月所记,未言其与裴度争论事,而谓"左补阙张宿毁之于上,云其朋党,八月壬寅,贯之罢为吏部侍郎"。按:元和后期征讨淮西、河北诸镇,朝臣中确有意见分歧,翰林学士亦有因此而被迫出院的。但韦贯之并不一概反对用兵,而是主张先征讨淮西,暂缓王承宗,与裴度并不对立,可能陷于当时人事纷争,而被免相。《通鉴》即于同年九月载:"丙子,以韦贯之为湖南观察使,犹坐前事也。辛巳,以吏部侍郎韦顗、考功员外郎韦处厚等皆为远州刺史,张宿谗之,以为贯之之党也。"《旧唐书·宪宗纪》下,记此次连累贬出者有六人,其中即有韦处厚,但记为"考功郎中韦处厚为开州刺史",作考功郎中,而两《唐书》本传及《通鉴》所记皆为考功员外郎。按:韩愈后于长庆二年(822)所作《韦侍讲〈盛山十二诗〉序》(《韩昌黎文集校注》卷四),亦云"韦侯昔以考功副郎守盛山","考功副郎"即考功员外郎。由此可证《旧纪》所记"考功郎中",误。《旧唐书》,同一书,而纪、传互异,间有错讹,惜中华书局点校本多未校出。

韦处厚在开州(今重庆开县)约有三年。刘禹锡《集纪》云:"居三年,执友崔敦诗为相,征拜户部郎中,至阙下。旬岁间以本官知制诰。"崔敦诗为崔群(见前宪宗朝崔群传)。崔群于元和十二年(817)七月为相,十四年(819)十二月出为湖南观察使。此云韦处厚在开州"居三年",则当于元和十三、十四年间因崔群之援荐,复入朝,为户部郎中,一年间又以本官知制诰,后即于元和十五年(820)以户部郎中、知制诰入翰林学士院。

丁居晦《重修承旨学士壁记》记为:"元和十五年二月二十四日,自户部郎中、知制诰充侍讲学士。"又据丁《记》,同时召入者路随"自司勋员外郎、史馆修撰充侍读学士"。应该说,穆宗于即位初建置侍讲学士、侍读学士,是唐翰林学士的又一新的设置,较宪宗初设置的翰林承旨,在历史上更有影响。当然,翰林侍讲、侍读学士,在中晚唐历时并不长,仅穆宗、敬宗、文宗及武宗初,约二十余年,但自北宋真宗起,即沿袭这一设置,直至明、清,历代都有,且不断调整,趋于规范化。如明代明确规定侍讲、侍读各二员,这当也参照唐代。唐代的侍讲学士一般即不超过二员(参见丁《记》)。又自宋至清,侍读学士,均与侍讲学士平立,且北宋时侍读学士之班秩还在侍讲学士之上(按:关于唐侍讲、侍读学士及对后世之影响,可参阅傅璇琮《唐翰林侍讲侍读学士考论》,载本书上编)。

《旧传》称"穆宗以其学有师法,召入翰林,为侍讲学士"。应当说,这与玄宗建立集贤院时设置侍讲学士的宗旨有关。玄宗于开元十三年(725)四月建立集贤院,集贤院内除学士、直学士外,还特设侍讲学士,当时侍讲学士有国子博士康子元、监察御史廙业、四门博士敬会直等。又《玉海》卷二六引《集贤记注》,开元十九年(731)三月,康子元曾与其他学士陈希烈等"于三殿侍讲。先是,讲《周易》毕,康子元等各蒙锡赉"。由此可见,当时集贤院侍讲学士是以讲儒家经典为主,且甚受皇上之重视。撰成于开元二十六年(738)的《唐六典》,其卷九"中书省"附集贤殿书院,记其职掌为:"掌刊缉古今之经籍,以辨明邦国之大典,而备顾问应对。"其刊辑经籍、辨析国事、备顾问咨询,这应当说是穆宗于翰林院设置侍讲、侍读学士的宗旨。此亦参见傅著《唐翰林侍讲侍读学士考论》。

穆宗于元和十五年二月二十四日召韦处厚、路随为侍讲、侍读学士,稍后十余日,三月壬子,就召见二人于大明宫太液亭,"讲《毛诗·关雎》、《尚书·洪范》等篇。既罢,并赐绯鱼袋"(《旧唐书·穆宗纪》)。丁《记》亦记:"三月十日,赐绯。"可见穆宗对翰林侍讲、侍读职能的重视。

唯丁《记》此后所记有误,即于"三月十日,赐绯"后,云:"二十二日,迁中书舍人。长庆二年五月六日,赐紫。"即其迁中书舍人,为入院同年(元和十五年)之三月二十二日,待经二年,长庆二年(822)五月才又赐紫。而《旧纪》则有确记其迁中书舍人之时间,即长庆二年四月癸未,"翰林侍讲学士韦处厚、路随进所撰《六经法言》二十卷,赐锦彩二百匹、银器二百事,处厚改中书舍人,随改谏议大夫,并赐金紫"。由此,则丁《记》之"二十二日,迁中书舍人","二十二日"前应加"长庆二年四月"。

又刘禹锡《集纪》记入院后,有云:"初授谏议大夫,续换中书舍人。侍游蓬莱池,延问大义。退而进《六经法言》二十编,优诏答之,赐以金紫。"《旧传》亦云:"为侍讲学士,换谏议大夫,改中书舍人,侍讲如故。"即由户部郎中(从五品上)入,后迁谏议大夫(正五品上),长庆二年四月又改为中书舍人(亦为正五品上,故云"换""改")。此或为丁《记》漏记,但刘禹锡《集纪》将改中书舍人在进《六经法言》之前,亦不确。

丁《记》接云:"(长庆二年)闰十月八日,加史馆修撰。三年十月二十三日,权兵部侍郎、知制诰,依前侍讲学士,兼史馆修撰。"刘禹锡《集纪》、《旧传》皆未记年月。

韦处厚后于敬宗即位后,即长庆四年(824)二月改为翰林学士,并充任承旨,如此,则他在穆宗朝任翰林侍讲学士,足有四年。在此四年,有如下业绩:

一、编撰儒家著作。《旧传》:"处厚以幼主荒怠,不亲政务,既居纳诲之地,宜有以启导性灵,乃铨择经义雅言,以类相从,为二十卷,谓之《六经法言》,献之。"又据《旧唐书·路随传》,此《六经法言》,乃"采三代皇王兴衰"之迹(详见后路随传)。《新唐书》卷五九《艺文志》三,即以此《六经法言》列于子部儒家类。

二、参与编修史书。据《旧唐书·穆宗纪》,《六经法言》于长庆二年四月与路随合作,撰成进上。同年闰十月己亥,穆宗即又命这两位"兼充史馆修撰《宪宗实录》",且明确规定,应"更日入史馆,《实录》未成,且许不入内署,仍放朝参"。这就是说,韦、路二人虽列于翰林学士院,但专职却在史馆修撰《实录》,并应"更日"(隔日)至史馆,在《实录》修撰期间,可不必在学士院内值班。这时韦处厚已由户部郎中、知制诰迁为中书舍人,刘禹锡《集纪》就此特为解释:"内署故事与外廷不同,凡言翰林学士必草诏书,有侍讲者专备顾问。虽官为中书舍人,或它官知制诰,第用其班次耳,不审言于训词。"即侍讲、侍读学士所带官衔虽为中书舍人或他官兼知制诰,但其主要职责不在撰制诏诰,而在于备讲、修书,即"敷尧、舜之大典,畅周、孔之遗风"(《唐大诏令集》卷四八文宗《路随平章事制》);也正因此,乃被誉为"人师"(《文苑英华》卷三八四李虞仲《授学士路随等中书舍人制》)。

三、参预朝政。韦处厚虽处于侍讲学士职位,但仍能积极参预朝政。据《旧传》,当时任户部侍郎的张平叔,"以征利中穆宗意,欲希大任,以榷盐旧法为弊年深,欲官自粜盐,可富国强兵,劝农积货,疏利害十八条"。韦处厚则"抗论不可","乃取其条目尤不可者,发十难以诘之"。《全唐文》卷七一五即载有韦处厚《驳张平叔粜盐法议》。时为兵部侍郎韩愈,也有《论变盐法事宜状》,与韦处厚所议同(见《韩昌黎文集校注》卷四)。《通鉴》卷二四二,亦载此(在长庆二年四月),谓因有韩愈、韦处厚议,张平叔所言"事遂寝"。可见韦处厚并不受侍讲职位限制,仍与其他翰林学士同样,积极议政。

四、撰写有关翰林学士史料著作,即《翰林院厅壁记》。按:此题据《文苑英华》卷七九七、《全唐文》卷七一五《知不足斋丛书》

本之《翰苑群书》题为《翰林学士记》。文末署为"时皇帝统临四海之初元也",当为穆宗刚即位之年,即元和十五年。文中提及在院中任职之宦官内给事李常晖、内谒者王士玖,"并掌院事近乎十年,与直徇公之议,聆于朝端",可见宦官中使在翰林学士院中所起的上下沟通作用。文中记此次院内北阁、前厅有所更改,因此壁记也有所调整,故作此记,惜学士名录未有具体记述。北宋时苏易简《续翰林志》对韦氏此记甚为称许,云:"唐韦处厚《翰林学士壁记》,言禁林之材用备矣。"(见宋洪遵《翰苑群书》)

还有一事值得一提,即韦处厚此时的文学交往活动。如前所述,他于元和十一年(816)九月因受韦贯之罢相的牵累,出为开州刺史。这时诗人张籍在长安,曾有诗寄他,题为《答开州韦使君寄车前子》,诗云:"开州午日车前子,作药人皆道有神。惭愧使君怜病眼,三千余里寄闲人。"按:张籍于元和中曾长期患眼病,其所作《患眼》诗有"三年患眼今年校"之句(此二诗皆见《全唐诗》卷三八六)。由此可见,韦处厚特为此寄开州土产药车前子,张籍乃特作诗答谢之,可见韦处厚与张籍早有交往。另他在开州作有《盛山十二诗》(载《唐诗纪事》卷三一,《全唐诗》卷四七九),为五绝十二首,分题为《隐月岫》、《流杯渠》、《竹岩》、《绣衣石榻》、《宿云亭》、《梅溪》、《桃坞》、《胡卢沼》、《茶岭》、《盘石磴》、《琵琶台》、《上士瓶泉》,颇有地方特色。他回京后,在任翰林侍讲学士时,曾将此诗转交京中友人,由此而和作者多人。韩愈于长庆二年特为此和作之集撰序,题为《韦侍讲〈盛山十二诗〉序》(《韩昌黎文集校注》卷四),谓"于时应而和者凡十人",文中具体提及和者有:"通州元司马为宰相,洋州许使君为京兆,忠州白使君为中书舍人,李使君为谏议大夫,黔府严中丞为秘书监,温司马为起居舍人,皆集阙下。"据此,则六人为:元稹(时任宰相)、许康佐(时任京兆尹)、白居易(时任中书舍人)、李景俭(时任谏议)、严謩(时任秘书监)、温造(时任起居舍人)。另张籍也有和作,见《全唐诗》卷三八六。韩愈于文末特别提出:"于是《盛山十二诗》与其和者,大行于时,联为大卷,家有之焉;慕而为者将日益多,则分为别卷。"这就是说,韦处厚此诗及和作大行于时,长安几乎家家有之。《新唐书·艺文志》四,集部总集类,还著录有《盛山唱和诗》一卷,可见此集在北宋前期还传存。韩愈于文题特标以"韦侍讲",文中又称"侍讲六经禁中",可见当时对侍讲学士的看重。

应当说,《盛山十二诗》在唐长庆时之所以能有名家和作,且能"大行于时",是与韦处厚作为翰林侍讲学士的特殊身份有关。这里可提供一份参证史料:权德舆作有《唐使君盛山唱和集序》(《全唐文》卷四九〇),记唐次于德宗贞元八年(792)夏出任开州刺史后,诗作甚多,而当时和者,有朝臣、地方州刺史、军司马等,约二十余人,故权德舆即特为作序。按:唐次,《旧唐书》卷一九〇、《新唐书》卷八九有传,亦有文名。权德舆此序当作于贞元中,唐次仍在开州任。可以注意的是,唐次在盛山所作及友人和作,均不存,《新唐书·艺文志》亦未有著录。这一现象值得思考。

刘禹锡《集纪》记敬宗即位,即将韦处厚由侍讲改为学士:"长庆四年春,敬宗践阼,以公用经术左右先帝五年,稔闻其德,尤所钦倚。……至是上器公,且有以宠之,乃使内谒者申命,去侍讲之称。虑未谕于百执事,居数日,降命书重举旧官以明新意。寻真拜夏官贰卿,由是内庭词臣无出其右者。凡密旨必承乎权舆,故号承旨学士。"据此，则韦处厚当于长庆四年（824）春敬宗登位后，即改为翰林学士，寻又为承旨学士。刘禹锡以此记叙敬宗对韦处厚的信重，而信重的基础则为韦处厚在前朝乃"用经术左右先帝"。

元稹《承旨学士院记》记韦处厚："长庆四年二月二十三日，以侍讲学士、权知兵部侍郎、知制诰、赐紫金鱼袋为翰林学士充。"按：此前任承旨者为李绅，李绅于长庆三年（823）三月出院（详见前李绅传），至韦处厚此次接任，其间虚位者近一年。

丁《记》所记韦处厚充任承旨时间则有误，云："（长庆）四年十月二十三日，加承旨。"而后又云："十月十四日，正拜兵部侍郎。"应据《承旨学士院记》，加承旨为长庆四年二月二十三日，由权知兵部侍郎正任为兵部侍郎在同年十月十四日。

在此时（即长庆四年初）即发生李绅、庞严等贬谪事，韦处厚特为此上疏辩解。《旧传》记为："敬宗嗣位，李逢吉用事，素恶李绅，乃构成其罪，祸将不测。处厚与绅皆以孤进，同年进士，心颇伤之，乃上疏曰……帝悟其事，绅得减死，贬端州司马。"据此，则因韦处厚上疏，李绅才免死，而贬为端州司马。而据《通鉴》卷二四三，长庆四年二月癸未（初三），记李绅贬端州司马；丙戌（初六），又贬翰林学士庞严、蒋防为外州刺史。此后，李逢吉之党"张又新等犹忌绅，日上书言贬绅太轻，上许为杀之，朝臣莫敢言，独翰林侍读学士韦处厚上疏……于是上稍开寤。"此下有司马光《考异》，谓"今从《实录》，处厚上疏，在绅贬端州后"。《考异》当是，一为系依据《实录》，二为据《旧传》所载韦之疏议，有云"臣窃闻朋党议论，以李绅贬黜尚轻"，即已下诏贬李绅。唯《通鉴》记韦处厚为"侍读",不确,应为"侍讲"。不过据此亦可参知,此年(即长庆四年)二月上旬,韦处厚仍为侍讲,后因上疏论李绅事,为敬宗所信,敬宗可能即因此改其为学士,并于当月二十三日任其为承旨。

又据《旧传》载,韦处厚所上疏议,对李逢吉大兴朋党,诬害李绅,是直言指斥的,如云"今群党得志,谗嫉大兴","今逢吉门下故吏,遍满朝行,侵毁加诬,何词不有"。《旧传》又载:"宝历元年四月,群臣上尊号,御殿受册肆赦。李逢吉以李绅之故,所撰赦文但云左降官已经量移者与量移,不言未量移者,盖欲绅不受恩例。处厚上疏,曰……帝览奏,深悟其事,乃追改赦文,绅方沾恩例。"(又见《通鉴》卷二四三宝历元年四月)由此可见韦处厚作为一位翰林学士,"所论者全大体,所陈者在至公"(上疏语),直参政事,不顾利害。此为当时朝政一大事,但刘禹锡《集纪》却无一字叙及,不知何故。

《旧传》称"处厚为翰林承旨学士,每立视草,惬会圣旨"。不仅如此,据《通鉴》卷二四三所载,长庆四年六月,"上闻王庭凑屠牛元翼家,叹宰辅非才,使凶贼纵暴",似拟罢裴度相位(裴度时任宰相),韦处厚特为上疏申之。十月,韦又"谏上宴游",且谓"臣安敢畏死而不谏"。

敬宗卒、文宗立之际,刘禹锡《集纪》曾有笼统概述:"宝历季年,宫壸间一夕生变,人情大骇,虽鼎臣无所关决,唯内署得参焉。群议哄然,俟公一言而定。"关于此关键时刻韦处厚所起的作用,两《唐书》本传所叙也较一般,唯《通鉴》所载甚为具体。《通鉴》卷二四三宝历二年(826)十二月辛丑记,敬宗(时年十八)夜猎还宫,为内官所杀,宦官刘克明矫旨,奉宪宗子绛王李悟为帝,并使其召见宰相、百官于紫宸殿外庑,而宦官另一派王守澄则拥立江王李涵(穆宗第二子),并发兵斩杀刘克明,绛王李悟也为乱兵所杀。《通鉴》载:"时事起苍猝,守澄以翰林学士韦处厚博通古今,一夕处置,皆与之共议。守澄等欲号令中外,而疑所以为辞。处厚曰:'正名讨罪,于义何嫌;安可依违,有所讳避!'又问:'江王当如何践阼?'处厚曰:'诘朝,当以王教布告中外以已平内难,然后群臣三表劝进,以太皇太后令册命即皇帝位。'当时皆从其言,时不暇复问有司,凡百仪法,皆出于处厚,无不叶宜。"这也如刘禹锡《集纪》所谓"虽鼎臣无所关决,唯内署得参焉"。可能因此而以为翰林学士之权大于宰相,实际上这仅是特殊时机,且实权仍在宦官手中,韦处厚仅以宫中值班的文士"与之共议"而已。

正因如此,江王李涵于十二月乙巳(十二日)登位,即文宗,韦处厚遂于同月庚戌(十七日)由翰林学士直擢为相(据《旧唐书》卷一七上《文宗纪》)。而此后仅两年,即大和二年(828)十二月壬申,卒,年五十六。

据刘禹锡《集纪》,韦处厚卒后十年,其子蓄时以太子舍人直弘文馆,"编次遗文七十通",请刘为作序。刘在《集纪》中评其文云:"按:公未为近臣已前,所著词赋、赞论、记述、铭志,皆文士之词也,以才丽为主。自入为学士至宰相以往,所执笔皆经纶制置裁成润色之词也,以识度为宗。"

韦处厚卒后,李翱、白居易均作有祭文。李翱所作为《祭中书韦相公文》(《全唐文》卷六四〇),白居易所作亦题为《祭中书韦相公文》(《白居易集笺校》卷六九)。

韦处厚著述,除前已记述之《六经法言》、《宪宗实录》外,《新唐书》卷五八《艺文志》二,史部职官类,有《大和国计》二十卷;卷六〇《艺文志》四,集部别集类,有《韦处厚集》七十卷,《翰苑集》十卷,卷帙不少,且恐编有在翰学期间之作,惜均不存。《全唐文》卷七一五载其文一卷,十一篇;《全唐诗》卷四七九则仅载其《盛山十二诗》,五言绝句十二首,前已述。

路　随

路随,两《唐书》有传,见《旧唐书》卷一五九,《新唐书》卷一四二。《旧传》:"路随字南式,其先阳平人。"按:阳平郡,三国魏黄初时置,隋开皇初废,故《元和郡县图志》未有记。其所属莘县、冠县等,皆在今山东。

两《唐书》本传记其父泌,字安期,曾在河中节度使浑瑊幕中任判官。德宗贞元三年(787),路泌随同浑瑊至平凉参预与吐蕃结盟,不料吐蕃背盟,与唐交战,路泌被劫未返。

又两《唐书》本传皆载路随曾应试明经登科,但未记年,故徐松《登科记考》卷二七即列于不确定年份中。其早期仕历,可从李翱《荐士于中书舍人书》(《全唐文》卷六三五)中测知。李翱当时向中书舍人荐士四人,即韦词、石洪、路随、独孤朗,称路随为"前宣歙来石军判官、试太常寺协律郎"。此处"来石"当作"采石",据《元和郡县图志》卷二八江南道,宣歙观察使所属宣州,其当涂县即有采石戍。《全唐文》作"来",误。李翱文中称路随,有云:

"如路随首以父在蕃中,未敢昏娶,年六度矣,不畜仆妾,居处常如在丧,虽曾、闵复生,何以加此,其见解高明,事悉相类。"则当在贞元中期。由此,路随于贞元前期曾在宣歙幕府,后曾受李翱之荐,则他在早期与李翱即有交往,且甚受李翱赞许。

《旧传》接云:"后以通经调授润州参军,为李锜所困,使知市事,随翛然坐市中,一不介意。韦夏卿为东都留守,闻而辟之,由是声名日振。"据《旧唐书·德宗纪》,李锜于贞元十五年(799)二月为润州刺史、浙西观察使,后于宪宗元和二年(807)十月因叛变被杀。又《旧唐书·德宗纪》,韦夏卿于贞元十九年(803)十月以太子宾客为东都留守,元和元年(806)卒。据此,则路随当于贞元后期曾先后在润州、洛阳任幕职。

关于元和时期,《旧传》记为:"元和五年,边吏以讣至,随居丧,益以孝闻。服阕,擢拜左补阙。"后历为起居郎、司勋员外郎。《旧传》则谓:"自补阙至司勋员外,皆充史馆修撰。"可见其在元和中后期,虽云任左补阙、司勋员外郎等,仅为官秩,实则就职于史馆,这可能也为穆宗时任翰林侍读学士提供前资和准备基础。

丁居晦《重修承旨学士壁记》记路随:"元和十五年二月二十四日,自司勋员外郎、史馆修撰充侍读学士。"即与韦处厚同时入,韦处厚为侍讲学士,路随为侍读学士,这是唐翰林学士之一新的建置,详见前韦处厚传。

岑仲勉《注补》对"侍读"一词有疑,引《旧传》"与韦处厚同入翰林为侍讲学士",又引韦处厚《翰林学士记》所云"处厚与司勋郎中路随职参侍讲",即谓:"此外如《旧唐书》纪一六、《元龟》五五六、五五七、五九九及《郎官考》七引本记均作侍讲,此作'侍读'误。"按：韦处厚《翰林学士记》，又载于《文苑英华》卷七九七，此句"侍讲"则作"侍读"，不过下注云"一作讲"。韦处厚所记，亦认为他与路随同在院中，侍奉皇上稽读经籍。穆宗时设置翰林侍讲学士、侍读学士，对后世有长远影响。《宋史》卷六《真宗纪》，咸平二年（999）七月，即明确记为："丙午，置翰林侍读学士，以兵部侍郎杨徽之等为之；置翰林侍讲学士，以国子祭酒邢昺为之。"宋叶梦得《石林燕语》卷一，记北宋时侍读学士的班秩还在侍讲学士之上。可见北宋前期正式确定有翰林侍读学士、翰林侍讲学士，当传承唐穆宗时之设置；也可佐证丁居晦所记不误，如无丁居晦记有"侍读"，宋真宗也就不可能特设侍读学士，以与侍讲学士并立。又据清鄂尔泰、张廷玉《词林典故》卷二，金、元两朝也都置有翰林侍讲、侍读学士。又明黄佐《翰林志》卷一《官制因革》，记明太祖洪武十四年（1381）五月，更明确规定侍读学士、侍讲学士为各二人；同卷《列衔》又对二者职掌记为："侍读学士之职，凡遇上习读经史，则侍左右，以备顾问，帅其属以从；侍讲学士之职，凡遇上讲究经史，亦如之。"鄂尔泰、张廷玉《词林典故》更记清前期设置翰林侍读、侍讲学士各三员，官品晋升为从四品。

由此可见，唐时设置翰林侍读学士，虽仅路随一人，但其为侍读，并不误。《旧传》所谓"与韦处厚同入翰林为侍讲学士"，《新传》所谓"与韦处厚并擢侍讲学士"，当均因自路随后未再设置侍读学士，就误以为与韦处厚同为侍讲学士。

丁《记》记路随以司勋员外郎入，而《旧传》则云"穆宗即位，迁司勋郎中，赐绯鱼袋"，后才入院，此亦误。因据丁《记》，路随于元和十五年二月二十四日入院后，与韦处厚同于三月十日赐绯，又三月二十二日，韦处厚迁中书舍人，路随"转本司郎中"，即司勋郎中。又《旧唐书》卷一六《穆宗纪》，元和十五年三月壬子，召侍讲学士韦处厚、路随于太液亭讲《毛诗·关雎》、《尚书》等篇。既罢，并赐绯鱼袋。此为赐绯，后当又迁官。《旧传》记路随于入院前已为司勋郎中，误。

《旧传》又记云："采三代皇王兴衰，著《六经法言》二十卷奏之，拜谏议大夫，依前侍讲学士。"《旧唐书·穆宗纪》记此事于长庆二年（822）四月癸未："翰林侍讲学士韦处厚、路随进所撰《六经法言》二十卷，赐锦彩二百匹、银器二百事，处厚改中书舍人，随改谏议大夫，并赐金紫。"丁《记》则记路随"长庆二年五月四日，迁谏议大夫"，日期稍有差异（韦处厚迁官日期亦有异，见其前传）。司勋郎中为从五品上，谏议大夫为正五品上，穆宗当因韦、路二人上进所撰经史结合之书，故特擢迁（《旧·韦处厚传》谓此书"乃铨择经义雅言，以类相从"；《新唐书》卷五九《艺文志》三，列于子部儒家类）。

编撰《六经法言》后，穆宗又正式任命二人为史馆修撰，参预纂修《宪宗实录》，但仍在院。《旧·穆宗纪》长庆二年闰十月记："敕翰林侍讲学士谏议大夫路随、中书舍人韦处厚，兼充史馆修撰《宪宗实录》，仍更日入史馆。《实录》未成，且许不入内署，仍放朝参。"由此可见，唐穆宗时于翰林学士院设置侍讲、侍读学士，主要职责在修书、陪讲读。路随后于大和二年（828）十二月拜相，文宗在其《路随平章事制》中对路随在穆宗时的业绩，评誉为："祗事穆宗，侍经内殿，敷尧、舜之大典，畅周、孔之遗风。"（《唐大诏令集》卷四八）即赞许其敷释儒家经典，以有益于朝政。又长庆四年

（824）五月路随在职时迁为中书舍人，李虞仲所草拟的《授学士路随等中书舍人制》，就特称为："澄澄天倪，落落风韵。气含古道，行为人师。"（《文苑英华》卷三八四）应当说，翰林侍讲、侍读学士，虽不起草诏诰，但其"行为人师"的地位是受当时重视的。

《旧传》接云："敬宗登极，拜中书舍人、翰林学士，仍赐紫。"即迁中书舍人，并由侍读改为学士，为同时。丁《记》则谓："（长庆）四年四月十四日，改充学士。五月二十四日，赐紫。二十七日，拜中书舍人。"即先改为学士，逾月，又由谏议大夫改为中书舍人（与谏议大夫同为正五品上）。李虞仲《授学士路随等中书舍人制》（《文苑英华》卷三八四、《全唐文》卷六九三），即先称其为"朝议郎、守谏议大夫、充翰林学士"，后云"随可守中书舍人，依前翰林学士"。按：敬宗于长庆四年（824）正月即位，当即于二月已将韦处厚由侍讲改为学士（见前韦处厚传），路随即又于同年四月改为学士。

路随改为翰林学士，具体职能就与侍读学士不同。《唐大诏令集》卷四八《路随平章事制》（大和二年十二月），先称在穆宗朝时，为"侍经内殿，敷尧、舜之大典，畅周、孔之遗风"，而在敬宗朝，则"复参密命，雍容侍从"，即直接参预政事。《旧传》记："每除制出，以金币来谢者，随却之曰：'公事而当私觌邪！'"翰林学士草制诏，撰碑传，当时有关人士多以金钱、实物酬谢，似已成为风尚。如《通鉴》卷二三七元和四年（809）六月，载宦官左军中尉吐突承璀"盛修安国寺，奏立圣德碑，高大一准《华岳碑》，先构碑楼，请敕学士撰文，且言'臣已具钱万缗，欲酬之。'"亦是一例。

《旧传》接云："文宗即位，韦处厚入相，随代为承旨，转兵部侍

郎、知制诰。"《旧唐书》卷一七上《文宗纪》上，文宗于宝历二年
（826）十二月乙巳（十二日）即位，同月庚戌（十七日），以韦处厚
为相，"以翰林学士路随承旨"，即接替韦处厚（韦原为翰林承旨、
兵部侍郎、知制诰）。而丁《记》则记为："宝历二年正月八日，迁
兵部侍郎、知制诰。"按：宝历二年正月，敬宗尚在位，丁《记》此处
记时有误，且缺记承旨，丁《记》此处所记应为宝历三年。作于大
和元年（827）之韦表微《翰林学士院新楼记》，文中谓"学士韦公
秉国钧"，即韦处厚由翰林学士入相，而"明年正月，学士路君迁小
司马，为承旨"，即宝历三年（大和元年）正月，路随迁为兵部侍郎
（但云同时为承旨，不确）。由此，丁《记》之宝历"二年"应为"三
年"，因据《旧唐书·文宗纪》，宝历三年二月乙丑才"改元大和"，
当时壁记当为实录，故仍记为"三年"。

《旧传》："大和二年，（韦）处厚薨，随代为相，拜中书侍郎，加
照修国史。"《旧纪》大和二年十二月，"壬申，中书侍郎、同平章事
韦处厚暴卒。戊寅，诏以兵部侍郎、知制诰、充翰林学士路随为中
书侍郎、同平章事"。前已引述之《唐大诏令集》卷四八《路随平
章事制》，文末亦署为"大和二年十二月"。而丁《记》则记为："大
和二年二月二十七日，拜中书侍郎平章事。""二月"前于抄录时当
漏记"十"字。

路随于大和前期在相位六七年，正处于牛、李党争及郑注、李
训用事之际，故未能有所作为，《旧传》末称其"藏器韬光，隆污一
致，可谓得君子中庸而常居之也"。《旧传》记为："（大和）八年，
辞疾，不得谢。会李德裕连贬至袁州长史，随不署奏状，始为郑注
所忌。九年四月，拜检校尚书右仆射、同中书门下平章事，兼润州

刺史、镇海军节度使、浙江西道观察等使。大和九年七月,遘疾于路,薨于扬子江之中流,年六十,册赠太保,谥曰贞。"《新传》略同。按:据傅璇琮所著《李德裕年谱》,大和八年(834)十月李德裕因受李训、李宗闵之排挤,罢相,十一月出为浙西观察使;九年四月,又被王璠、李汉所诬,但宰相路随为之辩解,仅免浙西任,改为宾客、分司东部,而未行,又于同月(四月)贬袁州刺史。《通鉴》卷二四五记李德裕在浙西任时,"(王)璠、(李)汉等极口诬之,路随曰:'德裕不至有此,果如所言,臣亦应得罪。'言者稍息"。《旧唐书·李德裕传》亦载有此言,但路随何以云"臣亦应得罪",未有解释。按:宋王谠《唐语林》卷一"德行"类,有云:"路相随,幼孤。……李卫公慕其淳笃,结为亲家,以女适路氏。"此云李德裕"以女适路氏",联系《通鉴》等所记,其"结为亲家",或有可能。

　　路随著述,《新唐书》卷五八《艺文志》二,史部杂史类,有《平淮西记》一卷。此书未知作于何时,后佚。《新唐书·艺文志》同卷著录之《宪宗实录》、《穆宗实录》,均为监修。另,《六经法言》,前已述。《全唐文》卷四八二载文三篇,皆为奏议,无制诏。《全唐诗》未载其作。

柳公权

　　柳公权,两《唐书》有传,见《旧唐书》卷一六五,《新唐书》卷一六三,皆附于其兄柳公绰传后。两《唐书·柳公绰传》皆谓京兆华原人。据《元和郡县图志》卷二,华原为京兆畿县,在京兆东北。

《旧传》:"公权字诚悬。幼嗜学,十二能为辞赋。元和初,进士擢第,释褐秘书省校书郎。"此云"元和初",而徐松《登科记考》卷一七据《唐语林》文,系于元和三年(808)。其所引《唐语林》,为:"柳公权擢第,首冠诸生。当年宏词登科,十余年便掌纶诰。"徐松"按"云:"按:首冠诸生,谓状元也。元、二年状元已见,则公权当是此年状元。"

按:徐松所引《唐语林》文,见其书卷四,实则出于唐赵璘《因话录》。《因话录》卷三商部,先叙元和中柳宗元善书,后生多师效,接云:"长庆已来,柳尚书公权,又以博闻强识工书,不离近侍。柳氏言书者,近世有此二人。尚书与族孙璟,开成中同在翰林,时称大柳舍人、小柳舍人。自祖父郎中芳以来,奕世以文学居清列,舍人在名场淹屈,及擢第首冠诸生,当年宏词登高科,十余年便掌纶诰,侍翰苑。……"此条后又小注:"记录此书后二年,柳公方知举。"①按:《因话录》此处所记甚明确,尚书、大柳舍人指柳公权,舍人、小柳舍人指柳璟。"自祖父郎中芳以来"以下,即叙柳璟事,故所云"舍人在名场淹屈,及擢第首冠诸生"即为柳璟,非柳公权,徐松乃误解。《登科记考》卷二〇即已列柳璟为宝历元年(825)状元,且同年又登博学宏词科。《因话录》小注"后二年,柳公方知举",即柳璟曾于武宗会昌元年(841)知举,而柳公权则未有知举事。此事,当代关于《登科记考》补正者,皆未涉及。

又,北宋乐史《广卓异记》卷一三《同年五人同为翰林学士》

---

①唐赵璘撰、曹中孚校点《因话录》,上海古籍出版社《唐五代笔记小说大观》本,2000年。

条,题下有注:"庾敬休、柳公权、李绅、韦表微、高鉽。"文中有云:"右按:《唐书》,元和元年,礼部侍郎崔邠下一榜,放进士十三人,其后庾敬休等五人,长庆中为翰林学士。"①题下注之庾敬休五人,长庆中确为翰林学士。孟二冬《宋登科记考补正》亦引《广卓异记》,补庾敬休、柳公权、韦表微于元和元年。由此,则《旧传》谓"元和初,进士擢第",当是。

据《旧传》,柳公权卒于懿宗咸通六年(865),年八十八,则当生于代宗大历十三年(778)。元和元年(806)进士及第时,为二十九岁。

《旧传》记其进士擢第后,"释褐秘书省校书郎。李听镇夏州,辟为掌书记"。据《旧唐书》卷一五《宪宗纪》下,元和十四年(819)五月,"庚辰,以楚州刺史李听为夏州刺史、夏绥银宥等州节度使";卷一六《穆宗纪》,元和十五年(820)六月戊寅,又改为灵州大都督长史。夏州治所为朔方(今陕西靖边县北)。据此,则柳公权当于元和元年进士及第后不久,释褐为秘书省校书郎(正九品上),元和十四五年间应辟在夏州幕府。

《旧传》接云:"穆宗即位,入奏事,帝召见,谓公权曰:'我于佛寺见卿笔迹,思之久矣。'即日拜右拾遗,充翰林侍书学士。"《新传》同。

丁居晦《重修承旨学士壁记》记为:"元和十五年三月二十三

---

① 《广卓异记》,见《全宋笔记》第一编,上海师范大学古籍整理研究所编纂,大象出版社,2003 年。唯中云"放进士十三人","十三人"应为"二十三人",见前庾敬休传。

日,自夏州观察判官、试太常寺协律郎,拜右拾遗,赐绯,充侍书学士。"如此,则其在夏州幕府时,所带官衔为太常寺协律郎(此为两《唐书》本传未记),入院时改为右拾遗。

按:穆宗于元和十五年(820)闰正月丙午(初三)即位,同月甲寅(十一日)即召李德裕、李绅、庾敬休入为翰林学士;二月,又召韦处厚、路随为翰林侍讲、侍读学士;而三月,又辟柳公权入学士院,因其专长,特加称为侍书学士,于此也可见穆宗当时对翰林设置确有一种创新意识。在柳公权之前,无翰林侍书学士之称。

唯岑仲勉《注补》谓:"钱氏《考异》六○谓侍书学士始柳公权,非也。……张怀远又尝为翰林侍书学士,见下《翰林供奉辑录》。"意谓唐时翰林侍书学士非始于柳公权,此前张怀远已曾为翰林侍书学士。今查岑氏所云其所著《翰林供奉辑录》,并无张怀远,有张怀瓘,或抄刻之误。而张怀瓘名下谓"曾充翰林、集贤两院侍书、侍读学士",所据之一为《全唐文》卷四四七《述书赋》下注文。经查《述书赋》下篇,有"翰林之寻绎"句,下注云:"张怀瓘兄弟怀瑰,盛王府司马,并翰林待诏。"可见并非翰林侍书学士,而为翰林待诏。翰林待诏又称翰林供奉,亦多书画名家,但未为学士。岑氏《注补》之说不确。

应当说,柳公权前未有翰林侍书学士。此后,终唐一朝,及宋以后,也未在翰林院设置侍书学士。宋叶梦得《石林燕语》卷二曾有记云:"唐有翰林侍书学士,柳公权尝为之。太祖平蜀,王著,蜀人,善书,为赵州隆平县主簿,或荐其能书,召为卫尉寺丞、史馆祗候,使详定《急就章》等;后遂以为翰林侍书,而不加学士之名,盖惜之也。自著后,不复除人。著后官亦不显。有翰林学士王著者,自别一人,非此人也。"①由此可见,宋太祖平蜀时曾得有书法家王著,召之入朝,但仍授以翰林侍书,未加学士之名,相当于唐翰林供奉。

又李肇《翰林志》曾记翰林学士"其日入院,试制、书、答共三首,诗一首,自张仲素后加赋一首。试毕封进,可者翌日受宣,乃定"。具体详参前宪宗朝白居易传,后昭宗朝韩偓传。而《旧传》记柳公权事,则记柳公权自夏州奉命入朝奏事,帝召见,谓之曰:"我于佛寺见卿笔迹,思之久矣。"于是"即日"即召其为翰林侍书学士,明显未经考试。此前韦处厚之为翰林侍讲学士,路随之为翰林侍读学士,恐亦未如李肇《翰林志》所记有此考试程序与项目者。有唐一朝,文士入院,究竟是否如进士、明经那样经历考试,及是否有试未合格而未能入院者,还可重新考虑。

丁《记》接云:"长庆二年九月,改右补阙。四年,出守本官。"《旧传》亦记有"迁右补阙",与丁《记》同。但《旧传》在记"迁右补阙、司封员外郎"后,云:"穆宗政僻,尝问公权笔何尽善",则似穆宗时已由右补阙改司封员外郎。《新传》亦记为:"再迁司封员外郎,帝问公权用笔法。"按:《旧唐书》卷一七上《敬宗纪》,长庆四年(824)十二月记:"淮南节度使王播厚赂贵要,求领盐铁使,谏议大夫独孤朗、张仲方、起居郎孔敏行、柳公权、宋申锡、补阙韦仁实、刘敦儒、拾遗李景让、薛廷老等伏延英抗疏论之。"《通鉴》卷二四三长庆四年十二月亦载此事,亦称柳公权为起居郎。按:此数人抗疏,当皆为外廷之臣。可见长庆四年十二月前柳公权已出

①《石林燕语》,中华书局点校本,1984年。

院,当如丁《记》,先以右补阙(从七品上)出院,后迁为起居郎(从六品上),其间未有改迁司封员外郎事。丁《记》后又记:"柳公权,大和二年五月二十一日,自司封员外郎充侍书学士。"则文宗大和初柳公权任司封员外郎(详见后文宗朝柳公权传),非在穆宗时,两《唐书》本传误。

可能由于侍书学士的特殊性,柳公权除以书法陪侍皇上外,其他如制诏撰写,典籍编纂等,均未参预。《旧传》仅记:"穆宗政僻,尝问公权笔何尽善,对曰:'用笔在心,心正则笔正。'上改容,知其笔谏也。"似也以笔法为喻,略参政事。

《旧传》云:"历穆、敬、文三朝,侍书中禁。"文宗朝又曾两次入院,后并去侍书之称,为翰林学士,详见后传。

元 稹

元稹,两《唐书》有传,见《旧唐书》卷一六六,《新唐书》卷一七四。另白居易有《河南元公墓志铭》(《白居易集笺校》卷七〇)①。元稹亦为唐代诗文名家,文学史著作多设有专章专节,现代有关其生平及著作,记述者亦不少,较可参考者有:朱金城《白居易研究·白居易交游考》②,《唐才子传校笺》卷六《元稹传》吴

---

① 朱金城撰《白居易集笺校》,上海古籍出版社,1988 年。
② 朱金城《白居易研究》,陕西人民出版社,1987 年。

企明笺①,蹇长春《元稹评传》(《白居易评传》附)②,杨军《元稹集编年笺注(诗歌卷)》③,另吴伟斌于20世纪80年代以来有专文考释元稹生平(并对卞孝萱于1980年出版之《元稹年谱》多有纠订)。近二十余年来报刊之有关论文,亦多述及。故此处所作元稹传,即不作全面评述,主要为参考现有成果,对其翰林学士任职情况及有关文学活动,予以概述。

白居易所作《墓志铭》(以下简称白《志》)及《旧传》均记元稹字微之,河南人,唯《新传》云"河南河内人"。吴企明《笺》据《元和郡县图志》卷一六,谓唐河内县属河北道怀州,河南府无河内县,《新传》此处所记误(《全唐诗》小传亦沿袭《新传》,作河内人)。

关于元稹世系,白《志》及有关史书所载甚繁,且亦互有歧异,可详参蹇长春《元稹评传》,此不赘。

元稹《诲侄等书》(《全唐文》卷六五三):"吾生长京师。"据当代有关论著所考,元稹即于代宗大历十四年(779)出生于西京万年靖安坊。

元稹早年仕历为:德宗贞元九年(793),十五岁,明经及第;十九年(803),与白居易同登书判拔萃科,亦与白居易同授秘书省校书郎。宪宗元和元年(806)四月,应制举试才识兼茂明于体用科,与白居易同登科,白居易授为盩厔县尉,元稹为左拾遗。据云因

①傅璇琮主编《唐才子传校笺》第三册。
②蹇长春《白居易评传》,南京大学出版社"中国思想家评传丛书",2002年。
③杨军《元稹集编年笺注(诗歌卷)》,三秦出版社,2002年。

屡上书言事，为执政者所恶，九月，出为河南尉；同月，母郑氏卒，丁忧服丧。元和四年（809），二月，免丧服除，入朝，为监察御史，时年三十一岁。

元稹早期文学活动，值得注意的，是与李绅、白居易交往。如前所述，元稹与白居易同于贞元十九年书判登科，并同为秘书省校书郎，自此即交往深切。而李绅于贞元二十年再赴长安应试，是年秋在长安即寄住于元稹之靖安里第。元稹《莺莺传》（《太平广记》卷四八八）在详述张生、崔氏之事后，云："贞元岁九月，执事李公垂宿于余靖安里第，语及于是。公垂卓然称异，遂为《莺莺歌》以传之。崔氏小名莺莺，公垂以命篇。"此贞元岁当为贞元二十年（参见朱金城《白居易研究·李绅与"元白"》）。由此，则元稹之作《莺莺传》，当因与李绅闲叙，受李绅赞赏、鼓励，其篇名亦为李绅提议。唐人传奇之作，往往有类似创作背景，如白居易于元和元年（806）任盩厔县尉，在仙游寺与陈鸿、王质夫共话明皇、贵妃事，即各作有《长恨歌》、《长恨歌传》。

后又有李绅、元稹、白居易关于《新乐府》和作。李绅于元和二三年间自江南返朝，任校书郎（见前李绅传），当于此时即作有《新题乐府》二十首。元稹就有和作十二首，题为《和李校书新题乐府十二首》，杨军《元稹集编年笺注（诗歌卷）》系于元和四年，时元稹在京任监察御史。元稹于诗前序云："予友李公垂贶予《乐府新题》二十首，雅有所谓，不虚为文。予取其病时之尤急者，列而和之，盖十二而已。"元稹和作，虽未如李绅有二十首，但此十二首"病时之尤急者"，又转致白居易。白居易时任翰林学士，官左拾遗，即扩而充之，为五十首，其《新乐府》题下自注云："元和四年为左拾遗时作。"(《白居易集笺校》卷三）应当说,李绅是元和时有意识作新乐府诗的倡导者,白居易增作五十首,就更扩大影响。但李绅原诗后佚,如未有元稹和作十二首,白居易也未必再作,则中唐时就没有如后来所称的新乐府运动。由此也可见元稹的文学创新见识。

元稹此后即遭遇坎坷历程。元和四年(809),使蜀返朝,有所弹奏,又为执政者所忌,即令其离朝,分司东都。五年(810),为弹奏河南尹房式有不法事,被召还,途中又受到宦者仇士良等辱击,即被贬为江陵府士曹参军。十年(815)三月,改为通州司马。十三年(818),又移为虢州长史。在近十年外贬期间,与白居易、刘禹锡多有诗酬和,并与后亦为翰林学士的庾敬休、杜元颖亦有诗交往。

元和十四年(819)冬,被召入朝,任膳部员外郎。此后几年为元稹政治活动、文学活动的高峰期。

关于元稹此次被召入朝的时间,白《志》所记有误,云:"长庆初,穆宗嗣位,旧闻公名,以膳部员外郎征用。"意谓元稹由虢州长史返朝为膳部员外郎,为穆宗在位时,且在长庆元年(821)。实则元稹本人即有记述:"元和十四年,宪宗皇帝开释有罪,始授臣膳部员外郎。"(《同州刺史谢上表》,《全唐文》卷六五〇)《旧传》亦谓:"(元和)十四年,自虢州长史征还,为膳部员外郎。"元稹所云"宪宗皇帝开释有罪",即《旧唐书》卷一五《宪宗纪》下,元和十四年七月所记:"辛巳,群臣上尊号曰元和圣文神武法天应道皇帝。是日,御宣政殿受册,礼毕,御丹凤楼,大赦天下。"《全唐文》卷六三即载其《上尊号赦文》:"左降官量移近处,已经量移者,更与量移。"如此,则其入朝,当在元和十四年下半年。

元稹此次入朝,即在宪宗朝,第二年(元和十五年,820)正月,宪宗卒,穆宗即位,元稹又加试知制诰;五月,迁为祠部郎中,并正式加知制诰。白居易《元稹除中书舍人翰林学士赐紫金鱼袋制》中,曾云:"尚书祠部郎中、知制诰、赐绯鱼袋元稹,去年夏拔自祠曹员外,试知制诰。"(《白居易集笺校》卷五〇)此制作于长庆元年(821),所谓"去年",即元和十五年。《通鉴》卷二四一元和十五年明记:"夏五月庚戌,以稹为祠部郎中、知制诰。"可以注意的是,白居易此制文中称"试知制诰",则在元和十五年五月前,穆宗又授元稹试知制诰,今存元稹制文,即有元和十五年二月后所作者(参吴伟斌《关于元稹知制诰以及翰林承旨学士任内的几个问题》,《苏州大学学报》2002 年第 2 期)。

此后即元稹召入为翰林学士。其最早所记材料仍为白居易《元稹除中书舍人翰林学士赐紫金鱼袋制》(《白居易集笺校》卷五〇),称"一日之中,三加新命","可中书舍人、翰林学士、赐紫金鱼袋"。唯丁居晦《重修承旨学士壁记》记为:"长庆元年二月十六日,自祠部郎中、知制诰充,仍赐紫。十七日,拜中书舍人。"元稹《承旨学士院记》则记为:"长庆元年二月十六日,自祠部郎中、知制诰行中书舍人、翰林学士,仍赐紫金鱼袋。"与白《志》同,即于二月十六日同一天,以中书舍人为翰林学士承旨,仍赐紫金鱼袋。丁《记》以中书舍人列于十七日,即第二天,有小异。

关于元稹之受穆宗信重,两《唐书》本传均以为因受宦官之推荐,如《新传》云:"稹之谪江陵,善监军崔潭峻。长庆初,潭峻方亲幸,以稹歌词数十百篇奏御,帝大悦。问稹今安在,曰'为南宫散

郎'，即擢祠部郎中、知制诰。"《新传》于是评谓："然其进非公议，
为士类訾薄。"

两《唐书》本传此处实为误记。《旧传》另有记，谓元稹自虢
州入朝为膳部员外郎后，"宰相令狐楚一代文宗，雅知稹之辞学，
谓稹曰：'尝览足下制作，所恨不多，迟之久矣。请出其所有，以豁
予怀。'稹因献其文，自叙曰……"元稹在叙中特称"窃承相公特于
廊庙间道稹诗句"，即令狐楚曾向穆宗称誉元稹诗作。时令狐楚
任宰相，当起有一定作用。另白《志》有云："尤工诗，在翰林时，穆
宗前后索诗数百篇，命左右讽咏。"此当据元稹《进诗状》（《全唐
文》卷六五一）所云"臣面奉圣旨，令臣写录杂诗进来者"，又有
"微臣入院之始"语，则作此状，已在院中。《唐才子传校笺》卷六
《元稹传》吴笺，即据此，断言："可知两《唐书》本传讹误三处：元
稹自进诗，非崔潭峻进诗，此其一；进诗乃在元稹入翰林后，非在
擢祠部郎中前，此其二；进诗原因乃是'面奉圣旨'，非崔潭峻奏
御，此其三。"

元稹于长庆元年二月入院，同年十月出院（出院确切日期，详
后），时间并不长，不到一年。但据前所述，元稹于前一年即元和
十五年五月即以祠部郎中加知制诰，此前又有试知制诰之称，如
此，则其撰写制诰，将近两年。元稹在此期间颇注意制诰文体的
改革，在当时甚为突出，于后世极有影响。

白居易《元稹除中书舍人翰林学士赐紫金鱼袋制》中，即明确
提出，元稹自任祠部郎中、知制诰，即已注意于文体革新："去年夏
拔自祠曹员外、试知制诰，而能芟繁辞，划弊句，使吾文章言语与
三代同风"；并称"凡秉笔者，莫敢与汝争能"。白《志》更明言：

"制诰,王言也。近代相沿,多失于巧俗。自公下笔,俗一变至于雅,三变至于典谟。时谓得人。"白居易诗有"制从长庆辞高古"句,自注:"微之长庆初知制诰,文格高古,始变俗体,继者效之也。"(《白居易集笺校》卷二三《余思未尽加为六韵重寄微之》)

此所谓"俗体",元稹在《制诰自序》中更明确提出:"近世以科试取士文章,司言者苟务刓饰,不根事实,升之者美溢于词,而不知所以美之之谓;黜之者罪溢于纸,而不知所以罪之之来。而又拘以属对,跼以圆方,类之于赋判者流,先王之约束盖扫地矣。"(《全唐文》卷六五三)元稹此处提出制诰标准,一要求实,反对"苟务刓饰,不根事实";二要复古,提出"制诰本于《书》","率皆浅近",反对"拘以属对,跼以圆方",如白居易制文中所云"芟繁辞,划弊句",使"文章言语与三代同风"。应当说,唐代诏文是一种骈体文,骈体文特点是讲究对偶与声律,注重用典与辞藻,其基本格式是未能改变的。但元稹提出求实与复古,则是对当时流行文体的一种改革与创新。

就元稹本身的创作实践来看,他所撰写的制诏,虽仍沿用骈体,但注意骈散结合,文词流畅。如其所撰《授沈传师中书舍人制》(《全唐文》卷六四八):"谦而愈光,卑以自牧,专对无不达,群居若不知。而又焕有文章,发为辞诰,使吾禁中无漏露之患,而朕语言与三代同风,勤亦至矣。"又《高锴守起居郎依前充史馆修撰制》(《全唐文》卷六四九),称高锴等"富有文章,优于行实,捃拾匡益,殆无阙遗。前以东观择才,因而命锴,视其所以,足见书词。俾伺朕之起居,遂编之于简牍,不亦详且实耶?"

应当说,这种文风,是受到中唐时韩愈所倡导的古文运动影响的,晚唐诏令,也确有传承元稹文风的,如穆宗后期庞严,武宗时封敖,宣宗时杜牧。这对宋代的制诰撰写也很有影响,如白居易于元稹制词中提出"使吾文章言语与三代同风",欧阳修于其《外制集序》中也提出"复诰命于三代之风"(《欧阳修全集》卷四一)①。两宋时期,特别是南宋,可能受科举试的影响,四六骈体甚为盛行,但与一般讲究对偶、声律的骈文也已有差别,这当与唐宋古文创作及中晚唐诏文革新有关。北宋时,对元稹的诏文,是评价极高,极为赞许的。如范仲淹《述梦诗序》(《范文正公集》卷六),认为元稹"书诏雅远,甚有补益之风"。王禹偁称"长庆中名贤所行诏诰,有胜于《尚书》者",并举元稹所作牛元翼制,谓"以此方之,《书》不如矣"。《丁晋公谈录》记此,称"众皆伏之"②。又北宋时田锡,也以元稹与韩愈、柳宗元、白居易并提:"锡以是观韩吏部之高深,柳外郎之精博;微之长于制诰,乐天善于歌谣。"(《咸平集》卷二《贻宋小著书》)

元稹在院期间,另有一事,即参与长庆元年科试案。此事详记于《旧唐书·钱徽传》,所涉及的翰林学士有段文昌、李德裕、李绅及钱徽,具体已见于段文昌等传,此不重述。应当说,元稹参与此事,并无私见,亦无个人恩怨,但元稹后来连遭贬斥,究其祸根,即与此次科试案有关,可参阅吴伟斌《元稹与长庆元年科试案》(载《中州学刊》1989 年第 2 期)。

---

①李逸安点校《欧阳修全集》,中华书局,2001 年。
②《丁晋公谈录》,见《全宋笔记》第一编第四册,上海师范大学古籍整理研究所编,大象出版社,2003 年。

元稹在院时又著有《承旨学士院记》①,此为唐代第一部记述翰林承旨学士专著,富有史料价值。据元稹自署,作于长庆元年八月十日,自唐第一位承旨学士郑絪起,至杜元颖,共十一人。此后又有元稹自己,及李德裕、李绅、韦处厚。按:元稹于长庆元年十月出院,李德裕等三人之为承旨,均在长庆二至四年间,即均在元稹出院以后,由他人续记,间有失误,不如元稹原作史料性强。

关于元稹出院时间,诸书所记亦有歧异。《承旨学士院记》记为:"其年(长庆元年)十月十九日,拜工部侍郎出院。"丁《记》则仅云:"(长庆元年)十月,迁工部侍郎出院。"白居易所作元稹《墓志》,记翰林学士承旨后,略云"寻拜工部侍郎",年月日均未记。唯其所作《余思未尽加为六韵重寄微之》诗(《白居易集笺校》卷二三),有句云"除官递互掌丝纶",自注:"予除中书舍人,微之撰制词;微之除翰林学士,予撰制词。"元稹充任翰林学士制文,白居易作,前已提及,唯元稹所作白居易除中书舍人制,则现存元稹文集中未有。白居易除中书舍人在长庆元年十月十九日,则据前《承旨学士院记》,与元稹出院,为同一日,后人即以为元稹不可能于此时作此制文。

按:《旧唐书·穆宗纪》长庆元年十月记:"壬午,以尚书主客郎中、知制诰白居易为中书舍人。河东节度使裴度三上章,论翰林学士元稹与中官知枢密魏弘简交通,倾乱朝政。以稹为工部侍郎,罢学士;弘简为弓箭库使。"是月甲子朔,壬午确为十九日。但

①见宋洪遵《翰苑群书》,又辑于傅璇琮、施纯德合编之《翰学三书》点校本,辽宁教育出版社,2003 年。

《通鉴》卷二四二长庆元年十月亦记有此事，则非壬午，为癸未，云："癸未，以弘简为弓箭库使，稹为工部侍郎。"癸未为二十日。如此，则元稹之出院与白居易任中书舍人，非同一日，为晚一日，元稹能为白居易撰制，也合情理。又吴伟斌《关于元稹知制诰以及翰林承旨学士任内的几个问题》（《苏州大学学报》2002 年第 2 期）提供一材料，即元稹有《授乌重胤山南西道节度使制》（《全唐文》卷六四八）。据《旧纪》："（长庆元年十月丙戌）授乌重胤检校司徒、兴元尹，充山南西道节度使。"是年十月甲子朔，则丙戌为十月二十三日。因此吴文谓元稹罢职翰林学士承旨，当在十月二十三日之后，同年十二月之前。元稹撰此制文，现代研究者确未有注意。不过乌重胤正式授任山南西道节度使固然在十月二十三日，但元稹撰此制文也可能在此前数日。翰林学士草撰制文，固然要经皇帝阅批，有时还须经宰相审核，并转有关机构。如元和十二年（817）八月裴度率军出征淮西吴元济，由翰林学士令狐楚撰写授裴度淮西招抚使制，令狐楚所撰制文，正式发布前曾送经时任宰相的裴度审阅，"不合度旨，度请改制内三数句"（《旧唐书》卷一七二《令狐楚传》），并因此迫使令狐楚出院。又刘禹锡《唐故相国赠司空令狐公集纪》（《刘禹锡集笺证》卷一九），称令狐楚草诏书后，"相府上言，有命中书参详审定"（详见前宪宗朝令狐楚传）。即令狐楚出制，又送至中书省审改。据此，则元稹所撰白居易除中书舍人制文，乌重胤授山南西道节度使制文，很有可能在十月十九日之前。故其出院日期，《通鉴》所载十月二十日，较确。《承旨学士院记》、丁《记》均记为十月，当亦有所据。

关于元稹出院的原因，则由种种人事纠纷，这里就不细释。此后仕历大致为：长庆二年（822），二月，又召入为相；六月，罢相，出为同州刺史。三年（823）八月，改为越州刺史、浙东观察使。文宗大和三年（829）九月，入为尚书左丞。四年（830）正月，改为鄂州制史、武昌军节度使。五年（831）七月，卒于任，年五十三。

《新唐书》卷六〇《艺文志》四，著录其《元氏长庆集》一百卷，又《小集》十卷；另有《元和制策》三卷，分别为元稹、独孤郁、白居易撰。关于《元氏长庆集》流传情况，可参《唐才子传校笺》卷六《元稹传》吴企明笺。

高　锴

高锴，两《唐书》有传，见《旧唐书》卷一六八，《新唐书》卷一七七。《旧传》："高锴字翘之。"未载其籍贯。《新传》则云"史失其何所人"。白居易《有唐善人碑》（《白居易集笺校》卷四一），记善人李建卒于穆宗长庆元年（821）二月，有云："有史官起居郎渤海高锴作行状。"此所称渤海，当泛指郡望。

《旧传》记其先世，谓："祖郑宾，宋州宁陵令。父去疾，摄监察御史。"《新传》未记。

《旧传》接云："锴，元和初进士及第，判入等，补秘书省校书郎。"徐松《登科记考》卷一六即据此系于元和元年（806）；又前庾敬休、李绅、柳公权等传引及之《广卓异记》卷一三，即记本年同登进士者,有高鍨①。

如此,则高鍨于元和元年进士及第,后经吏部试,入等,仕为秘书省校书郎(正九品上)。此当在元和前期。此时有一事颇值得注意,即《太平广记》卷三四三有《庐江冯媪》篇,注云出《异闻集》。鲁迅《唐宋传奇集》卷三即就《太平广记》辑入,题为《庐江冯媪传》,李公佐作。李公佐在详述冯媪奇异事迹后,云:"元和六年夏五月,江淮从事李公佐使至京,回次汉南,与渤海高鍨、天水赵儹、河南宇文鼎会于传舍。宵话征异,各尽见闻,鍨具道其事,公佐因为之传。"此"渤海高鍨"与前所引白居易《有唐善人碑》所记之"渤海高鍨",当同为一人。据此,则高鍨当时与李公佐等交谈,并由其叙及庐江冯媪事,李公佐乃为之缀录,作此传奇小说。这与贞元二十年(804)元稹与李绅在长安靖安里第,话及崔莺莺事,李绅作《莺莺歌》,元稹作《莺莺传》,及元和元年(806)白居易与陈鸿等在长安畿县盩厔仙游寺,话及唐玄宗、杨贵妃事,白居易作《长恨歌》,陈鸿乃作《长恨歌传》,可谓同一事类。由此亦可见,当时翰林学士在其早期已与文士多作交往。

《旧传》记其为秘书省校书郎后,云:"累迁至右补阙,充史馆修撰。(元和)十四年,上疏请不以内官为京西北和籴使。十五年,转起居郎,依前充职。"按:《唐会要》卷七八《诸使杂录》条亦

① 《唐摭言》卷二《府元落》条,首为郭求,下注"元和元年"。所谓"府元落",即京兆府试第一名举荐,但第二年礼部试时仍未中第。郭求于元和元年京兆府试首名,但元和二年未及第,详见前宪宗朝郭求传。而《唐摭言》卷二《府元落》条于郭求后,其四为高鍨,下注"九年",则为高鍨于元和九年于京兆府试首名,而翌年(即元和十年)未及第。《唐摭言》此处显误。

有记,谓:"其年(元和十四年)四月,命中官五人为京西和籴使,谏议大夫郑覃、右补阙高釴等,同以疏论。上览之,即日罢其使。"则高釴确于元和十四年(819)前已为右补阙,虽充职于史馆(修撰),对朝政仍参预。又左右补阙为从七品上,起居郎为从六品上,据《旧传》,即于元和十五年(820)由右补阙迁为起居郎,但仍在史馆兼职。

元稹有《授高釴守起居郎依前充史馆修撰制》(《全唐文》卷六四九)。据《通鉴》卷二四一,元稹于元和十五年五月庚戌为祠部郎中、知制诰,则高釴之授起居郎,当在是年五月以后,即穆宗即位时,非宪宗朝。

高釴任起居郎一年后,即召入为翰林学士。

《旧传》:"釴孤贞无党,而能累陈时政得失。长庆元年,穆宗怜之,面赐绯于思政殿,仍命以本官充翰林学士。"即丁居晦《重修承旨学士壁记》所记:"长庆元年十一月八日,自起居郎、史馆修撰充。二十八日,赐绯。"

《旧传》接云:"(长庆)二年,迁兵部员外郎,依前充职。"此《新传》未记。丁《记》记有具体月日:"二年五月三日,加兵部郎中。"丁《记》记为兵部郎中,则误,因后长庆四年(824)张韶之变时,高釴始迁为郎中(户部)。关于此事,《旧传》记谓:"(长庆)四年四月,禁中有张韶之变,敬宗幸左军。是夜,釴从帝宿于左军。翌日贼平,赏从臣,赐釴锦彩七十匹,转户部郎中、知制诰。"按:此事《旧唐书》卷一七上《敬宗纪》亦有记,即长庆四年四月丙申,"贼张韶等百余人至右银台门,杀阍者,挥兵大呼,进至清思殿,登御榻而食,攻弓箭库。左神策军兵马使康艺全率兵入宫讨平之。

是日,上闻其变,急幸左军。丁酉,上还宫,群臣称庆。谏议大夫李渤以上轻易致盗,言甚激切"。又见《通鉴》卷二四三。

由此,则高鍼亦当于此夜在院中值班,即从敬宗宿于左军,事平即受赏,由兵部员外郎迁户部郎中。丁《记》记其迁户部郎中为长庆三年十一月十七日,显误。

《旧传》接云:"十二月,正拜中书舍人,充职如故。"丁《记》同,记为:"(长庆)四年五月二十四日,赐紫。十二月十二日,拜中书舍人。"至宝历二年(826)三月,出院。《旧传》:"宝历二年三月,罢学士,守本官。"丁《记》亦记为:"宝历二年三月四日,出守本官。"

高鍼在院,四年有余,据《旧传》,"能累陈时政得失"。如长庆四年十二月迁中书舍人后,"谢恩于思政殿,因谏敬宗,以求理莫若躬亲,用示忧勤之旨也"。此事亦见《唐会要》卷五七《翰林院》,记当时在院之高重、崔郾、高鍼,于思政殿与敬宗对问,"崔郾奏:'陛下授臣职以侍讲,已八个月,未尝召问经义。臣内惭尸禄,外愧群僚。'上答曰:'朕机务稍闲,当召卿等请益。'高鍼对曰:'意虽求治,诚恐万方或未之信;若未加躬亲,何以示忧勤之至。'上深纳其言,各赐锦彩五十匹,银器二事。"可见当时在院之学士(包括侍讲学士)对政事之关切①。

也正因此,白居易在《高鍼等一十人亡母郑氏等赠太君制》(《白居易集笺校》卷四八"中书制诰"一)中,对当时在院诸学士甚加赞许:"起居郎高鍼亡母荥阳郡太君郑氏等:予有侍臣,咸士

_____

①按:《唐会要》此条记事有误,谓在长庆四年十月,详参后崔郾传。

之秀者，或左右以书吾言动，前后以补吾阙遗。森然在庭，各举其职。爰思乃教，知所从来。岂非善禀于亲，行成于内，徙邻断织，训使然耶？不追封邑之荣，曷显统家之庆？可依前件。"此当为白居易于长庆元年、二年任中书舍人时作。制中称高钺为起居郎，又称其为"侍臣"，则当于长庆元年十一月以起居郎入院后，二年五月改兵部员外郎前。制中所云"左右以书吾言动，前后以补吾阙遗"，也可视为对翰林学士职责之概称。

《旧传》所记出院后仕历，大致为：大和三年（829）七月，改授刑部侍郎；四年（830）冬，迁吏部侍郎。七年（833），出为同州刺史、兼御史中丞。八年（834）六月卒。《旧传》传末评云："钺少时孤贫，洁己力行，与弟铢、锴皆以检静自立，致位崇显，居家友睦，为搢绅所重。"

《新唐书·艺文志》未著录其著述。《全唐诗》也未载其诗。《全唐文》卷七二五载其文一篇：《论于頔谥疏》，当据《旧唐书》卷一五六《于頔传》所辑，又见《唐会要》卷八《谥法》。其疏署为右补阙，即元和十五年，尚未转起居郎，亦未入院。又白居易《有唐善人碑》（《白居易集笺校》卷四一），记李建于长庆元年二月二十三日卒，五月二十五日葬，称"有史官起居郎渤海高钺作行状"，则高钺曾为李建作有行状。此行状后未见，可见唐时文士所作多有佚亡，甚惜。

蒋　防

蒋防，两《唐书》无传，书中有关纪、传记其事迹者亦甚少。

宋史能之纂《咸淳毗陵志》卷一六《宜兴·唐》有记云："蒋防，澄之后。年十八，父诫令作《秋河赋》，援笔即成。警句云：'连云梯以迥立，跨星桥而径渡。'于简遂妻以子。李绅即席命赋鞴上鹰诗，云：'几欲高飞上天去，谁人为解绿丝条。'绅识其意，荐之。后历翰林学士、中书舍人。"①劳格《唐尚书省郎官石柱题名考》卷六司封员外郎，于蒋防名下引《古今万姓统谱》（八十六），所引文与此《咸淳毗陵志》同。按：《咸淳毗陵志》作"宜兴"，应为"义兴"。《元和郡县图志》卷二五江南道，义兴、无锡均属常州。义兴即今江苏宜兴市。

　　又《咸淳毗陵志》所记其少时作有《秋河赋》、"鞴上鹰"诗，清编《全唐文》、《全唐诗》亦未有。云李绅曾荐之，李绅为无锡人，与义兴毗近，其早年亦在江东，可能即相识，蒋防后应科举试时，李绅即推荐之。唯蒋防是否科试登第，亦未可知。

　　蒋防早年事迹不详。《唐会要》卷六一《御史台·馆驿》条，有记："长庆元年九月，中使二人充行营粮料馆驿使，左补阙蒋防等以非故事，恐惊物听，上疏切谏，遂罢之。"由此，蒋防于穆宗长庆元年（821）九月已仕为左补阙（似应为右补阙，见后）。

　　丁居晦《重修承旨学士壁记》记为："蒋防：长庆元年十一月十六日，自右补阙充；二十八日，赐绯。"参前《唐会要》，蒋防确以补阙入。又据前高钺传，高钺稍早于蒋防入，但也于十一月二十八日赐绯。又《旧唐书》卷一六六《庞严传》："严与右拾遗蒋防俱为

①《咸淳毗陵志》，中华书局影印《宋元方志丛刊》本，1990 年。

（元）稹、（李）绅保荐，至谏官、内职。"①按：李绅于元和十五年（820）闰正月十三日入，长庆元年（821）十一月仍在院，为司勋员外郎、知制诰；而元稹于长庆元年二月十六日入，并为承旨，同年十月即迁为工部侍郎出院，但仍在朝，翌年二月又提升为相，故虽未在院，仍可与李绅同荐。中唐时翰林学士多有互荐，亦成为一风尚。

蒋防刚入院，即与王建有诗唱和。王建有《和蒋学士新授章服》（《全唐诗》卷三〇〇）："五色箱中绛服春，笏花成就白鱼新。看宣赐处惊回眼，著谢恩时便称身。瑞草唯承天上露，红鸾不受世间尘。翰林同贺文章出，惊动茫茫下界人。"王建诗题云"和"，则蒋防当先有诗赠王建，惜蒋防原诗未存。王建时亦仕于朝，长庆元年约为太府寺丞或太常寺丞（参据《唐才子传校笺》卷四《王建传》谭优学笺）。据《旧唐书·职官志》，太府丞、太常丞，官阶均为从六品上，高于右补阙（从七品上），但太府、太常丞均属九卿寺，为闲职，故王建特称蒋防入翰林，为"惊动茫茫下界人"。由此也可见当时文士对翰林学士入居禁署之仰慕心情。

丁《记》接云："二年十月九日，加司封员外郎。三年三月一日，加知制诰。"可注意的是，加知制诰后，又有朱庆馀进诗，即《上翰林蒋防舍人》（《全唐诗》卷五一四）："清重可过知内制，从前礼绝外庭人。看花在处多随驾，召宴无时不及旬。马自赐来骑觉

---

① 《旧唐书·庞严传》此处称蒋防为右拾遗。按：补阙为从七品上，拾遗为从八品上，蒋防于长庆元年九月已为补阙（见前引述之《唐会要》），何以又降为右拾遗？《旧唐书·庞严传》此处所载误。

稳,诗缘得后意长新。应怜独在文场久,十有余年浪过春。"诗题
称蒋防为舍人,即唐时以他官兼知制诰之习称,也即作于长庆三
年(823)三月后,四年(824)二月蒋防出院前。就诗末二句,则知
朱庆馀此时尚未及第,且应试已十余年,当久试不第。按:朱庆馀
于宝历二年(826)始进士及第,则此前当屡求举荐。《全唐诗》同
卷于此诗后又有《上翰林李舍人》,前四句云:"记得早年曾拜识,
便怜孤进赏文章,免令泯没惭时辈,与作声名彻举场。"亦为求举,
而时任翰林学士并为中书舍人者,当为李绅。由此亦可见当时举
子、文士对翰林学士荐举之渴望。

关于蒋防之出院,丁《记》记为:"(长庆)四年二月六日,贬汀
州刺史。"蒋防此次不是一般性的出院,而是外贬,涉及当时朋党
之争。《旧唐书》卷一七上《敬宗纪》,长庆四年二月,"癸未(初
三),贬户部侍郎李绅为端州司马。戊戌(初六),贬翰林学士、驾
部郎中、知制诰庞严为信州刺史,翰林学士、司封员外郎、知制诰
蒋防为汀州刺史,皆绅之引用者"。《旧唐书》卷一四九《于敖传》
亦载:"昭愍(即敬宗)初即位,李逢吉用事,与翰林学士李绅素不
叶,遂诬绅以不测之罪,逐于岭外。绅同职驾部郎中知制诰庞严、
司封员外郎知制诰蒋防坐绅党,左迁信、汀等州刺史。"此事详见
前李绅传。由此亦可见当时翰林学士因参预政事所受之牵累,亦
可见宰相对翰林学士之入、出,极有操纵权。

蒋防在院,前后四年,实为两年又三个月。《全唐文》卷七一
九载其制诏两篇。一为《授柳公绰襄州节度使制》。据《旧唐书》
卷一六五《柳公绰传》:"(长庆)三年改尚书左丞,又拜检校户部
尚书、襄州刺史、山南东道节度使。"《通鉴》卷二四三,又确记为:

"（长庆三年）五月，以尚书左丞柳公绰为山南东道节度使。"长庆三年五月，蒋防在院中，为司封员外郎、知制诰，则此制是为蒋防所撰。另一篇为《授李鄘门下侍郎平章事制》。按：据《旧唐书》卷一五七《李鄘传》，鄘早于元和十二年（817）即由淮南节度使征拜门下侍郎、平章事。《旧唐书》卷一五《宪宗纪》下，即系于元和十二年十月。《唐大诏令集》卷四七亦有《李鄘平章事制》，文末署"元和十二年十月"，未著撰者姓名。此时蒋防尚未入院，不可能有此命相之作。《文苑英华》卷四五〇"翰林制诏"，即收有此制，下题"蒋防"名，《全唐文》当即误袭《文苑英华》。按：《文苑英华》所载此篇前为杜元颖《授段文昌中书侍郎平章事制》，时杜亦仍在院中，可能此《授李鄘门下侍郎平章事制》为杜元颖作，《文苑英华》后刻印时误题蒋防之名。

蒋防在院期间，未存有诗作。《太平广记》卷四八七录有蒋防《霍小玉传》，为唐时著名传奇之作。《唐五代文学编年史·中唐卷》系于长庆元年，云："叙李益事已到晚年，作年无可确考。"但又谓："卞孝萱《唐代小说与政治》以为此传系蒋防适应元稹、李绅之政治需要而作，姑系于此。"①李时人编校之《全唐五代传奇》，卷二六载有此篇，则未叙及当时政治，云："其写作年代不详，或在元和中。"②

蒋防于长庆四年二月出院，贬汀州刺史。汀州治所为长汀县

---

① 《唐五代文学编年史》，傅璇琮主编；中唐卷，陶敏、李一飞、傅璇琮著。辽海出版社，1998 年。
② 李时人编校《全唐五代传奇》，陕西人民出版社，1998 年。

（今属福建）。后又改连州。连州，唐之辖境相当于今广东省连县、阳山等地，较汀州距长安更远，不知何以又为更改。又，李绅于宝历元年（825）五月自端州司马量移江州长史（见前李绅传），蒋防此次改移，或与李绅之量移有关。蒋防有《连州静福山廖先生碑铭并序》（《全唐文》卷七一九），有云："长庆末，余自尚书司封郎、知制诰、翰林学士得罪，出守临汀，寻改此郡。慕先生至道，登先生旧山，扪萝拨云，瞻仰不足，稽首岩户，强为之铭。"又《宝刻丛编》卷一九"连州"引《复斋碑录》，云："唐《放生池铭》，宝历元年四月二十一日刺史蒋防立。"则蒋防可能在李绅之前，于宝历元年三四月间即由汀州改连州。

蒋防又有《汨罗庙记》（《全唐文》卷七一九）云："唐文宗大和二年春，防奉命宜春，抵湘阴，歇帆西渚。邑宰马搏谓予曰：三间之坟，有碑无文，岂前贤缺欤？……郡守东海徐希仁洎马搏，以予常学古道，熟君臣至理之义，请述始终符契，以广忠贤之业云。"则蒋防或于此时（大和二年春）已改任入朝，奉命出使往宜春（袁州治所），途经湘阴，应岳州刺史徐希仁等之请，为作此文。问题是此文称云"唐文宗"，则当在文宗卒后，而李绅于文宗开成初所撰《趋翰苑遭诬构四十六韵》（《全唐诗》卷四八〇），于"旧交封宿草"句下自注："沈八侍郎（传师）、武十五侍郎（儒衡）、元九相公（稹）、庞严京兆、蒋防舍人皆为尘世。"则蒋防当卒于大和时，如此，则《汨罗庙记》中绝不可能称"文宗"，此当为《全唐文》抄辑时致误。《文苑英华》未收此文，《全唐文》不知何所据，此亦为《全唐文》显误之例。

《新唐书·艺文志》未著录其著作。《全唐文》卷七一九编其文一卷,大部分为赋,计二十篇。《全唐诗》卷五〇七载其诗十二首,似均为在朝时应制之作。

韦表微

韦表微,两《唐书》有传,见《旧唐书》卷一八九下《儒学传》下,《新唐书》卷一七七。《旧传》所记甚略,仅百余字,《新传》稍详,但记翰林学士时情况,多误。

《旧传》未载其字号、郡籍。《新传》有记:"韦表微,字子明,隋郿城公元礼七世孙。"按:《旧唐书》卷一八五上《良吏上·韦机传》,记:"韦机,雍州万年人。祖元礼,隋浙州刺史。"又《旧唐书》卷一三五《韦渠牟传》:"京兆万年人。六代祖范,魏西阳太守,后周封郿城公。"如此,则韦表微当为京兆万年人,京兆亦为韦氏郡望。

两《唐书》本传皆记其擢进士第,但均未记年,故徐松《登科记考》列于未系年卷(卷二七)。

《新传》记:"韦皋镇西川,王纬、司空曙、独孤良弼、裴浣居幕府,皆厚相推挹。"王纬、司空曙等皆为名士,则其于德宗贞元时在韦皋西川幕府,曾向韦皋举荐韦表微。但韦表微恐未曾在西川幕,因《新传》接云"擢进士第",而进士及第后,则"数辟诸使府"。《旧传》亦谓"始举进士登第,累佐藩府"。

按:韦表微有《麟台碑铭并序》(《全唐文》卷六三三),中云:"元和五年冬十一月,表微以滑之从事使乎郓阳,停骖访古,经获麟之旧壤。……徘徊道周,乃作铭曰。"据郁贤皓《唐刺史考全编》卷五七河南道滑州,元和元年至七年(806—812)袁滋为滑州刺史、郑滑节度使。滑州治所即今河南滑县,郓阳即郓州(今山东郓城县)。据此,则韦表微于元和五年(810)十一月前已在郑滑节度使幕。

《旧传》又云:"元和十五年,拜监察御史。"《新传》虽未标"元和十五年",但有具体记述,且由此可测算其生年。《新传》云:"久之,入授监察御史里行,不乐。曰'爵禄譬滋味也,人皆欲之。吾年五十,拭镜剪白,冒游少年间,取一班一级,不见其味也。将为松菊主人,不愧陶渊明'云。"据此,则元和十五年授监察御史时,年五十,则当生于代宗大历六年(771)。又《旧传》末云"卒年六十",《新传》亦云"以病痼罢学士,卒,年六十"。即因疾出院,寻卒。丁居晦《重修承旨学士壁记》记其于文宗大和三年(829)八月二十日,"以疾出守本官"。则其卒可能即在大和三四年间。如以大和四年(830)卒,年六十,其生年亦为大历六年(771),与前据《新传》所载测算相合。

据此,则其于长庆二年(822)入院,当为五十二岁。丁《记》:"长庆二年二月,自监察御史充。四日,赐绯。"当与庞严同时入,见后庞严传。

丁《记》接云:"(长庆二年)五月三日,迁右补阙内供奉。三年九月三十日,拜库部员外郎。四年五月二十四日,赐紫。二十七日,加制诰。"李虞仲《授学士路随等中书舍人制》(《全唐文》卷六九三),中有记韦表微,云:"朝议郎、行尚书库部员外郎、充翰林学士、上柱国、赐紫金鱼袋韦表微,符彩外朗,诚明中虚,言皆本

仁,动必循矩。……况选自先朝,擢居内职,或依经而谏诤为志,
或视草而周密居心。"后称"表微可守本官,知制诰,依前翰林学
士,散官勋赐如故"。制文中有"选自先朝""洎予嗣位"语,可见
韦表微自库部员外郎加知制诰,确在敬宗时,丁《记》所记是。由
此可见,韦表微于长庆二年二月入院,至四年五月才加知制诰,中
历两年余,而在此期间即已草制(如制文中称其"或视草而周密居
心")。可见唐时翰林学士撰写诏诰,并不受知制诰之限。

　　丁《记》接云:"宝历元年五月二十五日,拜中书舍人。二年正
月,迁户部侍郎、知制诰。"《新传》载:"文宗立,独相处厚,进表微
户部侍郎。"按:据《旧唐书》卷一七上《文宗纪》上,文宗于宝历二
年(826)十二月乙巳(十二日)即位,韦处厚于同月庚戌(十七日)
由翰林学士擢居相位,路随于同日接替为翰林学士承旨。如此,
则丁《记》记宝历二年二月韦表微迁户部侍郎、知制诰,误,宝历
"二年"应作"三年"。即文宗登位初,韦处厚、路随均有升迁,韦
表微当随后亦有升迁。

　　丁《记》接云:"大和二年二月二十八日,加承旨。"按:随于宝
历二年(826)十二月庚戌接替韦处厚为承旨,后于大和二年(828)
十二月二十七日为相(见前路随传),则韦表微不可能于大和二年
路随仍为承旨时又加承旨。岑仲勉《注补》谓此"二月"应作"十
二月",是。

　　丁《记》接云:"(大和)三年八月二十日,以疾出守本官。"《新
传》亦记云:"以病痼罢学士。"两《唐书》本传皆记其卒年六十,前
已考述,即当卒于大和三四年间。

　　《新传》记韦表微在院时情况,有显误,如云:"俄为翰林学士。

是时，李绅忤宰相，贬端州，庞严、蒋防皆谪去，学士缺人，人争荐丞相所善者，表微独荐韦处厚，人服其公。进知制诰。后与处厚议增选学士，复荐路随。处厚以诸父事表微，因曰：'随位崇，入且翁右，奈何？'答曰：'选德进贤，初不计私也。'"按：李绅贬端州，庞严、蒋防受累外出，在敬宗即位初，即长庆四年（824）二月，此时在院之学士尚有韦处厚、路随、柳公权、高鈇及韦表微，共五人，未能云缺。且韦处厚已于元和十五年（820）二月入为翰林侍讲学士，路随亦同时入为翰林侍读学士，早于韦表微两年，而《新传》则记为韦表微拟荐此二人入院。如此舛误，不知《新传》抄自何书。

《新唐书》卷五七《艺文志》一，经部春秋类，著录韦表微《春秋三传总例》二十卷；又同卷经部经解类，著录其《九经师授谱》一卷。可能即由此，《旧唐书》列其入《儒学传》，于传末亦记为："著《九经师授谱》一卷，《春秋三传总例》二十卷。"《新传》又云："尤好《春秋》，病诸儒执一概，是非纷然，著《三传总例》，完会经趣。又以学者薄师道，不如声乐贱工能尊其师，著《九经师授谱》诋其违。"则北宋前期此二书似仍存，宋祁尚见之，故能有此述议。

《全唐文》卷六三三载其文两篇，一为《麟台碑铭并序》，前已述；另一为《翰林学士院新楼记》，文末署"大和元年某月日记"，在院任职时作，时为户部侍郎、知制诰。此记记穆宗时因鉴于当时学士院"庭宇逼仄，屋室卑陋"，于是"撤小屋，崇广厦"，重加扩建，对当时学士院之改建有具体记述，有一定史料价值。

《全唐诗》卷四七三仅载其诗一首，题为《池州夫子庙麟台》，四言，实为《全唐文》之《麟台碑铭并序》之铭文。《唐诗纪事》卷五四即载韦表微此碑铭，题亦作《池州夫子庙麟台碑铭》。按：文中明言"使乎郓阳"，郓阳即郓州，在山东郓城、东平等地，即所谓鲁地，故赞颂孔子。而池州，据《元和郡县图志》卷二八江南道，属宣歙观察使，在今安徽贵池等县。可见《全唐诗》之收载此诗，乃误袭《唐诗纪事》，讹加"池州"二字，且此为铭文，不应列于诗体。

庞　严

　　庞严，两《唐书》有传，见《旧唐书》卷一一六，《新唐书》卷一〇四。《旧传》："庞严者，寿春人。父景昭。"《新传》："庞严者，字子肃，寿州寿春人。"《元和郡县图志·阙卷逸文》卷二，即记淮南道寿州有寿春县（今安徽寿县）。唐赵璘《因话录》卷四记庞严及第后，"从事寿春"，有江淮举人曾特为拜谒。

　　《旧传》载："严，元和中登进士第。"《新传》则仅言"第进士"。徐松《登科记考》卷一八即据《旧传》此句，系于元和十年（815）。实则应举引沈亚之《祭胡同年文》（《全唐文》卷七三八），中云："同年韩复、张正谟、庞严、沈亚之，馔庶羞清酌之奠，祭于故安定胡君之灵。"沈亚之即元和十年进士及第（《唐才子传校笺》卷六《沈亚之传》）。

　　庞严进士及第，释褐后任何官，两《唐书》本传未载。按：庞严曾于穆宗长庆元年（821）应制举试（详后）。《册府元龟》卷六四四《贡举部·考试》二，有记云："（长庆元年十二月）甲申，以登制科人前试弘文馆校书郎庞严为左拾遗。"则庞严当于元和十年进士及第后，曾任弘文馆校书郎（从九品上）。

《旧传》载："长庆元年应制举贤良方正能直言极谏科，策入三等，冠制科之首。是月，拜左拾遗。"此年制举试很值得注意。唐时制举试策问，有时由翰林学士草拟，如德宗贞元元年(785)九月制举试，就由时在院中的陆贽撰拟《策问贤良方正能直言极谏科》等(《陆宣公集》卷四"制诰"，又见前德宗朝陆贽传)。长庆元年贤良方正能直言极谏科，其策问也即由翰林学士李德裕草拟(见《唐大诏令集》卷一〇六，又见前李德裕传)。此篇策问一开始提出："古人有言，当引一代之人，以理一代之务。虽隽贤茂彦，不乏于时，然亦在敷纳以言，精核其实。"后又云："当体予衷，不惧后言。"正因有此气度，庞严当受启发，在对策中就面对现实："今朝廷用人不以仁，而悯默低柔；进人不以义，而因循持疑。言有不符于行，才有不足于用矣。"(《文苑英华》卷四九〇)如此激发之言辞，当受到考策官、中书舍人白居易之赞赏，即擢拔为第三等，也即制举试习用的首等。《全唐文》卷六四穆宗《处分贤良方正等科举人制》，就称此次登科诸人，"粲然高论，深沃朕心"。同卷又有《授庞严等左右拾遗……等官制》。

按：《旧传》载庞严于文宗大和五年(831)后卒，未记年岁。今检庞严此年策文，有云"臣生三十年，实沐唐化"，则为此年三十岁(文中又有"迨壮岁而以身处穷贱"语)，则生于德宗贞元八年(792)。刘禹锡《哭庞京兆》(《刘禹锡集笺证》卷三〇)，诗题下自注："少年有俊气，尝擢制科之首。"前四句云："俊骨英才气褭然，策名飞步冠群贤。逢时已自致高位，得疾还因倚少年。"则庞严此时制举首冠，确在壮年，其名声当也因质直敢言，为时所称。

又，此次策试在长庆元年十一月，其授左拾遗当在十二月，而第二年长庆二年二月即召入为翰林学士,仅三十一岁,这在当时也是少见的。

《旧传》记其为左拾遗后,云:"聪敏绝人,文章峭丽。翰林学士元稹、李绅颇知之。明年二月,召入翰林为学士,转左补阙。"丁居晦《重修承旨学士壁记》记为:"长庆二年三月二日,自左拾遗充。四月,赐绯。十月九日,迁左补阙。"此云三月,与《旧传》之"二月"异。按:丁《记》记庞严前之韦表微,云:"长庆二年二月,自监察御史充。四日,赐绯。"则庞严当与韦表微同日入院,又同日赐绯。即当据《旧传》作二月。庞严于制举登科后仅两月,即召入为翰林学士,确当受元稹、李绅之推荐。李绅时在院,为司封员外郎、知制诰;元稹则已于长庆元年十月以工部侍郎出院,但仍受穆宗重视,并于二年二月辛巳拜相,故当仍能举荐。《旧唐书》卷一六六《元稹传》即载:"后进之士,最重庞严,言其文体类己,保荐之。"即赞赏庞严之文体。

丁《记》后记云:"(长庆)三年三月一日,加知制诰。十月十四日,赐紫。十一月九日,拜驾部郎中、知制诰。"《旧传》则仅略记为:"转左补阙;再迁驾部郎中、知制诰。"

长庆四年(824)二月,庞严即受李绅之累,为宰相李逢吉排挤,与蒋防同时贬出。丁《记》:"四年二月六日,贬信州刺史。"《旧唐书》卷一七上《敬宗纪》,长庆四年二月,"癸未,贬户部侍郎李绅为端州司马。丙戌,贬翰林学士、驾部郎中、知制诰庞严为信州刺史,翰林学士、司封员外郎、知制诰蒋防为汀州刺史,皆绅之引用者。"《旧传》所记同,唯云"出为江州刺史",显误。中华书局点校本未有校。据《元和郡县图志》卷二八,江南道信州上饶郡

（今江西上饶市）。关于李绅之贬，详见前李绅、韦处厚传。

又，郁贤皓《唐刺史考全编》卷一四六江南东道衢州，列庞严于敬宗宝历中为衢州刺史，其所据为《太平广记》卷一五六《庞严》所引《前定录》，记载为"唐京兆尹庞严为衢州刺史……时廉使元稹素与严善。"按：仅据《前定录》，未有确证。但据前李绅、蒋防传，李绅、蒋防虽于长庆四年二月贬出，但宝历时均有量移，庞严可能亦于宝历元年改为衢州刺史。

《旧传》后记云："严复入为库部郎中。"当在文宗即位后。《旧传》接云："大和二年二月①，上试制举人，命严与左散骑常侍冯宿、太常少卿贾𫗧等为试官，以裴休为甲等制科之首。有应直言极谏举人刘蕡，条对激切，凡数千言，不中选，人咸以为屈。其所对策，大行于时，登科者有请以身名授蕡者。严再迁太常少卿。"《通鉴》卷二四三大和二年（828）亦载此事，称"考官左散骑常侍冯宿等见刘蕡策，皆叹服，而畏宦官，不敢取"，未提庞严名。但庞严亦为考官，或亦有忌讳，故最终未取刘蕡，而庞严却此后由从五品上之库部郎中迁为正四品之太常少卿，不过由正职改为闲职。

《旧传》又记："（大和）五年，权知京兆尹。"《旧唐书》卷一七下《文宗纪》下，大和五年（831）五月丙寅，"太常少卿庞严权知京兆尹"；而八月丙戌，"京兆尹庞严卒"。

按：《白居易集笺校》卷二六有《病假中庞少尹携鱼酒相过》

---

① 按：徐松《登科记考》卷二十引《唐大诏令集》策问，作三月二十九日，谓《旧传》作二月，误。

诗。朱金城《白居易研究·白居易交游续考》谓白此诗作于文宗大和二年为刑部侍郎时,即庞严自库部郎中迁太常少卿间,曾任有京兆少尹一职。此为史书未记。贾岛亦有《贺庞少尹除太常少卿》诗(《全唐诗》卷五七四)。

庞严卒后,有好几位诗家撰诗悼念,如前已引之刘禹锡《哭庞京兆》,后四句云:"天上别归京兆府,人间空叹茂陵阡。今朝繐帐哭君处,前日见铺歌舞筵。"刘禹锡于此年春在朝任礼部郎中、集贤学士,年已六十,而庞严则仅年四十,距长庆元年制举登科及翌年入院,也仅十年。故刘禹锡又有《再伤庞严》(《刘禹锡集笺证》卷三〇),谓"可怜鸾镜下,哭杀画眉人"。另马戴《哭京兆庞严》(《全唐诗》卷五五六)云:"神州丧贤尹,父老泣关中。"另张祜有《哭京兆庞严》(同上,卷五一一)①。可见庞严当时之声望。

惜庞严之作,除其长庆元年制举对策(《全唐文》卷七二八)外,无诗文传存。前已述及,元稹极赏其文,以为"其文体类己"。《新唐书·艺文志》未著录其著述。可见唐代文士所作,散佚甚多。

崔 郾

崔郾,两《唐书》有传,见《旧唐书》卷一五五,《新唐书》卷一

----

①张祜又有《夏日梅溪馆寄庞舍人》(《全唐诗》卷五一〇),则为庞严在翰林学士时张祜寄赠之作。

六三,皆附于其兄郇传后。另杜牧有《礼部尚书崔公行状》(《樊川文集》卷一四)①,则详记其生平。

《旧唐书·崔郇传》谓清河武城人,《新唐书·崔郇传》作贝州武城人。《元和郡县图志》卷一六河北道,有贝州清河郡,属县有武城。《新唐书》卷七二下《宰相世系表》二下,即记崔郾为崔氏清河小房。按:贝州治河北清河县,武城则在今山东平道县东南。

崔郾,两《唐书》本传皆记其中进士第,但未记年。杜牧《行状》则云:"既冠,识者知不容于风尘矣。贞元十二年,进士中第。"据《旧传》,郾卒于文宗开成元年(836),年六十九,则当生于代宗大历三年(768),贞元十二年(796)则为二十九岁。同年登第者有李程、孟郊等。

进士登第后,《新传》所记甚略。《旧传》记云:"平判入等,授集贤殿校书郎。三命升朝,为监察御史、刑部员外郎。……居内忧,释服为吏部员外。"杜牧《行状》所记则更具详:"贞元十二年,进士中第。十六年,平判入等,授集贤殿校书郎。陕虢观察使崔公琮愿公为宾,而不乐之,挈辞载币,使者数返。公徐为起之,且曰:'不关上闻,摄职可也。'受署为观察巡官。后转京兆府鄠县尉,迁监察御史、侍御史、刑部员外。丁郇国太夫人忧。……外除,拜吏部员外郎,判南曹事。"据《旧唐书》卷一三《德宗纪》下,贞元十四年九月"乙卯,以同州刺史崔宗为陕州大都督府长史、陕虢观察水陆转运使"。此崔宗即崔琮(他书又作"淙"者)。崔琮

①杜牧撰、陈允吉点校《樊川文集》,上海古籍出版社,1978年。

在陕虢任当至元和时。如此，则崔郾于贞元十六年（800）平判入等后，曾为集贤殿校书郎，后于贞元末、元和初在陕虢观察使幕。又据《旧唐书·崔邠传》，记邠后期，"居母忧，岁余卒，元和十年三月也"。则其母当卒于元和八九年间。如此，则崔郾母丧服除，任吏部员外郎，约在元和十一二年间，后又迁左司郎中。

《旧传》又记："元和十三年，郑馀庆为礼仪详定使，选时有礼学者共事，以郾为详定判官，吏部郎中。"按：此事又见《旧唐书》卷一五八《郑馀庆传》，云："（元和）十三年，拜尚书左仆射。……宪宗以馀庆谙练典章，朝廷礼乐制度有乖故事，专委馀庆参酌施行，遂用为详定使。馀庆复奏刑部侍郎韩愈、礼部侍郎李程为副使，左司郎中崔郾、吏部郎中陈珮、刑部员外郎杨嗣复、礼部员外郎庾敬休并充详定判官。朝廷仪制、吉凶五礼，咸有损益焉。"据《旧唐书·宪宗纪》下，元和十三年（818）三月丁未，郑馀庆为左仆射，七月庚戌出任凤翔陇右节度使，则崔郾参与修订礼仪典制，即在元和十三年春夏间。由此亦可见，崔郾此时亦以礼学为世所知，其共参与者庾敬休后即于元和十五年（820）闰正月以礼部员外郎入为翰林学士。

元稹有《授崔郾谏议大夫制》（《全唐文》卷六四八），先称其为尚书吏部郎中，中云："以尔郾端厚诚明，济之文学，柔而能立，谦而逾光，命汝弼予，式冀无过。"后即云："可守谏议大夫，余如故。"按：元稹于元和十五年五月以祠部郎中知制诰，则崔郾之迁任谏议大夫当在是年夏秋间。

《旧传》后载："长庆中，转给事中。昭愍即位，选侍讲学士。"此即丁居晦《重修承旨学士壁记》所记："长庆四年六月七日，自给事中侍讲学士。"按:敬宗于长庆四年（824）正月癸酉登位,崔郾与高重则为敬宗即位后首批入院者,继穆宗于元和十五年二月召韦处厚、路随后,为有唐一代第二批之翰林侍讲学士。杜牧《行状》记云:"敬宗皇帝始即位,旁求师臣。今相国奇章公上言,曰非公不可,遂以本官充翰林侍讲学士,命服金紫。"此云"师臣",可见当时对翰林侍讲学士特殊地位之重视。又据《新唐书》卷六三《宰相年表》,此时牛僧孺为相,杜牧称之为"奇章公",则崔郾之入,亦出于当时宰相之举荐。

又,丁《记》记为长庆四年六月七日入,而列于崔郾之后的高重,记为该年六月四日入,亦为侍讲学士,则崔之入当在高之后,不应排列在高之前。崔、高应为同时入,故丁《记》此处所记日期有小误,或皆为七日,或皆为四日。

丁《记》接云:"十二月十一日,改中书舍人。"此亦与高重同时改迁,高重为"十二月十一日,迁谏议大夫"。

《旧传》在记转中书舍人后,云:"入思政殿谢恩,郾奏曰:'陛下用臣为侍讲,半岁有余,未尝问臣经义。今蒙转改,实惭尸素,有愧厚恩。'帝曰:'朕机务稍闲,即当请益。'高鈇曰:'陛下意虽乐善,既未延接儒生,天下之人,宁知重道?'帝深引咎,赐之锦彩。"《唐会要》卷五七《翰林院》亦记,则系之于长庆四年十月,云:"其年（长庆四年）十月,翰林院侍讲学士、谏议大夫高重,侍讲学士、中书舍人崔郾,中书舍人高鈇,于思政殿中谢。崔郾奏:'陛下授臣职以侍讲,已八个月,未尝召问经义。……'"下同。此云"十月",而崔郾云授侍讲之职已八个月,则与长庆四年六月入,时间不合,《唐会要》所记不确,应据《旧唐书》,于十二月在思政殿入见，故云"半岁有余"。

又此次在思政殿入谢奏议时，《旧传》、《唐会要》均记高钺也参与，《新传》亦谓"高钺适在旁"。岑氏《注补》对此有议，谓"思政召对，于制钺不应旁侍，宋氏（祁）臆改旧文，往往出乎事理之外，谓当正作高钺适同入谢因言也"。岑氏之意不明。按：高钺于长庆四年十二月十一日迁中书舍人，时仍为翰林学士，翌日（十二日）崔、高二人又转迁，故可同时入谢，并对言，崔郾有谏，高钺适在旁，亦可有言。《新》、《旧》二传均不误。

崔郾于此次谢恩、谏对后，即"与同列高重抄撮《六经》嘉言要道，区分事类，凡十卷，名曰《诸经纂要》，冀人主易于省览。上嘉之，赐锦彩二百匹、银器等"（《旧传》）。《旧唐书·敬宗纪》记此于宝历元年（825）七月："乙丑，侍讲学士崔郾、高重进《纂要》十卷，赐锦二百匹。"唯《新唐书》卷五九《艺文志》三，子部儒家类，著录《诸经纂要》十卷，仅署崔郾名，未及高重，当为疏失。

杜牧《行状》虽未记《诸经纂要》事，却记有一件颇值得注意之事。文中记高承简罢郑滑节度使（约在宝历元年上半年），当时"滑人叩阙，乞为承简树德政碑"。接此请状后，宦者以为"翰林故事，职由掌诏学士"，即由撰制诏诰的翰林学士承担。而敬宗则命崔郾为之，认为高承简既为功臣，"克有善政"，则"吾以师臣之辞，且宠异焉"。《全唐文》卷七二四即载有崔郾《高公德政碑》。杜牧所作《行状》，后又叙二事："居数月，魏博节度使史宪诚拜章为故帅田季安树神道碑，内官执请亦如前辞。上曰：'魏北燕赵，南控成皋，天下形胜地也。吾以师臣之辞，且慰安焉。'居数月，陈许节度使王沛拜章乞为亡父树神道碑，内官执请如前辞。上曰：'许昌,天下精兵处也,俗忠风厚,沛能抚之,吾视如臂。吾以师臣之辞,而彰其忠孝焉。’是三者,皆御札命公,令刻其辞,恩礼亲重,无与为比。”这就是说,按翰林通例,这三篇文应由翰林学士代笔撰写,而敬宗却连续三次称侍讲学士为“师臣”,认为由崔郾以“师臣之辞”起笔,是对藩镇大臣的看重。这也可见侍讲学士当时的声望。

关于崔郾出院,丁《记》记为:“宝历二年九月四日,出守本官。”而《旧传》记其所编《诸经纂要》进上,上嘉赐,接云:“其年,转礼部侍郎,东都试举人。”意即谓同年(宝历元年)出院,转礼部侍郎。实则《旧唐书》卷一七上《敬宗纪》,宝历二年(826)十月“壬戌,以中书舍人崔郾为礼部侍郎”。即崔郾于宝历二年九月四日以中书舍人出院,十月改为礼部侍郎。《旧传》云“其年”,误,应为“翌年”。

杜牧记其出院,谓“愿出守本官,辞恳而遂”,即自愿出院。可能如前所述,崔郾对敬宗“未尝问臣经义”,深为不满,认为无以作为,不如作中书舍人之本职。而敬宗仍对其重视,出院后,即任其为礼部侍郎,以作明年知贡举试之准备。

崔郾于文宗大和元年(827)、二年(828)连续两年知举。杜牧《行状》称:“二年选士七十余人,大抵后浮华,先材实。”《旧传》更赞为:“凡两岁掌贡士,平心阅试,赏拔艺能,所擢者无非名士,至大中、咸通之代,为辅相、名卿者十数人。”杜牧即于大和二年进士及第,时崔郾在东都洛阳主试。《唐摭言》卷六《公荐》,即记崔郾赴洛阳,离长安时,有公卿百官钱送,“冠盖之盛,罕有加也”。当时任太子博士之吴武陵也前来相送,向崔郾推荐杜牧,当场朗诵

杜牧《阿房宫赋》,崔郾颇为赞赏。"武陵曰:'请侍郎与状头。'郾
曰:'已有人。'曰:'不得已,即第五人。'"崔郾后即允诺。此为唐
科举试之一佳话,多为后世所传,其细节不一定真实,但也可见崔
郾在当时为文人所推重。杜牧当时有诗,即《及第后寄长安故
人》:"东都放榜未花开,三十三人走马回。秦地少年多办酒,已将
春色入关来。"(《樊川文集·外集》,原载《唐摭言》卷三)

崔郾刚出院,即连续两年知举,且为人称誉,这也是唐翰林学
士参预科举试值得研究之一例。

据杜牧《行状》及两《唐书》本传,崔郾后历任兵部侍郎、陕虢
观察使,及鄂岳、浙西等观察使,多有治绩。开成元年(836)十月
二十日卒于浙西任上。《旧唐书·文宗纪》下记为,开成元年十一
月,"庚辰,浙西观察使崔郾卒",年六十九,赠吏部尚书,谥曰德。

如前所述,《新唐书·艺文志》著录其《诸经纂要》一书,实为
与高重合著。此书后未存。《全唐文》卷七二四载其《高公德政
碑》一文(杜牧《行状》所叙又有为魏博节度使田季安所作神道
碑,及为陈许节度使王沛父所作神道碑,此二文,《全唐文》未载,
当亦佚)。又《全唐诗》卷五〇七载其诗一首《赠毛仙翁》,七律,
一般。

高　重

高重,《旧唐书》无传,《新唐书》卷九五附于《高俭传》后,记
为高俭五世孙。据《新传》,高俭曾仕高祖、太宗朝,曾任相,并以

其女嫁太宗，为文德皇后。又《新唐书》卷七一下《宰相世系表》一下，渤海高氏，有高重，谓"字文明，检校户部尚书"；其父象，魏州别驾。

《新传》记高重早年仕历颇简，云："以明经中第，李巽表盐铁转运巡官，善职，凡十年，进累司门郎中。"明经中第，未记年。又《旧唐书》卷一二三《李巽传》，巽于顺宗即位时佐杜佑为盐铁转运副使，专领度支、盐铁使，宪宗时亦在职，元和四年（809）四月卒。如此，则高重因李巽之辟，为盐铁转运巡官，当在元和初，后历任十年，改司门郎中，当在元和末、长庆初。据丁居晦《重修承旨学士壁记》，高重即于长庆四年（824）六月以司门郎中入院。

《新传》又云："敬宗慎置侍讲学士，（高）重以简厚惇正，与崔郾偕选。"丁《记》记为："长庆四年六月四日，自司门郎中充侍讲学士。"当与崔郾同时入（见前崔郾传）。这是唐代第二批翰林侍讲学士（首次为韦处厚，穆宗元和十五年二月入，见前韦处厚传），也是敬宗即位后不到半年召入的侍讲学士，此时院中已无侍讲学士。

丁《记》接云："十二月十一日，迁谏议大夫。"按：崔郾亦于长庆四年十二月十一日改任中书舍人，谏议大夫与中书舍人同为正五品上。崔、高二人入院不到半年即有明显迁官，可见敬宗对此二人作为侍讲学士的重视。

二人此次迁官后，敬宗特于思政殿召见，崔郾对当时侍讲之职有所奏议（见前崔郾传）。此后，崔、高即撰有《诸经纂要》。《旧唐书》卷一七上《敬宗纪》宝历元年七月，"乙丑，侍讲学士崔郾、高重进《纂要》十卷，赐锦彩二百匹"。《旧唐书》卷一五五《崔郾传》亦记崔于思政殿为敬宗召见后，"退与同列高重抄撮《六经》嘉言要道，区分事类，凡十卷，名曰《诸经纂要》，冀人主易于省览。"《新唐书》卷五九《艺文志》三，子部儒家类，即著录崔郾《诸经纂要》十卷（按：《新志》此处未署高重名，当为疏失）。此亦为当时翰林侍讲学士有代表性的职责。又《新唐书》卷五七《艺文志》一，经部春秋类，著录有高重《春秋纂要》四十卷，则为高重一人所撰，且为大和七年（833）第二次重又入为侍讲学士应文宗之命而作，详见后文宗朝高重传。

丁《记》记其出院，为："宝历二年正月六月，出守本官。"《新传》未记其出院事。按：韦表微《翰林学士院新楼记》有云："楼成之月，学士韦公秉国钧，旬日，侍讲高学士拜夕郎，明年正月，学士路君迁小司马为承旨。"韦表微此记作于大和元年（827），详见前韦表微传。文中所云"学士韦公秉国钧"，即韦处厚于宝历二年（826）十二月十七日拜相；"学士路君迁小司马为承旨"，即路随于宝历三年（大和元年）正月迁吏部侍郎、知制诰，为承旨。如此，则宝历二年十二月，高重仍在院。丁《记》之"宝历二年正月六日，出守本官"，显误。"二年"当作"三年"，即大和元年正月出院，仍为谏议大夫。文宗后于大和七年（833）十月又召高重入为翰林侍讲学士。关于文宗朝之仕历，详后高重传。

李虞仲《授高重同州刺史兼防御使制》（《全唐文》卷六九三），约作于文宗大和四年（830），制中曾追称其在院中之业绩："属者侍周禁署，驳议琐闱，重席有戴凭之名，通经得陈邵之美。侍从之暇，附益宏多，移于牧人，宜有善政。"亦就侍讲学士之职责着眼。

唐翰林学士年表

（玄宗—敬宗朝）

玄宗朝

开元二十六年（738）

吕　向　自中书舍人充。

尹　愔　自谏议大夫充。

开元二十七年（739）

吕　向　依前中书舍人。

尹　愔　依前谏议大夫。

开元二十八年（740）

吕　向　依前中书舍人。

尹　愭　依前谏议大夫。本年或上年卒。

开元二十九年（741）

吕　向　依前中书舍人。

天宝元年（742）

吕　向　依前中书舍人。

天宝二年（743）

吕　向　依前中书舍人。

天宝三载（744）

吕　向　依前中书舍人。本年或稍后，出为工部侍郎。
刘光谦　本年或明年，自起居舍人充。

天宝四载（745）

刘光谦　依前起居舍人。
张　垍　本年或明年，自太常卿充。

天宝五载（746）

刘光谦　依前起居舍人。
张　垍　依前太常卿。

天宝六载（747）

刘光谦　依前起居舍人。

张　垍　依前太常卿。

张　埱　本年或明后年，自给事中充。

天宝七载（748）

刘光谦　依前起居舍人。或本年前后迁司封郎中。

张　垍　依前太常卿。

张　埱　依前给事中。

天宝八载（749）

刘光谦　依前司封郎中。

张　垍　依前太常卿。

张　埱　依前给事中。

天宝九载（750）

刘光谦　依前司封郎中。

张　垍　依前太常卿。

张　埱　依前给事中。

天宝十载（751）

刘光谦　依前司封郎中。

张　垍　依前太常卿。

张　垍　依前给事中。

天宝十一载（752）

刘光谦　依前司封郎中。约十一月，出院（或本年前已卒）。

张　垍　依前太常卿。

张　垍　依前给事中。

张　渐　约十一月后自中书舍人充。

窦　华　约十一月后自中书舍人充。

裴士淹　约本年或明年以给事中充，并知制诰。

天宝十二载（753）

张　垍　依前太常卿。

张　垍　依前给事中。

张　渐　依前中书舍人。

窦　华　依前中书舍人。

裴士淹　依前给事中、知制诰。

天宝十三载（754）

张　垍　依前太常卿。三月丁酉，出贬为卢溪郡司马。

张　垍　依前给事中。三月，与张垍同时出贬为宜春郡司马。

张　渐　依前中书舍人。

窦　华　依前中书舍人。

裴士淹　依前给事中、知制诰。

天宝十四载(755)

张　渐　依前中书舍人。

窦　华　依前中书舍人。

裴士淹　依前给事中、知制诰。

天宝十五载(756)

张　渐　依前中书舍人。六月,被唐兵诛杀。

窦　华　依前中书舍人。六月,被唐兵诛杀。

裴士淹　依前给事中、知制诰。六月,随玄宗赴蜀。约年末,以礼
　　　　部侍郎出院,明年(至德二载)春在成都知贡举试。

肃宗朝

至德二载(757)

董　晋(34)　约本年春,自秘书省校书郎充,随肃宗在彭原。

于可封　约本年冬,自补阙充。

乾元元年(758)

董　晋(35)　依前秘书省校书郎。约于本年迁为卫尉寺丞。

于可封　依前补阙,约于本年秋冬迁礼部员外郎、知制诰。

苏源明　五月或稍后,自中书舍人充。

乾元二年（759）

董　晋（36）　依前卫尉寺丞。

于可封　依前礼部员外郎、知制诰。

苏源明　依前中书舍人。

潘　炎　约本年或稍后自左（右）骁卫兵曹充。

上元元年（760）

董　晋（37）　依前卫尉寺丞。约去年下半年或本年初出院，为汾
　　　　　　州司马。

于可封　依前礼部员外郎、知制诰。

苏源明　依前中书舍人。

潘　炎　依前左（右）骁卫兵曹。

上元二年（761）

于可封　依前礼部员外郎、知制诰。约本年或明年出院，为国子
　　　　司业。

苏源明　依前中书舍人。

潘　炎　依前左（右）骁卫兵曹，约于本年迁驾部郎中。

宝应元年（762）

苏源明　依前中书舍人。

潘　炎　依前驾部郎中，约于本年迁中书舍人。

代宗朝

宝应元年(762)

苏源明　依前中书舍人。约于本年出院,仍为中书舍人。

潘　炎　依前驾部郎中,约于本年迁中书舍人。

常　衮(34)　四月或稍后,自右补阙充。

柳　伉　约下半年自秘书省校书郎充。

宝应二年、广德元年(763)

潘　炎　依前中书舍人。

常　衮(35)　前右补阙,约本年前后迁起居郎。

柳　伉　依前秘书省校书郎,后改为鄠县尉,十一月已为太常博士。

广德二年(764)

潘　炎　依前中书舍人,约于正月以中书舍人出院。

常　衮(36)　依前起居郎,约于本年迁为考功郎中、知制诰。

柳　伉　依前太常博士,后迁兵部员外郎、谏议大夫。

于　益　约于本年自驾部员外郎充。

永泰元年(765)

常　衮(37)　依前考功郎中、知制诰,下半年出院,为中书舍人。

柳　伉　依前谏议大夫。

永泰二年、大历元年（766）

柳　伉　依前谏议大夫，约于本年丁忧外出。

于　益　依前驾部员外郎，约本年三月前已改为礼部员外郎。

张　涉　约于本年或明年（即大历初），以靖恭太子庙丞充。

大历二年（767）

于　益　依前礼部员外郎。

张　涉　依前靖恭太子庙丞。

大历三年（768）

于　益　依前礼部员外郎，约本年或稍后迁谏议大夫。

张　涉　依前靖恭太子庙丞，约本年或稍后迁国子博士。

于　肃　约于本年自比部员外郎充。

大历四年（769）

于　益　依前谏议大夫，后卒（未知年份）。

张　涉　依前国子博士。

于　肃　依前比部员外郎，约本年迁考功郎中。

大历五年（770）

张　涉　依前国子博士。

李　翰　约于本年五月后（或明后年），以左补阙入。

于　肃　依前考功郎中。

大历六年（771）

张　涉　依前国子博士。

李　翰　依前左补阙。

于　肃　依前考功郎中，约本年迁给事中、知制诰。

大历七年（772）

张　涉　依前国子博士。

李　翰　依前左补阙。

于　肃　依前给事中、知制诰。本年丁忧（其父于休烈本年卒）

大历八年（773）

张　涉　依前国子博士。

李　翰　依前左补阙。本年十月后（或明年）以疾出院。

大历九年（774）

张　涉　依前国子博士。

李　翰　依前左补阙，约本年以疾出院。

大历十年（775）

张　涉　依前国子博士。

大历十一年(776)

张　涉　依前国子博士。

大历十二年(777)

张　涉　依前国子博士。

大历十三年(778)

张　涉　依前国子博士。

德宗、顺宗朝

大历十四年(779)

张　涉　依前国子博士。

张　周　六月,自洛阳县尉充。

建中元年(780)

张　涉　依前国子博士。三月辛未,出院,放归田里。

张　周　依前洛阳县尉。

姜公辅　约于本年三月,自左拾遗充。

赵宗儒(35)　约于本年三月,自左拾遗充。

归崇敬(69)　约于本年三月,自国子司业充。

建中二年（781）

张　　周　依前洛阳县尉。

姜公辅　依前左拾遗。

赵宗儒（36）　依前左拾遗。

归崇敬（70）　依前国子司业。

建中三年（782）

张　　周　依前洛阳县尉。本年二月前迁为洛阳县丞。

姜公辅　依前左拾遗。

赵宗儒（37）　依前左拾遗。

归崇敬（71）　依前国子司业。

建中四年（783）

张　　周　依前洛阳县丞，约于本年又迁为河南府兵曹参军。

姜公辅　依前左拾遗。四月，迁京兆府户曹参军。十月丁巳，出
　　　　院，以谏议大夫同中书门下平章事。

赵宗儒（38）　依前左拾遗。约于四月，迁屯田员外郎；十一月，出
　　　　守本官，后丁父忧。

归崇敬（72）　依前国子司业。约于四月，迁左散骑常侍。

陆　　贽（28）　三月，自祠部员外郎充。十二月乙丑，迁考功郎中、
　　　　知制诰。

吴通微　自金部员外郎充。十二月乙丑，迁职方郎中。

吴通玄　十二月乙丑，自侍御史充，为起居舍人。

顾少连（43）　十二月，自水部员外郎充。

兴元元年（784）

张　周　依前河南府兵曹参军。

归崇敬（73）　依前左散骑常侍。

陆　贽（29）　依前考功郎中、知制诰。六月，迁谏议大夫。十二
　　　　　　月辛卯，改为中书舍人。

吴通微　依前职方郎中。

吴通玄　依前起居舍人。

顾少连（44）　依前水部员外郎。六月，迁礼部郎中。

奚　陟（39）　自起居郎充，旋因病辞，实未就职。

吉中孚　本年上半年，自司封郎中、知制诰充。六月，迁谏议大
　　　　夫，仍兼知制诰。

贞元元年（785）

张　周　依前河南府兵曹参军。六月，改除虔州司马。

归崇敬（74）　依前左散骑常侍。

陆　贽（30）　依前中书舍人。

吴通微　依前职方郎中。

吴通玄　依前起居舍人。

顾少连（45）　依前礼部郎中。

吉中孚　依前谏议大夫、知制诰。

韦执谊（年20余）　本年冬，自左（右）拾遗充。

贞元二年（786）

张　周　依前虢州司马。约此后出院。

归崇敬（75）　依前左散骑常侍。

陆　贽（31）　依前中书舍人。

吴通微　依前职方郎中。

吴通玄　依前起居舍人。

顾少连（46）　依前礼部郎中。

吉中孚　依前谏议大夫、知制诰。正月，出为户部侍郎、判度支两税。

韦执谊　依前左(右)拾遗。

贞元三年（787）

归崇敬（76）　依前左散骑常侍。

陆　贽（32）　依前中书舍人。丁忧，出院。

吴通微　依前职方郎中。

吴通玄　依前起居舍人。

顾少连（47）　依前礼部郎中。

韦执谊　依前左(右)拾遗。

贞元四年（788）

归崇敬（77）　依前左散骑常侍。

吴通微　依前职方郎中。二月，加知制诰。

吴通玄　依前起居舍人。二月，加知制诰。

顾少连(48)　依前礼部郎中。二月,加知制诰。

韦执谊　依前左(右)拾遗。二月,加知制诰。

贞元五年(789)

归崇敬(78)　依前左散骑常侍。

吴通微　依前职方郎中、知制诰。

吴通玄　依前起居舍人、知制诰。

顾少连(49)　依前礼部郎中、知制诰。

韦执谊　依前左(右)拾遗、知制诰。

贞元六年(790)

归崇敬(79)　依前左散骑常侍。

吴通微　依前职方郎中、知制诰。

吴通玄　依前起居舍人、知制诰。

顾少连(50)　依前礼部郎中、知制诰。

韦执谊　依前左(右)拾遗、知制诰。

陆　贽(35)　二月,免丧,复以兵部侍郎、知制诰入院。

贞元七年(791)

归崇敬(80)　依前左散骑常侍。六月,改除检校户部尚书。七
月,迁正工部尚书。

吴通微　依前职方郎中、知制诰。改礼部郎中,仍知制诰,旋正除
中书舍人。

吴通玄　依前起居舍人、知制诰。约于本年迁谏议大夫,仍知

制诰。

顾少连（51）　依前礼部郎中、知制诰,迁中书舍人。

韦执谊　依前左(右)拾遗、知制诰。约于本年或后数年,迁起居舍人、知制诰。

陆　贽（36）　依前兵部侍郎、知制诰。八月丙申,以本官出院。

梁　肃（39）　自左补阙兼太子侍读充。

韦　绶　自左补阙充。

贞元八年(792)

归崇敬（81）　依前工部尚书。七月,出院,为兵部尚书。

吴通微　依前中书舍人。

吴通玄　依前谏议大夫、知制诰。四月,出贬泉州司马,寻赐死。

顾少连（52）　依前中书舍人。四月,改工部侍郎,出院。

韦执谊　依前起居舍人、知制诰。

梁　肃（40）　依前左补阙兼太子侍读;本年当改兼史馆修撰。

韦　绶　依前左补阙。

郑　絪（41）　约四月,自司勋员外郎、知制诰充;五月,赐绯鱼袋。

郑馀庆（47）　四月二十四日,自库部郎中充。

卫次公（40）　四月二十四日,自左补阙充。

贞元九年(793)

吴通微　依前中书舍人。

韦执谊　依前起居舍人、知制诰。

梁　肃（41）　依前左补阙兼史馆修撰。十一月,卒于任。

韦　绶　依前左补阙。

郑　絪（42）　依前司勋员外郎、知制诰。

郑馀庆（48）　依前库部郎中。

卫次公（41）　依前左补阙。

贞元十年（794）

吴通微　依前中书舍人。

韦执谊　依前起居舍人、知制诰。

韦　绶　依前左补阙。

郑　絪（43）　依前司勋员外郎、知制诰。

郑馀庆（49）　依前库部郎中。

卫次公（42）　依前左补阙。

贞元十一年（795）

吴通微　依前中书舍人。

韦执谊　依前起居舍人、知制诰。

韦　绶　依前左补阙。

郑　絪（44）　依前司勋员外郎、知制诰。

郑馀庆（50）　依前库部郎中。

卫次公（43）　依前左补阙。

贞元十二年（796）

吴通微　依前中书舍人。

韦执谊　依前起居舍人、知制诰。此后丁母忧，约本年或明年出院。

韦　绶　依前左补阙。

郑　絪(45)　依前司勋员外郎、知制诰。

郑馀庆(51)　依前库部郎中。

卫次公(44)　依前左补阙。

贞元十三年(797)

吴通微　依前中书舍人。

韦　绶　依前左补阙。

郑　絪(46)　依前司勋员外郎、知制诰。

郑馀庆(52)　依前库部郎中。五月二十六日出院,为工部侍郎、
　　　　知吏部选事。

卫次公(45)　依前左补阙。

贞元十四年(798)

吴通微　依前中书舍人。后卒官,约本年或明年。

韦　绶　依前左补阙。

郑　絪(47)　依前司勋员外郎、知制诰。

卫次公(46)　依前左补阙。

贞元十五年(799)

韦　绶　依前左补阙。

郑　絪(48)　依前司勋员外郎、知制诰。

卫次公(47)　依前左补阙。

贞元十六年（800）

韦　绶　依前左补阙。十月，以疾辞，出院。

郑　絪（49）　依前司勋员外郎、知制诰。

卫次公（48）　依前左补阙。

贞元十七年（801）

郑　絪（50）　依前司勋员外郎、知制诰。

卫次公（49）　依前左补阙。

贞元十八年（802）

郑　絪（51）　依前司勋员外郎、知制诰。

卫次公（50）　依前左补阙。

贞元十九年（803）

郑　絪（52）　依前司勋员外郎、知制诰。

卫次公（51）　依前左补阙。

贞元二十年（804）

郑　絪（53）　依前司勋员外郎、知制诰。

卫次公（52）　依前左补阙。

李　程　九月（或十一月），自监察御史充。

张　荐　九月（或十一月），自秘书省正字充。

王　涯（约年40）　九月（或十一月），自蓝田县尉充。

李　建(41)　十二月二十二日,自秘书省校书郎充。

贞元二十一年、永贞元年(805)

郑　絪(54)　依前司勋员外郎、知制诰。二月二十二日,迁中书
　　　　　　舍人,赐紫。

卫次公(53)　依前左补阙。二月二十二日,迁司勋员外郎,赐绯。
　　　　　　三月十七日,加知制诰。

李　程　依前监察御史。三月十七日,迁水部员外郎。

张　聿　依前秘书省正字。三月十七日,迁左拾遗。

王　涯　依前蓝田县尉。三月十七日,迁左补阙。

李　建(42)　依前秘书省校书郎。三月十七日,迁左拾遗。

凌　准　正月六日,自浙东观察判官为侍御史充。三月十七日,
　　　　　　迁都官员外郎。五月九日,出守本官,判度支。

王叔文(53)　二月二十二日,由苏州司功参军为起居舍人充。三
　　　　　　月十六日,以本官加度支盐铁转运副使。五月二十四
　　　　　　日,迁户部侍郎,出院。

王　伾　三月二日,自左散骑常侍充。

宪宗朝

永贞元年,八月庚子(初四)后(805)

郑　絪(54)　八月四日宪宗即位,即以本官加任翰林学士承旨。

十二月壬戌,出院拜相,为中书侍郎平章事。

王 伾 八月六日,出贬为开州司马。

李吉甫(48) 十二月二十四日,自考功郎中、知制诰充;二十七日,迁中书舍人,为承旨,赐紫。

裴 垍 十二月二十四日,自考功员外郎充;二十七日,迁考功郎中、知制诰,赐绯。

元和元年(806)

卫次公(54) 依前司勋员外郎、知制诰。

李 程 依前水部员外郎。九月,加朝散大夫,赐绯。

张 聿 依前左拾遗。十一月,加朝散大夫,赐绯。

王 涯 依前左补阙。约于本年迁为起居舍人。

李 建(43) 依前左拾遗。后以詹事府司直出院。

李吉甫(49) 依前中书舍人、承旨。十二月,加银青。

裴 垍 依前考功郎中、知制诰。

元和二年(807)

卫次公(55) 依前司勋员外郎、知制诰。

李 程 依前朝散大夫。四月二十一日,转司勋员外郎。

张 聿 依前朝散大夫。正月,出守本官。

王 涯 依前起居舍人。

李吉甫(50) 依前中书舍人、承旨。正月二十一日,出院拜相,为中书侍郎平章事。

裴 垍 依前考功郎中、知制诰。四月十六日,迁中书舍人,为承旨。

李　绛(44)　四月八日,自监察御史充。

崔　群(36)　十一月六日,自左(右)补阙充。

白居易(36)　十一月六日,自盩厔县尉充。

元和三年(808)

卫次公(56)　依前司勋员外郎、知制诰。正月,以权知中书舍人
　　　　　　　出院,即知本年贡举。六月二十五日,复以兵部侍郎入
　　　　　　　院,并为承旨。七月二十三日,加知制诰。

王　涯　依前起居舍人。四月乙丑,出为都官员外郎;不数日,贬
　　　　　虢州司马。

裴　垍　依前中书舍人、承旨。四月二十五日,出院为户部侍郎。

李　绛(45)　依前监察御史。约于本年加为主客员外郎。

崔　群(37)　依前左(右)补阙。四月二十八日,加为库部员
　　　　　　　外郎。

白居易(37)　依前盩厔县尉。四月二十八日,迁左拾遗。

钱　徽(54)　八月二十六日,自祠部员外郎充。

元和四年(809)

卫次公(57)　依前兵部侍郎、知制诰、承旨。三月,改太子宾客
　　　　　　　出院。

李　绛(46)　依前主客员外郎。四月十七日,转为司勋员外郎、
　　　　　　　知制诰,为承旨。五月十九日,赐紫。

崔　群(38)　依前库部员外郎。

白居易(38)　依前左拾遗。

钱　徽(55)　　依前祠部员外郎。

韦弘景(44)　　七月,自左拾遗充;九月,迁左补阙。

元和五年(810)

李　绛(47)　　依前司勋员外郎、承旨。五月五日,迁司勋郎中、知
　　　　　　　　制诰,仍为承旨。十二月,又迁为中书舍人、承旨。

崔　群(39)　　依前库部员外郎。五月五日,迁库部郎中、知制诰。

白居易(39)　　依前左拾遗。五月五日,改京兆府户曹参军。

钱　徽(56)　　依前祠部员外郎。

韦弘景(45)　　依前左补阙。

独孤郁(35)　　四月一日,自起居郎充。九月,因其岳父权德舆为
　　　　　　　　相,为避嫌,辞职出院。

元和六年(811)

李　绛(48)　　依前中书舍人、承旨。二月二十七日,出院,为户部
　　　　　　　　侍郎。

崔　群(40)　　依前库部郎中、知制诰。二月(当为三月)四日,接
　　　　　　　　李绛为承旨。

白居易(40)　　依前京兆府户曹参军。四月,丁母忧,出院。

钱　徽(57)　　依前祠部员外郎。四月,迁祠部郎中。

韦弘景(46)　　依前左补阙。

萧　俛　　　　四月十二日,自右补阙充。

元和七年（812）

崔　群（41）　依前库部郎中、知制诰、承旨。四月二十九日，迁中
　　　　　　　书舍人，仍为承旨。

钱　徽（58）　依前祠部郎中。

韦弘景（47）　依前左补阙。二月五日，迁司门员外郎。

萧　俛　依前右补阙。八月五日，迁司封员外郎。

元和八年（813）

崔　群（42）　依前中书舍人、承旨。

钱　徽（59）　依前祠部郎中。五月九日，转司封郎中，兼知制诰。
　　　　　　　十一月，赐绯。

韦弘景（48）　依前司门员外郎。十月二十日，出守本官。

萧　俛　依前司封员外郎。

刘从周　七月二十七日，自左补阙充。后卒，其时不详。

独孤郁（38）　十二月二十二日，复自驾部郎中、知制诰充。

元和九年（814）

崔　群（43）　依前中书舍人、承旨。六月二十六日，以礼部侍郎
　　　　　　　出院。

钱　徽（60）　依前司封郎中、知制诰。

萧　俛　依前司封员外郎。十一月二十四日，迁驾部郎中；十二
　　　　　月十日，加知制诰。

独孤郁（39）　依前驾部郎中、知制诰。约于十月，以病辞职出院

（十一月,改秘书少监）。

徐　晦　七月二十三日,自东都留守判官、都官员外郎充。

令狐楚（39）　十一月戊戌（二十五日）,自职方员外郎、知制诰充;
　　　　　　十二月,迁职方郎中,仍知制诰。

元和十年（815）

钱　徽（61）　依前司封郎中、知制诰。七月二十三日,迁中书
　　　　　　舍人。

萧　俛　依前驾部郎中、知制诰。

徐　晦　依前都官员外郎。七月二十三日,迁司封郎中。

令狐楚（40）　依前职方郎中、知制诰。

郭　求　正月,以蓝田县尉、集贤校理充。八月,迁左拾遗。

元和十一年（816）

钱　徽（62）　依前中书舍人。正月十四日,出守本官。

萧　俛　依前驾部郎中、知制诰。正月十四日,出守本官。

徐　晦　依前司封郎中。

令狐楚（41）　依前职方郎中、知制诰。

郭　求　依前左拾遗。八月,出守本官。

王　涯　正月十八日,复以中书舍人入院,并为承旨。十月十七
　　　　日,迁工部侍郎、知制诰,仍为承旨。十二月十六日出院
　　　　拜相,为中书侍郎同平章事。

张仲素　八月十五日,自礼部郎中充。

段文昌（44）　八月十五日,自祠部员外郎充。

元和十二年（817）

徐　晦　依前司封郎中。二月十一日，出守本官。

令狐楚（42）　依前职方郎中、知制诰。二月二十四日，加承旨。三月二十日，迁为中书舍人，仍承旨。八月四日，出守本官。

张仲素　依前礼部郎中。

段文昌（45）　依前祠部员外郎。

沈传师（41）　二月十三日，自左补阙、史馆修撰充。

杜元颖（49）　二月十三日，自太常博士充。二十日，改右补阙。

元和十三年（818）

张仲素　依前礼部郎中。正月十二日，改司封郎中、知制诰。二月十八日，赐紫，为承旨。

段文昌（46）　依前祠部员外郎。正月十二日，迁祠部郎中。二月十八日，赐绯。

沈传师（42）　依前左补阙。正月十二日，迁司门员外郎。二月十八日，赐绯。

杜元颖（50）　依前右补阙。二月十八日，赐绯。

李　肇　七月十六日，自监察御史充。

元和十四年（819）

张仲素　依前司封郎中、知制诰、承旨。三月二十八日，迁中书舍人，仍为承旨。年内卒。

段文昌（47）　依前祠部郎中。四月，加知制诰。

沈传师（43）　依前司门员外郎。

杜元颖（51）　依前右补阙。三月二十一日，迁司勋员外郎。

李　肇　依前监察御史。四月五日，迁右补阙。五月二十四日，
　　　　赐绯。

穆宗、敬宗朝

元和十五年（820）

段文昌（48）　依前祠部郎中、知制诰。正月二十三日，迁中书舍
　　　　人。闰正月一日，与杜元颖同加承旨，赐紫。闰正月八
　　　　日，出院拜相，为中书侍郎、同中书门下平章事。

沈传师（44）　依前司门员外郎。正月二十三日，迁司勋郎中。闰
　　　　正月一日，赐紫。同月二十一日，加兵部郎中、知制诰。

杜元颖（52）　依前司勋员外郎。闰正月一日，赐紫，与段文昌同
　　　　加承旨。同月二十一日，迁中书舍人。十一月十七日，
　　　　又迁为户部侍郎、知制诰，仍为承旨。

李　肇　依前右补阙。闰正月一日，赐紫。同月二十一日，迁司
　　　　勋员外郎。

李德裕（34）　闰正月十三日，自监察御史充。二月一日，赐绯。
　　　　同月二十日，迁屯田员外郎。

李　绅（49）　闰正月十三日，自右拾遗内供奉充。二月一日，赐

绯。同月二十日,迁右补阙。

庾敬休　闰正月十三日,自礼部员外郎充。二月一日,赐绯。同月二十日,迁礼部郎中。

韦处厚(48)　二月二十四日,自户部郎中、知制诰入充翰林侍讲学士。三月十日,赐绯。

路　随(45)　二月二十四日,自司勋员外郎、史馆修撰入充翰林侍读学士。三月十日,赐绯。同月二十二日,迁本司郎中。

柳公权(43)　三月二十三日,自夏州观察判官、试太常寺协律郎为右拾遗,入充翰林侍书学士,赐绯。

长庆元年(821)

沈传师(45)　依前兵部侍郎、知制诰。二月二十四日,迁中书舍人。

杜元颖(53)　依前户部侍郎、知制诰、承旨。二月十五日,出院,以本官同中书门下平章事,任相。

李　肇　依前司勋员外郎。正月十三日,出守本官。

李德裕(35)　依前屯田员外郎。三月二十三日,迁考功郎中、知制诰。

李　绅(50)　依前右补阙。三月二十三日,加司勋员外郎、知制诰。

庾敬休　依前礼部郎中。十月二十一日,出守本官。

韦处厚(49)　依前户部郎中、知制诰、侍讲学士。

路　随　依前司勋郎中、侍读学士。

柳公权（44）　依前右拾遗、侍书学士。

元　稹（43）　二月十六日，自祠部郎中、知制诰为中书舍人，入充
　　　　　　　翰林学士承旨，赐紫。约十月二十日前后，以工部侍郎
　　　　　　　出院。

高　釴　十一月八日，自起居郎、史馆修撰充；二十八日，赐绯。

蒋　防　十一月十六日，自右补阙充；二十八日，赐绯。

长庆二年（822）

沈传师（46）　依前中书舍人。二月十九日，出守本官，判史馆事。

李德裕（36）　依前考功郎中、知制诰。正月二十九日，加承旨。
　　　　　　　二月四日，迁中书舍人，仍为承旨。同月十九日，改御史
　　　　　　　中丞出院。

李　绅（51）　依前司勋员外郎、知制诰。二月十九日，迁中书舍
　　　　　　　人，接为承旨，赐绯。

韦处厚（50）　依前户部侍郎、知制诰、侍讲学士。闰十月八日，加
　　　　　　　史馆修撰，其他如前。

路　随　依前司勋郎中、侍读学士。闰十月八日，加史馆修撰，其
　　　　　　　他如前。

柳公权（45）　依前左拾遗、侍书学士。九月，迁右补阙，仍为侍书
　　　　　　　学士。

高　釴　依前起居郎、史馆修撰。五月三日，迁兵部员外郎。

蒋　防　依前右补阙。十月九日，迁司封员外郎。

韦表微（52）　二月二日，自监察御史充；四日，赐绯。五月三日，
　　　　　　　迁右补阙内供奉。

庞　严(31)　　二月二日,自左拾遗充;四日,赐绯。十月九日,迁左补阙。

长庆三年(823)

李　绅(52)　　依前中书舍人、承旨。三月二十七日,改御史中丞出院。

韦处厚(51)　　依前户部侍郎、知制诰、史馆修撰、侍讲学士。十月二十三日,改权兵部侍郎、知制诰,仍为侍讲学士、史馆修撰。

路　随　　依前司勋郎中、史馆修撰、侍读学士。

柳公权(46)　　依前右补阙、侍书学士。

高　鈠　　依前兵部员外郎。

蒋　防　　依前司封员外郎。三月一日,加知制诰。

韦表微(53)　　依前右补阙内供奉。九月三十日,迁库部员外郎。

庞　严(32)　　依前左补阙。三月一日,加知制诰;十月十四日,赐绯。十一月九日,迁驾部郎中、知制诰。

长庆四年(824)

韦处厚(52)　　依前权知兵部侍郎、知制诰、侍讲学士、史馆修撰。二月二十三日,由侍讲改为翰林学士,并为承旨,仍为权知兵部侍郎、知制诰。十月十四日,正任兵部侍郎,仍知制诰。

路　随　　依前司勋郎中、史馆修撰、侍读学士。四月十四日,由侍读改为翰林学士。五月二十四日,赐紫。同月二十七日,迁为中书舍人。

柳公权(47)　依前右补阙、侍书学士。四月六日后出守本官。

高　铢　依前兵部员外郎。四月,迁户部郎中、知制诰。十二月
　　　　十二日,迁中书舍人。

蒋　防　依前司封员外郎、知制诰。二月六日,出贬汀州刺史。

韦表微(54)　依前库部员外郎。五月二十四日,赐紫;二十七日,
　　　　加知制诰。

庞　严(33)　依前驾部郎中、知制诰。二月六日,出贬信州刺史。

崔　郾(57)　六月七日,自给事中入充翰林侍讲学士。十二月十
　　　　一日,改中书舍人,仍为侍讲学士。

高　重　六月七日,自司门郎中入充翰林侍讲学士。十二月十一
　　　　日,迁谏议大夫,仍为侍讲学士。

宝历元年(825)

韦处厚(53)　依前兵部侍郎、知制诰、承旨。

路　随　依前中书舍人。

高　铢　依前中书舍人。

韦表微(55)　依前库部员外郎、知制诰。五月二十五日,迁中书
　　　　舍人。

崔　郾(58)　依前中书舍人、侍讲学士。

高　重　依前谏议大夫、侍讲学士。

宝历二年(826)

韦处厚(54)　依前兵部侍郎、知制诰、承旨。十二月十七日,出院

任相,为中书侍郎、同中书门下平章事。

路　随　依前中书舍人。

高　�依前中书舍人。三月四日,出守本官。

韦表微(56)　依前中书舍人。

崔　郾(59)　依前中书舍人、侍讲学士。九月四日,出守本官。

高　重　依前谏议大夫、侍讲学士。